国际工程实务丛书

# 国际工程承包项目谈判实务与技巧

左 斌 编著

中国建筑工业出版社

**图书在版编目（CIP）数据**

国际工程承包项目谈判实务与技巧/左斌编著. —北京：
中国建筑工业出版社，2014.12
（国际工程实务丛书）
ISBN 978-7-112-17210-8

Ⅰ.①国… Ⅱ.①左… Ⅲ.①国际承包工程-商务谈判
Ⅳ.①F746.18②F715.4

中国版本图书馆 CIP 数据核字（2014）第 196064 号

本书根据作者十几年来从事国际工程承包业务管理与领导工作的经验，从承包企业的实际出发，以国际工程承包项目为主线。向读者提供了在国际工程承包项目市场开发、实施与执行的各个阶段，国际工程谈判活动的基本常识，结合谈判的任务，阐述了谈判方式、方法，并提供了典型范例。其中：许多案例是作者所亲身经历的工作实践，许多谈判的技巧，被实践证明是切实可行的。本书从实际应用出发，具有较强的实用性和可操作性。

本书可供从事国际工程总承包业务的企业领导和项目经理、技术、商务等管理人员参考使用。

责任编辑：封　毅
责任设计：董建平
责任校对：陈晶晶　刘　钰

国际工程实务丛书
**国际工程承包项目谈判实务与技巧**
左　斌　编著
*
中国建筑工业出版社出版、发行（北京西郊百万庄）
各地新华书店、建筑书店经销
北京红光制版公司制版
北京盈盛恒通印刷有限公司印刷
*
开本：787×1092 毫米　1/16　印张：18¼　字数：449 千字
2015 年 2 月第一版　2015 年 2 月第一次印刷
定价：**48.00** 元
ISBN 978-7-112-17210-8
（25993）

# 本书编写委员会

**主　编：** 左　斌

**副主编：** 齐　飞　左莹晶　左莹郁

**参　编：** 孙冬飞　周　鑫　姚博林　王鹏飞

毕　然　于秀荣　王　磊　何　欣

王剑飞　左　军　王志超　李春鹏

# 前　言

2014年初，我编著的《国际工程承包常用文案手册》、《国际工程施工常用数据资料手册》、《国际工程承包常用合同手册》出版后，中国建筑工业出版社封毅编辑十分诚恳地对我说："左老师，围绕国际工程承包这个主题，你是否还可以写点什么？"盛情难却，我当即回答说"在国际工程承包的领域，谈判和项目管理是任何一个承包商不可忽视的课题"。于是，奠定了这部书稿写作由来与写作初衷……

我是在恢复高考后的1977年考入学校学习的，毕业后一直在建筑业工作，干遍了这个行业的所有岗位。搞过设计，做过施工；从事过技术管理、行政管理、企业管理；走过了从一个技术员成长为教授级高级工程师、政府决策机构的专家；从设计室主任、工程处主任工程师到企业总工程师、副总经理、总经理的人生历程。特别是从1999年8月始，组织上调我到吉林省建设厅任外经处处长兼任中建吉林公司总经理，转而又出任中建菲律宾公司副总经理等职务，从此涉足国际工程承包业务。先后组织和领导了科威特、伊拉克、菲律宾等国家的工程承包项目的施工建设。在国际工程承包业务的实践中，积累了一定的经验和教训，并先后在本行业或企业培训中做过案例讲座，这些则为我编写这本书提供了丰富的素材与基础。

年届耳顺之年，从一定意义上说，这部书稿恰恰是我十几年来从事国际工程承包工作的总结，字里行间既是工作的缩影，也是工作的体会和感悟，它凝结了经验教训与苦辣酸甜，饱含着成功的喜悦和失败的苦恼，也记载了我和同事们共同团结、奋斗的历程与结晶。这些感悟尽管在深度和广度上，还很不成熟，许多还有待于探索、商榷。但抛砖引玉，却可以告诫同行和年轻人规避风险，这正是我良好的愿望。基于如此，当这部拙著奉献给同仁时，但愿能给予从事类似工作的同行一个参照。如果这些点滴的体会及尚不完美的文字叙述，能给同行及朋友们一点补益，我则深感欣慰。

需要说明的是，国际工程承包项目的谈判活动涉及的范围较多，本书仅侧重于实际操作层面，深度和广度还很欠缺，难免挂一漏万，甚至还有许多不当乃至谬误，诚望得到专家、学者及同行的批评与不吝指正。本书在编写的过程中得到了许多从事国际工程承包项目的同事和朋友们的大力支持和鼎力相助。在此，一并致以衷心的感谢。

“千里之行，始于足下。”当这本书奉献给社会时，我和广大同仁一样共同分享这智慧的乳汁。我衷心地希望，大家一起携手，踏着改革的节拍，努力耕耘“走出去”伟大的事业，为实现伟大的“中国梦”，为我国建设事业的蓬勃发展做出更大的贡献。

2014 年 10 月 22 日于北京

# 目 录

# 第1章 基 本 概 念

## 1.1 工程项目定义的界定

按照英国标准化协会（BSI）发布的《项目管理指南》中关于项目的定义：项目是指“具有明确的开始和结束点，由某个人或某个组织所从事的具有一次性特征的一系列协调活动，以实现所要求的进度、费用以及各功能因素的特定目标”。

根据项目的定义，从广义上说，工程项目是指某一项固定资产投资，它是最为常见的，也是最为典型的项目类型。工程项目是指需要一定量的投资，经过前期策划、设计、施工等的一系列程序，在一定的资源约束条件下，以形成固定资产为确定目标的一次性事业。工程项目或工程建设项目具有项目的基本属性，其基本特征表现为：项目的一次性；项目的约束性；项目的目标性；项目的寿命周期性与项目的多活动性。

但是，由于参与工程项目工作的范围、阶段与承担任务的不同，各参与方对工程项目的理解也不同，也就是说各参与方承担或参与工程项目工作的起始点与终结点的界定不同，对工程项目的定义界定也不同。

### 1.1.1 工程项目

工程项目作为一项固定资产投资活动，涉及从项目构思、策划、实施、竣工使用直至终止（报废）的全过程，突出了建设阶段和使用阶段。

### 1.1.2 工程建设项目

工程建设项目是针对业主（或投资者）而言，作为一项固定资产投资活动，涉及从项目构思、策划、实施到项目建成、交付使用为止，仅突出建设阶段。

### 1.1.3 工程承包项目

工程承包项目是区别于工程项目与工程建设项目而言，是指工程承包商按工程承包（或施工）合同规定的工程项目范围，承担工程项目的建设与承包任务，称为工程承包项目。工程承包项目根据承包商和业主的合同规定，涉及不同的工程承包范围，主要在工程建设阶段。

### 1.1.4 工程设计项目

工程设计项目是指设计单位按设计委托合同规定的工程设计内容、任务或其具体范围，承担工程项目的设计任务，称为工程设计项目，其工作重点在设计阶段。

### 1.1.5 工程监理项目

工程监理项目是工程监理机构作为工程建设项目中的特殊参与方，受业主的委托在工程建设的不同阶段从事管理工作。站在监理的角度，可将所从事的工程项目称为工程监理项目。

综上，工程项目的定义界定如表1-1所示。

工程项目的界定 表1-1

| 名称 | 项目主体 | 工程项目阶段 | | | | | |
|---|---|---|---|---|---|---|---|
| | | 项目构思 | 项目可行性研究与策划 | 施工前准备（设计、招投标） | 施工 | 验收及交付使用 | 使用（到终止使用） |
| 工程项目 | 业主 | + | + | + | + | + | + |
| 工程建设项目 | 业主（或项目咨询管理机构） | + | + | + | + | + | |
| 工程承包项目 | 承包商 | | | + | + | | |
| 工程设计项目 | 设计单位 | | (+) | | (+) | | |
| 工程监理项目 | 监理单位 | (+) | (+) | + | + | + | |

注：表中“(+)”表示其工作范围可往前（后）延伸。

## 1.2 国际工程与国际工程项目

### 1.2.1 国际工程

**1. 工程与国际工程**

“工程”通常意义上是指工程建设工作。包含了三个含义：一是指某一项具体的建设工作。例如建设工程，土木工程，道路桥梁工程，钢结构工程等。二是指某一种特定项目的建设工作。例如工业工程，水利工程，电站工程，住宅工程等。三是指工程建设生命周期内的可行性研究，规划设计，建筑设计以及工程咨询等工作。

国际工程是指参与的主体来自不同的国家，并且按照国际上通用的工程管理的理念、方式与方法（也称国际惯例）进行管理的工程。即面向或通过国际性公开招标投标竞争进行发包承建的工程项目。根据国际金融组织的规定及国际惯例，凡是利用国际金融组织的贷款、各国政府之间的赠款或优惠贷款作为建设资金的工程项目，都必须进行国际性的公开招标（或议标），通过公开的投标报价竞争，选定中标单位，并签订施工承包合同。从而，使该国际工程项目进入工程实施阶段。并在中标单位（国际工程承包商）的努力下，完成工程施工与竣工验收任务，达到交付业主使用，实现正式的生产运营。

在我国通常也将国际工程称为对外承包工程，对外承包工程是指依法取得中国政府批准的、具有对外承包工程资格的中国企业或其他单位，以投标、洽商或采取与境外企业以合资、合作等方式按照国际通行做法，在境外承揽和实施各类工程项目的经济活动。

**2. 国际工程的内容与工作范围**

按照国际工程的定义，我们可以从两个方面理解国际工程的内容。一是国际工程分为国内和国外两个市场，即我国承包企业去海外参与投资和实施工程建设的项目以及国际组织或国外公司到我国投资和实施工程建设的项目。二是按国际工程项目分为国际工程咨询与国际工程承包两个领域。国际工程咨询是指对工程项目前期的投资机会研究、预可行性研究、可行性研究、项目评估、勘察、设计、招标文件编制、监理、管理、后评价等。国际工程承包是指对国际工程项目进行调查研究、投标、施工、设备采购及安装调试、竣工验收的全部工作过程。

按照国际工程的内容与工作范围，国际工程的参与主体如表1-2所示。

**国际工程的参与主体一览表** **表1-2**

| 序号 | 名称 | 职责与业务范围 | 备注 |
|---|---|---|---|
| 1 | 业主（或称发包人） | 业主（或发包人）是工程项目的投资决策者、资金筹集者、项目实施组织者（常常也是项目的产权所有者） | 业主正式授权任命的代表人称业主代表 |
| 2 | 承包人/总承包商 | 承包人通常指承担工程项目设计、施工及设备采购的公司或其联合体。<br>总承包商是指与业主签订合同，将整个工程或其中一个阶段的工作全部承包下来的公司和联合体。总承包商可以分为施工总承包商，设计-建造总承包商，EPC交钥匙总承包商，设计、建造及运营总承包商和管理总承包商 | |
| 3 | 工程师/建筑师 | 工程师是指为委托人（业主）提供有偿的技术与管理服务，对某一工程项目实施全方位的监督、检查和协调工作的专业工程师。其主要服务内容一般包括：项目的投资机会研究与可行性研究、工程设计、招标文件的编制、施工阶段的监理、竣工验收、试车和培训、项目后评价以及各类专题咨询。<br>建筑师是指按合同规定的拥有建筑师专业注册资格的个人或实体，是工程项目的设计者。AIA合同文件中规定建筑师不仅是工程项目的设计者，也是受业主委托的项目管理负责人。但是，在美国的工程项目中，建筑师首要的职责是工程设计任务 | 在我国通常指承担规划、设计以及承担工程监理业务的公司 |
| 4 | 分包商 | 分包商是指那些直接与承包人签订合同，分担一部分承包人与发包人签订合同中的任务的公司 | 分包商一般为专业公司或劳务公司 |
| 5 | 供应商 | 供应商是指为工程项目的实施提供设备、材料和建筑机械的公司或厂商 | |

续表

| 序号 | 名称 | 职责与业务范围 | 备注 |
|---|---|---|---|
| 6 | 工料测量师 | 工料测量师是英国、英联邦国家以及香港地区对工程经济管理人员的称谓。在美国叫造价工程师或成本咨询工程师，在日本称谓建筑测量师。主要任务是为委托人（一般是发包人，也可以是承包人）进行工程造价管理，协助委托人将工程成本控制在预定目标之内 | 在我国通常指造价师事务所或造价咨询公司 |
| 7 | 管理承包商 | 项目管理承包是近几年发展起来的一种项目模式，是业主通过招标或委托方式聘请有实力的项目管理承包商（或咨询公司），对项目的全过程进行集约化的管理。其管理的内容和工作范围由项目管理咨询合同确定 | |

### 1.2.2 国际工程项目

**1. 国际工程项目的概念与特征**

所谓国际工程项目一般是指某种特定的国际工程，或指某一项具体国际工程的建设工作，如建设项目的研究、规划和咨询设计、或施工安装等工作。它是跨国的，就某一国家而言分为海外工程（Overseas Projects）和国内涉外工程。就一个项目来说从咨询、融资、招标、投标、施工、监理到培训等各阶段或环节的主要参与者（单位或个人，产品或服务）来自不止一个国家（或地区）。它一般是需要按照国际上通用的项目管理模式通过国际性公开招标投标竞争取得参与资格，并进行建设的项目。

国际工程项目由于具有显著的国际性特征，所以，它除了具备工程项目的特征之外，还具有：

（1）整体性

一个国际工程项目往往由多个子项目和多个部位组成，彼此之间紧密相关，必须结合到一起才能发挥项目的功能。因此，要统筹规划。

（2）实施时间长

一个国际工程项目要建成往往需要几年，有的甚至需要数十年（如BOT项目），不可预见因素较多。

（3）不可逆转性

国际工程项目实施中不易逆转，因此，需要事先做好筹划与决策。

（4）产品地点的固定性

受项目所在地的资源、气候、地质因素制约和当地政府以及社会文化的干预和影响很大。

**2. 国际工程项目的特点**

由于国际工程项目本身的复杂性和国际性，从而决定了其具有以下特点：

（1）国际工程项目涉及多个专业和多个学科

国际工程项目是一个涉及多个专业和多个学科的新学科，并还在不断地发展和创新。

从工程项目准备到项目实施，整个项目管理过程十分复杂，对人才素质有很高的要求。从事国际工程的人员既需要掌握某一个专业领域的工程技术知识，又需要掌握国际工程涉及的项目管理、法律、金融、外贸、保险、财会等多方面的其他专业的知识。

(2) 国际工程项目是跨国的经济活动

由于国际工程项目涉及不同的国家、不同的民族、不同的社会文化和经济背景、不同利害关系者的利益，因而项目有关各方不容易相互理解，常常产生矛盾和纠纷。

(3) 国际工程项目需要严格的管理

由于国际工程项目不止一个国家的单位和人员参与，不可能依靠行政管理方法，而应采用国际上多年来业已形成惯例的、行之有效的并为权威机构颁布的文件范本规定的一整套项目管理方法。

(4) 国际工程项目风险与利润并存

国际工程项目是一项充满风险的事业，每年国际上都有一批工程公司倒闭，又有一批新的公司成长起来。因此，一个公司要想在这个市场中取得竞争优势并生存下来且发展壮大，就需要努力提高公司及其成员的素质，加强项目管理。

**3. 国际工程项目各阶段的内容**

当然，任何一项国际工程项目的建设都要在一定的时间和空间内展开，再加上项目本身的系统性和项目自身的逻辑构成及其组织管理的整体性，更加突出的表现在时间、空间上的阶段性、连续性和节奏性。一般情况下，将国际工程项目划分四个阶段：即项目调研决策阶段，项目前期准备阶段（或称计划与设计阶段），项目实施阶段（或称项目施工阶段）和项目试生产及竣工验收与投入运行阶段。

国际工程项目各阶段按建设周期所发生的事件节点与时间顺序，如图 1-1 所示。

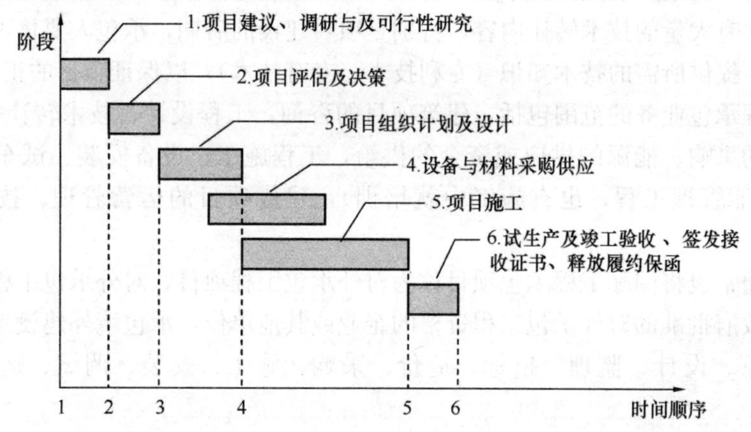


图中，按时间顺序的节点描述如下：

1～3 为项目调研决策阶段. 其中：1 节点为项目建议书的提出；2 节点为可行性研究报告提出；3 节点为计划任务书下达；

3～4 为项目前期准备阶段（或称计划与设计阶段）其中 4 节点为开工令下达；

4～5 为项目实施阶段（或称项目施工阶段），其中 5 节点为竣工验收；

5～6 为项目试生产及竣工验收阶段，其中 6 节点为项目试生产、竣工验收合格与投入运行。

图 1-1　国际工程项目各阶段示意图

综上可见，国际工程具有合同主体的多国性、货币与支付方式的多样性、国际政治、经济影响因素的权重明显增大以及规范标准庞杂，差异较大的特点。因此 从事国际工程建设，参与国际性工程承包市场的竞争，这是一个风险大、要求高、竞争激烈的工程承包事业。这就要求参与国际工程承包的竞争者必须具备先进的技术、雄厚的经济实力，良好的企业管理能力和丰富的国际工程施工经验，才能圆满的完成工程承包的任务。

## 1.3 国际工程承包与谈判

### 1.3.1 国际工程承包

**1. 定义**

国际工程承包是一国企业跨国承揽设计、建造或经营工程项目的经济活动，是国际商品交换、跨国资本输出和输入的产物。它是一国企业跨国输出技术、设备材料、劳务以及资本的重要载体，是国际经济技术合作的主要方式之一。

在国际工程承包中，发包人与承包人通过相互之间的这种经济合作关系，以招标、投标、议标或其他协商途径，由国际工程承包人（简称承包商或公司）以提供自己的技术、资本、劳务、管理、设备材料、许可权等方式，按发包人（简称业主）的要求，为其营造工程项目或从事其他有关的经济活动，并按事先商定的合同条件收取费用的国际经济技术合作的方式。国际工程承包既是一种综合性的国际经济合作方式，也是国际技术贸易的一种方式。之所以将这种方式作为国际技术贸易的一种方式，是因为国际承包工程项目建设过程中，包含有大量的技术转让内容，特别是项目建设的后期，承包人要培训业主的技术与劳务人员，提供所需的技术知识（专利技术、专有技术），以保证项目的正常运行。

国际工程承包业务的范围包括：建筑项目的咨询，工程设计、技术转让等技术服务，材料、设备的采购、能源的供应或资金的供给，工程施工、设备安装、试车，人员培训（使业主今后能管理工程，也有施工中就培训），建成项目的运营管理、技术指导、供销等。

在我国通常也将国际工程承包项目称为对外承包工程项目，对外承包工程项目是指依法取得中国政府批准的对外承包工程资格的企业或其他单位，承包境外建设工程项目，包括咨询、勘察、设计、监理、招标、造价、采购、施工、安装、调试、运营、管理等活动。

**2. 国际工程承包项目的分类与承包方式**

（1）国际工程承包项目的分类

1）按行业标准划分

按行业标准划分，国际工程承包项目可分为：交通运输项目，房屋建筑项目，电力工业项目，石油化工项目，电子通信项目，制造与加工项目，供排水项目，矿山建设项目，环境保护项目或其他项目。

2）按产业划分

由于国际工程承包是一个跨行业、跨地域、具有多种业务模式的产业范畴，因此，也可以划分为：

①基础设施（交通、能源、通讯、水利、农业工程等）和土木工程（包括办公：学校、医院、科研机构、演剧院、住宅房产等）；

②以资源为基地的工程；

③制造业工程。

3）按合同模式划分

按合同模式可以划分为：传统承包合同模式项目，设计-采购-施工 EPC 交钥匙工程项目，BT、BOT 等。

4）按资金来源划分

按资金来源可以划分为：国际金融组织机构和外国政府贷款项目，当地政府自有资金和私人投资项目，中国进出口银行和其他银行的出口信贷项目。

5）按发包方式划分

按发包方式可以划分为：招投标工程项目，议标工程项目（通过直接谈判签订合同）。

（2）国际工程项目的承包方式

国际工程项目承包的方式如表 1-3 所示。

其中：国际工程总承包的方式和以投融资方式承包国际工程已经成为主要的方式和发展趋势。

1）国际工程总承包

国际工程总承包是指从事工程总承包的企业（以下简称工程总承包企业）受业主的委托，按照合同约定对工程项目的勘察、设计、采购、施工、试运行（竣工验收）等实行全过程或若干阶段的承包。工程总承包企业按照合同约定对工程项目的质量、工期、造价等向业主负责。工程总承包企业可依法将所承包工程中的部分工作发包给具有相应资质的分包企业，分包企业按照分包合同的约定对总承包企业负责。工程总承包的具体方式、工作内容和责任等，由业主与工程总承包企业在合同中约定。工程总承包主要有如下方式：

①设计、采购、施工（EPC）/交钥匙总承包

设计、采购、施工总承包是指工程总承包企业按照合同约定，承担工程项目的设计、采购、施工、试运行服务等工作，并对承包工程的质量、安全、工期、造价全面负责。交钥匙总承包是设计、采购、施工总承包业务和责任的延伸，最终是向业主提交一个满足使用功能、具备使用条件的工程项目。

②设计—施工总承包（D-B）

设计—施工总承包是指工程总承包企业按照合同约定，承担工程项目设计和施工，并对承包工程的质量、安全、工期、造价全面负责。根据工程项目的不同规模、类型和业主要求，

工程总承包还可采用设计-采购总承包（E-P）、采购—施工总承包（P-C）等方式。

2）投融资方式承包国际工程

近年来随着国际工程承包市场的变化，承包商以投融资方式承包国际工程已经成为一种趋势。该承包方式主要是将发包方式与资金来源紧密相结合。如图 1-2 所示。

综上，由国际工程承包的概念与项目分类可见：国际工程承包具有项目内容复杂广

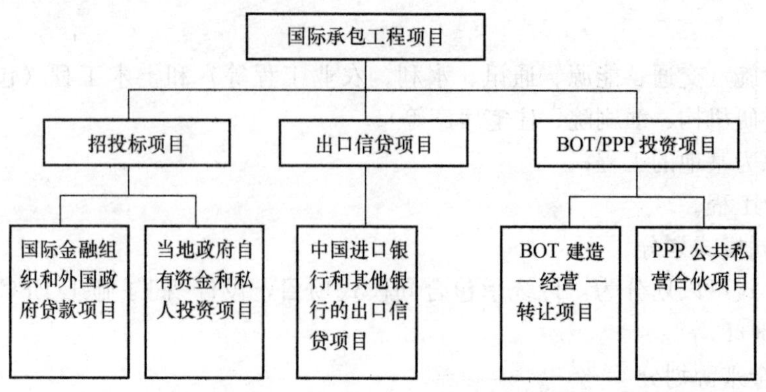


图 1-2 国际工程项目的承包方式（按发包方式与资金来源分类）

泛，工程周期长、风险大，对项目的管理水平要求比较高，是典型的国际服务贸易。

国际工程承包方式一览表 **表 1-3**

| 序号 | 承包方式 | 工作任务 |
|---|---|---|
| 1 | 单独承包 | 承包商（或公司）从外国业主那里独立承包某项工程。承包商（或公司）对整个工程项目负责，工程竣工后，经业主验收才结束整个承包活动。工程建设所需的材料、设备、劳动力、临时设施等全部由承包商（或公司）负责 |
| 2 | 总承包 | 总承包是指一家承包商（或公司）总揽承包某项国际工程，并对整个工程建设负全部责任。但是它可以将部分工程分包给其他专业承包商（或公司），该分承包商只对总承包商（或公司）负责，而不与业主直接发生关系，这是国际工程承包中普遍采用总承包的方式 |
| 3 | 联合承包 | 几家承包商（或公司）根据各自所长，联合承包一项国际工程。各自负责所承包的一部分建设任务，并各自独立向业主负责 |

**3. 国际工程承包的特征**

国际工程承包与通常意义上的工程承包具有共同的特征：一是工程承包合同的客体（工程）只能或基本上需要在工程所在地实施。二是工程项目具有不可移动性。三是工程项目履约时间或称施工周期具有长期性。四是工程合同履约具有渐进性和连续性。

除此之外，国际工程承包还具有自身的特征：一是国际工程合同主体的国际性。二是货币和支付方式的多样性。三是受国际政治、经济影响的权重明显增大。四是标准与规范使用比较庞杂。

## 1.3.2 国际工程承包项目谈判

**1. 谈判与国际工程承包项目谈判的定义**

所谓谈判，是指具有利益或利害关系的各方，为了谋求一致，充分运用情报、权利、智谋、勇气与策略而进行协商、洽谈的沟通与协调活动。这个过程分为“谈”与“判”两部分。其中：“谈”就是各方详细阐述自己对问题的看法，充分表达自己对对方所承担的责任、权利与义务的意见，明确说明自己所要达到的目标。“判”就是对各方必须承担的责任、权利与义务，达成一致的看法，并加以确认。

美国谈判学会会长、著名律师杰勒德·尼尔伦伯格在《谈判的艺术》一书中，作了比较明确的阐述：“谈判的定义最为简单，而涉及的范围却最为广泛，每一个要求满足的愿望和每一项寻求满足的需要，至少都是诱发人们展开谈判过程的潜因。只要人们为了改变相互关系而交换观点，只要人们是为了取得一致而磋商协议，他们就是在进行谈判。”简单地讲，谈判是人们彼此之间协调利益关系，满足各自需要并达成共同意见的一种行为和过程。它又是人们之间的一种直接交流活动。

可见，谈判的范围相当广泛，它涉及许多领域，需要许多知识。谈判中每一个需求的满足，每一项寻求满足的愿望与需要，都会成为激发谈判的潜因。因此，要取得谈判的成功，就必须掌握谈判的基本知识，驾驭谈判的策略与艺术。

国际工程谈判则是不同国籍的工程项目的参与者之间围绕国际工程项目的选定和实施所进行的谈判活动。从广义上讲，国际工程项目是国与国之间的经济技术合作。所以，国际工程谈判既是一项社会经济与商务活动，也是一项国际交往活动。

而国际工程承包项目的谈判是指准备参与或已经参与国际工程建设项目的承包商与其他国际工程项目的参与者（如表1-2，除承包人/总承包商以外）之间，围绕工程招投标、项目前期准备（或称计划与设计阶段），项目实施（或称项目施工）和项目试生产及竣工验收等工作，而进行的协商、洽谈的沟通与协调活动。本书除特殊说明外，均指国际工程承包项目的谈判，其宗旨是为承担国际工程承包的我国承包商，提供一本从事国际工程承包项目谈判可借鉴的实务指南。

**2. 国际工程承包项目谈判的构成要素与特征**

（1）国际工程承包项目谈判的构成要素

国际工程承包项目谈判是国际工程承包商在国际工程建设项目中，协调工程建设阶段与其他参与者或各种往来关系的沟通与交流、交际活动、它是一个有机的整体。国际工程承包项目谈判与其他任何谈判一样，都由四个基本要素构成。即：谈判主体，谈判客体，谈判目的与谈判结果。只有具备这四个基本要素，才能构成完整的谈判活动。

①谈判主体

谈判活动一定要有主体，即谈判的当事人。因为谈判总是在人的参与下进行的。谈判的当事人可以是双方，也可以是多方。谈判活动归根到底是谈判人员为着各自的目的或需要进行的一场语言心理战。古今中外，成功的谈判不胜枚举，失败的谈判也数不胜数；有的谈判在轻松愉快的气氛中就达成了互惠互利的协议，有的谈判则在紧张压抑的状态中马拉松式地拖延着……所有这些，一方面固然与谈判议题有关，但另一方面，这与谈判主体即谈判人员的素质和修养也是息息相关的。

在国际工程承包项目谈判中，为了实现成功圆满的谈判，国际工程承包商派出的谈判人员应当具备多方面的良好素质与修养，比如，充满自信，刚毅果断，有理有节，精明机智，豁达大度，深谙专业，知识广博，能言善辩，如此等等，都是每个优秀的谈判人员所需要具备的。

②谈判客体

谈判的议题及内容即为谈判的客体。所谓谈判议题，就是指在谈判中双方所要协商解决的问题。这种问题，可以是立场观点方面的，也可以是基本利益方面的，还可以是行为方式方面的。

一个问题要成为谈判议题，大致上需要具备如下条件：一是对于双方的共同性，亦即这一问题是双方共同关心并希望得到解决的，如果不具备这一点，就构不成谈判议题。二是要具备可谈性，也就是说，谈判的时机要成熟。在现实生活中，本该坐下来谈判的事，一直未能真正去做，这主要就是因为谈判的条件尚未成熟，这样的情形并不少见。谈判时机的成熟是谈判各方得以沟通的前提，当然，成熟的时机也是人们经过努力而可以逐步达到的。三是谈判的议题必然涉及双方或多方的利害关系。

许多典型案例证明：双方进行谈判彼此都要有利可图才谈得拢，亏本的买卖谁也不会干。如果我们不了解对方，不会打算盘，我们就会吃亏；但是算盘打到尽头，只考虑自己多得一点，对方无利可图，他们也不会干。所以说，谈判是双方合作的互利的过程。

③谈判目的

参与国际工程承包项目谈判各方都须通过与对方打交道，并促使对方采取某种行动或作出某种承诺来达到一定的目的。若只有谈判的主体和客体而没有谈判目的，谈判仍是不完整的，我们称之为闲谈。如两位农民谈论天气；不同企业的工人之间谈论工资与奖金等等，这都是闲谈。闲谈与谈判的区别是显而易见的：闲谈不涉及各方的利害冲突和经济关系，不会导致各方的尖锐对立或竞争，所以闲谈一般是轻松愉快的。而谈判恰恰是在涉及各方利益、存在尖锐对立或竞争的条件下进行的，无论谈判的表面现象是否是“轻松愉快”、“诚挚友好”、“坦率认真”，实质上都是有关各方智慧、胆识、应变能力的一次交锋（或交流）。有无目的和达到这种目的的手段决定了闲谈与谈判在一定条件下能够相互转化的可能性。

④谈判结果

一个完整的谈判活动必须要有相应的结果。无论成功或是失败，无论成交或是破裂，都标志着一次谈判过程的完成。对于无结果的谈判活动，我们称之为“不完整谈判”。陷入僵局的谈判或出现“怪卷”的谈判往往容易演变为不完整谈判。不完整谈判是我们必须努力避免的，因为它会极大地降低工作效能。

例如，现实中国际工程承包商相当普遍地存在着各种不了了之的“不完整谈判”活动。如许多国际工程承包信息得不到落实工程款支付的磋商，得不到解决；而陷入僵局。出现这些情况的一个重要原因，一般是各方或某一方对谈判缺乏必要的、足够的准备，对前景和现状缺乏必要的分析。这样，很容易陷入谈判的“怪圈”之中，即各方对所谈的内容都感兴趣，却又长期相持不下，各方提出的议案互为条件却又互相不能接受，一时找不到恰当解决措施的谈判议题或内容使谈判终无任何结果。

（2）国际工程承包项目谈判的特征

国际工程承包项目谈判与其他任何谈判一样，具有如下特性：

①目标性

任何谈判总是以某种利益需求的满足为预期目标。一般来说，谈判能否进行取决于两个方面：一是通过谈判能否达到预定的目标；二是通过谈判所获得的收益能否抵得上所花费的成本，能否有盈余。如果谈判不能达到任何一方的目的，谈判就不可能进行。因此，谈判的中心任务在于一方企图说服另一方接受或理解自己的观点，以及维护己方的基本利益。当然，谈判的双方都有各自的需求，都有追求的目标。所以，双方都应相互理解，为建立持久的利益关系和互相交往而努力。

②利益性

成功的谈判每一方都是胜利者。就是说，成功的谈判不在于发生的事件本身如何，而是事件双方当事人通过和解均感到有所收获。谈判的这种特点，要求谈判的每一方不仅想到自己的利益，还要考虑对方利益，这样才容易达成共识，达成协议。相反，忽略了这一点，谈判就难以成功。谈判有“临界点”，就像一个人喝醉酒，再多喝一杯，就有可能丢掉性命的危险一样。虽然双方都在提防对方可能出现损人利己的动机，但也决不能只盯住索取“再多一点”。把握这个临界点是不容易的，有人看到对方“偃旗息鼓”，会经不住诱惑而奋起直追，结果使谈判陷入困境，前功尽弃，问题就出在这最后的出击点上。

③合作性

谈判通常是在双方的观点、利益等方面，既有一致性又有差异性的时候才开始的。所以，谈判是一项合作的事业，必须使双方都感到自己有所得，即使其中有一方不得不作出重大的牺牲，整个格局也应该是双方各有所得。这样，整个谈判就围绕着谋求更多的一致性、协调性、和谐性这一议题而进行。

④原则性

谈判的双方除了要遵守法律规范、道德规范等社会约束外，还要遵守双方事先约定的一些谈判原则，以及长期以来形成的谈判惯例。所以，谈判具有原则性。

⑤语言性

所谓谈判，第一是要“谈”，第二才是“判”。“谈”就是运用语言表达各自的立场、思想、观点等；而“判”是谈判双方对各种信息进行分析、综合、衡量、比较，最后作出判断，以决定谈判的最终结果，并且仍然要通过语言表达出双方的判断意向，然后再进行第二个层面的交流。所以说，整个谈判的过程，是一个语言活动的过程。

另外，由于国际工程项目具有国际性与特殊性，所以，国际工程承包项目谈判又具有集政策性、技术性、艺术性于一体的社会经济活动和国际交往活动的特点。主要表现为：

① 政策性

国际工程项目是国际间经济技术合作，国际工程谈判又是在不同国籍人们之间进行，其谈判交往就必然会涉及国与国之间的政治关系和外交关系。在项目的谈判过程中，两国政府也常常会进行干预或给以影响，而且大部分项目还必须和东道国政府或地方政府直接进行谈判。因此，国际工程谈判就必须注意既要贯彻我国的有关对外方针和政策，又要注意遵守项目所在国的有关法令和政策，还要注意执行国际法的准则。例如：要贯彻我国对外政策，坚持相互尊重和平等互利的原则；要贯彻我国对外经济技术合作的“守约、保质、薄利、重义”的工作方针和“平等互利、讲求实效、形式多样、共同发展”的四项原则；要遵照国际上通用的招标和投标程序、项目管理模式和合同条件以及国际合同法的准则和相应的国际惯例；要遵守项目所在国的合同法、海关法、税法、劳动法、投资法、外汇管理条例等等法令、法规和政策；要尊重不同国家的不同文化习俗等等。

② 技术性

国际工程谈判的一个显著特点就是谈判的内容和重点绝大部分都是围绕项目的工程技术问题和有关的合同条件展开的。而谈判的成功与否，在很大程度上也取决于谈判人员对工程技术业务知识和合同条款知识的熟悉和掌握程度，尤其是大型的、复杂的工程项目，技术谈判更是关键的决定因素。谈判技巧再好，如果缺乏应有的技术业务知识和合同知识，在谈判桌上也不会有共同语言。只有在知识上能胜人一筹，技高一着，才会受到尊敬，才能做到以理服人，赢得谈判的成功。从国际工程项目的全过程来看，承包商能否在竞争中中标和拿到项目，往往取决于能否在技术方案上引入创新的构思和想法，能否在评标和决标的商谈中成功地通过技术答辩；而在项目的实施过程中，能否保证项目的顺利实施，取得项目的成功和提高项目的经济效益，也往往取决于能否通过谈判及时解决各种技术疑难问题和合同争端，提出创新的技术措施和建议，加快工程进度、缩短工期、节约资金。因此，国际工程谈判是一项高智商与能力的竞赛，是专业技术知识和合同知识的较量，技术性、务实性很强。

③ 艺术性

国际工程谈判和其他谈判一样，都是人们之间的直接交流活动。不同的人去谈判，即使是同样的谈判内容，同样的环境和条件，却往往会有不同的结果或效果。这不仅取决于谈判人员能否注意政策、掌握知识，而且往往有赖于谈判人员的谈判艺术。一个有经验的谈判人员，往往能够在谈判过程中时时刻刻注意强化谈判的艺术效果，及时沟通心理，创造良好的谈判氛围，既严谨又幽默，化消极为积极，转被动为主动。不仅注意 借助生动、鲜明、准确、巧妙的语言加强感染力；而且注意运用机智、幽默、轻松、灵活的谈判风格，增强在谈判过程中的应变能力；又能注意掌握良好的心理调控能力和诱导分析，不断地把握自身和对方的心理特性，跨越或扫除各种心理和文化习俗障碍，增加相互信任和谈判的凝聚力；还要注意运用灵活多样的策略和技巧，随时促进谈判向有利的形势转化和发展。因此，国际工程谈判能否取得更好的效果，完全有赖于政策性、技术性和艺术性三者的有机结合和统一。

### 1.3.3 国际工程承包项目谈判的基本阶段与类型

#### 1. 国际工程承包项目谈判的基本阶段

根据图 1-1 国际工程项目各阶段示意图，我们可以看到：国际工程承包项目的谈判是在工程招投标开始的。而工程承包合同签订后，业主和承包商之间的关系也发生了新的变化，工程产品的买方和卖方关系转为合作伙伴的关系，在谈判的方式、对象和任务上也有了变化。而且，在项目实施过程中，需要谈判的问题与任务也很重。所以，国际工程承包项目的谈判重点是国际工程的招标与投标阶段、评标与决标阶段、合同商洽与签约阶段以及项目实施执行阶段。

国际工程项目谈判的基本阶段的划分与工作内容详见表 1-4。

**国际工程项目谈判的基本阶段的划分与内容** **表 1-4**

| 序号 | 基本阶段 | 工作内容 | 谈判成果 |
|---|---|---|---|
| 1 | 市场开发与项目承揽阶段 | 通过媒体、媒介、中介机构获取项目信息，寻找必要、合适的代理机构或代理人；选择适宜的合作伙伴和分包商；赢得业主的信任，通过资格预审，争取进入合格投标人名单 | 1. 项目信息汇报<br>2. 代理协议、联营协议、分包协议或谈判纪要<br>3. 资审谈判纪要 |

续表

| 序号 | 基本阶段 | 工作内容 | 谈判成果 |
|---|---|---|---|
| 2 | 招标与投标阶段 | 通过谈判对招标文件的内容提出或进行质疑与澄清询问；商定必要的投标联合或联营体，签订分包协议；对竞争者进行调查了解，掌握基本信息 | 1. 现场考察与报告<br>2. 标前或投标人会议<br>3. 质疑会谈或质询商谈<br>4. 代理人商洽；询价或分包谈判；联营或联合体谈判；竞争者商谈。与银行、保险等谈判 |
| 3 | 评标与决标阶段 | 通过谈判完成技术答辩、技术谈判与价格商洽 | 1. 澄清会谈；<br>2. 技术答辩与技术谈判；<br>3. 合同价格谈判 |
| 4 | 合同商洽与签约阶段 | 通过谈判对合同文件的程序、条款、内容与条件进行商洽，并最终确认合同价格 | 合同文件谈判，包括：合同文件的组成、优先顺序与合同条件，合同价格的最终确认等 |
| 5 | 项目实施执行阶段 | 通过谈判实现动态的合同、进度、质量管理与资金控制；履行合同；对变更、索赔、争议进行管理 | 会议纪要、补充协议、通知等书面文件 |

**2. 国际工程承包项目谈判的基本类型**

谈判的种类繁多，在一个具体的谈判过程中，需要运用多种谈判类型，采用多种谈判方式。所以，依据不同的标准，可以把谈判划分为不同的类型。

（1）按谈判的性质分类

按谈判的性质划分，谈判可以分为三种类型：

1）一般性谈判

即指一般人际交往中的谈判，这种谈判是随意性的、非正式的，双方无须作过多的预备。

2）专门性谈判

即指专门领域中的谈判。它是一种有准备的正式谈判。包括文化、教育、经济等谈判。

3）外交性谈判

即指国与国之间的各种谈判，这种谈判程序严谨，准备充分，效果明显，影响较大，谈判的结果对双方都有很大的制约性。

（2）按谈判的内容分类

按谈判的内容不同，大体上可以把谈判分为政治军事谈判、经济文化谈判、公共事业谈判和公民事务谈判等。这里重点介绍一下前两种类型的谈判。

1）政治军事谈判

指政治组织、军事组织之间的谈判。比如，美俄之间关于限制战略核武器而进行的谈判，就属于政治军事谈判，这类谈判大都涉及外交事务。

2）经济文化谈判

这种谈判有的可能在国家之间进行，有的既可能在国际范围内进行，也可能在一个国家内进行。比如，关于木材、石油、粮食等物质资料出口与进口的谈判，引进人才或输出人力资源的谈判，国家之间、学校之间进行人才交流的谈判，合资办学的谈判，等等。

(3) 按谈判的人员和规模分类

按照谈判参加的人数、项目的多少以及谈判内容的复杂程度来划分，可分为：

1) 个人谈判

对项目较小或比较次要的谈判，出席谈判的双方代表只有一个人，即“一对一”式的谈判。安排参加这类谈判的人员，要选择有主见，有决断能力，并善于单兵作战者，事先还要作好充分准备。

对谈判人员多、规模大的谈判，有时根据需要，也可在首席代表之间安排这种“一对一”的谈判，专门磋商某些关键与要害问题。

2) 小组谈判

对规模较大，情况比较复杂的谈判，双方各有若干人同时参加谈判，内部有适当分工和合作，取长补短，各尽其能，以缩短谈判时间和提高效率。

3) 大型谈判

对关系重大的项目，如影响国家的国际声望，关系国计民生，影响地方乃至国家的经济发展速度、外汇平衡等的谈判，必须事先准备充分，计划周详，配备拥有各类高级专家的顾问团（或咨询团、智囊团）的谈判班子。这类谈判的程序比较严密，时间也长，一般还要分为若干层次和阶段进行。

(4) 按谈判各方的态度分类

按参加谈判各方的态度不同，可分为两种类型：

1) 合作性谈判

合作谈判是指谈判的各方都具有达成协议的诚意，都不想支配对方，而且各方都采取合作的态度。这种谈判是诚挚、坦率和富有建设性的。

2) 竞争性谈判

竞争性谈判是指谈判的双方都竭力为自己谋求最大利益，为一系列问题争执不下，最后以一方作出让步而告终。这样的谈判是互不相让和富有对抗性的。

(5) 按谈判主体分类

按不同的谈判主体及谈判所涉及的不同社会关系来划分，谈判又可分为以下几种类型：

1) 企业之间的谈判

在企业之间，存在着极为广泛的、纵横交错的密切关系，尤其是经济利益方面的关系，为了协调这些关系，通常需要借助于谈判形式。

2) 政府之间的谈判

这类谈判不仅指国内各政府部门之间的谈判，也包括世界各国政府之间的谈判。国内各政府部门之间的谈判，是为了消除不协调现象，理顺部门之间的关系。世界各国政府之间的谈判，主要是为了促进世界的文明进步，协调社会的发展，并为创造本国良好的政治环境、经济环境和文化环境等提供有利条件。

3) 民间谈判

这类谈判主要包括由基层组织或双方的单位出面来调解家庭内部、家庭之间及个人之间的关系。公民自发组织，或者当事人坦诚相见，当面交谈，或者由双方均可信任的邻里、同事、亲友出面协商。

（6）按谈判的地点分类

1）主场谈判

主场谈判指在东道主所在地组织的谈判，包括在本国、本地、本市或本企业的办公场所进行的谈判。由于东道方的谈判人员熟悉谈判的环境，可以随时检索各种谈判资料并予以充分利用，从而在心理上形成一种安全和优越感，因而对东道主方有不少便利之处。

2）客场谈判

客场谈判是指在谈判对手所在地组织的谈判，包括外地、外国或者对方的办公场所。由于己方不熟悉谈判环境，从心理上和提供材料等方面方会感到不利。但有时候感到己方谈判不方便或为了使对方更加合作和主动表示合作的愿望，也可以主动提出接受对方邀请去客场谈判。

3）中立场谈判

中立场谈判指既不在对手一方，也不在自己一方，而是在一个中立地点进行谈判。由于双方都想占主场谈判之利，只能采取折中办法。或者双方冲突性较大，关系微妙，在主场、客场谈判均不合适时，只能选择中立地点谈判。

（7）按谈判双方以胜负为标准分类

按以谈判双方的胜或负为划分标准，谈判又可分为协议导向型谈判、战而胜而利我方型谈判、战而败而利他方型谈判和双方无益型谈判。下面着重介绍一下前两种谈判。

1）协议导向型谈判

协议导向型谈判，亦称“胜对胜”谈判。这类谈判是互利型谈判。它最能体现现代成功谈判的宗旨。“胜对胜”谈判的前提是双方实力和能力相当，彼此各有所求而又希望坦诚合作。衡量这类谈判是否成功的标准，是看双方原先意想的谈判条件是否圆满实现。

2）战而胜而利我方型谈判

这类谈判的基本点是：在洽谈协商中，一方不但要尽力使谈判的最终目的得以实现，而且相当多地考察谈判的每一步骤，洽谈的每一条款尽可能有利于自己这一方。衡量这类谈判是否成功的主要标准，是看己方的终极目标是否实现，谈判是否使己方获得了力图多得的利益和实惠。

（8）按谈判语言的交流方式分类

按谈判的语言交往渠道来划分，谈判又可以分为口头谈判和书面谈判。

1）口头谈判

所谓口头谈判，是指谈判双方在会晤时，不提交任何书面形式的文件，而是面对面地用语言谈判，口头提出交易条件，或在异地用电话商谈。

口头谈判的优点是可以广泛选择谈判对象和谈判内容，有利于缩短谈判时间和摸清对方底细。口头谈判的灵活性大，信息反馈快，还可以利用沟通中的情感因素，促进谈判的成功。

但是口头谈判也有其缺点，如主要依靠谈判者的主观意志来判断和解决问题，主观性较强；有时也容易偏离主题；如果没有书面文件辅助，难以把一些复杂要点表达清楚；容易发生谈判中间和谈判之后的纠纷；谈判的费用支出较多。

因此，口头谈判适用于首次接触的谈判对象和谈判期较长的大宗交易、贵重商品及投资大、较为复杂的技术合作项目等。

2）书面谈判

所谓书面谈判，是指谈判双方利用文字或图表进行的洽谈协商。书面谈判一般适用于双方经常有交往活动的谈判。

书面谈判的优点是可以促使双方事先作好准备，谈判效率较高，导向明确；可以将己方愿承担的义务表达得更清楚，对一些不甚清楚的内容可以作仔细说明；谈判者省去了迎来送往的社交事务，精力可以集中；谈判的费用亦远比口头谈判低。

但是，书面谈判也有其缺点，如交流中缺乏情感因素，比较“生硬”；对已形成的书面文件，缺乏灵活的可调性；当文不达意时，有可能出现理解上的误会和纠纷；由于要通过电讯、邮政、交通或计算机网络进行交流，一旦这些部门的工作或谈判双方的操作发生意外，亦会发生延误谈判和导致谈判破裂的结果。

因此，书面谈判适用于有长期业务联系，地理距离较远，不易直接见面的谈判对象。

（9）按照对议题的谈判方式分类

1）横向谈判

指在谈判中，谈判者首先确定谈判涉及的问题，然后再逐项议论每一个问题，在一个问题有所进展后，即转入下一个问题的谈判。谈判过一轮后，再周而复始地进行；直至把所有问题谈妥，最后达成协议为止。

横向谈判时，双方先共同拟定一些原则，然后再进行商议。谈判双方的重点在于整个谈判能否顺利实现，对双方的观点力求全面了解，而对细节问题就不太苛求。

横向谈判适用于已经建立起一定的信任感的合作者的谈判。

2）纵向谈判

指在谈判中，谈判者首先确定谈判条款，然后再逐项议论条款，在前一项条款没有彻底议完前，不转入下一项条款的谈判。

纵向谈判属“步步为营”性质，容易对谈判进行有效的控制，有利于处理众多而又复杂的条款内容，能较好地保证各自的利益。它适合于“货比三家”、尚未建立起信任感的竞争者之间的谈判，并允许一方体面地退出谈判。

国际工程承包项目的谈判除了具有一般性谈判的类型外，其特殊性以及国际工程建设阶段的特殊要求，其基本类型与特点如表1-5所示。

**国际工程承包项目谈判基本类型与特点** **表1-5**

| 序号 | 划分方法 | 基本类型 | 特点 |
|---|---|---|---|
| 1 | 按谈判目标与任务或内容划分 | 1. 代理谈判<br>2. 联合与联营谈判<br>3. 项目融资或项目谈判<br>4. 技术谈判<br>5. 进出口贸易谈判<br>6. 分包或劳务合作谈判<br>7. 索赔谈判等 | |

续表

| 序号 | 划分方法 | 基本类型 | 特点 |
|---|---|---|---|
| 2 | 按谈判的态度与方法划分 | 1. 建设性谈判<br>建设性谈判是指在国际工程项目中，预期的合作者的任一方，就双方的共同利益，而采取的友好协商的谈判。其目的是通过建设性的谈判，能达成协议或签订合同，进行友好合作，并取得项目的成功 | 1. 基本态度与行为<br>相互尊重、信任，为共同利益建设性的工作，通过谈判建立建设型关系。<br>2. 谈判气氛<br>亲切、友好、坦诚合作，讲究实效。<br>3. 谈判过程<br>运用创造性思维，开发更多的可行与设想或方案，创造共同探讨协作的局面，达到双方满意与愿意接受的协议。<br>4. 不强加于人，不伤害对方，以理服人 |
| | | 2. 进攻性谈判<br>进攻性谈判是指自身的地位或谈判力度有了变化，或明显处于劣势，或面对强权和无情的对手，或对方无克制地采取进攻性谈判，为了进行有效的防卫，谋求更好的利益，迫使对方让步而采取的一种有限度的谈判形式 | 1. 基本态度与行为<br>相互不信任，对对方持有怀疑态度，通过辩论，维护自身利益，属于攻击性的，千方百计说服对方，迫使对方让步或放弃自身的利益。<br>2. 谈判气氛<br>气氛紧张、热烈而不亲切，武断、固执、咄咄逼人。<br>3. 谈判过程<br>步步为营，基本目的是“得”，先“得”后“给”，“得”的多，“给”的少，维护自身利益。<br>4. 谈判中深藏不露，不妥协，不出界，向对方施加压力，迫使其作出让步 |

### 1.3.4 国际工程承包项目谈判的基本原则、程序与步骤

**1. 国际工程承包项目谈判的基本原则**

一场谈判能否顺利的进行，能否圆满的结束，能否产生满意的结果，关键在于谈判人员能否坚持和掌握谈判的基本原则。一般情况下，国际工程承包项目谈判的基本原则是：

（1）平等互利的原则

平等互利是一切谈判行为的基本出发点，也是建立和维护良好的公共关系状态的基础和前提。这是谈判活动中必须遵循的一条重要原则。根据这一原则，双方或多方在谈判过程中要同时考虑各方面的利益，通过互利互惠，建立谈判双方或多方之间的良好关系。

所谓平等互利，就是谈判的参与者在享受平等的权利和义务的基础上，进行洽谈协商，以求得等价有偿，各有所益的目的。谈判者不论人员的多少，组织的大小，实力的强弱，都要平等相待。不同意见、不同观点的出现是不可避免的，但对这些问题的解决，只

能通过协商加以妥善解决，而决不能把自己的意志强加于别人。如果是通过强硬、胁迫手段把自己的意志强加给对方，那显然是违背了平等互利的原则，这样的谈判是不会成功的。

许多成功的案例表明：坚持平等互利的原则，就是双方的利益，都要得到照顾，谈判就会很快取得成功。这是因为坚持了平等互利的原则，如果只有一方的利益得到满足，另一方的利益受到损害，这样的谈判也是不会成功的。

要坚持平等互利的原则，在谈判中必须努力抓好以下几个环节：一是树立“双赢哲学”的观念。任何一项利益相关的谈判，最高的境界是同时兼顾双方的利益。谈判的目的在于设法满足各自的利益。由于立场和观点的不同，谈判者往往在利益和权益上发生冲突，而谈判的结果不外乎三种情况，即：双方都赢，一方赢一方输，双方都败。这三种情况，当然双赢是最佳的。在谈判时，既要考虑到自己的立场和利益，也要考虑到对方的立场和利益，双方彼此互惠，平等互利。这样问题才能解决，关系才能长久维持。二是要尽力寻找谈判各方利益相一致的“热点”，通过各自具体利益的实现来保证谈判的成功。三是要正确处理谈判活动中谈判各方局部的、暂时的利益矛盾，通过各种公共关系、技艺来协调好这些矛盾，尽力减少摩擦，消除隔阂，以求得谈判各方的协调与一致。

（2）真诚求实的原则

谈判时要做的第一件事就是获取对方的信任和好感，使彼此之间产生互相尊重、互相信赖的关系。在谈判桌上，一个明智的谈判者固然不能将自己的底牌全亮给对方，即把自己渴望的目标和自己所受到的压力一下子都谈出来。因为这会使对方夺取主动权，迫使自己作出很大的让步。但与此同时，明智的谈判者绝不会靠说谎和欺骗获胜。相反，在谈判桌上必须保持诚实的形象。你说出来的话必须成为往后对方所信赖的依据才行。如果你的谈判对手不信任你的话，他很可能会变得很神经质，认为你时刻都在欺骗他，说不定就会退缩，从而使得彼此之间的交易难以进行。此外，和一个神经质的对手进行谈判是很难成功的，因为他往往会要求得到比一般人更多的保证。由此可见，在谈判中坚持真诚求实的原则是极为重要的。

真诚求实的原则主要表现在以下几方面：一是以诚待人。古人云：“精诚所至，金石为开”。因此，在谈判活动中，各方的诚意是谈判的首要条件。这种诚意表现为坦率、诚挚，以诚待人能为谈判创造和谐轻松的气氛，它能使对方获得谅解，改变原先由于误解或别有用心等原因而采取的不友好姿态，使那些用心不良者也终将自惭形秽，以诚相报。当然，坦率诚挚并不排斥谈判者运用谈判的策略与技艺。二是信誉至上。这是谈判中不可动摇的原则。在现代社会里，不论对于个人、组织、企业单位，还是国家政府，信誉乃立身之本。谈判的双方经过辩论交锋，讨价还价之后，一旦就某些问题的协商调解最终达成协议后，会谈各方就要严格遵守谈判所达成的协议，履行各自的诺言，做到“言必信，行必果”。而不能违背签订的共同协议，搞阳奉阴违或事后翻脸不认账，否则就会失去信誉，丧失立身之本。三是实事求是。这是谈判各方围绕某一问题洽商时，应将自己提出的要求作一番掂量，是客观的、符合实际的，抑或是过分的、强人所难的。而对于对方的要求也应作一番研究，哪些是真诚的、公平的要求，哪些是不合理的要求。在分析过程中，应当认真地为对方着想，把自己放在对方的角度上去思考问题。然后，在区别了谈判对手合理的与不合理的要求之后，分别采用灵活不同的对策。

(3) 求同存异的原则

所谓求同存异的原则，就是求大同而存小异的原则。谈判既然是为谋求一致而进行的协商洽谈，这必然意蕴着各方在利益上的“同”与“异”。如果都坚持异，不追求同，就难以形成一致，所以，必须坚持求大同，存小异。

所谓求大同，是指谈判各方在总体上原则上必须一致，摒弃细枝末节的分歧和不同意见，从而使参与谈判的各方都感到满意。这是谈判成功的基础，没有这一基础，谈判必然归于失败。存小异，就是谈判各方必须作出适当的让步，容许与自己的利益要求不一致的“小异”，也能存在于谈判协议之中。

要做到求大同存小异，谈判的各方在谈判过程中就不能不分场合时机而谋求过多的利益，各方在谈判过程中必须作出一定的让步。让步是为了实现总目标，是达到目的的一种谋略。当然，不能轻率地作出让步，更不能因为缔结一个协议而放弃自己的基本权利和要求。

求大同存小异的关键是设想一套互有裨益的解决方法。这就要找到一个对双方都有利的折中的妥善的解决方案，重要的是谈判各方都应看到各方所具有的共同利益，发现对方利益要求中的合理成分，并根据对方的合理要求作出相应的让步举动，这样才能推动对手作出相应的让步，促使谈判有一个公正的协议产生。

许多国际工程招投标价格谈判中，业主与承包商双方都是在寻求双方都能接受的，有利的价格区间，这一点尤其重要。谁能善于运用求大同存小异的原则；探索到双方的共同点并加以充分的利用，谁就能取得更大的利益。

(4) 把握根本点的原则

谈判必须在国家的方针、政策、计划的指导下进行。谈判所达成的协议一定要符合国家的方针、政策、计划。这就是把握谈判中根本点的原则。

作为一个优秀的谈判人员，特别是国际工程项目的谈判，在谈判中，谈判人员要热爱祖国，要有强烈的民族自尊心和事业心，严格按照党中央的方针政策办事，一言一行都要考虑国家的利益和人民的利益，考虑中国人的形象，不做有损于国家、人格的事。

**【案例 1】**

中国建筑工程总公司（以下简称“中建”）与A国方面进行投标谈判，项目是数百套高级住宅。A 国方面的主谈人在开场白中说道：“世界上都以为以色列人会做生意，但如果我们同以色列人谈成平局，就算是我们输了!”一个下马威。言简意明，是说给在座各位的。中建代表们没有慌，静心听着各承包商的报价。

承包商们好像要有意在中国人面前显示一下，如斗鸡似的，报价逐次压低。

三环公司的代表不时地向中建代表们瞟过来一眼，那意思是说：怎么不吭声呀？怕了？

报价已经到了最低线，再压下去，承包商便无多少利润可得了。会场安静下来，暂时由三环公司得标。

这时，“中建”代表才不慌不忙地报出了比三环公司还要低一些的价格。

所有承包商都震惊了，当三环公司的代表反应过来这是真的时，几个人私语了一阵，又大声投标，报价压到了零点。

这些承包商们，到这里是来赚钱的，没利可图的买卖绝不会干。

“好吧，那就让给他们。”让“中建”算准了，三环公司见“中建”不上圈套，忙推卸道：“啊，我们想起来了，‘中建’新来，需要有点事干，这套项目的投标就 依中建的吧，我们收回刚才的报价。”

“中建”承包公司中标。

招标席上的A国主谈人兴奋却又迷惑不解地望 着“中建”代表：“请问，按您的报价，只能得到极少的利润，这么低，您为什么要干?”

“我们到这里来，当然不希望赔钱，但也不只是为了赚钱。贵国和中国同属发展中国家，需要相互帮助，能有一点利润，对我们来说就够了。如果通过合作进一步加深了两国人民的互相理解和友谊，那这笔利润是无法用金钱来代替的。”“中建”代表答道。

A国的官员和专家感动了，纷纷向他点头致意。随后，是一连串的技术问题：你们的施工方案？材料来源，质量数据？完工期限？以至一个单元使用多少公斤水泥……

“中建”代表一一应答，迅速，准确，有数有据。招标席上的官员和专家无不惊愕，一个接一个地走到中方跟前，握手，拥抱。对方的主谈人说：“没想到中国有这样的人才，了不起!”

(5) 遵守法律的原则

所谓遵守法律的原则，就是在谈判及合同签订的过程中，谈判各方要遵守国家的法律、政策。对外谈判，还应当遵守国际法则并尊重对方国家有关法规、贸易惯例等。

如果离开国家的政策、法规，任何交易谈判都将寸步难行。只有遵纪守法，当事人的权益才能受到保护。比如，拟定一项谈判协议时，为了避免执行过程中发生争议，签署的各种文书以及所用的语言文字，必须具有双方承认的明确的合法内涵，并应对其中用语的法定含义作出明确的文字解释，协议才能具有法律效力。因此，谈判人员万万不可忽略遵守法律的原则。

(6) 灵活机动的原则

任何一个谈判过程都是一个谈判双方不断思考，不断交流信息，不断让步的过程，在坚持重大原则的同时，还要灵活掌握各种谈判的技巧，估测出对方内心的想法、需求和策略，从而不断改变自己的想法和策略，使自己在谈判中处于较为有利的地位。

由此可见，谈判中在不放弃一些重大原则的前提下，要灵活把握双方的一致以实现整体目标，特别是要根据不同的谈判对象及不同的环境和条件，因事、因地、因人制宜地运用各种谈判策略、谈判技巧，以使谈判获得成功。

**2. 国际工程承包项目谈判的程序**

任何谈判，要想正常运行，都必须有一定程序。无论谈判的过程如何变化莫测，干扰纷呈，只要依据谈判的程序，从一开始就理清头绪，把握正确的谈判方向，按照谈判的正常程序一步步地谈下去，就会使谈判有一个圆满的结局。

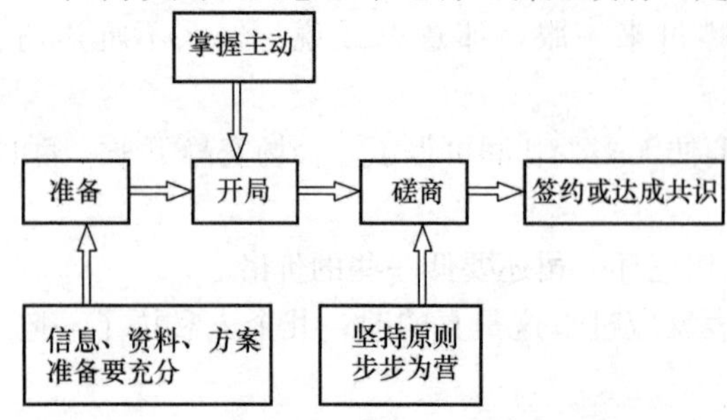

图1-3 国际工程承包项目谈判的流程图

一般情况下，国际工程承包项目的谈判过程都需要经过：准备—开局—磋商—终局的过程，其程序如图1-3所示。

根据图1-3；国际工程承包项目谈判

的程序主要是：

（1）开局阶段

俗话说“万事开头难。”谈判也不例外。在谈判刚开始时，谈判者之间彼此不了解，对谈判尚无实际的感性认识，各项工作又千头万绪，往往不知道该谈些什么，容易出现停顿和冷场，双方都感到有点紧张。这时最好让谈判者通过介绍或自我介绍与对方熟悉认识。一般来说，不论在谈判的正式场合还是非正式场合，在谈判桌上还是谈判桌之外，谈判人员用自我介绍的形式比较理想。从这些简短介绍中，你可以了解参与谈判的对手的姓名、职务、简历以及在谈判对方中的地位与背景，便于你把握认识谈判对手。

开局就建立一个良好的谈判氛围是谈判的关键。彼此寒暄几句后，除了注意举止谈吐的礼仪修养外，态度应热情诚恳，一开始就使对方感到亲切、自然，确有诚意，这样有助于缩短双方的距离。

彼此介绍、寒暄之后，最好不要马上进入谈判正题。可以选择一些与正题不相干的中性话题，如讨论当天的天气情况、最近的体育新闻、文娱消息，或谈及当今的世界大事和社会新闻，也可以谈谈个人爱好，或双方共有的经历。这样有助于沟通感情，创造融洽、和谐的会谈气氛。如果双方感情尚未沟通，气氛未融洽就贸然进入正题，必然会使对方感到过于严肃，防范心理油然而生，气氛势必紧张起来，结果往往是针锋相对，互不相让，开始时的友好气氛也会化为乌有。因此，一开始花费一些时间，创造良好的会谈气氛是有必要的。

有人说，“良好的开端是成功的一半”。也就是说，有了良好的开局，然后再进入正题就比较自然了。

（2）概述阶段

概述阶段是在开局寒暄之后，双方首先要陈述本次谈判所涉及的问题，阐明希望通过这次谈判应该维护和取得的基本利益以及对待本次谈判所持的基本立场与要求，等等，使对方充分了解己方的观点和想法。

概述有两个目的，一是陈述各方立场，二是探测对方意图。此时，双方的态度都会积极而又谨慎。一方面，谈判人员需要巧妙地运用策略，明白无误地阐述己方的谈判立场；另一方面，谈判人员又要运用谈判技巧，通过双方的概述和己方的提问，争取尽快了解整个谈判形势和对方的谈判立场、策略，掌握对方的心理动向与需求，捕捉自己需要的信息，从而灵活机动地调整自己的谈判策略，为进一步谈判创造条件。

在概述时，双方都不希望把话说死，也不会作出单方面的让步。因此在这一阶段，说话要小心谨慎，不能信口开河，也不能把想让对方知道的一些情况与资料，毫不保留地暴露在对方面前。为此，谈判者应注意以下一些方面：

开始进行概述时，内容要简明扼要，把握要点，集中阐述己方的想法，包括己方认为谈判应当控制在哪些范围内比较合适；己方对哪些问题比较关心；哪些问题认为比较重要，应优先予以考虑；己方有什么希望和担心，基本态度是什么；愿为谈判成功作出哪些努力等等。同时，也要对谈判表示出应有的热情。

概述之后，应注意对方的反应，仔细认真地回答对方的提问，包括对方要求澄清的问题。

概述的时间不要占得太多，但概述内容要得到对方的首肯。因为对方同意概述内容就意味着双方在最初谈判阶段意见相合，从而打开成功谈判的大门。

概述时要充分注意言辞和态度，避免由于一开始因出言不慎或态度欠佳而引起对方的反感、愤怒，甚至产生敌意。这样就会在谈判双方之间筑起一道无形的墙，失去了对方的支持与配合。

在己方概述之后，应留一定的时间给对方陈述。在对方概述时，应仔细倾听，并将对方的观点和意见加以归纳、整理，分析对手的谈判态度、目的、策略和意图，找出双方立场、观点的共同处与差别点，以进一步确定己方的策略。

在对方概述时，通过己方的积极提问，力图探察对方在每一项谈判条件中所持立场的坚定程度，以便在下一阶段的磋商中有的放矢地进行讨价还价。为此，务必要把对方陈述中的每一个要点都搞清楚，哪怕再三询问也不要紧。特别是在涉外谈判中，由于语言不同，理解可能会有出入，更应如此。

概述除了要简明扼要外，内容还应尽可能地广泛一些，但要注意其内在联系，以有利于相互启发和创造更多的合作机会。

概述的时间不宜太长。因为从生理的角度来看，人们在开始谈判阶段，精力最为充沛，思想集中，效率也高。如果概述时间拖得太长，会导致人们在进入正题以后精神欠佳，影响谈判效率。因此，如果一方在概述时离题太远，时间拖得太长时，另一方不妨这样提出："您讲得很有趣味，以后有机会时还要请您介绍，现在我们先把洽谈的议题定下来，您看可以吗?"这样，可以避免谈判刚开始就出现失控的局面。

（3）明示阶段

明示阶段是谈判双方都进入实质性问题的磋商阶段，在这个阶段主要涉及以下内容：

首先要摆出问题。由于谈判双方的需求和利益不同，必然会产生一些不同的意见和看法。明智的谈判者应当尽早把问题提出来，以求早日彻底解决。一般而言，谈判双方包含着四类主要问题：己方需求；对方需求；双方互相的需求；以及表面上看不出来的内蕴需求。谈判者既要追求自己的需求与目标，同时又要适当考虑对方的需求与目标，这是谈判的关键所在。因此双方应当心平气和地对这些问题进行讨论。

其次是提出方案。当双方把各自的想法陈述清楚后，就要一起来探讨各种设想和方案的可行性，从而选择一种最可行的方案提供双方进一步讨论。为此，谈判者应从对方的概述，对方对我方概述所作的评价以及直接观察对方提出的一些疑问和答复中，预测对方可以接受的最佳方案，提出建议，供对方选择。

在谈判的明示阶段，双方之间会出现众多的信息传递方式。信息传递得当，会增加你的谈判力量，倘若传递不当，就会在无形之中削弱你的谈判实力。谈判专家们指出，从多种不同的媒介来传递同样的信息，给对方的传播效果是各不相同的。所以，谈判人员要选择最有效的传播媒介与沟通渠道。在谈判中经常使用传播媒介有如下几类：一是印刷物，如参考资料、统计报表、调查报告等；二是视听媒介，如录音、录像、照片、图书、表演等；三是实物模型，如产品、样本、机器设备等；四是谈判人员的交谈，包括面对面的谈话与非面对面的电报电话、录音带等。总之，各种媒介都可以传递信息，都具有说服对方的作用。但比较起来，一种实物比一张图片更真实，事实数据比空洞分析更令人信服。

（4）交锋阶段

这个阶段是谈判的核心阶段，在这个阶段中，各方都会运用种种策略和技巧，为共同的利益尤其是自身的需求而相互争执较量，讨价还价。

进行交锋时，谈判双方都会列举事实，据理力争，希望对方理解并接受自己的观点。当一方提出一种意见、一个方案时，对方也会马上提出另一种意见和方案来反驳。在这种情况下，一方面，要摆事实，讲道理，理直气壮地阐明自己的观点，坚定不移地为实现谈判目标而努力；另一方面也不能简单地一味强硬，企图压倒对方，而是尽可能地运用各种谈判手段和技巧，在坚持原则的前提下，找出双方所能接受的妥协方案。这里要注意以下几点：

1）弄清真正的分歧点

尽量避免在一些无关紧要的问题上发生无谓的争执，更不能意气用事。对一些主要分歧点，要准确判断对方的目标和需求，充分估计在这些问题上讨价还价的实力。

2）对谈判对手施加影响

根据对方谈判人员的性格、作风、心理、气质和文化素养，施加不同的影响。当然，对方也会采取同样的办法，只要双方都希望促使谈判成功，那么就会心平气和地进行交锋和沟通，努力了解对方并相互谅解。

3）促使谈判朝着有利于双方的方向发展

当谈判一方要求太高而无法达成协议时，可适当作出一些不大的让步，以表示己方的良好愿望。同时，也要求对方作出同样的回报。双方要相互谦让、谨慎小心，逐渐发展培育良好的愿望，有助于处理和解决一些原来认为比较棘手的问题，从而使谈判朝着有利于双方的方向发展。

4）万一出现僵局时，也要有针对性地采取一些措施和办法来破除。

交锋中间常见的是报价、讨价、还价及让步等问题。交锋是谈判的一个关键步骤，也是整个谈判过程最困难最紧张的阶段之一，需要双方付出较大的精力。有的可能通过一轮磋商双方就形成了一致的意见，也有的可能需要多轮磋商才能达成协议。每一轮交锋磋商过程，都是一次完整的回馈反应过程。当双方各自设下自己的目标，表示出自己的愿望后，接着就是一连串的回馈反应过程；从提出要求到考虑表态再到交锋磋商再到坚持或让步，通过多次反复交锋，双方的观点渐趋一致，分歧与差异慢慢缩小。一次谈判能否成功，关键就看交锋的结果。因此要表现出勇气、自信与毅力，要利用谈判的策略与技巧，说服对手，实现互惠互利的谈判宗旨。在交锋阶段，双方存在不同的意见并不可怕，重要的是必须寻找出彼此分歧和差异的关键点，从而判断出分歧差异能否克服以及本次谈判的艰难程度。谈判人员对双方的分歧和差异要作出认真的分析研究。鉴于明晰谈判桌上的表面差异与实质差异、一般差异与原则差异，因此，只有迅速找出问题的要害所在，才能使自己保持清醒的头脑，在谈判桌上时时处于主动地位和相对优势。

（5）妥协阶段

经过激烈的讨论，各方在了解了对方的要求，同时也表达了自己的要求之后，总要在原有的立场、目标上向对方做出一些必要的让步，这就是谈判的妥协阶段。这个阶段是为谈判最终达成协议过渡的必不可少的阶段和过程。

妥协阶段，是谈判双方提出要求后，为了达成一致协议而进行的让步与讨论。一种让步妥协方法是首先确定谈判涉及的所有问题，然后逐项讨论每一个问题，直到所有的问题谈妥为止，这叫做“横向妥协式谈判”；另一种是在确定所谈问题后，先就一个问题把与之相关的各种条款予以谈定，再讨论另外一个问题，这个问题不谈妥就不再接下去讨论其他问题，这叫做“纵向妥协式谈判”。

在讨价还价过程中，谈判人员的妥协让步既要坚持原则立场，又要不伤害对方感情和今后长期合作；既要精于计算，权衡利弊，又不必事事锱铢计较，不要胡搅蛮缠地在谈判桌上大做文字游戏。

在谈判桌上，妥协阶段就是谈判双方在达成共识的基础上，就彼此之间存在的争议矛盾进行协商调解的活动。双方在交代了各自的目的、观点以后，随之开始进行实质性的商议，这时往往会表现出双方某种程度的矛盾对立，而要使争议得到圆满的结果，各方都应该在坚持自己基本权利要求的基础之上，找出双方所能接受的折中方案。

两车相遇，有个让车的问题。两人相遇，有个让路的问题。谈判中的讨价还价便是让步的问题。在一般的谈判活动中，很少有在完全没有让步的情况下达成的认可协议，甚至可以说，每一场谈判中都存在让步的问题。

让步的策略是很多的，譬如：

让对方在重要问题上先让步，如让步必须先由己方作出，可以先在较小的问题上作出让步。

让对方在争取到己方的每一次让步中都付出艰巨的努力，一般说来，人们对于付出艰苦努力之后所获得的让步成果总是感到欣慰的。

不要让步太快，不要作无谓的让步，己方的每次让步都要尽可能导致对方也作出相应的让步。

同等幅度的让步是不必要的。甲方对乙方让步60%，乙方可以只让步40%，有时甚至可以作出对自己不造成任何损失的让步。

如果让步需要在谈判双方之间进行若干个来回，必须注意在每一回让步中打下折扣，留下回旋余地。

不要在让步过程中忘记了己方让步的次数和程度，以免最后导致谈判失败。

让步磋商是谈判最重要的阶段，也是整个谈判过程中最困难最紧张的阶段之一。交锋和磋商实质上是谈判双方为缩小他们之间的差距而作出的妥协让步，可能通过多轮磋商才能达成协议。每一轮磋商过程都是一次完整的回馈反应，当双方各自设下自己的目标，表现自己的愿望后，接着就是一连串的反馈过程：提出要求、考虑、表态、让步、坚持，通过多次反复，双方的观点趋于一致，彼此的分歧与差距缩小，谈判朝着共同合作的目标推进。一次谈判能否取得圆满成功，关键就要看磋商妥协的结果。

每一位谈判者都必须明确，一场圆满成功的谈判要使双方的利益要求都获得一定的满足。或者说，双方各自利益都在谈判桌上求得一定的平衡，随之而来的是彼此协作往来关系在这基础上得到进一步改善与融洽。因此，一次成功的谈判活动，每一方都应是胜者。

（6）签约阶段

经过双方交锋和妥协，双方认为已经基本达到自己的理想，便表示拍板同意。拍板以后，谈判各方都要为谈判的结果议定一个文字的协议或合同，并在文件上签字，这是谈判的最后阶段。这样，整个谈判活动便宣告结束。

签约是谈判工作人员以双方主谈人达成原则性协议为基础，对谈判内容加以总结整理，并用准确规范的文句加以表述，最后由谈判双方代表正式签字生效的工作。双方代表费尽心思，历经谈判准备、正式会谈等曲折复杂的过程，目的就是为了制订一个对双方都具有约束力，能保证彼此利益的协议。这个谈判协议要求表述准确、内容全面，不允许产生严重歧义和遗漏疏忽，否则就可能给一方图谋分外之利造成可乘之机，同时也会给另一方带来意想不到的损失。因此，原则性的协议与经过准确表述的正式协议之间是不尽相同的，它需要谈判人员遵循拍板的内容正式签署谈判协议或合同条文。协议书一旦签署生效，双方必须认真履行，如果发生了违背协议的行为，又要通过谈判来予以审视、纠正和制止。为此，谈判者必须熟记谈判条文，在协议执行的有效期间内向对方进行必要的提醒和交涉，以保证谈判协议的切实履行；

在签订协议或合同时，为防止遗漏和歧义的发生，谈判各方都会认真对待，字斟句酌，尽量做到条款的全、细、明。协议或合同一经谈判各方代表签字，便开始生效，参与谈判签约的各方都必须按照共同议定的事项规定着手组织实施。

**3. 国际工程承包项目谈判的步骤**

国际工程承包项目谈判的步骤与其他谈判一样，其步骤应该为申明价值 、创造价值和克服障碍三个步骤。其目的就是给每一位谈判者提供一个有效掌握谈判进程的框架。这三个步骤分述如下：

（1）申明价值

此阶段为谈判的初级阶段，谈判双方彼此应充分沟通各自的利益需要。此阶段的关键步骤是弄清对方的真正需求，因此，主要的技巧就是多向对方提出问题，探询对方的实际需要。与此同时，也要酌情申明自身的利益所在。因为你越了解对方的真正实际需求，就越能知道如何才能满足对方的要求。同时对方知道了你的利益所在，才能满足你的要求。

然而，我们也看到有许多所谓“谈判技巧”在故意迷惑对方，让对方不知道你的真正需要和利益所在，甚至想方设法误导对方，如果你总是误导对方，那么最终吃亏的可能是你自己。

（2）创造价值

此阶段为谈判的中级阶段，双方彼此沟通，往往申明了各自的利益所在，了解对方的实际需要。但是，以此达成的协议，并不一定对双方都是利益最大化，也可能不是最佳方案。因此，谈判中双方需要想方设法去寻求更佳的方案，为谈判各方找到最大的利益，这一步骤就是创造价值。

创造价值的阶段，往往是谈判最容易忽略的阶段。一般的谈判很少有谈判者能从全局的角度出发去充分创造、比较与衡量最佳的解决方案。因此，也就使得谈判者往往总觉得谈判结果不尽如人意，没有能够达到“赢”的感觉，或者总有一点遗憾。由此看来，采取什么样的方法使谈判双方达到利益最大化，寻求实现双赢的最佳方案就显得非常重要。

（3）克服障碍

此阶段往往是谈判的攻坚阶段，谈判的障碍一般来自于两个方面：一个是谈判双方彼此利益存在冲突；另一个是谈判者自身在决策程序上存在障碍。前一种障碍是需要双方按照公平合理的原则来协调利益；后者就需要谈判无障碍的一方主动去帮助另一方迅速作出适当决策。

上述谈判的步骤是谈判者在任何谈判中都适用的原则。只要谈判双方都牢记这一谈判步骤，并有效地遵循适当的方法，就能使谈判的结果达到双赢，并使双方利益都得到最大化。

# 第 2 章　国际工程承包项目谈判前的准备工作

## 2.1　谈判前准备工作的内容

在国际工程承包项目谈判中，主要是承包商与业主或工程建设项目的其他参与者之间就工程建设的技术、经济与商务问题的沟通、协调与洽商的交流活动。由于谈判自始至终贯穿于本书表 1-4 所述的国际工程承包项目的全过程及各个阶段，它是一个连续不断的过程。不同阶段的谈判工作不是孤立的存在，而是相互依赖、相互关联、承前启后连续的过程。因此，谈判的准备工作，始终处于各个阶段谈判工作的初始点，是一个不容忽视的重要工作。国际工程承包项目谈判前的准备工作的内容，主要包括两个方面：一是谈判人员的选择与组成谈判小组；二是信息资料的搜集与调查研究与制定谈判方案。

## 2.2　谈判人员的选择

国际工程承包项目谈判是一种特定的活动，具有智慧、能力等方面的明显特征，起决定因素的是人，谈判人员的知识、技能、素质、能力、品德、修养等，直接影响谈判活动的质量。国际工程承包项目谈判常常是一场群体的活动，必须根据谈判的问题与性质，合理的配备与要谈判的问题相适应的专业人员组成谈判小组，使其发挥群体优势，产生整体化效应。因此，选择优秀的谈判人员，组成强有力的谈判小组，是取得谈判成功的基本条件。

### 2.2.1　谈判人员的素质

无论何种谈判，都要组成谈判小组。通常谈判小组由谈判小组成员、翻译人员和谈判小组负责人（或称组长）组成。根据谈判实践，一般谈判小组人员总数控制在 3 ~5 人为佳。为此，谈判小组成员、翻译人员和谈判小组负责人（或称组长）的素质要求也不同。

**1. 谈判小组成员的素质要求**

通常情况下，谈判小组成员应具备如下素质：

（1）具有良好的思想品德素质

所谓思想品德，是一个人政治素质和道德准则规范在行为和作风上的表现。在谈判中，谈判者不仅关系到国家、企业和个人的经济利益，同时关系到国家、企业和个人的形象，即维护国格与人格。因此，谈判者必须具有良好的政治素质和道德品质修养。

首先，要有坚定的政治立场。一个好谈判者必须具有一个坚定的政治立场，这是一个重要的政治原则问题，它是一个为谁说话、为谁办事的大是大非问题。在一些涉外领域的谈判中，谈判者代表着国家民族的利益，他的一切行为必须维护本国的国家利益和国家尊严，不能做出有损于国格的事情。同时，一个出色的谈判者还能够正确处理与谈判有关的国家、企业和个人利益之间的关系，把谋求组织利益和国家利益放在首位。坚决反对和防止损公肥私、假公济私的人担任谈判者。

其次，谈判者要了解和熟悉国家有关的政策、方针、法规及国际惯例以及对方国家的有关政策、法律与规定，避免发生与政策相抵触的无效谈判行为，更不能有违法行为。

再次，谈判者要有强烈的事业心和责任感，既能坚持原则，又有必要的灵活性。同时，谈判者要有诚心、信心和耐心，具有创新精神。因为谈判是一项既竞争又合作的活动，没有顽强的进取精神是难以使谈判成功的。

(2) 具有广博的知识和必备的专业素质

英国著名的哲学家培根曾说过“知识就是力量”。谈判的过程是个不断劝说别人或说服别人的过程，拥有充满说服力的语言才能使谈判走向成功。因此，一个优秀的谈判者必须注意知识的猎取和积累。

首先，广博的知识是谈判的坚实基础。作为一个谈判者，不仅要广泛猎取一些科学知识和自然常识，还要熟悉和了解一些社会科学方面的知识，如哲学理论、历史事件、文化思潮、国内外动态、文学艺术、民俗风情、趣闻轶事似及自然科学方面的天文地理等等。只有具有广博的知识储备，在谈判活动中才能信手拈来，左右逢源，游刃有余地化解谈判中的矛盾，取得谈判的成功。

其次，要有必备的专业知识。作为一个谈判者，在具有广博知识的同时，还必须精通一些与自己工作领域密切相关的专业基础知识。特别是当今随着生产技术的发展和国际国内的激烈竞争，对谈判者专业知识的要求也越来越高。同时，要求谈判者必须是具有综合业务知识（包括市场、法律、财务、金融、保险、税务等知识）的高层次复合型人才，这样才能在谈判中应付自如并取得成功。因为只有具备既博学又专才的知识结构，才能在谈判中既大显身手，面面俱到，又能切中要害，一针见血。例如：有人说，幽默是人的情感的自然流露，它可以像润滑剂一样调结人与人之间的关系，因此幽默语言在人际交往中具有很重要的作用。

(3) 具备优秀的意志品质和心理素质

在现实的谈判活动中，谈判者意志品质的优劣和心理素质的好坏往往起着关键性的作用。从某种意义上说，谈判也是一种意志品质和心理素质的较量，是对谈判双方一次严峻的考验。因此谈判者应从以下几个方面完善自己的意志品质和心理素质：

1) 培养高尚的人格

所谓人格，是指个人的人品，即人的尊严、价值和品格，其核心内容主要指道德品质。一个人的人格不是天生就具备的，而是通过后天的社会实践，不断接受环境的影响而逐步形成和发展起来的。人格一旦形成，就作为人的内部条件使外界的影响透过自身起作用，并不断调整自己的心理结构，使之趋于健康和完善。俗话说：“言为心声，言如其人，”这是指一个人的人格从某种意义上说是通过语言表现出来的，即语言能反映出一个人的立场观点、思想作风、人生态度、道德情操以及志趣追求等等。具有高尚人格的人，表达出的是高尚的情怀。反之，人品恶劣的人终究是要露出马脚的。明代学者宋谦曾说过

“身之不修而欲修其辞，心之不和而欲和其声，是犹击破缶而求合于宫商，吹折苇而冀同乎有虞氏之调韶也，决不可致矣。”因此，一个人必先修其身，加强思想品德的锻炼，使自己具有高尚的人格，才能在谈判中经得起考验和较量，否则想在谈判桌前仅凭口舌、经验，技巧叱咤风云，无往而不胜，无异于期望在沙滩上建立摩天大厦。

2）要有坚定的自信和平和的心态

所谓自信，就是要充分相信自己，并根据预定的目的来支配和调节自己的言行，坚定信念，克服困难，满怀信心地走向成功的心理素质。所谓平和心态，是指谈判者在遇到紧急情况时情绪稳定平静，不慌不乱，坦然从容，有很强的定力，沉得住气，同时还能善于控制住自己的情绪与感情，约束自己的言行，能做到“静若处子，动若脱兔”。谈判者只有具有坚强的自信和平和的心态，在谈判中才能排除一切干扰，精神焕发，思路清晰地与对手较量，即使在“山重水复疑无路”的情况下，也能镇定自若，努力创造机会，抓住战机，化被动为主动，使局势峰回路转，柳暗花明。反之，一个人如果缺乏自信，没有平和的心态，在心理上自甘认输，只能导致失败。

3）充分发挥情感上的优势，培养良好的气度

所谓情感，是指人对客观事物是否符合主体需要而产生的主观体验，凡是符合主体需要的事物，就会引起肯定性的情感，如：喜悦、热爱、满意、愉悦、振奋、自豪、舒畅等。反之，则会产生否定性的情感，如痛苦、颓废、灰心、绝望、恐惧、自卑、羞耻等。情感是符合主体需要的外在事物所引起的。物质需要引起的情感是低级情感，它带有情境性质，具有短暂性，流动性，比较肤浅；而精神产生的情感，既有情境性又有稳定性，长期性，深刻性，不为任何所规定的情境所左右，主要表现为责任感、荣誉感、审美感、理智感等等。情感和情绪是有区别的：情绪较多地与机体的天然需要的满足与否相联系，发生较早，为人类和动物所共有；情感与高级的社会需要相联系，受社会生活方式和文化教养的影响和制约，是人类特有的复杂、稳定、持久而高级的内心体验。情感作为一种动力性的因素，在谈判实践中有着广泛而深刻的影响。

谈判是带有强烈的主观意愿和感情色彩的智能性社会活动，有情才能感人，才能说服人。因此谈判者应冶炼情感，善于在谈判中表情达意，将自己的观点寓于丰富和强烈的情感之中，既以理服人又以情感人，做到情理相融，征服对方。当然情感有积极和消极之分，积极的情感可以增强内在的驱动力，消极的情感会降低内在的驱动力。因此，在谈判中应善于发挥情感的优势，克服和纠正消极的情感。

所谓气度，是指主体的气宇和度量，具体指一个人的心胸宽广，为人豁达，大度宽容等。气度是人的情感的自然表露，是人的风度、才干、修养的综合体现。好的气度才能使谈判者在变化多端，难以预料的谈判桌前控制自己的情感言语，也才能在谈判双方短兵相接、唇枪舌剑、硝烟弥漫的交锋中处变不惊，温文尔雅，稳健豪爽，积极应对。因此，良好的气度是谈判者必备的心理素质，也是创造良好宽松谈判氛围的重要保证。

4）要有坚强的意志和不可侵犯的气势

所谓意志，是主体自觉地确定目的，并根据目的来支配、调节行动，经过克服困难以实现预定目的的心理状态。意志是主体意识的能动方面，其本质特点表现为根据预定目的直接支配、调节主体的各种行动，并在克服困难中表现出来。意志一般具有自觉性、果断性、坚持性、自制性等积极的品质，也具有盲目性、疑虑性、动摇性、冲动性等消极的品

质。谈判者必须善于根据目的自觉、能动地加以判断、选择和调节，发扬前者而克服后者。意志虽具有高度的自主性或“自由”，但它如同宇宙间所发生的一切事物一样，也要受到因果关系的制约，受到客观规律的支配。所以说意志的“自由”又是相对的、有条件的，意志的绝对自由是不存在的。

谈判能否取得胜利，这与主体的意志是否坚强有着直接的关系。谈判者如果具有坚强的意志，就必然有着顽强的抗争精神、临危不惧的气概、坚韧不拔的耐力以及实现预定目的的坚定信念，自觉地克服种种困难，排除主、客观各种消极因素的干扰，在处于优势时保持头脑清醒，不给对手以任何可乘之机；在处于劣势时无所畏惧，锲而不舍，挽狂澜于既倒，以确保预定目的的圆满实现。相反，如果主体在谈判中意志动摇，优柔寡断，患得患失，望而却步，即使胜机在手也会失之交臂，那是注定要失败的。

所谓气势，原指人或事物表现出来的某种力量和威势，这里则指谈判主体的气概、气量、气派、气魄和声势。我国古代兵家历来强调：战以气为主，气勇则胜。气衰则败。就是说，打仗要以气势为主，气势强，就能赢得战争，气势衰弱会导致失败。

在谈判中，当与对方有着原则性的分歧，或遭到对方的攻击，特别是遭到对方无理诡辩或令人无法忍受的诬陷时，不妨采用以气夺人的战术，以凛然不可侵犯的正气和气贯长虹的气势，运用尖锐泼辣的言语，理直气壮地与对手争辩，威慑对方，乘势取胜。

(4) 具有快速思维能力和应变能力

所谓快速思维能力和应变能力，是指人们对突然发生、毫无准备的事情快速地进行思维并果断地采取相应措施予以应对的一种能力。

在谈判过程中，谈判双方都会遇到来自对手方面提出的难以预料、无法回答、比较棘手的问题，这时面临突发情况，要求谈判对手在极短时间内快速思维，即刻做出反应。思维速度的快慢，应变能力的强弱此时显得异常重要，因为它与不同的语言形式巧妙结合在一起，能出其不意地抢制高点，左右谈判进程，控制谈判局势，最终以居高临下的姿态轻松取胜。即使在谈判中对方进行诡辩或提出苛刻的无理要求，只要反应快，思维敏捷，便能抓住问题的关键，取得决定性的胜利。否则，如果谈判者思维迟缓，应变能力较弱，其结果只能是被对方牵着鼻子走，即使理全在你这一边，也只能是望而兴叹，有理说不出。

快速的思维能力和应变能力，不是一个人先天就具备的，虽然我们每个人因个体生理上的差异在这方面有一定的差别，但是后天的培养和训练最终对形成快速的思维能力和应变能力起着决定的作用。一方面，谈判者应该通过不断的学习，具有渊博的知识，广泛的兴趣；另一方面，还需要在谈判实践中反复锻炼和磨砺，积累一定的经验。只有这样，才能使自己的思维应变能力由慢变快，由弱变强，才能在谈判中快速进行思维并作出相应的反映。也只有这样，才能把道理说得透彻明晰，让谈判对手心服口服。

(5) 具备良好的口语表达和文字表达能力

谈判是交流信息和磋商的过程，主要是通过口语表达、语言文字来传情达意，沟通信息的。在谈判过程中，如果交流顺利，双方都能充分了解对方的意图，谈判进行就要顺利得多。相反，沟通不力，甚至造成误解，就很难达成共识和签订成功的协议，即使达成协议，也会大打折扣。因此一个优秀的谈判者必须具备高超的语言文字能力和口语表达能力，只有这样才能有效地运用语言、文字来表达自己的思想和感情，才能吸引对方的注意力。准确、生动、幽默的语言，可以活跃气氛、化解矛盾，促使谈判成功。具备良好的口语表达能力和文字能力要具备以下几个方面：

首先，要注意吐字清晰，语音规范。谈判是一门语言艺术，谈判过程中要求声音洪亮，吐字清晰，以使对方能够清晰明确地弄清你所要表达的内容；同时应注意语音的规范，注意控制语速语调，不重要的或双方都清楚的事情可以加快语速，陈述重要内容，申诉要点时可以放慢语速，关键字眼还应有所停顿，加重语气、语调，使其更为突出，以引起对方的注意，便于加深理解和领悟。

其次，语言要正确简练，逻辑性强。在谈判过程中，语言运用要准确简练，切忌重复啰嗦，同时要特别注意符合语法逻辑规范，避免语无伦次，缺乏条理。否则所表达的意思难以让人理解，使对方摸不着头脑。

最后，还要具备较高的文字表达能力。谈判进行到最后，要形成一种谈判双方都认可的协议或协定，起草这种协议或协定，没有较高的文字表达能力是不行的。虽然较大型的谈判，大都由专业人员来起草协议或协定。但是，作为一名谈判者，不具备较高的文字表达能力，那实在是一件不可思议的事情。

**2. 谈判小组负责人的素质**

谈判小组负责人也称谈判小组的组长或称谈判首席代表，有时也可能是谈判的幕后指挥者，在关键时刻才出现在谈判桌上。因此。谈判小组负责人是国际工程承包项目谈判活动的举足轻重的人物，其素质要求除了具有谈判小组成员的素质要求外，还要具备：

（1）阅历资深，成熟老练

谈判小组的负责人属于高层次的谈判人员，应该是具有丰富谈判经验和成熟老练的谈判高手。其阅历资深、丰富的经验和成熟老练是无法替代的，是通过长期的实践和日积月累形成的。它往往是给谈判对手的第一印象，而且象征着整个谈判小组的层次和水平。许多实践说明，一个资深老练的谈判高手往往从一出场就会受到对方的信任和尊敬，为谈判赢得主动，在谈判过程中也能镇住阵脚，控制氛围，把握进程。

（2）政策性强

坚持原则，执行政策是谈判小组的负责人最基本的素质要求。国际工程承包项目谈判是重要的国际交往活动，作为谈判小组的负责人，不仅要以身作则，严格执行我国对外经济技术合作的方针政策和国家有关涉外法规的规定，而且要注意遵守工程项目所在国国家的政策法令。绝对保证全组人员不作出任何违法乱纪或丧权辱国的事情，在谈判过程中时时刻刻注意维护国家与民族的利益。

（3）具有控制和协调能力

谈判组长的工作通常有两种做法：

1）谈判小组的负责人是谈判自始至终的发言人。其他小组成员都是支持者，只是给以信息和建议，谈判小组的负责人归纳整理后集中发言，必要时再由谈判小组的负责人指定其成员作些补充发言或说明。

2）谈判小组的负责人是谈判活动的首席代表或幕后操纵者。其职责是协调各方面专家或小组其他成员制定战略和计划，由小组成员轮换担任主谈者。组长则主要在开场和终局时担任主谈者，或当谈判桌上出现困境时出面协调。

这两种做法各有所长，应视不同项目、不同的议程和不同的谈判对象以及谈判进程中的变化，选择具体的操作方法。一般来说，两种做法可以兼而有之，灵活掌握。项目简单，议题集中，可以第一种为主；项目复杂，议题分散且有多种专业，可以第二种为主。但无论采用哪一种做法，谈判小组的负责人都必须具有控制和协调能力。既要具有谈判小组内部的控制和协调能力，也要具有谈判过程中在谈判桌上控制和协调整个谈判进程的能力。

目前国际工程承包项目多趋于规模化的大型项目，业务种类与涉及的专业较多，谈判小组的负责人不可能是每种业务与专业的专家，往往要采取以第二种为主的做法，对谈判小组的负责人的层次要求也越来越高，而且谈判也往往分阶段进行。例如：作者曾参加过许多次大型国际工程承包项目的谈判，一般都是外方业主先由首席代表（一般都是公司的领导层）致欢迎词并发表开场白，然后即由技术专家作为主谈人进行技术方案的谈判，再由经济专家进行价格或投资预算的谈判，合同专家或律师进行协议或合同谈判，首席代表只是负责内外协调和控制，拍板定案和签字。

（4）善于激励下属，调动每个成员的积极性

这是谈判小组的负责人必须具备的素质要求。谈判是高智能的活动，谈判小组的成员都是通过精选的业绩突出的高素质人才，从行为科学的角度来讲，这些人才都含有很丰富的“内涵激励”因素，事业性、成就感都很强，可以通过激励影响开发他们的创造潜力，出色地完成任务来证明他们的自我价值。更重要的是还要使所有谈判小组成员都能全身心地投入谈判活动，并能获得激励的机会，贡献自己的聪明才智和经验，做到功能互补，发挥群体优势，实现整体优化效应，使谈判小组生气勃勃，具有无限的创造力和战斗力。这就是对谈判小组的负责人的素质要求，也是领导艺术的表现。否则谈判小组只是一个涣散的集体，成员们只是形式地坐在谈判桌旁，他们的“内涵激励”因素得不到激励，他们的实现自我价值的欲望得不到满足，他们的工作积极性和创造性也必将被埋没。因此，谈判小组的负责人必须高度重视小组成员的这种实现自我价值的需要，善于施加激励影响，调动小组每个人的积极性，群策群力，齐心合作。

（5）勇于负责，敢于承担责任

这是谈判小组的负责人必须具备的基本素质。如果领导者不敢负责，有风险、有事故时推脱责任，还埋怨别人或责怪下属，他的工作也就必然得不到小组成员的支持和信任，而且会导致小组成员的互相推诿，相互扯皮。作为一个领导者，应该具有大将风度，勇于负责，敢于承担责任，决不能优柔寡断，遇事推诿，尤其是面对重大责任事故或谈判陷入困境的关键时刻，更要挺身而出，敢于承担责任，提出创新建议，勇于决策。只有这样才能激发每个成员的主动负责和献身精神。

（6）善于审时度势，运筹帷幄

谈判小组的负责人或领导人应该具有审时度势，运筹帷幄的能力，随时调整谈判方案，统筹安排，有效地把握整个谈判进程。在谈判过程中往往会出现事先意料不到的疑难问题，这就有赖于领导者能够凭借经验，随机应变，运用敏锐的洞察力，丰富的想象力，高度的概括能力，运筹帷幄，分析判断，作出果断的决策，提出创造性的建议，推动谈判进程。尤其是在谈判陷入困境或僵局时，能够灵活地处理和协调各种关系，因势利导，创造性地提出各种互惠互利的选择性方案，缓解矛盾和冲突。

（7）严格遵守保密纪律

国际工程承包项目谈判是围绕国际工程市场竞争进行的，谈判双方在市场竞争中都有一些国家机密和关系公司切身利益的技术和商务信息需要保密。作为一个领导者，既要高度重视保守我方自身的国家、技术和商务秘密外，还要注意保守需要向谈判双方以外的第三者保守各种秘密。与此同时，还要加强对下属的保密纪律教育，提高警惕，分清内外，防止一切可能的泄密。国际工程谈判达成的协议或合同条款中通常都由于这种需要设置有关的保密条款。另外，在高层领导间的场外谈判中，更需要重视特殊情况和内部协议的保密。

**3. 翻译人员的素质要求**

翻译人员是谈判小组中不可缺少的重要人员，他们占有特殊的地位。即使谈判人员能运用外语进行交流和谈判，也需要安排翻译人员，以便利用翻译的过程在谈判桌上获得更多的思考时间。同时，大量的资料和文件也需要翻译人员进行翻译和整理。国际工程承包项目谈判的翻译工作难度大，要求高，既要精通语言，生动地沟通思想、感情和观点，又要掌握有关的技术和业务词汇，准确地表述技术和业务，还要熟悉谈判技巧用语，使谈判语言具有艺术风格而富有感染力。因此，要使国际工程承包项目谈判的翻译工作真正达到“信、达、雅”的标准，就必须对翻译人员提出一些较高的素质要求。

（1）知识面广

翻译人员的知识面广和谈判人员的知识面广有其相似处，又有其不同处。相似处在于基础知识和专业知识的知识广度，不同处在于掌握这些知识的深度。对翻译人员并不要求在技术和业务上的专深，只是在广度上的一般了解，但必须掌握有关技术和业务方面的专业词汇，否则就难免表达离谱，造成理解上的偏离或错误。没有五、六年以上工程技术和有关专业方面的实践经验和翻译经验，是很难胜任重要的国际工程承包项目谈判的翻译工作。即使有过一些经验和经历，也需要在接受翻译任务后，根据谈判议题的内容向有关专家请教学习，补充相应的知识和专业词汇，并对谈判的各项议题，技术和业务的具体内容，谈判双方交往的历史及其背景，可能争论的关键和焦点，谈判者的风格等等进行全面的了解和充分的准备。

（2）语言、文字能力强

由于接受教育的实际情况差异，不少翻译人员无论是在中文或外文方面，其语言、文字的表达能力较差，有些翻译甚至在中文文字上都缺乏应有的文学功底，在法律和合同文字上的功底则更为浅薄，由此形成的语言文字资料往往词不达意，生涩难懂，有的甚至文理不通。这在选择翻译人员时需要着重强调。

（3）仪表与礼仪要适度

翻译人员在礼仪方面的要求和其他谈判人员是一致的。但是由于翻译人员是双方沟通的桥梁，在谈判过程中频频出现，如果仪表与礼仪难登大雅之堂或庸俗粗鲁，必将影响到谈判氛围。一个仪表与礼仪适度，举止文雅，谈吐不俗，礼貌周到，热情服务的翻译，往往可以赢得谈判对方的好感，增进彼此的信任和友好交往，从而对谈判工作的顺利进行起到意想不到的促进作用。

（4）作风稳健，恪守本职

对翻译来说，这是十分重要的素质要求。翻译人员是谈判小组的成员，但不是直接的谈判人员，他的任务主要是翻译，不是谈判，却是双方谈判人员之间沟通的桥梁。因此，必须严格要求翻译人员做到以下两点。

1）忠于原意

忠于原意就是要忠实的表达谈判人员发言的原意。既不可添枝加叶，又不能随意疏漏，要力争做到原原本本。作风要稳健、踏实，不能虚夸、浮躁。没有听清楚或没有听懂的地方，要实事求是地主动提出来核对，决不能敷衍了事或不懂装懂，更不能不负责任地胡翻乱译，导致双方的误解。同时，在翻译时要提倡使用朴实、简单而准确的语言，不可华而不实或哗众取宠。

2）恪守本职

翻译人员的职责就是翻译，不是谈判，既不可随意插话，发表自己的意见和感想，也不可品头评足，妄加评论，更不能喧宾夺主，把主谈者或谈判人员搁在一边，自己高谈阔论起来，严重干扰谈判的进程和质量。

3）体力充沛

翻译人员往往是谈判过程中最忙的人。虽然他们在心理压力上没有谈判人员大，但在体力、精力上消耗极大。不仅要在谈判桌上翻译，而且要在宴会、饭桌上翻译，还要陪同谈判人员参加各种活动。凡是有谈判人员活动的场合都缺少不了翻译人员的辛勤劳动。同时，他们在参加各种活动之余，还要忙于翻译、整理一切文字资料。可以说，翻译工作是夜以继日、自始至终地贯穿于整个谈判过程的。因此，体力充沛是对翻译人员的一项重要的素质要求。

### 2.2.2 谈判小组的组织与管理

国际工程承包项目的谈判的成败与否，关键不仅取决于谈判人员个人素质的优劣，谈判小组内谈判人员的优化组合、合理配备和分工，而且有赖于对谈判小组的精心的组织管理工作，发挥群体优势，实现整体优化效应。特别是在国际工程承包项目日趋规模化、集团化、国际化的今天，国际工程承包项目的谈判内容越来越广泛而复杂，单凭谈判人员个人的知识和技巧已经难以保证谈判获得预期的效果，往往需要配备必需的精通有关业务的谈判人员，组成高效而精干的谈判小组，有时还要聘请专家或顾问，进行幕后参谋、策划或高层谈判。同时要辅以精心的组织管理工作，进行科学的优化组合，真正做到功能互补、配合默契、群策群力，以“团体赛”的方式——即群体间的交锋赢得谈判的成功。

**1. 谈判小组的组成**

(1) 规模和分工

国际工程承包项目的谈判小组的规模和人数，从理论角度和某种意义上来说，人数越少，队伍越精干越好。人数越多，队伍越大，小组成员间的沟通和交流，分工和配合等等内部协调问题就越多。一般情况下，国际工程承包项目谈判小组的人数以满足谈判任务对各种业务的需要为前提。但是，国际工程承包项目的谈判经验表明：为了使谈判小组成员能够在组长的领导和管理下，有效地配合、默契地坐在谈判桌上，其总人数应不要超过5人。在选择配置人员时，应注意挑选素质高，一专多能的人才。如果项目复杂，涉及的业务领域多，则可以在谈判小组以外另行聘请咨询专家或顾问组成一个或若干个专家或顾问小组。这样，就可以有效地控制谈判桌上正式谈判人员的人数，在谈判小组负责人或首席代表的领导下，团结合作，取得良好的谈判效果。对于规模大，涉及面广的大型工程项目，由于谈判的内容多，谈判时间长，往往需要分阶段进行。一般都是先进行技术方案的谈判，然后再进行价格和商务方面的磋商，最后进行合同或协议的谈判。这样，就需要谈判小组长或首席代表精心组织，合理分工，有关人员可以替换，轮流出场，每个阶段的谈判小组总人数也不宜超过3～5人，承前启后，配合默契地完成谈判任务。

(2) 谈判小组负责人的授权

在谈判活动中，谈判小组负责人对内和对外都起着决定性作用。其素质和遴选标准已在前面作了论述。这里要强调的是，在对外谈判活动中，谈判双方都很重视对手的层次和头衔。因此，对重要的谈判任务来说，谈判小组负责人或首席代表无论如何需要由一个在工程界久经沙场的技术里手和谈判老手来担任，而且一定是高层次的领导或主管人员，特别是对一些很讲究等级观念的国家，谈判小组负责人的身份和地位更起着重要的作用。总之，谈判小组负责人的内外头衔是谈判活动中一个敏感的第一印象问题，必须予以高度重视。当然，要注意名副其实，万万不可随意或人为地添加上去，徒有虚名，其实不符，反而影响对外信誉。可以实事求是地根据本人的实际职务结合谈判工作的需要，确定其内外头衔。例如，内部头衔可以是董事会一级层次的头衔（包括董事长、副董事长、常务董事、执行董事、董事等）或是最高管理机构一级层次的头衔（包括总经理、副总经理、总工程师、对外业务经理等），如果本人有工程或学术领域的高级职称或学位（例如高级工程师、博士、硕士、教授、副教授、专家等）也应加上。对外头衔则可以称为谈判代表团团长、谈判首席代表、谈判小组组长等等。这些头衔必然会引起对方的重视，有利于促进谈判工作的进程。一个地位高的和一个地位低的人讲话时，由于某种心理因素，总会占得某种优势。地位在人们交往中，在社会生活中所占的分量往往是很重要的。另外，根据我国的具体实情，谈判小组负责人的职责和权限范围通常需要事先明确，作出具体授权，使其能尽职尽责，发挥主观能动性、积极性和创造性，随机应变，及时灵活地处置和决策各种始料不及的难题，以取得更好的谈判效果。否则往往会由于“外事工作授权有限”的思想束缚，不敢解放思想，畏首畏尾，优柔寡断，使谈判丧失时机。如果不是高层领导直接担任主谈人，那么事先明确请示和决策的权限范围就显得更加重要了。在现代通信手段的迅速发展和便捷的时代，面对谈判工作的复杂性以及谈判过程的千变万化，为了使一些始料不及的情况和难点能够得到国内的指示和更深、更广范围的咨询帮助和支持，提高谈判工作的准确性和实效，在明确权限范围的同时，还要提倡及时沟通内外信息和情报。

**2. 谈判小组的管理**

谈判小组应该是一个强有力的相互支持的有机体，有着统一的小组行为和共同的谈判目标。要做到这一点，就需要加强以下各方面的小组管理工作：

(1) 服从统一的协调和控制

要根据谈判任务的需要明确谈判小组每个成员的职能作用和职责分工，并服从谈判小组负责人的统一领导、控制和协调，甚至安排每次会谈的发言次序，要求做到功能互补，配合默契。否则将会在谈判过程中产生不必要的内部摩擦和混乱发言，把矛盾暴露在外，严重破坏谈判小组的形象，干扰谈判进程。

(2) 相互信任和支持

在整个谈判过程中，各谈判人员由于专业和经历不同，在某些问题的看法上难免发生分歧，作为一个统一对外的有机体，可以在谈判会议上根据共同的目标提出建设性意见，决不能在谈判桌上用言语或神情反对、讽刺其他小组成员或指手画脚地进行非议。当然，在会下可以提出不同意见和想法，但必须是立足于相互信任和支持的基础上，而不是突出自己，打击别人或相互拆台。在管理工作中应该强调谈判前的充分民主，听取和集中每个小组成员的意见和想法，同时强调谈判桌上的相互信任和支持，合作和谐，配合默契。

（3）相互激励积极性和创造性

由于谈判人员都具有很丰富的“内涵激励”因素，他们都渴望实现自我价值，除了谈判小组负责人要注意激励下属，调动每个成员的积极性和创造性外，在谈判小组的内部管理工作上也要注意充分提倡谈判人员之间的相互激励。通过相互启发和激励，引起各种联想，发生“共振”，开发智慧和创造力。谈判作为一种高智能的活动，相互激励积极性和创造性对于在谈判前谈判方案和谈判目标的拟订以及在谈判过程中面对变幻莫测的谈判形势探讨互惠互利的选择性方案，极大地引发谈判人员的创造潜力，实现自我价值，也创造共同的谈判效果，更具有十分重要的促进作用和推动作用。

（4）组织信息的反馈和交流

任何事先准备的谈判目标和谈判方案都是不可能百分之百实现的。在谈判过程中总会出现这样或那样，始料不及的问题和情况，需要谈判人员有意识地倾听对方的陈述，观察对方的神情变化以及和对方的各种交往分析和综合各种信息，不断根据新情况、新问题及时调整自己的谈判方案。参与谈判人员的信息是最直接、最可靠的信息源。因此，在谈判小组的管理工作中需要谈判人员自觉地树立强烈的“目标”意识和“问题”意识，注意获取有确定性、有价值的信息，每天在谈判活动结束后召开内部会议，组织信息的反馈和交流，做到知己知彼，随时调整和拟订我们的谈判方案和策略，加快谈判的进程。

## 2.3 信息资料的搜集与整理

国际工程承包项目谈判的准备工作是谈判活动能否获得满意成果的重要前提。因为，任何一项谈判活动都要通过信息与资料的搜集整理、调查研究，做出正确、符合实际的评估，这是谈判活动的基础，所谓“知己知彼，方能百战百胜”，就是这个道理。这是因为，谈判者不仅要有选择地接收对方的信息，还要及时提供自己必要的信息，又要能够敏锐地反映特殊的信息，恰当地评估这些信息。与此同时，还要随时发现和分析对方的心理障碍. 及时沟通和消除这些障碍。只有这样，才能使谈判活动得以顺利地开展，取得预期的结果。信息与资料的搜集整理、调查研究工作，除了取决于谈判者本身的知识和经验以外，还直接关系到谈判者在谈判过程中有效地组织谈判思维，谈判准备工作的充分与程度。任何一个有经验的谈判者都知道，准备工作越周全、越充分，谈判的“问题”意识和“目标”意识就越明确，谈判思维的能动过程便有了较明确的目标，谈判信息与资料的搜集至关重要，它决定了资料与信息选取、研究与加工和处理的程度与升华，这是构成谈判方案与谈判取向、谈判决策的关键，直接影响谈判的导向。它可以避免谈判者头脑中的信息混乱和在超负荷状态下不确定性的出现，并始终掌握整个谈判进程的主动权。因而，信息与资料的搜集整理、调查研究的越充分，谈判者在谈判桌上掌握主动的机会就越多，当谈判出现意外情况和心理障碍时便能镇定自若和从容应对，妥善解决，从而使谈判活动沿着既定的谈判方案有效的进展，最终取得满意的成果。

### 2.3.1　信息资料的获取

在国际工程承包项目谈判前，广泛的信息资料的来源以及对搜集到的信息资料进行分析整理，是国际工程承包商进行项目谈判的前提。

**1. 项目开发、招投标与合同签约阶段信息资料的获取**

为了更有效地采集和管理信息，一般情况下总承包商都设有相应的部门（如市场部、投标部或在项目部内设有综合组等）或专人搜集整理信息资料，通常市场信息可通过如下渠道获取。

（1）各类出版物

通过政府或国际金融机构的出版物搜集信息，如世界银行的《商业发展论坛报》，亚洲开发银行的《项目机会》、联合国的《发展商务报》以及一些公开发行的国际刊物或杂志，如《中东经济文摘》、《非洲发展经济月刊》、《工程新闻记录》、《国际建设周刊》、《国际建设》等。我国国内相关刊物主要有《中国日报》、《国际经济合作》等等。针对这些出版物发布的有关工程信息、招标信息等，从决定项目立项就要开始不断的进行跟踪，直至该项目的招标公告发布为止。

（2）国家贸易促进机构

这些专业化的贸易促进机构可以提供国际工程承包市场的重要信息和工程项目的招标信息，而且提供广泛服务。这些机构建有专门的贸易参考书阅览室和互联网的信息数据库，可以查阅大量的国际工程市场信息，而且还可以向承包商提供贸易咨询服务业务，使承包商可以方便地获得特定国家的有关法规和招标信息。如中国国际贸易促进委员会和中国国际商会、中国对外承包商会等，都属于这类组织。

（3）国际专门机构

某些国际专门机构可以提供有关的投资信息。如联合国系统内的相关机构、世界银行的国际商业机会服务机构负责提供原始信息资料：《每月业务摘要》、《技术资料单》、《一般与特别采购公告》、《合同授予公告》、欧洲发展基金、欧洲投资银行等。

（4）驻外使馆、有关驻外机构、商务部或公司驻外机构

这些机构的人员与当地政府和公司接触频繁，因此信息资源丰富。一些国家，如中亚五国，在出售招标文件前会向外国使馆通报有关招标项目的具体情况，吸引外国公司参加投标。这些驻外机构人员因长期生活和工作在特定国家，对当地政府的宏观投资政策以及当地的法律法规都有很详细的了解，是承包工程不可或缺的信息来源。此外，还可以与各国驻本国使馆、联合国驻本国机构或世界银行驻本国机构保持联系，获取有关信息。

（5）公共关系网或个人关系

对有一定实力和知名度的企业，一些国外代理工程咨询公司或代理商往往会主动提供一些项目信息。国际工程咨询设计与总承包企业也应主动结识一些国外的代理人或朋友以获得一些信息，这是国际上采用的最为普遍的方法。通过个人接触不仅能获得项目信息，还可以了解到当地政治、经济等各方面的情况。

（6）现场调查与考察

现场调查与考察是获取项目资料必不可少的重要手段，现场调查与考察的原则与内容见表 2-1 所示。

**现场调查与考察的原则与内容一览表**　　表 2-1

| 原则与目标 | 内　容 |
|---|---|
| 1. 立足于效益<br>2. 着眼于发展<br>3. 慎重选择项目<br>4. 选好合作伙伴<br>5. 注重经营策略 | 1. 政局与政策　2. 经济与财务　3. 法律与法规<br>4. 金融环境　5. 保险业务　6. 基础设施<br>7. 运输条件　8. 供货行情　9. 资源状况<br>10. 建筑行业　11. 自然环境　12. 民俗民情 |

其中，调查的重点是拟进入市场目标国家、项目所在国的基本情况与拟选项目的基本情况。

1）调研项目所在国基本情况

项目所在国的基本情况包括综合情况、自然地理、历史、政治、法律、经济等，其研究的内容及研究的意义如表 2-2。研究资料可自中国驻项目所在国使馆或项目所在国驻华使馆获得，或上网查询有关部门和机构公布的资料，必要时要实地调研。

**项目所在国基本情况**　　表 2-2

| 科　目 | 研　究　内　容 | 研究的目的和意义 |
|---|---|---|
| 综合情况 | 国名、人口、民族或部落（单一民族或部落、多民族、部落冲突或相互包容性）、首都及行政区划、国家元首、语言（官方、当地、部落）、宗教（单一宗教、多宗教共存、多宗教的冲突或相互包容性） | 对这个国家有大致的了解，其中最主要的是是否存在由于不同宗教或不同部落（民族）导致的内部冲突 |
| 自然地理 | 国家所在位置（哪个洲、哪个地区、接壤的国家等）、面积、地形（山脉、平原、河流、湖泊等）、气候（旱季、雨季、最高气温、最低气温、降水量或风暴等） | 主要了解对工程影响大的气象因素（如降雨量、气温、风暴等） |
| 历史 | 国家的形成、文化的发展，尤其是近代历史，是否曾为殖民地，历史上或目前和邻国的关系等 | 了解该国和哪些国家友好、和哪些国家有冲突，是否在战争或濒临战争状态 |
| 政治 | 政体（共和国、君主立宪、政教合一、军人政权等）、政府信用及效率、廉洁程度、民族矛盾、阶级矛盾 | 其中政府信用及效率和廉洁程度是重要指标 |
| 经济 | GDP 及人均 GDP、经济增长率、主要经济收入来源（如石油、旅游、矿产）、货币、汇率（和欧元及美元的汇率）、汇率变化情况、外汇管制、海港、铁路、公路、水运、通讯、电力、自来水、医疗、矿藏及开发情况 | 着重了解经济状况的稳定性、汇率及外汇管制情况 |
| 法律法治 | 何种法律体系（英美、大陆），法律是否健全，执行情况 | 着重了解公司法、劳动法、海关法等 |

续表

| 科　目 | 研　究　内　容 | 研究的目的和意义 |
|---|---|---|
| 税收 | 税收体系（中央政府、地方政府征收）及税收执行情况<br>关税（Gostom Duty）、营业税（Sales Tax）、增值税（VAT）、印花税（Stamp Duty）、暂扣税（Withholding Tax）、利润所得税（Corporation Tax）、个人所得税（Income Tax）、社会保险（Social Security）（住房、医疗失业、教育）等 | 着重了解税种及税率，并了解该项目是否为免税项目 |
| 社会治安 | 人民是否友善，失业率，是否存在极端宗教势力、恐怖活动、偷盗抢劫 | 着重了解项目所在地区的治安情况，对于存在恐怖活动或处于战争状态的国家的项目要慎重选择 |
| 与我国政治经济关系 | 两国外交关系（友好、一般），两国经济合作关系，双边贸易（总额、顺差、逆差） | 了解中国政府的影响力，获取双方政府在政治上的支持 |

研究项目所在国综合情况，主要要了解该国政治、经济方面的情况。政治上了解该国是否处于战争状态，是否有恐怖活动，政府是否稳定；经济上了解该国主要收入来源（石油、旅游、矿产或者农业）、GPD 及人均 GDP、年经济增长率以及获得国际援助情况等。

研究项目所在国综合情况的目的，是确定是否进入项目所在国承揽项目并长期经营。对于政治上不稳定、不安定的国家，商务部曾多次发文提醒中国公司慎重进入这些国家从事商务工作，否则一旦出现意外，将会给投标人生命和财产带来不必要的损失。承包商也要慎重进入那些不发达的国家，因为一个项目实施结束后，很有可能没有后续项目，不利于投标人在当地的长期稳定经营。

2）研究项目

研究项目的基本情况包括项目的名称、地点、业主、咨询工程师、发包方式、合同文本、投标期限、工程内容、工期及维修期、当地公司优惠等，详见表 2-3。研究项目基本情况的主要途径是阅读招标公告和招标文件，必要时要实地考察研究。研究项目的基本情况，主要是研究项目的工程内容，决定是否能够投标，是否还需要联合其他投标人（国际、国内、当地合作伙伴）组成联合体参加投标。

**项目基本情况**　　**表 2-3**

| 科目 | 研究内容 | 研究的目的和意义 |
|---|---|---|
| 项目的名称 | 何种项目性质（铁路、公路、桥梁、隧道、港口、水利、房建、机电安装等）、何种项目规模（造价估计、长度、面积、容量等） | 决定是否有兴趣、有能力独立或需要联合其他投标人参加这一项目的投标 |
| 业主及咨询工程师 | 业主（政府公共部门、公司、私人、外国人等），咨询工程师（第三国、当地、合营） | 了解业主和咨询工程师对我参加投标的态度、过去和业主合作的情况、业主的信用情况、咨询工程师的能力和项目的宽严程度 |
| 发包方式 | 公开招标、邀请标、议标 | 初步分析竞争激励程度 |

续表

| 科目 | 研究内容 | 研究的目的和意义 |
|---|---|---|
| 合同文本 | 是否是菲迪克条款，是什么性质的合同，纯施工、设计加施工、EPC、PDB 等，用的是哪年的版本。如是菲迪克条款，则一般条款可以不研究，只着重研究特殊条款和对一般条款进行修改和补充的特殊应用条款等 | 了解业主和咨询工程师在项目上设定的特殊条件 |
| 重要时间 | 投标日期、工期及维修期 | 是否能按时投标，是否能按时完工，维修期的长短是否可接受 |
| 当地公司优惠 | 按菲迪克条款，当地公司一般优惠 7.5%，有些国家优惠程度更高，达到 15% | 决定是否和当地公司联合，享受当地公司优惠 |
| 当地承包工程资源 | 当地市场可提供的劳动力资源情况，当地市场可提供的机械设备租赁价格、完好状态，当地市场可提供的建材品种、数量、品质、价格等，当地承包商的能力 | 决定项目投标策略和经营方式 |
| 联合体 | 联合体参加此项目投标的规定 | 和外国公司、当地公司、国内合作单位联合参加投标需要注意的事项 |
| 分包商 | 业主是否指定分包商，分包商参加项目资审及投标的规定 | 如是业主指定的分包商，投标人只能选用；如业主未指定分包商，投标人要考虑是否选用分包商 |
| 征地拆迁 | 项目涉及的征地量是多少、已经完成了多少，征地拆迁在该国的难易程度 | 如业主不能按期完成征地拆迁，将影响工期，导致承包商间接成本费用增加 |
| 业主提供的支持 | 施工场地、营地、施工便道、砂石料源、设备和材料、实验室 | 是否确实能提供，是否收费，从而决定是否使用并在报价时考虑费用 |

**2. 项目实施阶段信息资料的获取**

在项目实施阶段承包商谈判前信息资料的获取，除了通过与项目市场开发、招投标与合同签约阶段信息资料的获取的渠道之外，更重要的是从项目实施现场直接获取与谈判问题有关的第一手资料与信息，并依据项目的合同，加以研究并动态运用，对施工阶段履行合同、变更、索赔、争议等问题进行识别，为即将沟通、谈判的议题，进行资料与信息的搜集、整理，为谈判做好准备。

总之，在国际工程承包项目谈判前，无论是在国际工程项目市场开发、招投标与合同签约阶段，还是在项目实施阶段，获取的信息资料主要有三种：一是与谈判议题有关的一般性知识与资料信息。例如：项目所在国（地区）、业主的基本情况；建筑市场的状况；建筑材料的生产供应情况等。二是与谈判议题有关的技术方案文件、协议文本等。三是与谈判者有关的个人背景资料等。

## 2.3.2　信息资料搜集的整理

在国际工程承包项目谈判中，参加谈判的各方均代表了各自企业的经济实力、声誉、市场形象、需求等，在谈判前都对对方企业的基本资料有所了解，其目的就是以期对谈判对象有一个很好的把握。通过调查和了解，整理分析得出一个基本或初步的判断。从而，确定自己在谈判中的地位，进而采取一定的策略。由于双方在谈判中的地位的不同，相应的采取的策略也不同。而只有在谈判前准备充分，了解对方的各个方面的真实情况才能更好的做出研究型策略。在国际工程承包项目谈判前的准备工作中，信息资料搜集整理的要素，主要有以下几点：

**1. “知己”**

知己即首先了解自己，全面的认识和把握自我。了解本企业的基本情况与经营状况、行业地位以及影响力，看清自己的实际水平与现处的市场地位对于谈判地位确立及决策制定十分重要。只有对自家产品规格、性能、质量、用途、销售状况、竞争状况、供需状况等熟悉，才能更全面地分析自己的优势、劣势，评估自己的力量，从而认定自我需要，满怀信心地坐在谈判桌前，克己之短，扬己之长，正确的估计谈判的进程和存在的问题，提出解决问题的办法。

然而，仅仅了解本企业是不够的，代表企业出席谈判的谈判人员作为直接参与谈判交锋的当事人，其谈判技巧、个人素质、情绪及对事物的谈判分析应变能力直接影响谈判结果，因此，谈判者需要对自己进行了解，如“遇到何事易生气”等影响谈判的个人情绪因素，使自己在谈判中避免因此而影响谈判效果。同时，谈判者也可以事先对谈判场景进行演练，针对可能发生的冲突作好准备，锻炼应变能力，以免一旦实际遭遇，措手不及，难以控制局面。

**2. “知彼”**

知彼即对谈判对手通过信息资料的搜集、调查、整理分析，尽可能的了解谈判对手的政治经济状况，谈判者的特长、爱好、兴趣、学识水平、资信状况等。越了解对方，就越能掌握谈判的主动权。如果说搜集信息资料是“扫描”，而整理信息资料就是去伪存真。如果我们去买苹果，就不会去文具店，我们会选择能满足自己需求的目标——水果店，当然我们也不会在任意一个水果摊上去买，要看，要货比三家，谈判亦是如此。在谈判前，当对手选定了，应针对与已谈判的企业，进行企业类型、结构、投资规格等一系列基础性调查、研究，分析对方市场地位，明确其谈判目标，即了解对方为什么谈判、是否存在什么经营困难等会对谈判主权产生影响的因素，将其优势、劣势细细分析，使自己能避实就虚，在谈判中占主动地位。当然，与此同时，也不能忽视对该企业的资信调查，确定其是否具有经营资格与能力，从而降低信用风险。

知彼与知己同样，也应通过各种途径去详细摸清对方谈判代表的一切情况。也许要谈判的人是和你打过交道的，即使有过不愉快，也应该开诚布公，坦然友好。如果对方是新客户，就更应从其个人简历、兴趣爱好、谈判思维及权限等方面进行不带任何个人色彩的了解，做到心中有数。

**3. “知同行”**

知同行，顾名思义，就是关注行业内其他企业的产品及经营状况。随着经济的发展，企业面临着国内外同行业的激烈竞争。也许当你正与谈判对手讨价还价之时，被忽视的“第三者”已准备坐收渔翁之利了。所以，必须以主动的姿态对整个市场该行业的经营状况及形势展开调查主要竞争对手，了解其主要商品类型、性能、质量等信息，包括同行资信、市场情况及决策方式等，对比优势及差距，便于在谈判时，以己之长较他之短，适于自己的谈判战略。

**4. “知环境”**

众所周知，谈判不是一项孤立的经济活动，总是在一定环境下进行，政治法律、经济建设、社会环境、资源、基础设施以及地理、气候等都对谈判能否成功有影响，所以应在谈判之前对它们尽量通盘了解、梳理。例如：根据项目的类型，搜集整理人工、建材行情。根据竞争对象的情况与弱点，有针对性的提出自己的技术与施工方案。通过有针对性的信息资料整理，使谈判中提出的数据准确、陈述清楚。从而避免巨大代价和损失或受某些客观因素的干扰，而导致前功尽弃。

**5. 防止信息失真**

信息资料搜集后的整理，就是为了防止信息与资料的虚假或不真实。因为，任何信息资料的虚假，都会把谈判引入歧途，导致谈判的失利。为了保证搜集的信息资料的真实性、可靠性，必须对信息资料进行整理。特别是对间接渠道获得的信息资料要认真进行鉴别，去伪存真，去粗取精，由表及里，剔除不真实、不可靠的成分。

**6. 信息资料要保持系统性与连续性**

国际工程承包项目谈判活动本身就具有空间上的系统性和时间上的连续性。因此，信息资料的整理也要反映谈判活动的动态变化状况及其过程转化的特征，要尽可能全面的反映谈判对手的基本情况，对搜集的信息资料要按建筑行业的特征，采取调查研究的方法和程序进行分类、计算、简录和编写，使其成为一份真实、可靠地谈判档案资料。

总之，谈判前信息资料的搜集与整理是一项十分重要的工作，只有齐全的信息与经过整理、研究深透的谈判资料，才能制定出切实可行的谈判方案，使谈判活动有章可循，进退自如，游刃有余，取得既定的成果与目标。

## 2.4 制定谈判方案

### 2.4.1 谈判提纲与谈判方案

制定谈判方案是国际工程承包项目谈判准备工作的核心，谈判方案是建立在信息资料搜集整理的基础上的，这是因为“知己知彼”，方能“百战不殆”。在进行国际工程承包项目谈判准备工作时，通常一般性、简单、比较容易解决的事件或问题的谈判，也可以用谈判提纲代替谈判方案。

**1. 谈判提纲**

谈判提纲通常是在国际工程承包商企业法律顾问的参与下，在谈判负责人的主持下编制的用于指导谈判工作，所拟定的有关谈判内容的书面文件，是企业派出参与谈判人员所应当遵守的基本规则。谈判提纲要经过充分的讨论，在取得一致的基础上作为谈判的准则。

(1) 谈判提纲的内容

谈判提纲的内容，根据国际工程承包项目所处于的不同阶段及不同类型的项目，有不同的要求。原则上应当包括以下三个方面：

1）项目的基本情况或问题的成因，主要技术与经济的可行性，包括该项目的名称、涉及的基本技术特征、工期、质量标准等。

2）相关的问题内容或技术、经济、财务内容，即项目的经济与技术的可行性。

3）以法律文件为依据，说明项目的合法性讨论，提出依据相关的法律、法规的规定进行谈判的思路。

（2）编写谈判提纲的要求

1）要求尽可能详细地列明需要谈判解决的问题。

2）要对拟谈判的内容按照公司内部职责分工作详细的讨论后明确下来，作为谈判人员开展谈判的基础和准则。

3）明确谈判的分工及职责。

4）谈判小组负责人对项目谈判活动进程的把握。

（3）谈判提纲的文案

由于国际工程承包项目的不同类型以及所处于的不同阶段，因此谈判提纲文案也有所不同。国际项目招投标阶段谈判提纲的文案范例如下。

**【文案范例】**

## 国际工程承包项目谈判提纲

本公司参加谈判人员：

谈判时间：

谈判地点：

一、工程项目的具体情况

1. 工程名称、所在地

______________________________

2. 工程技术情况

______________________________

3. 工程项目审批文件情况

______________________________

4. 勘察资料、设计图

______________________________

二、工程项目概预算情况

1. 概预算依据

______________________________

2. 概预算具体内容

______________________________

三、工程质量

1. 标准

______________________________

2. 工期要求

3. 监理

四、合同文书

1. 合同条款

2. 主要内容

3. 解决纠纷途径

4. 索赔时效

5. 通知条款

6. 发包方派驻工地人员及其职责

7. 隐蔽项目的验收

8. 质量问题的处理

五、其他方面

谈判分工：

总负责人：

协调联系人：　　　　　　　　　　　　　　　　　　　　年　月　日

**2. 谈判方案**

在国际工程承包项目的谈判准备工作中，对于影响合同履行，影响工程项目成本、进度、质量等重大问题的谈判，则必须制定谈判方案。

拟定谈判方案是国际工程承包项目谈判准备工作的核心，按照国际工程谈判的要求，谈判方案的内容，应包括：

(1) 谈判的目标

(2) 谈判的计划

(3) 谈判的范围

(4) 谈判的策略与技巧

(5) 谈判的时间与地点

(6) 谈判的工作组织

(7) 其他

### 2.4.2 谈判的目标

谈判的目标是在确定谈判程序的基础上建立的，它涵盖了谈判的目的（或称谈判的目标）与谈判的议程。

任何谈判都应该以一定的目标为导向，目标是谈判的前提。只有在明确、具体、客观可行的目标指引下，谈判才可能处于主动。如果目标含糊不清，带有随意性、盲目性，那么本身就意味着是一场不成功的谈判。

谈判目标是预先对自己所要达到的谈判结果的一种设定，是谈判的主题与核心。谈判中的种种争论都是围绕各自的目标来进行的，谈判中的种种策略和方法也是为争取达到预设的目标服务的。不打无准备之仗首先就表现为不打无目标之仗。目标确定了，才有主攻的方向。

那么，如何确立目标呢。目标确立有三个层级：一是基本目标，即在谈判中无讨价还价的余地、不可退让、必须坚守的目标，宁可谈判破裂也不得放弃。这是谈判者想获得的最低限度的利益，否则，谈判就失去了作用。二是争取目标，这是一种理想性的目标，首先要立足于争取，必要时可退让，乃至放弃。三是灵活机动的目标，有必要时可以放弃，这主要是出于策略的考虑。这样就把目标区分为主次，使目标有了弹性，增加了谈判的回旋余地。争取目标实现的多少很大程度上反映了谈判成功的程度。

一般来说，确立目标应该有一个过程。首先是确定一个理想性的目标，即争取目标，然后进行可行性研究，结合己方和对方的实际情况，考虑可能造成影响的种种因素，对之进行修正，确立一个可交易的底线，这就是基本目标。目标的确定是谈判者自身的内定，必须确切而具体。即在目标实现的时间、地点和数量上加以确定。目标明确，谈判时就能成竹在胸，有效地讨价还价，巧与周旋。目标不明，谈判时就会心中无数，无所适从。

可见，明确谈判目标是谈判程序中最重要的工作，以便通过谈判达成共识，最终体现在双方签署确认的会议纪要、协议或合同中。

确定谈判程序就是要明确谈什么，先讨论什么，后讨论什么。也就是说，谈判要有一个明确的议程。如果没有它，会议就缺乏导向，谈判或讨论将是无次序或紊乱的，会议也将成为难以控制的自由论坛，也会滋生各种不必要的争论或分歧。

### 2.4.3 谈判的计划

谈判的计划是指谈判活动各项议程的时限。如果谈判者没有时间与计划的概念，讨论就会形成自流和拖延，如果谈判主持人没有时间与计划的概念，就会放任自流。该作小结的不作小结，该下结论的不下结论，该控制的不控制，任其自由发展，那么，谈判的时间将会无限期的拖长，导致精神不集中，松散疲沓，甚至使谈判工作流产。谈判双方在谈判程序问题上的一致性是至关重要的。一般来说，从确定谈判工作初始，参加谈判的双方就会通过信函的方式，就谈判的议题、议程及确定谈判的目的、谈判的程序达成共识。任一方都不能只从自身利益出发考虑程序问题，更不能不管对方愿意不愿意而强加于人，务必通过洽商、讨论取得一致意见。谈判程序上的一致，一方面表明从谈判一开始双方就有了良好的合作气氛；另一方面双方可以据以进一步作好谈判的各项准备工作。促使谈判沿着正确的方向，即一致的目的、议程和进程安排谈判会议。对一些重要谈判和大型会谈来讲，这些程序方面的问题往往都是事先通过传真或文函联系确认的，必要时会派员讨论，以书面或会议纪要的形式确定。当然，在谈判过程中还会有程序问题上的修改和补充，这就要在事先限定的谈判范围内去商讨和灵活掌握了。

谈判计划是人们在谈判之前预先拟定的具体内容和步骤，这是谈判工作的基础。在谈判过程中，谈判人员往往把谈判计划形象地比作骨架，支撑着谈判的具体内容和具体操作程序。因此，没有周密的计划，谈判就会陷于瘫痪。制定谈判计划需要作好以下的工作：

（1）确定谈判的具体目标。也可称作确定谈判的主题。谈判的具体目标，体现着参加谈判的基本目的，这是谈判活动的灵魂和主题。整个谈判都必须紧紧围绕这个具体目标来进行，都要为表现这个目标服务。因此，确定谈判具体目标是制定谈判计划的第一步，是事关大局之举。

（2）拟定谈判要点。谈判要点包括谈判目的、谈判程序、谈判进度。制定谈判目的要言简意赅，切忌赘述，以保证全体谈判人员都能牢记谈判目的。制定谈判程序要注意两个问题：一是互利性。既要符合己方的利益需要，又要兼顾对方的实际利益和习惯。二是简洁性。在一次谈判中，由于人的记忆力有限，如果要求谈判人员同时记住许多东西是不现实的，所以议事日程要明确，并且要点、数目要尽量减少，这样便于记忆，以保证谈判的总体效益。

（3）制定谈判的战术策略。特别要注重运用特殊的策略。比如谈判计划中应该包括这样的策略：是说服、强迫还是控制？协作还是争论？采取“闪电”战术，还是采取拖延、长期施加压力的策略等。

（4）寻找谈判双方的共同利益。很多谈判的各方都存在着共同利益。共同利益的存在，是谈判成功的基础。共同利益的实现，对谈判双方都是有利的。因此，在谈判的工作中，必然要寻找谈判双方的共同利益。

为了寻找谈判双方的共同利益，首先要寻找双方各自追求的利益，在此基础上才便于弄清双方共同的利益。比如，有一对姐妹为了一个桔子吵了起来，由于俩人都想要桔子，所以，只得把桔子平分为二。事后，姐姐吃了桔子肉把皮扔掉，妹妹却把桔子肉扔掉，留着桔子皮烤点心。姐妹俩如果弄清了对方的利益，从双方的共同利益出发，对桔子的处理结果将会更好：那就是都可以增加自己的利益，多得一倍的桔子和桔子皮。因此，谈判双方一定要努力寻找存在于双方各自利益之中的共同利益，以使谈判结果呈现最优。

寻找谈判双方的共同利益要把握三点：一是在任何谈判中无不存在明显的或潜在的共同利益。有些谈判的共同利益不够明显，需谈判者细心揣摩、观察、探寻。二是谈判双方的共同利益是机会，而不是天赐之物。谈判者要利用机会，弄清楚双方的共同利益，并把它作为共同目标确定下来。三是强调双方的共同利益，能够使谈判在友好的气氛中顺利进行。

### 2.4.4 谈判范围

所谓谈判范围是指限定谈判的空间和时间，也就是给谈判程序一个限定的范围，赋以适当的弹性。使谈判活动既可以具有一定的回旋余地，不致在出现有限的分歧时导致谈判的僵局或流产；又可以有明确的妥协和让步限界，不致失控。谈判空间是指以谈判目标为己任，力求实现期望的水平为准线，上下各设定一最高限和一最低限后构成的空间，在其间内可作为讨价还价或妥协让步。在谈判过程中，争取最高限，最多退到最低限，超出限界就考虑适度可止或放弃。在拟定谈判空间时，既要基于谈判双方的优劣势分析，又要着眼于今后双方合作关系发展的前景，还要考虑谈判内容和项目的重要程度，项目最低要求和标准。例如，如果对方处于强有力的优势地位，就宜适当降低高限和低限。如果自身拥有优势，对方处于较弱的地位，就可以把高限定为目标；如果对方将是未来理想的、长期的合作伙伴，就要确定更合理的谈判空间，不宜苛求。当然，如果根据长远企业经营战略的需要，在必要的情况下也可以作出决策。例如，当某一国家具有较多的、潜在的后续项目时，为了开拓或进入市场的战略需要，可能采用低价中标或少量亏损的投标报价策略。谈判的空间与时间的限定则是对每项谈判议程和进度控制所必需的限界，无论是从谈判的协调和控制角度或是从谈判策略和技巧的运用角度都是必需的。拖延时间的谈判和“马拉松”式的谈判只有从战略上有特殊要求时才作为一种策略来采用。一般情况下，每项议程均宜设定一个谈判时限。当谈判已临近时限时，应该及时提醒对方，以便取得对方的合作，集中精力，加快谈判进程。或是估算在设定的时限内，由于双方仍有较大的分歧，已不可能取得成果时，宜提请暂时放一放，换个议题改变一下气氛，以便双方在会后冷静地考虑对方的意见，权衡利弊，在改善气氛的条件下重新谈判，逐步达成一致。

### 2.4.5　谈判的策略与技巧

在国际工程承包项目的谈判中，谈判的策略与技巧贯穿在谈判活动的始终。例如：上面所说的限定谈判的空间和时限的问题，就是一个让利或回旋余地的问题，实际上是一个谈判尺度的把握。所以，谈判的策略与技巧的确定，实质上是谈判的思维准备、谈判过程的调控及谈判类型的选择问题。

**1. 制定谈判的策略与技巧的步骤**

谈判策略与技巧的制定应按一定的科学程序来进行，使其真正起到对谈判的指导作用。具体步骤是：

（1）对谈判情景形势加以分析

谈判中的问题、趋势、分歧、事件或情况等构成了一套谈判的情景形势组合。谈判人员应把这一复杂的“组合”分解为不同的部分，分析每一部分对谈判进展的关系和对可能结果的影响，然后有针对性地制定对策，最后形成综合性的策略与技巧安排。

（2）针对关键问题制定相应的策略

进行谈判情景形势分析的同时，要寻找关键问题，即找出主要矛盾，然后以谈判目标为依据，针对关键问题，制订相应策略。

（3）提出合理假设并进行可行性分析

谈判策略与技巧是针对谈判的具体情势而制定的，但具体情势实际如何往往难于确定，所以在制定谈判策略与技巧之前要对具体情势作出相应假设，当然这些假设应尽可能地合理。对各种假设根据“可行”与“有效”的原则进行深入分析，权衡利弊得失，运用适宜的技术经济分析方法，制订相应的可行策略与技巧方案。

（4）确定具体的策略

在深入分析得出结果的基础上，考虑谈判目标的各种约束条件，确定方案评价的准则，根据这些准则作出最后的策略选择，再把所选择的策略按其优劣排序。按达成三类目标的次序，即可分为“上策”、“中策”、“下策”作为备选方案。

（5）拟定具体行动方案

制订了具体策略与技巧以后，还要考虑策略与技巧的实施方案。从一般到具体进行分工，列出每个谈判人员需要做到的事项，并把它们在时间、空间方面衔接好，进行反馈控制和跟踪决策。

在实际谈判中，谈判的策略与技巧是多种多样的，如谈判要素的联结方式中的先发制人、后发制人与对等式，实际上也属谈判策略。另外，谈判策略与技巧带有很大的随机性，不能生搬硬套，谈判者可从一些谈判策略中，领悟其真谛，并在实践中变通运用。

另外，谈判者要能够在谈判中应付自如和灵活地运用正确的谈判策略与技巧，还必须克服一些阻碍谈判的主观因素，使谈判者打通心理渠道，逾越人为的谈判沟壑，促成谈判的成功。

**2. 谈判的思维准备与谈判过程中的协调控制**

（1）谈判的思维准备

国际工程承包项目的谈判是知识、技巧和经验的较量。因此，在制订谈判方案时必须学习运用一切有关的、各个方面的知识和经验，形成系统的谈判思维与谈判脉络，通过有效、有机、能动、创造性地组合各种思维方式，谋求最佳的谈判方案。至于在谈判过程中如何运用谈判思维获取有价值的信息，谈判思维如何简化、深化和开发创造力等，都需要事先作好准备，并作好基本训练，以减少头脑的超负荷状态和问题的不确定性，取得谈判的理想效果。谈判的思维准备的基本方法是：

1）主谈人事先准备好发言提纲或简化、深化成关键词或问题提示表，头脑清晰，条理清楚的反映自身的观点与设想。

2）谈判小组的其他人要以受话人的身份，事先准备和制定谈判上使用的关键词检核表或问题提示表，随时接受对方主谈人发出的敏感信息。

问题提示表，通常书写或打印在A4白纸上，逐条的标注谈判“问题”的关键词，突出论点与依据以及解决问题的建议与意见。并对对方发言的关键词予以标注，通过现场思维，分析对方的心理规律，随机应变，做出思维提示或思路提示。根据许多国际工程承包项目谈判的实践，思维提示或思路提示的渠道主要有：修改与改进，替代与代用，增减工作量，重新组合，速战速决，引而不发，拖延时间，暂时放置，改换方式，必要退让，适当进攻，灵活变通，借用外力，场外谈判等。

（2）谈判过程中的协调控制

谈判过程中的协调控制就是使谈判活动能够按照既定谈判目标、程序和限定的范围顺利进行，所采取的必要的协调和控制措施。首先要在谈判程序上协调一致，不是强加于人。使谈判从一开始就增强亲切的气氛，减少谈判者头脑的超负荷和不确定性，避免心理上的怀疑和困惑，建立彼此的信任感。使谈判的双方明确，现在在讨论什么，下一步该讨论什么。避免谈判者的头脑超负荷地去接受大量不必要的、混乱的信息。因此，谈判程序的协调一致是控制谈判进展的基本措施。另外，在谈判过程中的协调和控制措施还需要包括两个方面，即议程的协调和控制以及时间的协调和控制。使谈判按议程中双方协调一致的要点逐项进行，而且要竭力抑制一些不相干的讨论，防止把很多时间消耗在琐事上。通常的做法是，如果是以小组形式谈判，就可以指定一个小组成员专门关注和负责议程和时间的控制，及时提醒小组领导；也可以由小组领导主要起协调和控制作用，掌握议程和时间，细节讨论则发挥小组成员专长去进行。不管怎样，在热烈的争论中要做到有能力和能量去协调和控制，除了主谈者本身的能力和经验外，是需要经过一定的技巧训练，使这种技巧能形成经常校核的条件反射作用。并通过实践，逐步形成职业习惯。根据经验，可以运用两种时间间隔措施具体操作和练习这种条件反射作用。一种做法是：每隔一定时间，例如一至二个小时可进行小休，或当讨论的问题已产生敏感时可进行策略性休会；另一种做法是：每隔较短时间，例如半个小时、一个小时，当发现讨论有可能超出时限时，及时提醒对方，可以用提问题的方式发问：我们能否现在小结一下？在这个议题上是否已取得了足够的进展？或是是否需要暂时放一放，先讨论另一项？按照议程进度怎么样？等等。这些问题的及时提出，是很容易被对方理解的，因为协调和控制议程和时限对谈判双方都有好处，可以有力地驾驭谈判的进程。提高谈判的效率，抓住主要事项，按照预定的进度进行谈判，并能限制琐事的讨论，堵塞不相干的事项。

### 2.4.6　谈判地点与时间的选择

**1. 谈判地点的选择**

在谈判活动中，谈判地点的选择，往往涉及一个谈判的环境心理因素的问题。一个人在自己或自己熟悉的环境中比在别人的环境中更具有说服力，这就是心理学家们所称之为“居家优势”，它对于谈判效果具有一定的影响，有利的地点、场所能够增强己方的谈判地位和谈判力量。谈判者应当很好地加以理解和运用。

人类是一种具有“领域感”的动物，他和自己拥有的事物有着密不可分的联系。他的才华的发挥与能量的释放与自己所处环境是密切相关的。比如：乡下的孩子在自己所在的村子里能够随心所欲地和小伙伴、小朋友玩乐，而到了陌生城市见了邻里小朋友，可能就会感到不知所措。美国谈判学家泰勒尔和他的助手们曾经做过一个有趣的实验，结果表明：许多人在自己家的客厅里与人谈话，比在别人家的客厅里更能够说服对方。因为人们有一种常见的心理状况，即在自己“所属领域”的谈判行为，无需分心于熟悉环境和适应环境，这有助于保持较佳的心理状况，发挥出较高的谈判水平，所以谈判成功的概率就高；反之，在自己不熟悉的环境中进行谈判，往往容易变得无所适从，结果导致谈判的失利或破裂。

对于日常谈判活动，最好能争取在己方地点与对方进行谈判。就像体育比赛一样，在己方场地举行谈判协商活动，获胜的可能性就会变得更大一些。在自己熟悉的地点与对方谈判所赢得的优势很多，各方面都感到比较习惯，可以随时向上级领导和专家里手请教，在生活起居、饮食睡眠上都不受影响，而且处于主人、东道主的身份，处理各种谈判事务都比较主动。

一般来说，重要的问题或难以解决的问题最好争取在本单位举行谈判；一般的问题或容易谈判解决的问题，或者是需要到对方了解情况资料时，也可以在对方场地举行谈判，但必须充分做好准备，比如摸清领导的意图要求，明确谈判的目标，准备充足的信息资料，携带必要的谈判助手。在对方场地进行谈判，也有一定的好处，如便于观察和验证谈判对手的情况，有利于与对方领导及有关人员接洽，也容易寻找谈判的借口，比如以未经本单位领导同意而加以推托。

只在下列情况下，谈判者才应远离家乡到异地他乡去谈判：必须亲自检验查看谈判对手的某些资料、事由时；己方及其产品必须对外开放，寻找新的市场和合作伙伴时；有助于在多轮谈判交锋中，把决定性的一轮谈判放在对己方有利的场所时；即使谈判在异地他乡进行，对于谈判结果也不会有很大的影响。如果谈判地点必须选择在异地他乡，谈判人员也应有相应的对策，如谈判前必须有充分的休息和适应时间，预先订好房间，携带必需的资料和计算机等设备工具，注意保持谈判者从容和舒适的工作状态，以减少己方失去“场地优势”带来的不利影响。

一个有经验的谈判者都力争在自己所属领域谈判，如争取不到，就争取一个谈判各方都不熟悉的中性场所。当然，如果是双轮以上的谈判，为了公平，一般都依次改换地点，使双方机会均等。

由于谈判地点的选择，有时会直接影响到国际工程承包项目谈判的效果。为此，笔者根据国际工程承包项目谈判的实践，归结谈判地点选择原则如表 2-4 所示。

**国际工程谈判的谈判地点选择原则一览表** **表 2-4**

| 序号 | 工程项目情况 | 谈判地点选择原则 |
|---|---|---|
| 1 | 一般工程项目 | 1. 通常都是选在项目所在国的项目所在地（包括项目工地、项目所在的城市、项目所在国的首都或附近城市等）<br>2. 根据项目的不同阶段、不同的谈判任务进行选择。一般都由谈判主方决定，或由谈判双方商定。有时为了增进友谊，改善气氛或更好地开发项目或实施项目，应谈判客方的邀请，也可选择更自由的地点如旅游胜地去谈判 |
| 2 | 合作或联营项目 | 两个国家的公司合作或联营，共同开发项目时，谈判地点的选择一般也是由谈判主方（指发起方）决定，或由谈判双方商定。根据谈判地点的不同，通常可以分为主场谈判、客场谈判和中立地谈判：<br>1. 主场谈判。即指在谈判主方的所在地进行谈判。合作或联营发起人通常都愿意选择主场谈判。这样，可以随时查询各种资料，便于及时请示汇报，利于较快地决策。近年来，我国各大型国际公司在发起邀请各外国公司进行合作时已经比较习惯地采用主场谈判<br>2. 客场谈判。是指到对方国度去谈判。对我方来说，一种是应谈判主方的邀请，一种是应我方的建议或申请，后者往往是为了进一步实地考察对方的先进技术和实力状况<br>3. 中立地或第三国、第三地谈判。这往往选在项目所在地。这样，便于深入调查了解和收集当地情况和资料 |
| 3 | 其他特殊情况或项目 | 对于在项目实施过程中，有时为了达成高层领导之间的妥协、谅解或默契，谋求解决项目难题或突破谈判僵局而特殊安排的场外谈判，则往往需要避开项目所在国而选择第三国 |

**2. 谈判时间的选择**

谈判时间选择的适当与否，对谈判是否成功影响颇大。人们常说“时间就是金钱”，谈判时间的确定和利用对谈判的效果会产生较大的影响。因此谈判者在谈判决策时，不能对谈判时间的选择掉以轻心。一般来说，谈判者应当以能使自己获得最佳谈判效果作为选择谈判时间的基准，而不能随意选择。在选择时间时，谈判者应当注意以下几个方面：

（1）谈判者要注意调节自己的作息时间，避免在己方身心状况处于低潮时进行谈判。例如夏天的午间，是人们需要休息的时候，有午睡习惯的人要在午睡以后稍事休息进行正式谈判，故而不宜把时间安排在饭后立即进行；有厂休日习惯的人，不应选定厂休日一大早从事商谈，因为此时他在心理上可能还没有进入工作状态。去外乡异地谈判，则应避免长途跋涉后立即开始谈判工作，要安排充分的休整之后再进行谈判。

（2）当感觉自己身体不适时（如牙痛）不宜安排谈判，因为身体不佳时很难使自己专心致志于谈判之中。同时，也不要在连续紧张工作后进行洽谈，这时人们的思绪比较纷乱，容易产生烦躁与疲劳之感。此外，应尽量避免在用餐时商谈事由，因为用餐地点一般在公共场所，而在公共场所进行“敞门”谈判是不太合适的。再则餐桌上过于丰盛的食物会导致谈判人员精力分散，反应迟钝，乃至发生酗酒误事等事故。故而在餐桌上谈判也是不合时宜的。

（3）如果你是卖方谈判者，则应主动避开买方市场；如果是买方谈判者，则要尽量避开卖方市场，因为这两种情况都难以进行平等互利的谈判。不要在你最急需某种商品或急待出卖产品时进行谈判，要有一个适当的提前量，做到“凡事预则立”，“旱则资舟”。同时还要注意时间因素的重要性，如夏天买棉衣，冬天买风扇，落市时去买菜，在酒厂买酒，在淡季去旅行，等等，在时间的选择上应选择对己方最有利的时机。

此外，谈判时间还包括谈判开始举行的时间和结束的时间，谈判次数、每次谈判及中间休会的时间。谈判的起止时间为谈判的期限，期限的长短制约着谈判的内容和效果。假定当你去找某人谈一件事，你八点钟去，但听说他九点钟要走，那么谈的期限就限制在一小时以内，而这么短的一小时就决定了你对谈话内容的选择和话语的表达要简明扼要。谈判结束的时间称为“死线”，死线对谈判的成败具有重大意义，谈判的结果往往就发生在死线附近，所以高明的谈判者，一般都会在死线上做文章。如美国曾与一小国举行撤军谈判，小国一方表面上装出无期限的样子（事实上他们是有期限的），因为他们知道美国正处于总统竞选的关键时刻，是不愿再把战争拖下去的，所以故意装作漠不关心的姿态。在谈判桌上，他们强忍焦急，耐心等待，先用软话稳住对方，又用一些无关痛痒的絮语闲言消磨谈判时光，眼看美方再也没有精力耗下去了，最后小国一方便抓住这个大好时机狠狠“要价”，美方终于被迫作出让步而达成停战协议。

# 第3章　国际工程承包项目谈判用语及谈判风格

## 3.1　决定谈判用语与谈判风格的主要因素

在国际工程承包项目谈判中，由于是在不同国籍的谈判人员中进行和展开的活动，所以不同国家的文化和习俗，决定了谈判用语与谈判风格的不同。也就是说，不同国家在文化和习俗上的不同点，对谈判用语与谈判风格产生了一定的影响。所以，在国际工程承包项目谈判中，必须认真研究和对待不同国家的文化和习俗，寻求越过和克服由此产生的障碍，选择恰当的谈判用语与谈判风格，更有效地推动谈判活动的进行。

### 3.1.1　文化与习俗的不同点

由于参与国际工程承包项目谈判的人员来自不同国家与民族，因其生活的环境不同，历史与文化背景不同，形成了各具特色的风俗、习惯、爱好和生活方式，而这些都直接影响到谈判人员的谈判思维方式和行为方式，决定了谈判用语与谈判风格。所以，谈判者必须对此有一个正确的认识和理解，否则，往往在谈判双方的交往活动中形成一些不必要的误解或障碍，影响双方的谈判与友好合作关系的正常发展。归集起来，不同国家的文化和习俗主要体现在以下几个方面：

**1. 民族意识**

每个国家都有其民族意识。有的国家则更具有浓厚的民族意识。例如：美国人、犹太人、阿拉伯人、法国人等，其民族意识、民族责任感和为本民族作出奉献的思想都比较强烈。在谈判中，他们必然有着维护本民族利益的强烈愿望和意志，在谈判活动的各个场合也强烈地表现其民族意识的民族感情和生活习惯。在谈判活动中就要承认这种差异，不要去触犯与伤害他们的民族感情。有时为了增加谈判氛围，还要主动去适应它。

**2. 群体观念或集体决策**

一般情况下，与日本人进行一次谈判，其谈判时间往往要比与西方人进行一次谈判安排的时间要长出3倍。这并不是由于日本人谈判效率低，相反，日本人与其他国家的人相比，在各个领域都具有高效率、高质量。这是因为日本人有一个基本信念和工作模式，即集体决策的重要性。日本人善于在谈判活动中注意群众智慧，发挥群体优势。而欧美国家崇尚个人主义，鼓励个人自由发展。

**3. 时间因素**

这是谈判活动中一个极其重要的因素。包括拟订谈判议程，安排各种活动，约定开会和赴约时间以及如何利用时间因素变换谈判的战略和策略等等。然而，对时间因素的看法和态度，各个国家是迥然不同的。西方国家都把时间看作是效率，是金钱，而阿拉伯人却是无所谓，在南美洲，时间同样是不重要的，准点开会几乎是不可能的。日本人虽然也非常重视时间因素，但是由于群体的参与和协调要耗费很多时间，西方人对此往往是难以理解的。因此，作为一个有经验的谈判者，必须充分考虑到这个因素。

**4. 等级观念**

各个国家的等级观念是不一样的。德国人有很强的等级观念，老板就是最高领导，计划必须由他批准，他还要亲自指挥主要的谈判活动，即使完全未能按计划行事，其下属慑于领导淫威也难于提出意见。对外也很重视职衔称呼，对谈判对手讲究旗鼓相当，地位对等。阿拉伯国家的等级观念同样很重，在谈判活动中也讲究地位对等。

**5. 风俗习惯**

历史文化的不同，生活环境的不同，形成了各个国家各具特色的风俗习惯。在谈判接触中需要认真对待，以免发生误会，形成障碍。例如：在英国，大拇指向上是一种高兴活泼的姿势，而在伊朗则认为是一种极大的贬义。如果是中指向上，则在英国人看来，其恶劣程度几乎与在伊朗看到大拇指向上是相当的。另外，例如：对于阿拉伯国家的人，如果不用阿拉伯文的夸张语言陈述别的语种观点时，又会使阿拉伯人感到调子太低而失望。所以，了解风俗习惯极为重要。

**6. 礼仪**

国际工程承包项目谈判属于外交活动，对外交往和谈判场上的礼仪是不可忽视的重要问题。讲究礼仪不仅是表示对对方的尊重，也是本身风貌和知识文化的重要显示。不注意礼仪就可能导致谈判的挫折或失败。例如：称呼问题，在法国和德国，都应在姓氏前面加上先生或女士。“阁下”或“阁下您”只是在国际外交场合对大使或部长使用。在英国，称呼则往往注重其贵族头衔，也常用军衔、法律或宗教头衔来称呼。在阿拉伯国家，会见时对男人习惯于握手和亲吻双颊，对妇女则只能行点头礼。递名片也有不同的习惯。在韩国，递名片像是在举行仪式，必须用双手的大拇指和食指夹着名片的顶角递上去。而在印尼，一个伊斯兰国家，则仅用右手递过去就可。在阿拉伯国家，按照传统礼仪，主人的座位要比客人的座位高些。在开会时，不要把脚翘起来，因为这是很不礼貌的。在谈话过程中，不要做手势，更不要用手指指着对方。

**7. 心理特征**

有一些国家由于历史形成的心理特征，在谈判活动中也不容忽视。例如对“承诺”的概念，一些国家就有着完全不同的心理状态，西方人对任何承诺，就意味着必然的履行。然而阿拉伯人往往是说话不算数，他们的承诺只是表示赞成或同意，并不是履行。至于能否付诸实施，还要看“真主”的意愿。例如：美国人的统治心理和欲望以及对金钱和地位的崇尚，往往主宰着他们的谈判活动。

**8. 性格差异**

不同国家的谈判人员在性格上的差异也是十分明显的。即使是来自同一个国家也往往有着显著的差异。保守或激进，沉着或偏激，诚实或虚浮，直率或圆滑，热情或暧昧，开放或拘谨，粗暴或柔和，等等，不同性格都会在谈判桌上有所反映。一个有经验的谈判者就要善于因人而异，有效地去应付、适应和协调各种不同的性格。

**9. 行为准则与行为模式**

行为准则或行为模式是不同文化和习俗的综合反映，也往往形成了某些国家特有的谈判风格。例如：商务谈判的价格问题，大多数国家在第一次谈判时都习惯留有较多的回旋余地，以便在以后的谈判中讨价还价。但是这种留有余地的做法，对秉性较诚实的北欧人来说，在文化道义上却是不能接受的。又如德国人，由于文化传统的影响，形成了他们特有的谈判风格，即充分的准备，规范化的陈述和高质量的要求。他们的谈判准备工作比其他国家的谈判人员要多而且提前，对自身分析、对手分析和谈判议题等都会作充分准备，对对方的要求也会作全盘考虑，有时甚至比对方自己设想的还要详尽而周到，他们对谈判内容的陈述往往是很细致而有说服力的。德国人的规范化是很突出的，包括行为的规范化、称呼的规范化、资质的规范化和陈述或演示的规范化等等。因此，德国人在谈判中给人的印象往往是深刻的，即有条不紊的陈述，规范化的内容和行为，以及严格而高质量的要求。然而，过于深入的准备，有时也会导向盲目和不切实际，过于死板而教条，缺乏灵活性。而美国人则由于其长期谈判文化统治地位的影响，在谈判上比欧洲人、英国人都富有进攻性，他们通常都是直接明快，单刀直入，喜欢一开始就接触实际。美国人还推崇干得快、赚得多的快速赚钱能力，认为这是比别人更有智慧并值得尊重的一种行为。并善于在谈判的后期阶段和关键性阶段，巧妙地把进攻型谈判和建设型谈判结合起来，以便使对方在较好的氛围中接受意见，达成协议。另外，美国人在谈判中很注重经济财务分析和法律手段，重视专家和律师的影响力和作用。从整个欧洲的谈判文化来看，大致可以有两个尺度。以诚实为尺度的南北欧洲文化，越往北越诚实，越往南则无论是官方或非官方，在谈判策略上就更需要“抹润滑油”，甚至贿赂行为。阿拉伯人具有历史悠久的经商和贸易传统，作为谈判者来说，阿拉伯人精于商谈，有较好的技巧，他们习惯采用进攻型谈判，要他们适应建设型谈判是十分困难的，他们还爱猜疑，喜欢把小事复杂化，常常以“神的旨意”中止谈判或履行诺言，因此，和阿拉伯人谈判必然要耗费较长的时间。非洲文化最显著的特点是部族制。政府官员和从事商贸活动的多为名门望族，他们重视礼节，注重情谊，但生活节奏缓慢，他们往往需要适当地“抹润滑油”。

### 3.1.2 克服文化和习俗的障碍的原则与方法

世界上各个国家的文化，都有它自己固有的历史、特征、宗教信仰、语言、民族意识、生活习惯、礼仪习俗、时间观念和行为模式。正是这些不同的文化和习俗，形成了不同的谈判思维方式和谈判风格。归纳起来，这些文化构成了各种文明，主要有西方文明、儒学文明、日本文明、伊斯兰文明、印度教文明、斯拉夫——东正教文明、拉丁美洲文明和非洲文明。而国际工程承包项目的谈判，具有国际化的特征，而开放、融通必然具有时代发展的产物，是“各种文明之间发生碰撞”。任何一个高明的谈判家也不可能通晓和掌握所有国家的文明。作为一个国际工程承包项目的谈判人员，在谈判活动中就需要正确认识和对待不同国家的不同文化和习俗问题。长期的国际工程谈判实践经验告诉我们，在不同国籍的谈判人员之间，首先需要相互尊重，要在认识和了解对方的不同文化和习俗的基础上，承认差异，并自然保持不同文化和习俗的存在；其次要在整个谈判过程中，积极主动想办法寻求途径，越过和克服文化和习俗的障碍，创造良好的谈判氛围。

在国际工程承包项目的谈判中，通常克服文化和习俗障碍的原则与方法有：

(1) 尊重对方的文化和习俗，自然保持其不同点

在国际交往中，相互尊重是一条基本原则。在这个基本原则的指导下，对待对方的不同的文化和习俗，最主要的是尊重它、承认它，自然保持其不同点。

(2) 不要夸大差异和不同

不要以自身的文化和习俗为主，炫耀自己，鄙视或贬低对方，更不能粗暴干涉，强加于人。否则必将形成不必要的分歧和谈判障碍。要在尊重对方的文化和习俗，承认差异的基础上，时刻注意寻求越过和克服障碍的方法。例如：注意维护双方的民族意识，求同存异，切忌触犯和伤害对方的民族感情。正确认识对方对时间因素的不同态度和看法，在谈判过程中注意有效地利用这种因素。了解和适应对方的不同生活习惯和性格差异，包括衣着和言行举止，尽量随和。注意防止一切可能被认为是鄙视和触犯的言论和行为。重视和尊重对方的等级观念，作出相应的对等安排。充分理解和考虑对方文化长期形成的一些工作特点和心理特征。例如：宗教信仰、“承诺”概念、规范化要求、绅士化传统等等。领会对方的谈判用语、行为方式和谈判风格，防止强加于人。有时还要采取必要的适应性措施。

(3) 不要仿效

在外交活动中有一个显著的共识，那就是谁要想比该国人显得更有该国味，他也就变得很可笑。谈判的较量最终应是谈判者的实力，而不是谈判者的适应能力，后者毕竟是辅助性的。

(4) 尽可能选择适应于对方文化和习俗的谈判人员

例如：和法国人谈判，要尽量选择会讲法语的人员作发言人代表或领导人员。与德国人谈判时，要注意职衔地位的对等，选择注重言行规范化、层次较高的谈判人员，文件准备工作要做到精美、正规和高质量。与美国人的重要谈判，要重视配备高级技术专家和律师，并注意财务经济分析。

(5) 针对不同国家的不同习俗，安排好有特色的接待工作和会场布置工作。对一些重要谈判，要尽量物色一位当地的资深翻译协助工作，以便及时沟通双方不同的文化和习俗。商务和技术翻译，最好选择谈判者自身国家精通对方国家官方语言的翻译或熟悉对方国家官方语言的工程技术人员和业务人员担任，以便传递准确的信息。

## 3.2 谈 判 用 语

在国际工程承包项目谈判中，一般情况下，有经验的工程承包商都会在每一次谈判中，派出熟悉对方国家情况，精通对方国家官方语言的翻译人员参加，但是作为参与谈判的人员也要熟悉掌握谈判用语的基本知识。首先，语言作为一种社会与心理现象，是人与人之间沟通思想感情与工作交流的工具。而谈判恰恰是谈判交往的常用基本方式。其谈判用语则是语言运用的一种艺术，掌握了这种谈判交流的艺术，就等于打开了谈判活动的钥匙。

### 3.2.1 谈判语言的涵义与分类

**1. 谈判语言的涵义**

谈判语言的涵义，首先它是语言在谈判领域中的具体运用并直接为实现人们的最终谈判目的而服务的，用来表达人们的意愿、情感，传送理性、情感与现实的各类信息。其次，谈判语言又是人们在谈判中思维与智慧能力的特定表现，领悟对手谈判内容，作出反应，并以某种表现方式来进行劝诱、威胁、探测、暗示、交锋等等。

从谈判语言的涵义中，我们可以推论出谈判语言的如下特征。第一，它具有广泛性和实用性。这是不仅谈判的类型十分广泛，涉及政治、军事、外交、经济、商业贸易、文化等广阔的领域，而且从一般民众到专业人员、政府官员，不同阶层的人员都不同程度地需要进行谈判活动。正如有人所评判的——“世界就是一张谈判桌”，几乎我们每一个人都直接或间接地参加着一次又一次的谈判活动。第二，谈判语言有独特性和双向性。它区别于宣传、授课、播音、政论、报告、演讲、文化娱乐表演和一般日常生活的口头语言等等，表现出它只是在立场、见解、利益等方面存在着差异的个人、群体或组织、国家之间的领域内应用的特点。除去特殊情况（如三方谈判或多方谈判）外，一般谈判都是由双方进行，因此在这种独特领域内，谈判语言又具有双向性交际的特点，即仅由参与谈判的双方人员直接运用，并且仅对参与谈判的双方产生效用。

我们知道，所谓谈判就是人们为了达成持不同立场与见解的各方所能接受的协议，通过交谈协商而实现协调一致的一种社会现象。而语言是人类彼此间交际的基本工具，同时也是人类赖以进行思维的工具，因此谈判过程离不开人的语言表达与交流。在谈判中使用的语言，就称之为谈判语言。

谈判的过程是双方运用语言进行协商的过程。在这个过程中，彼此的心理活动、策略应对、观点的接近与疏远等等，都是通过语言反映出来的。因此，语言运用的效果决定着谈判的成败。

**2. 谈判语言的分类**

在谈判中人们主要是依靠语言作为媒介来传递信息、交流思想、表达情感。但是，由于人类的活动方式和活动内容不同，其运用语言的方式和形式也各不相同，因此，除了语言之外，人们在谈判中进行交谈协商，还应用了其他的交际工具如书面材料、电报代码、旗语、灯光信号、各种暗号以及面部表情、手势、躯体姿态等，它们也属于谈判语言。而谈判语言的分类主要有：

（1）按照谈判语言表达形式的特点来划分

1）口头谈判语言

是指通过人的发音器官表达和听觉器官来接受的语言，即以说和听为交流方式的语言。这种语言借助人的发音器官和听觉器官来交流思想、传递信息。其主要形式有交谈式和独白式。独白式是指演讲、报告、会议发言、谈判陈述、工作汇报等；交谈式是指在答问、辩论、谈心、接待、谈判等活动中的语言运用，在这些活动中常需要有问有答有说有听的交谈来完成彼此间的情感和信息的沟通。谈判用得最多的是交谈式。

口头谈判语言是最直接、最灵活、运用最普遍的谈判语言。它在谈判活动中能及时地、充分地表达出谈判者的要求、愿望或意图。无论是正式谈判还是非正式谈判、公开谈判或秘密谈判，以及其他任何类型的谈判均可以运用口头谈判语言进行。

2）电话谈判语言

电话谈判语言是一种间接的口头谈判语言，是通过电话来谈判的。电话谈判语言与口头谈判语言的差异是：口头谈判语言一般是在谈判者面对面的场合使用，而电话谈判语言则通常（特殊场合除外）不是在谈判者面对面的场合使用。电话谈判语言的运用与其能够反映的信息量有紧密联系。比如，采用电话商谈时对于对方的细微表情、环境、有无第三者在场、有无窃听、通信设备质量等因素无法观察或把握，因此谈判者难以保证准确传递己方意图的信息，难以准确把握对方的真实意图，难以观察谈判现场环境的影响，难以避免信息的泄密，难以预防因通信设备质量故障而引起的误会、谈判中断、甚至严重的干扰后果，等等。但是，正因为电话谈判语言有这样一些特点，老练的谈判者往往用它来进行某些特殊的谈判，以赢得有利的谈判地位。

3）书面谈判语言

书面语言是有声语言的符号形式。在谈判活动中这种形式是通过文字进行信息传递的。书面语言与有声语言比较起来，它的优点是可以不受时间、空间的限制，而且传播的内容便于斟酌，便于留存，所以，书面语言在很大程度上扩大了语言作为交际工具的作用。谈判中书面语言的作用表现在：收集、整理有关谈判的信息资料；制订谈判计划；拟定谈判方案；记录谈判内容、形式和谈判契约；用于信函谈判等。

谈判中的书面语言有着如下的特点：

①讲究程序。在谈判发展的历史长河中，书面语言的使用往往按照使用的场合不同已形成若干固定的程式，并要求严格遵守。如形成谈判契约，就要按照契约签订的法定程序来予以办理，以免成为无效契约。

②文字简练。谈判过程中的书面语言，是以叙述、说明事实为主，要求措辞准确、严谨，含义清楚、确切；并应具有较强的概括性和一定的文言色彩。

③叙述平实。谈判过程中多用朴素平实的书面语言叙述事实，记载资料、决议，分析、评断事理，表明意见和方法。

④真实可信，具有法律效用。谈判中的书面语言主要是指谈判中的契约性语言，契约一经双方同意签字后，便对当事人产生约束力，具有严肃的法律功能。

书面谈判语言的特点是严谨，正式感强，灵活性差。采用书面谈判语言难以表达情感以外的行为语言信息，对于决策性失误如表态过火、承诺过多等难以挽回。因此，书面谈判语言运用必须十分严格慎重。

4）函电谈判语言

函电谈判语言除了具备书面谈判语言所有的特点以外，还具有因函电传播媒介性质所引起的、与邮政及电信技术进步程度相对应的特点，如精练（尤其是商务谈判函电普遍采用缩略的发盘及磋商用语）、保密性好（以先进的密码编译系统为手段）等。因而，函电谈判语言已越来越普遍地运用到各种类型的谈判活动中，成为沟通信息的又一有效手段。

（2）按照语言风格和内容划分

1）外交性语言

外交性语言本是指在国家与国家的交往过程中为处理各种关系而使用的语言。它的突出特点是表情达意的伸缩性、婉转性和灵活性。谈判活动中使用外交语言容易创造和谐的气氛，容易使消极因素转化为积极因素。使用外交语言进行交谈，既婉转、巧妙地表达了自己的意见，又策略地给双方都留下了回旋的余地。这对于解决比较复杂的问题或尖锐的利益冲突十分有效。

例如，谈判活动中常用的外交语言有：

①开局时："能有机会与您一起商谈而感到荣幸"，"愿我们的交流能为双方的合作做出有益的贡献"，"有关谈判议程悉听贵方尊便"，"如果您不介意的话，我们先交换一下谈判方案"。

②有分歧意见时："很抱歉，关于这个问题请允许我再考虑一下"，"请原谅，我不能马上答复您"，"愿与贵方友好交往，希望我们一起把手伸出来"。

③发生争执时："很遗憾，这只是您一方的想法"，"贵方意见出乎意料，我只好表示歉意"，"贵方的精明使我佩服，但我方无法满足贵方愿望。"

④劝解说服对方时："坚持立场是您的权利，但促使谈判成功也是您的责任"，"请贵方从我们友好合作的关系出发来考虑问题"，"我们不希望看到贵方有违背友好合作精神的举动。"

⑤告别时："欢迎再次光临"，"愿合作顺利、愉快"，"如可能的话，愿与贵方再次合作"，等等。

2）专业性交际语言

专业性语言，是指有关谈判业务内容的一些术语。如，谈到物价，有磋商、发盘、递盘、还盘、受盘、接受等。不同的谈判业务，有不同的专业语言。如产品供销中的市场价、质量、包装、保险、批发价、出厂价等；在国际贸易中的离岸价、到岸价、税率、关税率、装运等；在技术转让谈判中的专利权、经销权、制造权等；在合资项目谈判中的投资额、回报率、利润及利润分享等。专业语言的特征是用语准确、专一、简练、明确、严谨、通用，而且都有其特定的含义和范围，并适用于世界各国和各地区。

3）法律性语言

法律性语言是大型正规谈判的主体语言。它的突出特点是表示含义的准确性、严谨性、确定性，使用范围的普遍性和通用性。使用这种语言可以使表达简洁、精练，而且清晰、严密、规范。

法律性语言的含义多数已在法律或文件中作了比较明确的规定。如《国际贸易术语解释通则》、《关税与贸易总协定》、《纽约公约》、《承认和执行外国仲裁裁决公约》、《条约法公约》、《建立新的国际经济秩序宣言》、《各国经济权利和义务宪章》、《联合国宪章》、《国际法原则宣言》等法规或文件中对很多语词作了严格的限定，使其含义准确、严格。

4）文学性语言

文学性语言是指在谈判中使用带文学色彩的语言。在谈判中恰当地运用文学性语言，即讲究修辞、引用文学典故，讲究修饰性、包装性，以显示谈判者的优雅、诙谐、幽默和文化素养，并以其生动、鲜明、活泼和表述深刻、委婉、富于想象力、感染力的文学语言魅力，拉近谈判双方的距离，增进友谊，调节谈判的气氛。当然，其主要作用还是要生动明快地说明问题，有助于僵局的化解和谈判的顺利进行。

5）军事性语言

军事谈判是起源最早的一种谈判活动，而且又是伴随着军事冲突而产生的，所以，军事冲突中的很多谋略被广泛应用于各种谈判活动。谈判过程充满着激烈的斗争，也需要斗智斗勇。为了坚持自己的信念，振奋自己的斗志，强化自己的优势，所以，谈判活动中也常常使用军事语言。军事语言的明显特点是：简练、干脆、坚毅、自信、含义深刻，具有极强的鼓动力。

（3）按语言的功能进行分类

1）礼节性的交际语言

为使双方形成合作和相互信任，谈判中使用的增进了解、沟通感情、融洽气氛的语言都是礼节性的交际语言。它表现出礼貌、温和、言辞得体的特点，一般情况下多富于装饰性，不涉及具体的实质性问题。在谈判中使用礼节性的交际语言，不是为了表现权势、地位或进行倾轧欺诈，而是在尊重对方不同层次需要的基础上，以亲切柔和的语调、温和委婉的口气、庄重典雅的措辞及表现谦敬的词语来体现文明的思想内容和礼貌周到的态度。

典型的礼节性交际语言，如“我们热诚地欢迎远道而来的朋友”、“您的慷慨惠予，使我们深受感动”、“谢谢合作”、“很荣幸能与您结识”、“愿我们的工作能为扩大和加强双方的合作作出贡献”等等。运用这类语言，不仅可以缓和与消除谈判对手的陌生感和戒备心理，联络双方的情感，创造出一种轻松、自然、和谐的气氛，而且也表现出语言运用者自身的良好修养与形象，有助于谈判在真诚友善的气氛中进行。

2）留有余地的弹性语言

在谈判中使用的模棱两可、没有明确表述的语言都属于弹性语言。出于谈判策略及避开对方锋芒的需要，适时地使用弹性语言是十分必要的。由于它具有灵活性、策略性和适应性的特点，是谈判者在面临谈判难题时经常使用的语言。例如：“我们将在适当的时候对此做出评判”、“我方的最后期限要看谈判进展的具体情况而定”、“最近几天再给你们回音”、“我们将尽快调查这个问题的真相”、“这也许是可能的”、“我们大概了解了一些情况”、“我们看情况尽力去做”等等。这些语句并没有直接回避和否定对方的话题，而以“适当的时候”、“看……而定”、“最近几天”、“将尽快”、“也许可能”、“大概”、“看情况……去做”等模棱两可的词语来进行答复和说明，在时间上既可长可短，在状态上也可松可紧，在程度上更可深可浅，并无明确完整的规定。

这种弹性语言的运用，显然可以使谈判者进退有较大的余地。它不仅避免了过早暴露己方的意愿和实力，而且在面对较复杂的问题和一时难于作出准确判断的事情时，既未作出肯定回答，又未完全否定对手提问，这样就争取了时间来作必要的研究和制订对策。在对方追究时，这种弹性语言也是摆脱不必要的纠缠、推卸责任的一种托词和依据。因此，留有余地的弹性语言在谈判过程中的合理运用，可以使谈判者避开直接的压力，在既不使对方不快，又不使自己为难当中给己方的谈判带来主动。

3）威胁劝诱性的语言

在谈判的利益协调过程中，使用对抗性强、猛烈尖锐或是委婉、平缓、柔和，分别以威慑、诱导对手为目的的语言就是威胁劝诱性的语言。威胁性语言类似军事语言，干脆、简明、不容置疑，强化自身的态度，胁迫对方做出明确的答复，伴之以态度坚决、口气强硬；劝诱性语言则含蓄、婉转、旁敲侧击，吸引对方注意力，引导对方沿着自己的思路去思考问题，伴随的是态度温和，柔中有刚，最终使对方改变立场，转而接受己方的观点。

一般来说，威胁性语言较为简单粗暴，常在争辩或运用“最后通牒”策略时使用，以向对方施加压力，但不宜过多使用，否则会强化谈判双方的敌对意识，从而使谈判变得更为紧张。而劝诱性语言则比较讲求方法、条理与技巧，应用范围也比较广。能够熟练地运用劝诱性语言，也是在谈判中掌握主动，主导谈判的方向，左右谈判进程的一种方法。

4）幽默风趣语言

莎士比亚曾经说过“幽默和风趣是智慧的闪现。”在谈判中，使用风趣、生动、富于感染力的词句去表现思想、学识、智慧和灵感的某些结晶，这就是幽默诙谐语言。它与庄重严肃相对，具有轻松、愉悦、含蓄的风格，既不同于滑稽，也不同于笑话。它往往在使人发笑之后继续回味，感受幽默诙谐语言的内在情趣与弦外之音。

显然，在谈判中幽默诙谐的语言能够调节谈判气氛，使双方获得一种精神上的快乐，从而起到润滑人际关系、消除忧虑与紧张、巧妙地避开难题、使双方减少抗拒心理等作用。英国哲学家培根说：“善谈者必善幽默。”使用幽默诙谐语言，要求使用者对语言要有较高的艺术凝练能力、有广泛的生活阅历和敏捷的智慧。因此有人称幽默语言是谈判中的高级艺术。

（4）通过表情动作来传递情感的语言形式——体语

体语是一种无声语言，是指通过人的形体、表情和姿态等形式来表达情感、传递信息的语言形式。在谈判活动中，体语是一种广泛运用的重要沟通方式。体语主要有以下六种表现形式。

1）首语

首语是通过头部活动所传递的信息。分为点头语与摇头语，一般情况下点头表示肯定，摇头表示否定。有人曾专门探讨过“点头语”语义，认为有以下含义：表示歉意；表示同意；表示肯定；表示承认；表示感谢；表示应允；表示满意；表示理解；表示顺从。

首语因文化习俗的差异在表义上也有所区别，在保加利亚和印度的某些地方则与一般情况恰好相反，即“点头不算摇头算”。

2）手势语

手势语包括握手、招手、摇手和手指动作。手势语在谈判活动中使用范围较广，使用频率很高。

握手的次序、握手的方式都有一定的规范。握手的习俗为多数民族所具有，也有的民族用其他的方式来代替手语，如日本人就以鞠躬作为迎宾送客的礼节。

手指动作受文化差异影响，表义较为复杂。中国人之间在比较简单的个人交易中，常用手指表示数量，如将食指伸出向下弯曲表示的是“9”；可日本则用这种手势表示“偷窃”。用拇指和食指合成圆形，在美国表示“OK”，是赞许和承诺之意；但在法国一些地方，有时却解释为“毫无价值”。由此看来，谈判过程中，使用手指动作，必须首先掌握在不同民族中所表示的特定含义，才能有效地发挥手势语的交际作用。

3）目光语

目光语也称作眼神。常言道：“眼睛是心灵的窗户。”人的内心情感，如喜、怒、哀、乐都可以通过目光的微妙变化反映出来。目光语可分为许多种，如“逼视”、“窥视”、“凝视”、“注视”等，每一种目光语都具有与其他目光语相区别的特征。但这种区别是细微的，因此，只有在具体的语言环境中，才能正确理解某一个目光的完整含义。

目光语主要由视线接触的停留时间、视线接触的方向和瞳孔的变化三个方面组成。

视线接触的停留时间长短一般与感兴趣的程度成正比。除中东一些地区以相互凝视为正常的交往形式外，在许多民族中，往往把长时间的凝视、直视或上下打量，看作无礼行为，会给对方造成心理上的防御，从而影响谈判效果。

俯视一般表示“爱护、宽容”，正视一般表示“理解、平等”，仰视一般体现“尊敬、期待”。

瞳孔自然放大，眼睛很有神，是“高兴、喜欢、肯定”的内心表露；瞳孔自然缩小，眼睛暗淡无光，则是表示内心的“痛苦、厌恶、否定”。

在谈判过程中，注意观察对方的目光，可以洞悉其心理，有针对性地表达自己的意愿，促使谈判成功。

4）微笑语

微笑所表达的含义在各民族中基本是一致的。微笑具有神奇的魅力，会使人感到亲切、可信、有诚意。微笑能使强硬的态度变得温柔，能使困难的议题变得容易，能使被动局势变为主动，能使敌对情绪变为友好。所以说，微笑是谈判人员一种绝妙的策略和技巧。

5）界域语

谈判过程中，界域语的媒介作用体现在位置和距离两个方面。谈判人员就座的位置不同，可表示出不同的含义。例如，甲、乙两人谈判，甲已坐定，那么乙座位的选择很有讲究。乙坐在甲的旁边，这是友好位置，体现了双方兴趣相投，亲切友好彼此信赖的关系；乙坐在甲正对面，这是竞争位置，表示乙方对甲方有防范心理。

距离远近的选择，因民族文化的影响有所差异，与不同民族成员一起谈判，应事先了解对方的习惯。

6）姿势语

在谈判过程中，姿势语中的坐式比较重要，每一种坐式都毫不掩饰地反映谈判者的心理状态。如交叠双足而坐，是防范心理的一种表示；男性张开双腿而坐，表示自信、豁达；女性双膝并拢，表示庄重、矜持。在谈判的实践活动中，这种事例比比皆是。

总之，体语在谈判中有着极为重要的作用，体态语运用得当能够得到对方的信任好感并建立起一个良好的谈判氛围，使谈判成功；错误地使用体态语，则往往误导对方，产生口角抵触情绪破坏谈判气氛，最终只能导致谈判的失败。

例如：西欧有位客商有一次到东南亚某国去谈判一笔交易，开始时双方气氛热烈，谈判进行得很顺利。但当谈判结束，双方要签订协议时，西欧的那位客商由于兴奋得意而架起了二郎腿。谁知此后形势急转直下，对方冷着脸要求与西欧客商重新谈判。原来是西欧客商以跷二郎腿表达自己兴奋得意的心情，而对方则是把对着别人跷二郎腿的体态语看作是对别人的恶意。仅是谈判语言在最后时刻的表达差错，就酿成了这场谈判闹剧。

7）体语的特点

①受文化习俗影响，相同的动作可表示不同的含义，如上文所述，食指伸出弯曲，在中国表示数字，在日本表示“偷窃”；不同的动作也可以表示相同的含义，如打供作揖、握手、鞠躬、拥抱和接吻都可以表示见面礼节。

②体语是内心情感的自然流露。体语受生理性的需要所制约，具有难以掩饰、难以控

制、难以意识的特点，因此，与有声语言比较具有高度的真实性。但体语表示含义的信号比较细微，必须通过认真观察才能辨识。

③与有声语言配合，强化表达效果。体语表达含义一般和有声语言结合进行。交谈过程中，伴有适当的体语，会明显增强感情色彩和说服作用，从而取得更好的效果。

④体语的综合运用。在谈判过程中，各种体语往往是综合利用，同时传递某种信息。如：双臂交叉于胸前，往往是表示防备、疑窦的心理，或表示对对方意见的否定；若同时握紧拳头，则表示否定程度的强烈；揉眼睛、捏摸鼻子并且两腿频繁动不时来回交叉，在很大程度上表明其防备、抵触或否定的意思；两手手指顶端对贴在一起，掌心分开，形似尖塔，表示高傲、自信、踌躇满志的心情；当双方谈判人员认为问题接近解决，隔阂或障碍基本消除，便会自然而然地坐得靠拢一些，或东道主起身凑近对方。

总之，谈判过程中谈判人员的动机和需要可通过不同的语言形式表露出来。我们应该掌握一些规律和特点，以便完整、准确地接受信息，作出切合实际的判断，有针对性地进行交流，使谈判顺利进展。

然而，对谈判语言的分类都是相对的、变化的。有的划分标志彼此之间紧密联系，或互相包容，甚至难以截然区分，这正说明谈判语言的艺术性所在。

### 3.2.2 谈判用语的一般原则与要求

**1. 谈判用语的一般原则**

在谈判中，语言的运用必须遵循以下原则：

（1）必须为谈判的目的服务

谈判目的的实现，离不开谈判语言表达与交流。因此，保持谈判语言与谈判目的一致性是人所共知的一项原则。比如：在谈判现场，当谈判主持人之间正进行较为严肃的谈判问题交涉时，谈判小组的其他成员却在与其他谈判对手窃窃私语或谈笑其他私事，此时，谈判主持人必定会暂时中止谈判，纠正己方成员的作法。这就是由于那些谈判成员此时的谈判语言与己方的谈判目的发生了偏差，只有使整体的谈判语言与谈判目的保持一致性，谈判也才能继续下去。

谈判目的又分为最终目的与阶段性目的。与此相联系的，还有己方的整体策略与阶段性策略。谈判语言显然也必须与它们保持同步的一致性。

例如：日本松下公司前总裁松下幸之助有一次去西欧，与当地一家公司进行谈判。由于双方各自维护自己的利益，都不愿意做出妥协，以至情绪激动得进行大声争吵、拍案跺脚，气氛异常紧张，谈判只好暂时中止，等吃完午饭之后再协商。下午，谈判重新开始。松下首先发言，他没有谈买卖上的事，而是说起了科学与人类关系的话题："我刚才去了科学馆，在那里看到了巨子模型，并且深深为之感动。人类的钻研精神实在令人赞叹。目前人类已经拥有了许多了不起的科研成果。据说，阿波罗 11 号火箭又要飞向月球了。人类智慧及科学事业能发展到这样的水平，这实在应该归功于伟大的人类。然而，现在人与人之间的关系却没有如科学事业那样取得长足的进步。人们之间都怀有一种不信任感，他们在互相憎恨、吵架，在世界各地，类似战争和暴乱那样的恶性事件频繁发生。在大街上，人群熙来攘往，看起来似乎一片和平景象。其实，在人们的内心深处却仍相互间进行着丑恶的争斗。”他稍微停顿了一会儿，接着说：“那么，人与人之间的关系为什么不能发展得更文明和进步呢？我认为人们之间应该具有一种信任感，不应一味地指责对方的缺点和过失，而且对此应该持相互谅解的态度，一定要携起手来，努力发展共同的繁荣和进步事业。科学事业的飞速发展与人们精神文明的落后，很可能导致更大不幸事件的发生。人们也许用自己制造的原子弹相互残杀，日本已经蒙受过原子弹所造成的巨大灾难。”

开始时，参加谈判的对方人员以为是在闲聊天，偏离了谈判的主题。逐渐地，他们被松下幸之助的谈论所吸引，并且为这些问题所感叹，谈判会场一片沉默。随后，慢慢转入正题的谈判，气氛与以前的完全不同，谈判双方成了为人类共同事业携手共进的伙伴，欧洲的这家公司接受了松下公司的条件，双方愉快地在协议上签了字。可以说，在关键时刻松下先生谈判言语方向的转移为谈判铺垫了走向最后成功的道路。假设当下午重开谈判时，松下先生没有转移谈判语言的方向，松下先生的其他谈判助手仍然以争执的姿态表现自己的谈判言语，谈判只能是毫无结果。

由此可见，谈判语言的表达从内容、方式的差异或错误，到表达方向等方面的技巧，都对谈判过程和结局发生着直接的影响。正确的、巧妙的谈判语言不仅可以顺利地实施己方的谈判方案、策略，对谈判进行有效的控制，而且可以即席发挥，为实现己方仅处于纸面上的、预想阶段的谈判目的开创更为有利的局面，有时会形成出乎己方预料的谈判最优结局。

不仅如此，谈判语言的应用还必须受到谈判本身性质的制约。尽管谈判中充满了各种技巧与艺术手法，不少谈判者也在学习演员的表现技巧，但从总体而言，谈判的性质是要解决双方实实在在的分歧点，达成某种利益的分配与协调。因此，谈判语言一般在词语、句式、修辞等语言要素与表达形式上要求平实、委婉、明确，避免使用那种过于华丽和含混不清的辞藻。例如散文式的语体与朦胧诗式的表达显然都不应该，也不会成为谈判语言的表现形式。谈判体态语的表现同样适用这个原则。过分的体态语表达，毫无疑问会令人感到虚伪、做作，引起对谈判人本身的厌恶。

（2）必须根据不同的谈判对象采用不同的表达技巧和方法

由于谈判的类型多种多样，参与谈判的人员常常由于民族、国度、地域、年龄、性别、职业、职务、身份等方面的不同而存在着风俗习惯、文化素养、性格、心理等诸多方面的差异。谈判是要使双方在相互了解与认识的基础上达成某种协调，而谈判语言的表达与交流若不能使特定的语言接受对象所准确理解与接受，那么谈判活动也就必定达不到预期的目的。在中国的谈判研究史上，《鬼谷子》就把谈判者分成九类，即智者、博者、辩者、贵者、富者、贫者、贱者、勇者和愚者，并且指出对不同的谈判对手要采用不同的谈判技巧和方法。当然，这也包括在谈判语言方面的表达技巧与方法。

在对手身份特点上由于谈判语言表达的差异，也会带来不同的谈判效果。《说岳全传》中写到牛皋和岳飞同向一位老者问路的不同结果，就典型地说明了这一点。先是牛皋遇见那位老人，他骑在马背上昂然高声嚷道：“呔！老头儿，爷问你，小校场往哪里去的？”老人听了，气得目瞪口呆，眼看着牛皋，不作一声。后来是岳飞遇见这位老人，他先下了马，走上前把手一拱说：“不敢动问老丈，方才可曾看见一个黑大汉，骑一匹黑马的，往哪条路上去的？望乞指示。”老人听后，便十分愉快地给岳飞指明了去向。

这就说明，谈判语言是否符合谈判对象的特点，这并非是个无关紧要的问题，它直接关系到谈判任务能否顺利完成，这是谈判者应该遵循的基本原则之一。

（3）必须符合特定的谈判语言环境

谈判语言环境主要是指谈判语言活动赖以进行的时间和场合地点等因素，也包括表达、交流的前言后语和上下衔接的内在关系。

谈判本身由于进展时间的变更，一般可以划分为初次礼仪会晤阶段；相互表述立场、告知与说明情况阶段；劝导、说服与论辩的交锋阶段和达成协议、谈判结束的阶段。在这些不同的阶段时间里，人们谈判语言的使用方式必须与之协调一致，很难设想，当处于初次礼仪性会晤阶段，人们就恶语相加，讥笑嘲讽；或是当对方在告知与说明情况时，己方就采取交锋阶段的谈判语言形式。一旦出现这种情况，采取违背这一原则作法的一方显然不是在有意为谈判制造障碍，就是意在中止谈判，这是大家都很清楚的浅显道理。

谈判场合有公开与非公开、正式与非正式、庄重与随意、喜庆与肃穆、单个对手与多个对手等等的区别。谈判地点也有会场、厅室、家庭、市场、公园、马路、主座与客座等等多种区分。谈判语言的表达，尤其是谈判口头语言的表达，一定要适应不同场合、地点的变化，随时注意调整与场合、地点变化不相一致的预定的语言表达策略。中国俗话说"在什么山上唱什么歌"，也就是表述了这样一个原则。

谈判语言的使用，是为了达到交流的目的。谈判语言在交流时，不但己方的言语有上下句段，前言后语，而且对方的语言也有他们自己每一轮表达前言后语的次序。因此，谈判语言的每次表达都应当而且必须照应对方刚才表达时的观点、意见、问题，以达到谈判语言交流的基本合作，而且自己在表述时还要估计到对方可能有的回答、辩解、问题，以便主动控制自己的谈判语言和整个谈判状态。那种前言不搭后语、环顾左右而言他、文不对题的谈判语言表达情形的出现，除了是出于转移话题与视线的目的或者表现出一种窘况而外，只能造成对双方谈判语言交流的障碍。

总之，谈判中只有在充分认识与把握谈判语言原则的基础上，才能使谈判语言的自我控制与调节，运用自如、卓有成效。否则就会适得其反，只会给谈判带来障碍。

**2. 谈判语言的一般要求**

由于谈判语言的影响因素的差异，在不同的谈判活动中运用的谈判语言截然有别。但不管采用何种谈判语言，都必须注意下述一般要求。

（1）文明礼貌

谈判语言必须符合职业道德的要求，无论在任何情况下，绝不能口出污言秽语、攻击侮辱对方人格。

（2）清晰易懂

谈判者必须注意口音的标准化或采用对方能听清、听懂、理解的口音；用词要避免"黑话"、生造、歧义；在有中介人或翻译人员在场的时候，还应注意与他们的信息传递，消除或减少信息失真。

（3）流畅大方

结巴口吃、吐舌挤眼、语不断句、嗓音微弱、大声吼叫等不良习惯必须根除。

任何谈判者在运用谈判语言的过程中都应当培养自己良好的语言习惯。对于某些不健康的语言，应理智地、明白地、幽默地给予批评；对于某些恶意挑衅性语言，应坚决地、果敢地、无情地予以反击。

### 3.2.3 常用的谈判用语及影响谈判用语的因素

**1. 常用的谈判用语**

如何针对不同的谈判环境和谈判对象，选择和使用最恰当的交往用语，是十分重要的。国际工程承包项目的谈判，其常用的谈判用语主要有：

(1) 称呼语

称呼，这往往是人们谈判交往时说出的第一个词，所以人们也常常要为称呼的得体而劳神费心。

称呼对方随便一些还是正式一些？这应该根据谈判场合的不同而有所不同。在日常交往中，你若对下属和领导都以“老李”、“小张”相称，会使人感到你平易近人，造成大家相互关系融洽的气氛。但是，若在正式谈判场合称领导为“王厂长”、“刘局长”等常常也有必要，因为这样有助于体现谈判工作的严肃性和领导的权威性。同样，学术界素有“仲尼之间，不称官阀”之习，在讨论会上给他们冠上各自的“某某大学某某学教授”之头衔更显得正规庄重。

在不同的谈判场合，称呼一定要根据对方的身份、年龄、职业等具体情况而定，力求准确适当。

称呼也是自己与被称呼人之间关系亲疏远近的体现。因此，称呼还必须合乎双方关系的性质和亲密程度。

在国际工程承包项目的谈判中，称呼语的使用有以下几种情况。例如：对于政府官员可使用“尊敬的＊＊（官衔）先生”；对于项目业主负责人等，应根据实际了解到的该负责人的职务，使用称呼语。例如：“尊敬的董事长先生”、“尊敬的总裁先生”等。对于一般工作人员或比较熟悉的对方，为了让对方感到自然、亲切，也可以使用“先生”、“小姐”的称呼语。

(2) 避讳语

避讳语也是一种重要的交往用语。人们在交谈中对一些不便直说的内容习惯于用某些含蓄委婉的手法来表达，长此以往就形成了避讳语。使用恰当的避讳语是谈判者的修养，言谈高雅文明的体现。

对于人体的一些生理现象，谈判时一般要注意避讳，在有异性在场时应该尤其注意这一点。例如，说到大小便，一般要用“解个手”、“方便一下”来代替。西方妇女更是特别讲究这一点，有时她们还会对你说：“对不起，我要出去打一个电话。”以免直接说出上面的意思，使对方不感到窘困。

对于人们过去不愉快的往事，在谈及时也应注意避讳，以免触人心境，引起不快。

(3) 专门术语

专门术语一般是指某一专门学科或某种专门活动所特有的专用术语，也称之为“技术语言”。

在国际工程项目谈判中，技术用语已被谈判双方所熟知，因而在谈话中掺杂这些术语会使你的谈话更加形象生动。例如像排球比赛中的“时间差”、“短平快”常常借用于社会生活的其他各个领域，当然其含义也有了新的引申。在施工建设、生产经营和管理活动中，“注意时间差”一语也已成了富有时代感和创新开拓精神的经理们的口头禅。

使用专门术语时，重要的是要了解对方相应学科或专业所具备的知识水平。如果对方在相应领域与你造诣相当，那么使用一些专门术语交谈会使双方都有一种心照不宣，交流畅通之感。反之，如果谈判对手对某些专用术语一窍不通，尽管你口若悬河，对方却会如堕入云雾中，时间长了还会昏昏欲睡，造成谈判的阻隔。所以，碰到这种情况，你还是应根据对方的实际水平，或者把自己的阐述方式加以调整，或者对出现的一些专门术语作一些适当的解释变通。

在国际工程承包项目谈判交往中，会说外语是十分必要和有用的，但这并不意味着你在任何场合都一定要说外语。例如：与外宾闲谈，一起旅游、吃饭时，讲外语会使交谈更为方便，容易沟通；当然，如果你不会说外语也不必自惭形秽，完全可以通过翻译或手势大大方方与外宾交谈，其实他们也并没有因为不会说中文而感到不好意思；但是，如果你是代表中国工程承包商和外商正式谈判和签订协定或工程承包合同，或者是在国际会议上正式发表演说，那么最好还是使用我们祖国的优美语言，则显得更加自信和自尊。我国的一些优秀外交家、政治家就常常是这样做的。

**2. 影响谈判用语的主要因素**

在国际工程承包项目的谈判活动中，有的谈判要求语言严谨、准确、鲜明，而有的则要求语言灵活、模糊、隐讳；有的谈判要求语言专业化、简洁干脆；而有的则要求语言通俗化、细致入微；有的谈判要求语言合法、正式、规范，而有的则要求语言生动、幽默、缓和；还有的谈判语言弹性很大，而有的谈判语言弹性极小，等等。例如：国际工程承包项目的商务谈判，则要求语言严谨，准确；技术谈判，则要求规范、标准。总的来看，影响谈判语言运用的主要因素，一般包括如下几个方面：

（1）谈判领域的差异

如政治谈判领域、外交谈判领域、商务谈判领域、法律工作谈判领域、教育工作谈判领域、服务工作谈判领域等在内容、要求、目的、对象、范围、影响力等方面的差异。

（2）谈判活动的性质

如对抗性谈判与协调性谈判、竞争性谈判与合作性谈判、调停谈判与仲裁谈判、正式谈判与非正式谈判等性质的不同。

（3）谈判各方的力量对比

如实力的强与弱、变化的大与小、环境的优与劣等。

（4）谈判各方的谈判策略

（5）谈判者的文化修养及知识水平

（6）谈判者彼此的熟悉及了解程度

（7）谈判者彼此的个人私交

（8）谈判者自身的心理状态

（9）谈判者的个人谈判风格

（10）谈判者的风度及原先给对方的印象

（11）谈判者的权力大小

（12）谈判者扮演的谈判角色

在上述影响因素中，前三项是基本的影响因素，是后续各项因素发挥作用的前提。

# 3.3 谈判风格

谈判风格，是指谈判者在谈判时，在用语、举止、仪态等方面表现出来的迥异于他人、带有独特的民族、文化和个性特色的气度和作风。它包括个体风格和民族群体风格两个方面。个体谈判风格主要是指谈判者受个体心理及价值取向影响而形成的不同的气度和作风；民族群体谈判风格则主要是指谈判者受本民族风俗习惯、思维方式、文化背景影响而形成的共同的气度和作风。研究谈判者的不同谈判风格，对于创造良好的谈判气氛，灵活地运用谈判谋略，争取谈判的成功，都具有重要的意义。

## 3.3.1 个体谈判风格

如前所述，个体谈判风格体现了谈判者自身的人格魅力，体现了谈判者的心理素质与价值取向，表现了谈判者本身的气度与作风。概括起来个体谈判风格主要有理智型谈判风格、情绪性谈判风格、意志型谈判风格和中间型谈判风格。表 3-1 给出了这四种个体谈判风格的定义、特点、行为与表达。

**个体谈判风格的定义、特点、行为与表达一览表　　表 3-1**

| 名　称 | 类型特点 | 行为与表达 |
|---|---|---|
| 理智型谈判风格 | 1. 属于平实、质朴型的谈判者<br>2. 朴素实在，不雕琢，不刻意设计 | 1. 语言表达结构简单，很少使用比喻、暗示、夸张等修饰<br>2. 语气和缓，声调变化较少。但内涵蕴意精深，自有魅力，人称“零度风格” |
| 情绪性谈判风格 | 1. 属于以情绪为主，理智为辅型的谈判者<br>2. 心胸开阔，为人坦诚，容易接近<br>3. 眼光深远，有决断力、行动力、驾驭力、统帅力<br>4. 在情绪上呈现周期性变化<br>5. 自尊心很强，常以感情代替理智 | 1. 说话直率，个性随和<br>2. 情绪高昂时，工作热情高，慷慨大方，许多问题容易解决<br>3. 情绪低落时，较难通融，可能出言不逊，恶语伤人，不计后果<br>4. 情绪变化幅度大，对谈判有不确定性影响 |
| 意志型谈判风格 | 属于具有很强的目的性、有恒心、有毅力，有很强的自制力型的谈判者 | 1. 具有刚强、固执、凶悍、顽强的特点<br>2. 具有很强的忍耐力 |
| 中间型谈判风格 | 1. 具有混合型特征，无明显特点的谈判者<br>2. 一般情况下出语机敏，幽默惊人 | 1. 寓庄于谐；亦庄亦谐<br>2. 谈吐幽默 |

### 1. 理智型谈判风格

理智型谈判风格是个体谈判风格的一种类型。这种类型的谈判者，在谈判中事事处处都从理性角度来思考和处理问题，遇事先问“为什么?”对人则保持一定的距离，凡事三思而后行。当然，在理智型谈判者中也有不同的情况，如有的表现为过于理智，性格内向和封闭。这种人虽然能比较客观地看待事物，但由于个性较强，不轻易接受别人的意见，所以给人一种冷淡、高傲的感觉。在理智型谈判者中，惟有那些知识渊博，经验丰富，以理智为主，以感情为辅的谈判者最为高明，亦最难对付。这种人在谈判前对各种情况，包括谈判对手的情况均作过详细调查，总是反复衡量各种利弊因素，出语一言九鼎，决策稳妥可行，使人极难有反驳的余地。

“风格即人格”，谈判者谈话平实质朴，能给人留下坦诚率直，忠厚老成的良好印象。不拐弯抹角，不拿腔作调，老老实实地谈出自己的要求和想法，对方会觉得你心口如一，值得信赖，自然就会接受你的意见。

需要指出的是，平实质朴不等于单调乏味，浅薄粗俗。平实质朴作为一种语言风格，并不意味着有什么说什么，想到哪儿说到哪儿。这样做，说出来的话必然是毫无文采，味同嚼蜡，甚至粗俗不堪，这根本不是平实质朴，而是不会说话，没有风格。真正的平实质朴，应该是平中见巧，淡中有味，“看似寻常最奇崛”，蕴含着深刻的意味。

我们在谈判中，如果遇到理智型的对手时首先就要观察他的性格倾向，然后采取针对性的措施。例如：如果对手的性格倾向于内向，那么自己则不要夸夸其谈，而要设法调动他的积极性，特别是调动他的谈兴，在一些问题上逼他表态；如果对方过于理智而对事物多持怀疑态度，就必须提供有力的谈判资料，例如权威人士的鉴定书，官方的证明文件，使用者案例证明，以及有关能去掉其怀疑的资信证明，以说服他，取得他的信赖，而不要作轻易让步；对于因过分理智而持慎重态度的谈判者，则要配合对方的步调，少安毋躁，慢慢谈判，不要强迫其接受自己的建议；对于那些理智表现适中者，则应尽可能以理智的办法去对待。

**2. 情绪型谈判风格**

情绪型谈判风格是个体谈判风格的又一种类型，它具有以情绪为主理智为辅的谈判者的特点。情绪变化幅度大，对谈判有不确定性影响。这是因为这类人自尊心很强，易动感情，常以感情代替理智的缘故。

情绪型谈判者的语言风格一般呈两种状况，一是激昂慷慨型，二是华贵典雅型。

所谓激昂慷慨型，是指谈判者语言好单刀直入，而且反应迅速，语速较快，直截了当地表明个人看法和意见，并且喜怒好恶形露于色。古代公输般与墨子的一场谈判就是典型的一例：

公输般为楚造云梯之械，成将攻宋。墨子闻之，起于鲁，行十日十夜而至于郢，见公输般，公输般曰：“夫子何命焉为?”墨子曰：“北方有侮臣者，愿借子杀之。”公输般不悦。墨子曰：“请献十金。”公输般曰：“吾义固不杀人。”

墨子起，再拜，曰：“请说之，吾从北方闻子为梯，将以攻宋。宋何罪之有？荆国有余于地而不足于民，杀所不足而争所有余，不可谓智。宋无罪而攻之，不可谓仁。知而不争，不可谓忠，争而不得，不可谓强。义不杀少而杀众，不可谓知类。”公输般服。……

墨子在这里真可谓激昂陈词，慷慨明意。这是谈判中的一种重要的语言风格。

所谓华贵典雅型，是指其语言高雅严谨，讲求文采，句法规范，长短句交错有序，讲究音节的对称、工整。关联词语完备，表达上自信坚定。例如：

某思想政治工作者和大学生谈论处世方法，学生问：“你认为走出校门，该怎样待人接物?”

他说：“参加实践，了解社会，接触工农，不能自命清高，书呆气十足；也不能玩世不恭，游戏人生。正确看待自己，正确看待别人；严于律己，宽以待人。对待自己的同志，宁人负我，我不负人；于已之恩不可忘，于已之仇不可记。做出成绩的时候，要力求领导佩服，群众信服，出现失误的时候，要勇于承担责任，而不上下推卸。”

该思想政治工作者的这番话，多四、六句句式，对仗工整，音节匀称，朗朗上口，引人入胜，充分展现出华贵典雅的语言风格，当然会受到学生们的欢迎。华贵典雅的风格，还可以表示出对谈判对象的尊重，为双方的沟通创造良好的条件。由于使用的多是正式、规范、庄重的词语，自然表现出循规蹈矩、恭谨守礼的态度，令对方感觉受到了重视。

对待情绪型风格的谈判者，特别是表现为有突出虚荣心的谈判者，必须顾全其面子。失掉面子的谈判者是会无意再进行交易的；尤其是虚荣型谈判者，如果让其失掉面子，他会坚决撤退，即使交易条件再好也在所不惜。因为他认为面子的价值比谈判本身更重要。

**3. 意志型谈判风格**

在个体谈判风格中，意志型谈判风格是最常见又最突出的一种类型。

意志型谈判者亦可以表现为几种形式，刚强、固执、凶悍、顽固等特点多发生在此类人身上。

意志型谈判者，其最大特点是具有坚持到底的精神，他相信“只要功夫深，铁杵磨成针”的古老格言，谈判能善始善终，个人性格严肃正直，没有通融性。在说话时有什么想法就谈什么想法，甚至和盘托出，不介意对方能否接受，同样，受到别人的强烈批评，甚至恶意中伤，也能处之泰然。在人际关系上缺少一定的弹性，但却能给人一种可信赖的感觉。这类人忍耐力极强。

意志型谈判者的语言风格，一般表现为委婉含蓄型。这种风格的特点是言辞柔和，语义曲折，表达上简约婉转，留有余地。谈判者不直接说出需要传达给对方的信息，而是把要说的意思用语言的伪装和修饰婉转地表达出来。再辅以适度的微笑，平和的神情，让对方去体会，表现出一种阴柔之美，所以人称“软化”艺术，它能给对方以温文尔雅、不同流俗的印象。在表达不同意见时，也较少刺激性，运用的是委婉含蓄的语言。这样，可以避免冲突，缓和矛盾，打破僵局，使谈判气氛友好、宽松。

当然，委婉含蓄，并不意味着软弱无力。当谈判双方短兵相接、激烈冲突的时候，绵里藏针，以柔克刚，往往比针锋相对更容易产生效果。当然，也就更需要意志的坚定。

例如：第一次世界大战以后，英国联合法、意、美、日等国，各派代表，与土耳其在洛桑谈判，企图胁迫土耳其签订不平等条约。英国代表克敦态度傲慢，谈吐嚣张。当土耳其代表伊斯麦提出维护土耳其的条件时，克敦暴跳如雷，挥动拳头，大声咆哮，恫吓辱骂对方。伊斯麦态度安详，视若无睹，等克敦声嘶力竭地停下来，才不慌不忙地张开右手靠在耳边，把身子移向克敦，十分温和地说：“你说什么？我还没听明白呢！”

言外之意是请克敦再说一遍，克敦当然不能再重新发一次脾气，只能像泄了气的皮球，连话都说不出来了。

委婉含蓄的语言，思想和情感的容量较大，言外之意很多，需要听的人去思考、理解、体会。由于这些意思不是由说话人直接说出的，所以也就不容易授人以柄，避免了在谈判中陷于被动的局面。它往往是一种自信、坚毅的表现，是意志型谈判者比较善用的一种语言风格。

意志型谈判者中，又可区分为固执型和刚强型两种。

对付固执类型的谈判者，不能在谈判开始就直奔目标，可采取“以迂为直”的谋略，以十分冷静和足够的耐心，温文尔雅地向最终目标推进。还要不断地诱发他的需要，并提出有力的证据，让其相信己方建议或主张的正确性，但不能触及他可能一定要坚持的东西。

最难对付的是刚强类型的谈判者，这类人如果智商较高，知识丰富，谈判功底深厚，是真正优秀的谈判者。己方拥有这样的谈判手，可以为之骄傲；对方拥有这样的谈判者，则需要想点办法了。不过，这类谈判者并非都所向披靡。人总有其软弱的一面，不足的一面。只要做到“知己知彼”，并因具体情况设谋，没有过不去的火焰山。在谈判中，遇到这类谈判者，或许是你的幸运，他会使你有机会展示你的奇策异谋。虽然与这类人谈判开始有点困难，但一旦彼此了解，可以建立持久的良好的人际关系和合作关系。

**4. 中间型谈判风格**

中间型谈判风格，也称混合型谈判风格，也是个体谈判风格的一种类型。其实，所谓无特点，本身就是特点。按唯物辩证法的观点，真正的“中间”是不存在的，其表现或倾向于理智型，或倾向于情绪型，或倾向于意志型，或几者兼而有之。既是谈判，总要有发言，有行动。有言论行动，就可对其加以判断。如有明显倾向，即可按其倾向采取对策。

这种语言风格是最受人欢迎的风格。它的特点是寓庄于谐，亦庄亦谐。在谈判这样一个严肃庄重的场合，幽默风趣的谈吐是谈判中的润滑剂、兴奋剂和消火剂，它能够调节气氛，放松心情，打破僵局，化解对立，让谈判双方在轻松愉快的状态下交流思想，沟通信息，求得一致。

但是，如果此类谈判者兼有上述各种类型谈判者的优点，加之高智商，就可能是谈判中最难对付的人。因为，这种人谈话彬彬有礼，处事富于情感又不乏理智；意志顽强又善于适度、适时让步；善于交际又不失原则，长于用谋又无可挑剔；威而不怒、严而不骄、冷而不寒、热而不躁、不卑不亢、落落大方。谈判桌上是对手，谈判场外是朋友；每临大事有静气，凡遇原则皆思量；重大问题不让步，次要问题得饶人处且饶人；军师之智和大将风度集于一身。作为对手，这才是最可怕的。这样的人有企业家的头脑，外交家的风度，宣传家的技巧，军事家的谋略，作为己方谈判者，实为最理想不过的最佳人选。遇到这样的对手，那才是真正的斗智、斗勇、斗谋，真正体现谈判艺术的光辉。

### 3.3.2 民族群体谈判风格

如前所述，一个国家的文化和习俗制约了谈判的风格，并对国际工程承包项目的谈判产生了一定的影响。任何一次国际工程承包项目的谈判，都要组成谈判小组，而这个谈判小组则是一个国家民族群体的缩影。其谈判风格必然受到本国家、民族文化与风俗习惯、思维方式、文化背景的影响，从而形成特有的气度和作风。

基于我国目前国际工程承包项目的地域分布，现将相关国家、地区人们的谈判风格介绍如下。

**1. 美国人的谈判风格**

通常美国人包括白人、黑人、犹太人、印第安人、墨西哥人、波多黎各人及华人等。其中白种人大部分是欧洲移民的后裔，在美国国内及对外商务活动中占有重要的地位。但由于在美国居住着不同的民族，有着不同的社会风俗和商业习惯，因此在谈判时应该因地、因情、因人制宜。

一般而言，美国人热情外露，真挚坦诚，为了追求物质利益敢冒风险；时间观念强，善于施展策略；讲求效率，重视法律等。美国人的个性一般是自信、果断，因而谈判者进入谈判时总是充满信心，谈话时明确肯定。美国人对于谈判结果的物质利益极为关心。他们在谈判桌上易给人在心理上造成咄咄逼人，总有一种“全盘平衡”、“一揽子交易”的气势。

形成美国人谈判风格的原因，在于美国是个开放程度很高且充满现代意识的国家，同时又是一个多民族和新移民遍地皆是的国家。美国没有世袭的贵族，不受传统和权威的支配，众多新移民来到陌生环境，只有努力拼搏方能生存。因此，在这种文化背景下增强了美国人的创新意识、竞争意识与进取精神。自由和个人奋斗为美国人所崇尚。另一方面，美国是现代工业国家，人口流动量大，无法建立稳固持久的社会关系，只能建立以契约作为保障生存和利益的有效手段。其注重法律、合同则毫不足怪了。从价值观上美国人也认为人口流动是正常的，因而招聘采用人才时，对频频跳槽者反而倍加欣赏，认为是不甘于现状，敢于创新的人。其社会进取精神与竞争意识可见一斑。

不过，在美国本土四个地域的人，他们的谈判风格却有明显的区别。

（1）东部以纽约为中心的商业团体

其中势力最大的是犹太人，他们头脑灵活，具有商业意识，又精通国际贸易业务知识，谈判时一般比较严谨而近于苛刻，精于讨价还价。所以和他们谈判更要考虑周全，充分准备，稳扎稳打，不应急于求成。势力居次的是盎格鲁·撒克逊人，他们一般比较保守，在谈判中顾虑多，关卡也多。但较讲信用，重视合同签约，一旦签约后，一般不会改变和废约。因此和他们谈判，应多以事实为据，设身处地地为之权衡利弊得失，因势利导地说服对方，同时应讲信用，以增强其信任感。

（2）西部以加利福尼亚州为中心的太平洋沿岸地区

西部地区的商人较之东部地区，在经商方面相对欠缺一些，比较重视文字契约的作用，但性格比较直爽，容易达成交易。和他们洽谈应力求条理分明，逐项详细、明确落实，这样容易受其欢迎与信任。

（3）中西部商人

以北欧血统的人居多，他们和蔼可亲，喜交际，平易近人，也非常重视信用，取得他们信任的人，往往成为其长期客户；而一旦背信弃义，就难以再恢复关系。因此，在和他们谈判时，既要注重讲究礼节，平等对待，又要特别注重信用，光明磊落，切忌要小聪明，搞小动作。

（4）南部商人

比较诚恳、直爽、心地善良，但有时比较性急，并往往喜怒哀乐形诸于色，甚至有时会发脾气。他们也很重视信用与契约，恪守合同。因此与之谈判应心平气和，保持平静愉快，避其锋芒，以柔克刚；还应当力求详细、具体、明了和直截了当，切忌转弯抹角、含糊其辞或者急于求成。

**2. 英国人的谈判风格**

英国人比较保守，对新事物往往裹足不前，生性比较怕羞，给人一种高傲和难以接近的印象。英美两国商人性格迥异。美国商人即使昨天还是未见过面的陌生人，今天一见面就会立刻显露出有如多年之交的老朋友那样的亲热感，直呼其名，甚至当天就可以做成一笔大生意。而英国人则会在开始时保持一段距离，然后才慢慢接近。但是在遇到决策时，他们也会毫不犹豫地做出决定，遇到有纠纷时，也不会轻易地道歉，他们自信自己的所作所为是完美的。英国人的作风是注重逻辑，凡是自己所想的事，总要想办法做出逻辑性很强的说明。

另一方面，英国人会考虑到对方的立场以后才开始行动，以免给别人造成不舒服的感觉。也就是说，英国人是很规矩的，经常会考虑到别人的意识和行动。体谅旁人是英国人的特点。

英国人在谈判中比较灵活，对建设性意见反应积极。他们特别讲究绅士风度，善于交往，讲究礼仪，对人比较友善，易于相处，对谈判对手修养与风度亦很看重。如果能在谈判时显示自己很有教养和风度，就能很快赢得英国人的尊重。英国的等级观念是非常严格而深厚的，也要求对方以对等的身份参加谈判。

英国人谈判时松松垮垮，事先准备不足，事后又常延迟交货或付款。此外，与英国人谈判时，商贸以外的谈话内容禁忌较多，有关英国的政治、社会制度等话题最好不要涉及。英国人之所以形成这种谈判风格，自然与其文化背景密切相关。作为昔日世界霸主，总带有一种悠然自得的样子，讲究绅士风度。英国是19世纪初第一个进入工业化的国家，在技术上占据领先地位，并在殖民帝国体系中取得垄断地位。这使他傲慢、不遵守交货或付款时间。另一方面，英国又有其岛国的保守，对新事物不敏感。同时英国还保留女王制度，办事注重传统，喜欢按程序进行。此外，英国谈判者除讲英语外一般不会讲其他语言，因为他们设想其他国家都会或都应会英语。这也是其傲慢的一种表现。不过在交易中一般都很诚实。

和英国人谈判必须注重礼仪，显示己方的教养和风度。英国等级观念深厚，礼仪自然缺不得。有人以吃菜的方法概括描述英国、意大利、法国和德国人的国民性格时说："法国人是夸奖着厨师的技艺吃，英国人是注意着礼节吃，德国人考虑着营养吃，而意大利人则是痛痛快快地吃。"鉴于此，在选择己方谈判人员时，除了在修养、风度几方面有所要求以外，在级别上要注意对等。在谈判时不要期望英国人加班加点去完成谈判任务，他们认为工作本身就是够文明的。在与其签订协议时，千万不要忘记同时订立严格的索赔条款。一是为了可靠，二是说不定会得到一笔不小的赔偿金。

**3. 日本人的谈判风格**

日本人进取心强，处事严肃认真，等级观念强，自信而不轻信人，考虑问题比较长远而不局限于眼前利益。他们重视人的因素，善于动脑子，时间概念强，生活节奏快。日本人的这些特点形成了日本各界人士如下的谈判风格。

(1) 注重身份，擅长讨价

日本人注重身份和礼节，笑脸相迎，礼貌在先。他们注重谈判对手的身份、地位、年龄与性别，不仅要求对方的身份地位相应，甚至还希望对方在年龄和性别也与之对应，否则便认为对方不重视这次谈判。在日本商界有两条针对外国谈判对手的不成文习俗：一是谈判对手理应是男性，特别是谈判负责人；二是要求主谈人在年龄与职务上与日方基本一致。日本女士通常不参与正式经贸谈判。若己方谈判负责人是女士，有可能导致不必要的误解。

日本人擅长讨价还价。其所下订单，通常数量少，花色品种多，订货频繁，这是为了压低库存，增加盈利的目的。他们对商品质量和交货期要求非常严格，除一般合同规定外，往往还提出若干附加条件，特别是退货条件。日商初次报价的水分很高，一般在他们期望成交价格基础上加20%至50%不等。然后经过反复多次的讨价还价达到成交。相反，他们对贸易对象的还价经常杀价过狠，但若对方能够出示有说服力的数据资料和证据，也能迫使其作出让步。

(2) 细微筹划，谨慎决策

日本人的刻苦耐劳作风是欧美各地谈判人员所鲜见的，他们对每宗贸易洽谈都比较认真，事前往往肯下大力气去探听情报，权衡利弊得失，研究对策，施加影响。在谈判中间，他们不厌其烦地向对方提出各种各样的问题。为了应付谈判中的变化情况，他们可以夜以继日地工作，并将自己的意见迅速形成文字，让对方充分理解，以创造成功的机会。

日本人强调团队合作精神，重视集体智慧，避免过分表现个人。谈判小组（代表团）内部有明确分工，每人都对谈判成功负有责任。他们考虑的是通盘的一揽子问题，而且，日本公司的各级部门都要审批合同，涉及参与的方方面面，对重大问题有时还得层层请示批准，因此集体决策的运作过程复杂而缓慢。但一旦作出决策后，合同会立即付诸实施。

(3) 言辞婉转，态度暧昧

日本人在谈判过程中经常保持沉默，不愿率先采取行动，以表明自己的真实意图。对意料之外的问题，干脆闭口缄言。交谈者之间的视线直接接触较少，态度暧昧，说话婉转，留有余地。他们常常设法避免正面回答问题，很少直截了当地同意对方观点，也极力回避直接的否定语。大多数场合下，使用“我也搞不清楚”、“我想你的讲话有一定道理，但是……”、“你可以这样认为”等暧昧语句来表达不同的看法和掩饰真实感情，他们把意图不外露而深埋在胸中作为衡量谈判者成熟与否的标志。

(4) 深谋远虑，善抓关键

日本人善于“吃小亏占大便宜”、“卡关键放长线”，创造新的贸易机会，尤其善于抓关键人物以促成交易。他们谈判的生意往往为以后的生意埋下“伏笔”。例如，他们善于充分利用科技进步推出新的更高档次换代周期短的产品，但故意介绍一些销路尚好的老产品，如果己方信息不灵、感觉不敏锐，则容易上当，往往为日方事先已抬价产品所谓的“折扣”吸引，贸然大宗成交引进其产品生产线，而一旦当日本换代产品上市，因其性能质量更好、价格更低，导致己方产品在国内外市场受其遏制而滞销，于是为了不浪费原先的生产线，不得不再次购买日方的新配套设备而大大让利于对方。

**4. 德国人的谈判风格**

德国人的谈判风格，是重视搜集资料，准备周到严密，严肃认真，时间观念强，自信心强，果断拍板，尚军旅作风，不拖泥带水。在谈判中讨价还价的余地很小，一旦达成协议，遵守承诺、信守合同，处事谨慎而诚实，而且注重发展长久关系。不过，德国人性格倔强自负，缺乏灵活性和妥协性。

(1) 准备充分，强调计划

德国人对谈判前的准备工作做得相当充分，他们不惜花费许多时间和精力搜集谈判对象的经营状况、银行资信、业务范围、市场定位等实际资料，而且周密地安排议事日程，准备完以后才胸有成竹地进行谈判。

德国商人强调商务活动的计划性和良好秩序，他们的陈述和所提建议非常详尽，逻辑性强，往往附有适当的专业资料予以补充说明。

（2）诚实守信，严格履约

德国人在商务活动中，能够严格遵守合同，诚实守信，这与他们在社会生活中遵守纪律，讲究规范的风尚是一致的。德国商人的合同条款以详细周密而闻名于世。他们常常会详尽说明在一般合同中无须说明的规范的贸易实务内容。一旦签约后，无论发生何种情况，他们都能一丝不苟，有始有终地执行，其履约率之高可称世界之最。德商还喜欢讨论和研究写成文字的资料，如传真件、信函等。此外签约时还分清两种有效签名，即签名者具备有限权力或是具有全权的管理者。

（3）敬业自信，稳重审慎

德国人性格刚强，自信心强，他们强调商务交往中的个人才能。在他们看来，生意场上的成功全凭个人本事，公司只不过提供了个人施展才华的舞台而已。公司员工的敬业精神很强。为了取得更大的工作成绩，不惜牺牲自己部分休息、娱乐时间。在经贸谈判中，德国人总会坚持自己的建议和方案的可行性，不愿向对方作较大让步，讨价还价余地不大，让步幅度在25％以内。有时候，他们会自信过头，表现得非常固执，给人稳重有余、灵活不足的印象。

德国人与人交往之初，常常显得拘谨和含蓄，他们需要时间熟悉对方。谈判时语气一般比较严肃，不会用开玩笑方式打破沉默。他们希望人际之间保持距离，直到谈判有结果为止。但年轻的德国人则随和一些。比较小型的会议也能使气氛轻松一些。此外，尽量避免在正式会议上贸然提出令其吃惊的新建议。

（4）讲究效率，作风果断

德国人素来享有讲究效率的良好声誉。他们工作作风果断，厌恶谈判对方支支吾吾、模棱两可和拖拉推诿。他们认为，判断一个谈判人员的能力，只要观察其是否高效迅速处理经手的业务就可一目了然。德国人在经贸谈判过程中陈述问题和报价时都很干脆明确，绝不拖泥带水；谈判进程严格按日程安排规定，有条不紊地向前推进，确保工作高效和有序。

德国人在决策阶段往往费时颇多，他们要对所有事项作出全面分析与评价。有时，不太重要的决策也会由高层管理者作出。

（5）注重商权，求稳求妥

德国人极其珍惜自己的商业权利，在德国的法律条文中，有严格而明确的保护商权的规定。例如，取消代理契约时，必须偿付5年期间平均交易额的所得利润，在补偿金尚未到位以前不得取消该契约等。

德国商人希望通过一笔生意的成交，与贸易对象建立长期的合作关系。他们经常在谈判结束以前，利用共进午餐、晚餐，一起去郊外度假娱乐等方式，与谈判对象多加接触，以便了解对方的素质品行。当他们认定对方可信赖时，谈判成功的机会会大大增加。实际上，这类社交活动往往也是谈判活动的延续，富有感情投资色彩，意在谋求稳妥的长期合作。

**5. 法国人的谈判风格**

（1）有强烈的民族优越感

法兰西民族在近代史上，对社会科学、文学、科学技术等方面都作出了卓越的贡献，因而法国人常表现出其民族自豪感。在与他们的谈判中，几乎都用法语，即使他们能讲一口流利的英语，也很少在谈判中使用。法国人天性开朗，他们在代表公司谈判时好争辩，对讨论内容有不同看法时，往往公开直接地陈述已见。

（2）个人决策权力较大

法国公司机构精干，人际间的等级观念较强。在经贸洽谈中，法方负责人往往能一人独当数面，高度集中权力，个人作出决策。这种风格与日本人的集体决策截然相反。因此，在与法商洽谈时，应将决策的事项预先考虑好和商量妥当，以免临场手忙脚乱。

（3）重视人际关系

法国人在商务活动中，重视人际之间的交往。初步接触时，可在适当情况下，聊聊社会新闻、文化娱乐等话题，以此培养友情，使关系融洽，营造良好的谈判氛围。彼此之间的信赖程度增加了，谈判成功的可能性大大增加，法国人就能成为容易共事的贸易伙伴。法国商人私下通常有非正式的关系网络，借助该网络能获取他们所需的必要信息。

（4）签订合同较草率

法国人无论在哪一谈判阶段，都喜欢搞个“纪要”、“备忘录”或“协议书”来记载已谈的内容或借以拉紧对手，促成交易。在商谈主要条款项目统一意见后，觉得对己方有利，就会催促签约。

法国人喜欢先勾画合同的大致轮廓，然后谈妥合同要点，达成原则协议，最后再确定合同中的具体细节。他们常常表现得急于出成果，当一份合同条款仅谈妥一半时，就要在合同上签字。而且在签合同之前，往往不太认真仔细审核合同细节，导致在实施过程中会因细节问题引起误会、争议，甚至改约。

（5）谈判富有韧劲

虽然法国人不认真审核合同细节，但不要以为与法国人的生意好谈，因为他们不但对价格要求严格，条件比较苛刻，谈判风格松垮中富有韧劲，而且事实上对细节之事也并不轻易让步。

（6）贸易与外交关联

法国人的谈判常常因政府的干预或介入，而使贸易与外交关系相连，从而使谈判复杂化。法国外交部设有经济技术关系处，专门为国际贸易中发生的问题寻求外交途径解决的办法。通常在法商来华谈判中，法国驻华使馆也往往参加或过问谈判进展状况。

**6. 韩国人的谈判风格**

韩国人同日本人一样，受到了中国儒家文化的影响。但是，由于美国的影响，韩国人的商业习惯多少有点西方文化的味道。因此，同韩国人谈判，既要考虑到他们的传统文化，又要考虑到他们西方文化的一面。另外，韩国曾受到日本较长时期的统治，因此，又打上了日本文化的印记，但是在研究其谈判风格时应避免把两国作比较，因为在很多方面他们是不同的。

韩国人是较难对付的谈判者。与韩国人谈判成功的关键在于与他们建立牢固的联系，高度重视建立起来的相互信赖关系和彼此间的尊重。

韩国人的个性中，既有爱面子的一面，又有独立性强，讲话直率的一面。他们保留了东亚人的传统：爱面子。一个韩国人极不愿意说出“不”字来拒绝你。

一个习惯于同外国人打交道的有礼貌的韩国人，他会一直听你讲话而不打断你。在他看来是他正在“操纵”你，也就是说，正在控制局面，他占有上风。可是当他急于进入更深一层的会谈或者他忍不住要以自己的理解来阐述某个观点时，他也会打断对方的话。这时候就不太注意面子，也不在意谁处于上风了。打断谈话时，你不要感到不快，常常是一些好迹象，表明其心急，心急意味着真心希望谈判成功，达成交易。

韩国人不喜欢高声大笑和作过分的姿态，也不喜欢喧闹的行为。虽然他们直言不讳，但也不喜欢太鲁莽。他们诊视一种“内在”的气质。因此，派到韩国去的代表应当是一些有修养，说话温和的人，以利于谈判的成功。韩国人比较谦和，恭维话会被友好地拒绝。韩国人以韩国文化和国家的经济成就引以为荣，谈论这些，他们会感到高兴。

**7. 印度人的谈判风格**

印度的官僚机构极为臃肿，缺乏效率。对印度公司的资信调查也很困难，这是因为印度的出口手续繁杂，课税重，而逃税情况严重。有时候在调查报告上所列的数字真伪难辨。因此，与印度公司来往，最好委托我国驻外机构或亲自前去调查。

印度商人具有以下一些特征：

(1) 审慎严谨，对本公司的商业信息秘密往往守口如瓶。

(2) 多疑过虑，在利益关系上往往诸多猜疑，不容易深交。

(3) 怕负责任，在谈判中不大愿意作出负有责任的决定，甚至对应负的责任也找出种种借口来逃避。

(4) 喜欢辩论和纠缠，在谈判中往往为了一件小事也会无休止地争论与纠缠下去，即使明明是他错了，也不会轻易承认和退让。

印度人的谈判风格含蓄、克己、保守，印度商人没有利害关系时，是很好相处的；可是一旦有了利害冲突，就判若两人，层层设防，处处猜忌。要在贸易往来方面与其建立亲密伙伴关系，需要较长的时间，而且也不会亲密到与你推心置腹的程度。

此外，印度人不同意对方观点时，也不常用直接否定的方式表达。他们不愿作风险性决策，工作一旦出问题他们就要寻求借口脱身。

**8. 俄罗斯人的谈判风格**

由于长期计划经济体制的影响，俄罗斯商人在谈判时，喜欢按计划行事，决策迟缓，商务交往需要经过有关部门安排，而且由于机构的官僚主义作风严重，谈判进展可能相当缓慢。建立一家合资企业或做成一笔大生意，往往需要几年的时间。

俄罗斯人的地位意识很强，谈判人员通常只具有有限的权力，经常要向上级汇报谈判进程。对谈判对手的建议要间隔相当一段时间后才能有回音，拖延战术是经常可见的。俄罗斯人善于寻找新的合作与竞争伙伴，善于讨价还价，如果他们要引进一个项目，他们首先会对外招标，引来几家竞争者，然后从容不迫地加以选择，并采取各种离间手段，让争取合同的对手之间相互压价，由其坐收渔翁之利。俄罗斯人常用的压价策略，是强调谈判对方面临的激烈竞争，有时还会提出别的竞争者的看法，并从最好的竞争者那里得到让步后，再来迫使别的竞争者作出相应的让步。要求他们作出让步时，往往速度缓慢，并希望对方让步的幅度与他们原订目标相吻合。

俄罗斯人在引进项目时，为了保证技术的先进性和实用性，挤掉对方报价的水分，常常索要许多技术资料，重视技术的具体细节，在产品和技术问题上与谈判对手进行大量的反复磋商。俄罗斯缺乏外汇储备，贸易的货币支付会面临困难。如果采用易货贸易，则可采用转手贸易安排，以及补偿贸易、清算账户贸易等多种形式，从而使贸易洽谈活动变得非常复杂。

**9. 北欧人的谈判风格**

北欧是指欧洲北部的挪威、丹麦和瑞典、芬兰等国。

北欧人的谈判风格是，自立性强，态度和平，心地善良，谦恭坦率，不轻易激动，且坦诚、积极、固执。他们办事计划性很强，显示其十分务实的特点。凡事按部就班，规规矩矩，所以办事速度较慢，谈判节奏较为舒缓。谈判沉着冷静，轻声细语，从容不迫，谈吐坦率，有问必答，乐意帮助谈判对手。他们善于发现和把握达成协议的最佳时机，并能及时作出成交的决定。北欧人非常讲文明礼貌，而且是真诚的，不像日本人将礼貌作为进攻的手段，亦不喜欢进行长久的讨价还价，更不喜欢激烈的争论。此外，北欧人过于保守，倾向于把精力用在保护他们拥有的东西上，而不愿致力于新的开拓。体现在经贸谈判中，便是更多地将注意力置于怎样做出让步，方能保证正在谈判中的合同的签订，而不是着手准备另一个可能是保证其最大利益的新方案。

北欧人此种谈判风格的形成，是因为他们是基督教信徒，历史上又多次受到别国侵略，宣布中立以求安全和平。又因其岛国环境，政局稳定，显示出比较明显的农业、渔业等经济文化特征，形成看问题固执保守的特点。当然三国的国民性亦有差别。有人评价说：挪威人长于思考，比较注重理论研究，并富于创造性；而瑞典人是能工巧匠，善于应用；丹麦人则善于推销，在经商方面技高一筹。

和北欧人谈判要对其持宽容态度，他们在社交场合非常准时，但在商业交往中却常常不怎么准时。你发出的电报、信函可能得不到及时的答复，合同规定的期限已过，他们才匆匆尽完自己的义务，连起码的解释都没有。遇到这种情况，只要不造成严重的损失，就不必太计较。力戒铺张，也是与北欧人交往时需要注意的。北欧人比较朴素、实在。他们招待你很简单，作为客方应表示理解；作为东道主，也不要大手大脚。否则，你破费许多，效果却适得其反。

**10. 中东人的谈判风格**

中东包括沙特阿拉伯、埃及、伊朗、伊拉克、阿富汗、土耳其、科威特、约旦、黎巴嫩、苏丹、突尼斯、巴勒斯坦、阿尔及利亚、摩洛哥等众多国家。其主要民族组成是阿富汗人、伊朗人、土耳其人和阿拉伯人。阿拉伯人在数量上相对较少，他们主要集中在沙特阿拉伯、约旦、伊拉克及海湾国家。

阿拉伯人虽然受欧美文化影响较深，但由于长期信奉伊斯兰教，强烈地保持了穆斯林的特征。在阿拉伯人的社会里，等级观念森严，主人绝对不做佣人干的事，即使这个工作极为轻而易举。他们不喜欢和外人谈论政治和宗教，不喜欢把阿拉伯湾称作波斯湾，也不喜欢人家谈论他们忌讳的猪狗一类的动物。

阿拉伯人中的富有阶层比较好客，常常为了应酬各种朋友和客人而不惜停下公务活动乃至谈判工作。在阿拉伯国家做生意，不可能一通电话就谈妥，为了推销某种货物而访问客户时，头两次是绝对不可以谈生意的，第三次才可稍微提一下，再访问两次后，方可进入商谈。也就是说，要先建立朋友关系，否则，不管条件有多么成熟，他们也不会理睬。

伊朗人天性乐观，但缺乏应有的灵活性。一般伊朗人体格健美，又很讲究仪表。但不要为其外表所迷惑，总的来说，伊朗人的生意比较难做。

土耳其人不善于做生意，在土耳其从事商业活动的人，大都是希腊人和以色列人。

中东国家除了土耳其、以色列等非阿拉伯社会外，在讲阿拉伯语的地区里，伊斯兰教控制着日常生活及政治、经济等。因此在商业活动之前必须首先了解其宗教习惯。在伊斯兰教教规中，最重要的有礼拜、献会、绝食、朝圣四项。疏忽了这些，就会惹出麻烦来。

朝圣季节是做生意的最好时期。因为按他们的习惯，在前往麦加朝拜时，都会购买家庭用品与衣服之类的商品，所以当地商人要赶在朝圣季节之前办妥货物。

阿拉伯商人在谈判中比较缺乏时间观念，往往习惯于慢条斯理、悠然自得且喜欢故弄玄虚，他们爱讨价还价并善于讨价还价，作出决定的快慢和与对方关系的亲疏程度成正比。在中东的商业活动中，有一个经常出现的名词——IBM。I 系指“神的意志”，B 指“明天再谈”，而 M 的意思是“不要介意”。例如在商谈中订立了契约，但后来情况有所变化，对方想毁约时，就可以名正言顺地说这是“神的意志”，从而公然取消。又如在商谈中好不容易地谈出了一些好的苗头，正想进一步促成交易时，他们会突然耸耸肩膀说：“明天再谈吧！”这样一来，话头就只好中断，到下回再谈时，只得又从头开始。最后，当碰到前面两种情况或其他一些令人恼怒的事情时，他们会拍拍你的肩膀说：“不要介意”，从而使你哭笑不得。

**11. 非洲人的谈判风格**

非洲商人的特点是性格倔强，自尊心也很强，热情好客，十分看重友情，任何交易都必须以深情厚谊为基础，否则无从入手。

非洲许多国家等级森严，从商者多为上层人士，所以十分讲究礼节。稍有失礼，就可能导致洽谈失败。

非洲人生活节奏缓慢，文化素质普遍不高，不少从事商务活动的人对有关业务知识并不熟悉，贸易术语又自成一体。

坦桑尼亚、肯尼亚、乌干达三国位于非洲东部，形成经济共同市场，期望并合作以提高各国的经济实力，但除了铁路和通讯的步调一致外，其他方面进行得并不顺利。三国除了资源贫乏以外，人口也少，因此产业很难成长，近年来当地资本有所发展，但由于缺乏经验，推销网络也不可靠。因此，与当地商人洽谈时，不能草率从事，否则会碰得焦头烂额。

尼日利亚位于非洲西部，其当权人物大都受过欧美教育。他们巧妙地运用关税政策，低价进口外国产品以提供质优价廉的物品给国民使用。尼日利亚人口的大部分是农民，主要输出花生和棕榈油，该国石油储量丰富，工业发展很快。

在处理贸易问题上，南非一般派出有决定权的负责人担任谈判任务，商谈一般不会拖延时间，他们也希望对方出面谈判的人具有决定权。南非商人比较讲信誉，付款也很规矩。

**12. 意大利、葡萄牙、西班牙人的谈判风格**

意大利是工业较发达的欧洲国家。但该国北部与南部的经济差别显著，八成工业集中在北部地区。北部商人以德、法两国血统的居多，他们融汇了日耳曼人的精明能干、法兰西人的健谈和以自我为中心的品格，但又比德国人少一点刻板，比法国人多一些热情。他们的贸易业务素质、商业道德水准、资信程度均比南部商人好。越往南边，人们的商业意识越淡漠，较少经济头脑，谈判风格也更为随便一些。

意大利人性格外向，情绪多变，喜怒哀乐溢于言表。但是，在商务谈判中往往表现得不动声色。他们经常采用突然结束一场谈判的战术，来暗示他们不在乎达成协议；相反，当一切努力都付诸东流时，谈判进程却又会出现柳暗花明又一村的新局面。意大利人的时间观念不强，如果他们不看重某笔交易，约会、赴宴迟到习以为常。有人把意大利人看作是欧洲最不遵守时间的民族。比不准时更糟的是，有时候他们根本不来赴约。因此，最好在每次约晤前先打电话核实一下。

意大利商人很关心产品的价格，喜欢讨价还价。但是令人不解的是，他们对产品的性能、质量和交货期等洽商条件却不太关注和苛求，期望用最少的钱购买合适的产品，这可能是出于爱好节约的习惯。他们决策过程缓慢，主要是不愿草率、仓促地表态而已。

意大利商人大多精明能干，善于交际，谈判技巧娴熟，而且个人权力大，要取得谈判成功，就必须重视与他们改善关系。意大利政府机关下午不办公，政府工作人员一般都从事第二甚至第三职业。

葡萄牙与西班牙大部分商人的特点比较相似，那就是惯于社交、天性开朗、不拘礼节，开始接触时他们显得和蔼可亲，给人以一见如故之感，但是当涉及利害关系时则寸步不让，固执己见，难以商量，甚至有点吹毛求疵，与先前判若两人。

他们处理问题喜欢以自我为中心，个人决定权很大，商谈中干净利索，能谈则谈，不能谈就走，显得有些自大和傲慢。

他们对不构成约束力的事情，当面会乐于接受，可过后有时会付诸脑后，不再理睬。即使对于有约束力的事情，也往往会借口回避甚至还可能废约，其中西班牙南部的加泰罗尼亚人更难对付。西班牙还有一种投机性掮客，主要目的是赚钱，一旦产生波折，就会一走了之。

鉴于社交理由，西班牙人认为拒绝别人是失礼的行为，因此绝对不说“不”字。这样，在和西班牙人洽谈时，不能使用诱导式文句。否则，即使得到肯定的答复，也可能会久久没有消息。葡萄牙人的交易是用支票支付，常常不能爽快履约，要求延迟支付的情况是经常发生的。

# 第 4 章　国际工程承包项目谈判的主要任务

国际工程承包项目的谈判任务是以“项目”为主题，紧紧的围绕“如何取得项目”、“如何建设项目”、“如何完成项目”而展开的。根据本书第一章国际工程承包项目谈判的基本阶段的划分与内容（表 1-4）及国际工程承包项目谈判基本类型与特点（表 1-5）的基本概念与原则，由于国际工程承包项目生命周期与发生、发展的进程与阶段不同，决定了国际工程承包项目谈判的内容不同。再加上工程项目的性质不同，谈判者所处的地位和身份不同，谈判的对象也不同，谈判的类型、内容、事项等也有所变化。为此本章以国际工程承包项目生命周期的发生、发展进程为主线，重点阐述国际工程承包项目市场开发与项目承揽阶段，招标与投标阶段，评标与决标阶段，合同商洽与签约阶段及项目实施执行阶段项目谈判的主要事项、谈判的具体内容与工作。

## 4.1　市场开发与项目承揽阶段

国际工程承包项目的市场开发工作，主要体现在如何获取市场项目目标国家或地区准确的工程项目信息，分析该国家或地区的政治、经济、自然环境、民生状态，获取有价值的项目信息或机会，并在评估项目的风险度和效益的基础上，确定项目的跟踪，寻找项目获取的机会，选定参加投标的项目。并通过资审阶段的多方接触，获得项目投标资格入选或进入投标者短名单。

国际工程承包项目的市场开发工作的程序如图 4-1 所示。

从图 4-1 我们可以看到：在国际工程承包项目的市场开发阶段要获取准确的工程项目信息，通过企业内部对项目的风险评估，做出是否参加资审与项目投标的决策。在完成这

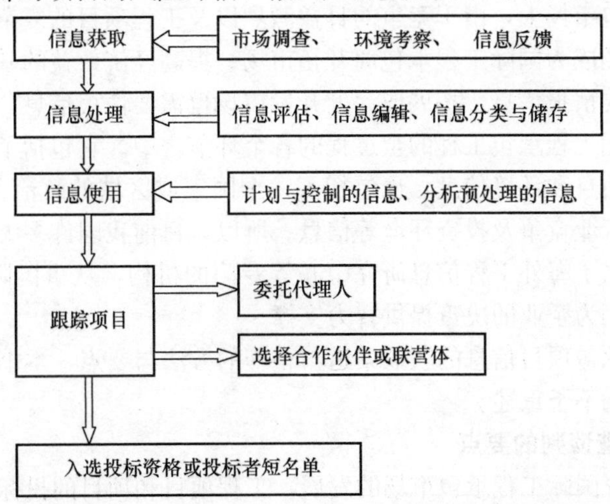


图 4-1　国际工程承包项目的市场开发阶段工作程序图

些工作的每一个步骤中，都需要通过与项目所在国、所在地各有关方面的接触、会谈，搜集资料，了解情况，加工整理，去伪存真，为企业的决策提供强有力地支撑。

归纳起来，国际工程承包项目的市场开发阶段的谈判任务与目的如表 4-1 所示。

**国际工程承包项目在市场开发阶段的谈判任务与目的一览表　　表 4-1**

| 序号 | 谈判的任务 | 目　的 |
| --- | --- | --- |
| 1 | 项目信息的调查谈判：<br>1. 详细了解项目的类型与主要情况<br>2. 了解竞争对手 | 1. 获取准确的、可靠的项目信息资料<br>2. 了解和分析竞争对手<br>3. 舍弃和选定项目<br>4. 评估项目的风险度和效益<br>5. 决策是否投标<br>6. 拟订相应的投标策略 |
| 2 | 选择与确定咨询机构或雇佣代理人的谈判 | 1. 调查了解：（1）咨询机构或代理人的政治背景及其与政府各部门的关系；（2）咨询机构或代理人的社会地位、声望和信誉；（3）咨询机构或代理人的活动能力和实力；（4）咨询机构或代理人在工程建设领域的地位与主要业绩<br>2. 选定咨询机构或代理人<br>3. 签定咨询或代理协议 |
| 3 | 选择与确定合作伙伴的谈判 | 1. 调查了解合作伙伴与分包商的情况<br>2. 选择合作伙伴，商谈联营条件，签订联营体协议<br>3. 选择分包商，商谈分包条件和方式，签订分包协议 |
| 4 | 资审前多方接触谈判，争取项目投标的机会 | 争取成为确定人选的投标者或进入投标者短名单 |

### 4.1.1　项目信息的调查与项目跟踪

在国际工程承包市场上，由于竞争的日益激烈以及工程项目的复杂性，项目信息的获取与项目的跟踪已经成为国际工程承包商开拓市场、提高经济效益的基础性工作。开辟一个新的区域市场需要情报信息，拓展或深度开发市场也需要情报信息。所以，工程信息的获取始终贯穿在国际工程承包工程的全过程的各个环节之中。它包括了国际工程承包市场的项目信息、商情信息和环境信息，也包括了一个国家或区域的政治、经济、资源环境、社会文化、市场与行业竞争及投资环境等信息。所以，目前我国许多大型国际工程承包商都在企业内部均设立了海外工程信息研究中心等专门的机构，从事国际工程信息的搜集、整理、分析等工作，为企业的决策提供智力支撑。

关于国际工程承包项目信息的获取渠道与整理的方法与要点，本书 2.3 节已经做了比较详细的叙述，在此不予重述。

**1. 项目信息调查谈判的要点**

近几年来，随着国际工程承包市场的发展，工程项目和项目的投标模式也已日趋多样化。例如：带资承包、融资承包和以实物支付工程款项目，EPC 交钥匙总承包项目已不断增多，一些国家的公共基础设施项目还推行了 BOT 方式等等。这些项目的承包方式与项目程序都和传统方式或与国际咨询工程师联合会编制规定的《项目程序流程》也有所不同。因此，必须通过与项目所在国政府官员、行业或项目主管人员接触交流、会谈与谈判等多种形式，调查了解项目的基本情况，才能根据需要和可能找准项目和组织力量去开发项目。再加上，当前许多国家为了解决失业与就业的问题，纷纷采取保护主义的政策，保护具有劳动密集型特征的本国建筑业。所以，许多国家规定了工程承包市场禁入或限制制度。例如：有的规定必须和当地承包公司组成联营体后方能取得项目的投标权和享有标价优惠，有的硬性指定当地的承包公司分包一些专项工程，有的限制外籍普通劳务的进入等等，这些情况在没有公开发布项目招标消息前只有通过广泛地与项目所在国各有关部门的接触会谈，才能了解清楚。因此，就项目信息情况与项目所在国各阶层人士或政府与企业的人员接触交流、会谈与谈判等，就成了项目市场开发阶段不可缺少的重要工作环节，通过它不仅可以摸到与本项目有关的各种信息以及未来项目的信息，还可以在公开招标前提前拿到招标文件的一些基础资料或了解到招标文件的主要内容。我国许多大型国际工程承包商通过实践已经证明和体会到，在国际工程承包项目市场开发阶段，这种接触会谈、交流与谈判非常重要，它已经成为承包商驻外办事处、分公司、代表处的主要工作职责，而且各国际工程承包商总部还定期或不定期地派出主要负责人，赴国外开展此项工作，这也是各国际工程承包商总部和各驻外机构工程项目市场开发、开拓的重要的工作。

项目信息调查的重要性，决定了项目信息调查谈判的要点是：

(1) 自然条件　自然条件是指工程项目所处地理位置、地势地貌及气候条件等。地理位置是对承包商的物资运输及人员往来产生较大影响的因素，由于国际运输的主要手段是海运，一般系指海运条件，即工地至海港的距离，当然还包括项目所在国的港口、铁路公路等运力状况；地势地貌指洪水、地震、土壤及火灾等影响；自然条件亦指非战争因素影响下的区域，如气候条件影响、在恶劣条件下所面临的困难等，这些因素将直接影响员工的身体健康和施工进度及工程成本等。

(2) 资金来源（业主支付能力）　资金来源是指业主资金到位的可靠性和他的支付能力。资金来源直接决定工程发包的可能性，没有资金就没有建设，大部分需要建设的地区目前尚不能开发建设，根本原因就是资金筹集困难、资金来源受限。工程承包是一种以赢利为根本目标的商业活动，工程业主的支付能力将直接影响承包商进入市场。如果支付款额迟缓甚至长期拖欠，则承包商将背上沉重的债务包袱。

(3) 后续项目（远景规划）　后续项目是指该市场未来工程承包的前景，有无后续项目直接反映一个地区的承包市场远景。后续项目对于评估一个承包市场相当重要，直接关系到市场开拓、投标报价、项目决策和经济效益。对承包工程的效益估算决不能就某个项目单独就事论事，必须进行全面综合分析后确定。

(4) 工程性质（技术要求）　工程性质主要指工程的专业性和技术上的难易程度。从工程专业技术角度看，当前国际上发包的工程基本上可分为高技术标准、中等技术标准和无特殊技术要求的工程。工程的性质是指属于普通工程、专业性很强的工程还是属于特殊工程，如果涉及大型成套设备或交钥匙工程，往往需要多单位、多工种和多技术的配合协作。

(5) 风险度　风险度是指工程项目发生损害事件的概率及真不确定性和工程风险的影响量大小。工程承包是高风险行业，效益与风险并存，大中型项目的风险度更大。风险度量的做法可通过风险辨识、各类风险因素分析、定性和定量的风险评估，推算出其概率分布的风险量，据此判断和求出风险系数，以便投标报价时考虑取舍。

(6) 经济开放度 经济开放度主要指工程招标项目和服务贸易等的限制条件。经济开放度对工程承包有较大影响，并决定着项目实现的利润和货币可自由兑换程度。具体体现在物资商品贸易、工程服务贸易等对外经济贸易开放度与直接投资、间接投资等国际开放度上。承包商应选择开放度好的或较好的国家和地区市场，力争工程项目获取优惠政策。

(7) 货币稳定性 货币稳定性是指汇率保值和汇率风险问题。货币不稳定对承包商是一大风险，如一些对外汇实行管制的国家，或为数众多的使用非自由外汇的国家，签合同时他们一般都拒绝在合同中写上汇率保值条款，承包商将承受货币风险，因此，在评估一个承包市场时，切不可根据表面现象轻率做出决定。

(8) 工资物价水平 工资物价水平是指工资、物价对承包工程和物资设备出口的影响力。世界经济的发展是不平衡的，各国的工资物价水平相差很大，同样的工程在不同的国家造价可能相去甚远，因此了解差价非常重要，特别应注意的是有带动物资设备出口可能性的工程承包项目。目前我国工资物价水平尚低，因此向高工资、高物价地区派出施工人员和出口物资对我们较为有利，低工资、低物价地区则更适宜走当地化道路。

(9) 政局稳定性 政局稳定性是指项目所在国家或地区的政治及政局变化对工程项目带来的影响力和干扰度。一个国家的政局是否稳定是承包商决定进入该市场的前提，政权更迭会导致承包商蒙受损失，不考虑这一点而盲目进入就可能使承包商陷入难以自拔的境地。各国的合同法中一般也规定了专制行为条款，即规定承包商如遇工程发包国政府干预必须首先服从等义务。此外，凡按行政法签订的合同或公共合同，还存在一个经主管部门批准方能生效的问题，其法律的有效性值得注意。

(10) 经营基础 经营基础指承包商在项目当地的信誉、与政府及与大公司的合作及其代理、中介等关系。在一个市场开拓业务，有没有良好的经营基础非常重要。有了良好的基础就可以事半功倍，而没有良好的基础就恰好相反。有良好的基础可使承包商在各种不利环境下变被动为主动，尤其是在行使合法权利方面，在上述关系的帮助下会得到对方的同情和理解，甚至起死回生。

(11) 投资要求 投资要求是指该项目要求带资承包、融资承包及资金筹措等问题。经济全球化的工程承包市场，其最主要的特点就是项目需求过甚而资金供应不足，其中主要原因是广大第三世界国家蕴藏大量各种资源而开发利用能力不足，关键是资金匮乏，其工程发包常常附有条件，即要求带资、融资、买方信贷等进入市场，因此，市场对投资的需求程度必然影响市场的价值。

(12) 市场现状（市场的隶属性） 市场现状主要指市场的主导国家及市场的隶属性的分析。忽视市场的现状，单纯根据其市场潜力挤进市场常常不会取得好的结果。二十一世纪可以说是竞争的世纪，市场强手林立，先来者无论在能力、信誉、影响等诸方面都已打下良好基础，基本上没有后来者立足之地，如果承包商的实力很强，尚有挤走先来者而立住阵脚的可能，但这要付出代价。因此，我们应该对市场的现状有一个客观的估计，切不可盲目行动。

与此同时，在获取如上项目信息调查谈判的要点后，要及时做出市场评估。评估的方法见表4-2。

**国际工程承包项目评估指标表** **表 4-2**

| 序号 | 评估指标 | 权数（W） | 等级（C） | 得分（W×C） | 备注 |
|---|---|---|---|---|---|
| 1 | 自然条件 | 5 | 优越 | 10 | 有风险 |
| | | | 一般 | 0 | |
| | | | 差劣 | −10 | |
| 2 | 资金来源（业主支付能力） | 10 | 充足（良好） | 10 | 风险大 |
| | | | 一般 | 0 | |
| | | | 难差 | −10 | |
| 3 | 后续项目（远景规划） | 10 | 足够 | 10 | 有一定风险 |
| | | | 能争取 | 0 | |
| | | | 无指望 | −10 | |
| 4 | 工程性质（技术要求） | 5 | 简单（无难度） | 10 | |
| | | | 一般 | 5 | |
| | | | 复杂（难度大） | 0 | |
| 5 | 风险度 | 10 | 大 | −10 | 应选项评估 |
| | | | 一般 | 0 | |
| | | | 小 | 10 | |
| 6 | 经济开放度 | 10 | 良好 | 10 | |
| | | | 一般 | 0 | |
| | | | 差劣 | −10 | |
| 7 | 货币稳定性 | 10 | 稳定 | 10 | 有风险 |
| | | | 一般 | 5 | |
| | | | 不稳定 | −10 | |
| 8 | 工资物价水平 | 10 | 高 | 10 | 对材料、设备采购有风险 |
| | | | 比较高 | 5 | |
| | | | 一般 | 0 | |
| 9 | 政局稳定性 | 10 | 很稳定 | 10 | 有风险 |
| | | | 比较稳定 | 5 | |
| | | | 不稳定 | −10 | |
| 10 | 经营基础 | 5 | 良好 | 10 | 本企业或中国企业的情况 |
| | | | 一般 | 5 | |
| | | | 无基础 | 0 | |
| 11 | 投资要求 | 10 | 无要求 | 10 | 带资承包 |
| | | | 一般 | 0 | |
| | | | 要求苛刻 | −10 | |
| 12 | 市场现状（市场隶属性） | 5 | 无强手（无隶属） | 10 | 主要国别 |
| | | | 竞争一般 | 5 | |
| | | | 强手多（隶属性强） | 0 | |

表 4-2 中不利因素的评分有两种，即 0 分和－10 分，负分数表明有风险存在，承包商因此要付出额外的或更大的代价，在无风险的情况下，最差的结果是不能盈利。

评估方法：在评估市场时，当然不能千篇一律，对各种因素所起的作用都等同看待。通常情况下，采用加权打分办法，即先确定各项因素的权重，然后对各项因素分别打分，再乘以权重计算各因素的加权之和，观察总分能否达到自己过去取得工程或根据本公司的中长期规划规定进入一个市场所必需的最低分数线，进而判断可否进入该市场。在进行多个市场比较时，亦可采用此法。

**2. 项目跟踪**

国际工程承包商在市场评估与决策的基础上，锁定项目的目标市场或特定的工程项目，制定国际工程项目开发与拓展计划，开展项目的目标市场或特定的工程项目的跟踪工作，简称项目跟踪。

项目跟踪是对获取的情报信息转变为财富与生产力的一个过程，这个过程需要付出辛勤的劳动，与先前的信息加工、整理、筛选、分类、编辑、传递、输送、交流、反馈一样重要，是一个信息处理再次升华的过程。它是在强化国际工程承包项目信息意识，对情报对象做出及时洞察，分析，有目的、有预见、正确指导企业经营活动，做出的信息跟踪决策，这是企业竞争取胜的关键所在。

根据经验：国际工程承包商项目跟踪工作有两个工作层次：

（1）在项目所在国或项目所在地委托代理人或咨询公司跟踪项目，实践证明这是一个好办法，他们情况熟、渠道多、关系网络广，对工程项目发包、投标直至实施过程了如指掌，该途径很值得重视并运作。

（2）国际工程承包商企业内部专设部门、专门人员，对已决定要投入的工程项目进行专项跟踪，不失时机地研讨对策，以防参投项目的失控、失误和失落。多年的国际工程实践表明：一个工程项目从获取项目信息、决定投标直至中标，项目跟踪的工程师们需要做量大面广的工作，要交往数十个部门的官员和朋友，才可能获得成功！这是承包商不可逾越的细节化的关注点。

与此同时，还要依托中国对外承包商会或在某些地区设立的以经商处为主的工程投标协调机制跟踪。承包商可通过该部门的服务系统，了解工程项目发展状态和协调计划，以确定本公司的行动。

### 4.1.2　选择咨询机构或雇佣代理人的谈判

在国际工程承包项目与市场开发阶段，由于人生地不熟，情况不了解，难以沟通和建立与项目所在国、所在地政府官员等业内人士的关系，选定必要的当地咨询机构或代理人往往是谈判活动的首要任务。特别是有些国家，如沙特阿拉伯、阿联酋、科威特等国家还规定：外国公司必须有当地代理人，才能开展业务。我驻外使馆或使馆经参处往往也向我们介绍和推荐一些可资挑选的在当地社会有信誉和声望并有良好上层关系的代理人，以便尽快地熟悉情况，开展工作。

**1. 咨询机构或代理人的作用与选择条件**

根据经验和教训，咨询机构或代理人的作用与选择条件如表 4-3 所示。

咨询机构或代理人的作用与选择条件 表 4-3

| 作用（或称服务内容） | 选择的条件 |
| --- | --- |
| 1. 介绍项目：定期或不定期的报告项目信息及潜在的招标项目的进展情况；通过代理人的引荐与项目业主或关键人物接触；提交有关背景资料<br>2. 提供资料：包括经济、法律及商情资料等<br>3. 业务咨询：提供必要的咨询服务<br>4. 提供当地的有关服务：例如：推荐分包商，协助办理有关手续等<br>5. 调解矛盾：调解承包商与业主的矛盾等 | 1. 信誉好<br>2. 关系广泛<br>3. 熟悉行业与业务<br>4. 地位合法 |

**2. 与咨询机构或代理人谈判的要点**

根据以往实践的经验，与咨询机构或代理人谈判的要点，主要是围绕咨询或代理协议的条款展开的。通常代理费的支付原则和条件可以参照如下的基本原则进行洽谈。

(1) 根据项目咨询和代理工作的难易程度以及项目效益的多少，确定咨询费或代理费的数额或比例。

(2) 咨询费或代理费的支付总原则应是按劳付酬，即在咨询、代理工作的职责按协议兑现后再行支付。咨询或代理工作初始尚未见实绩的阶段，一切发生费用应由咨询、代理人自行负责，最多只能承诺预付少量活动经费。

(3) 分期支付咨询或代理费，一般视工作实绩和项目结算情况分期支付。只有当项目取得工作实绩如项目中标，项目实施过程中工程款已结算支付的情况下才分期按比例支付。项目实施后的分期时间视项目合同条件商定，合同中支付条款较严、约束条件较多的宜予分期少而长，以便敦促咨询、代理人做好工作。

(4) 视咨询、代理人工作的力度和质量灵活支付，并论功行赏。工作得力，质量优异可提前支付，成绩突出并给予适当奖励；工作不力，质量低下可延缓支付，必要时处以罚款或扣款。

另外，要依据项目不同阶段的任务和合同条件拟订相应的明确的咨询或代理工作职责，列入咨询、代理协议。

**3. 咨询或代理协议的主要内容**

为明确咨询或代理人的责任、义务和报酬方式，在同代理人谈判之后，应当签订一份正式的咨询或代理协议。协议一般应包括以下内容：

① 协议双方的注册法人名称、地址、代表人姓名和职称。

② 签订本协议的因由，主要说明咨询或代理协议的目的和性质以及双方的愿望。

③ 咨询或代理的范围，主要是业务范围和时间范围。例如，是单个项目的咨询或代理还是唯一的咨询或代理，时间有无限制等。一般来说，当地咨询或代理都会提出担任唯一的咨询或代理人，即这种咨询或代理协议是排他性的，承包商在当地不得另找第二位咨询或代理人。即使承包商通过其他人员或公司的介绍而获得工程合同，也必须支付给唯一咨询或代理佣金费用。除非这个国家有"关于外国公司只能在该国拥有一名代理人"的强制性规定，最好不要在刚进入这个国家的时候就匆忙决定委任唯一代理，而可以先采取单个项目代理人的办法，待双方互相了解并取得诚恳合作的成果后，再确定其是否成为唯一代理。如果在强制性法律下不得不签订唯一代理协议，则可以尽量将代理时间缩短一些，以便在规定的时间内进行考察。有一些老练的代理人，在不可能成为唯一代理的情况下可

能会提出，他们对其他潜在的工程项目拥有优先充当代理的第一选择权。意思是说，承包商对别的工程项目选择代理人，必须先征求这个代理人的意见，如果他不愿意放弃权利，就不能另找代理人。对于这样的要求，应当慎重考虑是否给他优先选择的权利。明确代理范围是十分重要的，否则，将来容易引起不愉快的或者难以处理的争议。

④ 义务和职责，这是协议中最重要的条款。首先应当明确咨询或代理人必须代表和维护承包商的利益，并力争获得工程合同。其次，可以规定咨询或代理人的服务内容，诸如前面已提到的介绍项目、提供资料、业务咨询和当地服务等。

⑤ 佣金或酬金。一般说来，协议中的佣金比例不应该超过当地政府的规定或当地习惯。有一些国家明确规定了不同大小的项目佣金的最高和最低限额，例如阿联酋规定代理人佣金占合同金额的 1%～2%，特大型项目的佣金比例还可以比 1%更低，小型项目可以高于 2%。还有一些国家规定，佣金比例为合同金额的 0.5%～5%不等。另一些国家可能没有任何限额规定，但当地有自己的习惯比例。实际上咨询或代理人要求的佣金比例往往比政府的规定高得多。承包商应当与咨询或代理人充分协商，求得一致。在不得已的情况下，有些国际承包商采取某些变通的办法，例如佣金比例虽然遵守政府的明文规定，但另外增加一笔实际开支费用的补偿金。协议应当规定：只有在承包商获得工程合同并收到工程业主付款之后，才按比例支付佣金和酬金。

⑥ 其他。协议应当明确写清这样的条款："除非有承包商的书面知示，承包商对咨询或代理人所进行的各种活动不承担任何道义和法律责任；咨询或代理人不得以承包商名义从事非法活动或对外承担任何义务"。这一条款是对咨询或代理人进行某些不正当活动的约束，也是承包商避免卷入某些肮脏交易的预防性措施。在某些国家咨询或代理协议是要求呈报政府有关部门登记注册的。上述协议内容作为注册呈报文件可能显得过于繁琐，一般可以签订一份简明的咨询或代理协议，而另签一份补充细则。

### 4.1.3 选择合作伙伴的谈判

在国际工程承包项目市场开发初期，承包商在广泛接触项目所在国、所在地官员和行业内人士的过程中，也就是说在开展项目信息接触会谈、交流、谈判时，在结合项目的实际情况物色当地代理人的同时，就可以考察物色合作伙伴和分包商，这是在开发市场和招揽项目阶段十分必要的工作。

**1. 选择联营体的谈判**

在国际工程市场上，许多国家都明确规定：外国公司必须同当地公司组成合营公司或称联营体后方能取得投标权，并享受与当地公司一样的优惠待遇。另外，有些规模较大或专业范围较广的项目，由于刚刚要进入该国家的外国公司对该国的技术标准、规范或当地传统的施工做法不熟悉，亟待需要物色合适的其他专业公司作为合作伙伴，以便为了取长补短，提高竞争力，发挥各自的专业优势，进行合作或联营。有时外国公司或当地公司也会主动邀请外国公司与其结成合作伙伴，共同参与工程项目的建设与施工。

根据国际工程市场的惯例，合作伙伴或联营体都需要在项目资审阶段就基本确定，在递交资审文件时除了要递交各自的资审文件外，还要同时递交双方合作的意向书或合作、联营协议，确认各方所承担的工程和职责分工及义务，还要说明谁是牵头公司、代表联营各方负责与业主联系等。因此，在国际工程承包项目市场开发阶段，选择合作伙伴及联营体的谈判，一方面受资格审查、递交文件时间的约束与限制，另一方面涉及合作或联营双方的权利与义务。所以，这类会谈或谈判往往是比较复杂的，需要各方认真斟酌，因为它将会直接影响今后长期合作关系是否平等互利，有利于企业的发展。为此，这类谈判往往是由双方企业领导层人员亲自主持、出席，并派出有相应的经验的经济或专业技术人员参加，以便商定合作范围、合作条件和专业分工。

(1) 联营体谈判的要点

一般情况下，选择联营体谈判的要点是：

1) 确定联营方式

2) 商谈合作或联营的条件，签订联营体协议或投标前的联营体协议。

在商谈联营方式时，通常都需要同时商谈合作或联营的范围和条件，签订协议。由于在开发市场和项目承揽阶段（包括资审阶段），合作各方只是根据项目需要，发挥优势互补，提高竞争力，并达到能够通过资审联合投标的目的，而且合作的各方谁也不能肯定是否能中标并拿到项目。因此，没有必要花费很大精力在联营协议上进行详尽的细节性的讨论，一般都是倾向于先签一个投标前的联营体协议：在合作的宗旨、范围和方式，牵头公司，投标和报价，投标费用，银行保函等主要问题上，通过谈判达成明确的原则性的协议即可。

(2) 国际工程中常见的联营形式

1) 合资公司

合资公司是正式组织一个新的法人单位，进行注册并从事经营活动。合资公司的组成方式有多种。在国际工程承包中出现的合资公司组成方式有：

① 由一家外国工程公司与当地公司联合组成合资公司，并在当地登记注册，取得当地的法人资格，变成新的当地公司或外资与当地的合营公司。

② 由一家外国工程公司与当地公司组织合资公司，却到第三国去登记注册。这种公司在当地开展经营活动仍算为外国公司，但它实际上可以利用原当地公司的许多便利条件来开展其经营活动，同时可设法逃避对当地注册公司的税收和管理。

③ 由两家外国工程公司联合组成合资公司在其中的一个国家注册，而后到第三国去开展工程承包业务。这种联合可能完全是出于发挥各家外国工程公司某些特长的需要。

④ 由一家外国公司购买当地公司的股票或注入新的资金，使该当地公司变成这家外国公司的控股公司，以便在当地经营和开发工程承包业务。这种公司实质上与前面所说的第一种合资公司类似。

所有的合资公司往往并不只是为了承包某一具体工程而组织的，它有一定的合资年限和较长远的目标。因此，组织这种合资公司的有关各方都应当十分审慎。在合资前，应当对政治形势、经济状况、各方的资信情况、注册国的政策法律对投资的保障、各类风险和经济效益等进行切实的调查和分析，还应当研究其发展前景。另外，还要研究和拟订完善的合资公司章程，办理各种合法的手续。

2) 单项工程合资

这实际上是上述合资公司的变体，它是仅限于某一项特定的工程项目而组成的合资实体。当该项工程的承包任务结束，清理了该项工程的一切财务账目，亦意味着清理了合资实体的财务和权益，宣告这项合资的终结。这种合资实体尽管在性质上与合资公司基本相同，但由于合资的范围只局限于一项工程，其风险也相对小得多，特别是关于注册、组织、经营与管理、期限、风险和利润分配等等，比较容易协商和处理。对这种工程承包的单项合资，多数国家采取了比较简便的登记注册手续。

由于具有上述优点，这种单项工程合资极为常见。往往通过某一项工程的合资开发和承包，使两家原来并不十分熟悉的国际工程公司逐步取得相互信任，建立了良好的合作关系，从而可以发展为较多项目的合资承包或者成为较长远的合作伙伴。

值得注意的是，在国际工程公司与当地公司组织单项工程合资时，当地公司为了限制国际公司在当地的活动，常提出协议中应包括一项“排他性联合”条款。当然，仅就该项合资的工程项目而言，可以而且应当是排它的。但是，因为这是单项工程合资，不宜把这种排他性条款任意扩展到其他工程项目。

3）联合集团

联合集团（consortium）即各公司单独具有法人资格，不一定以集体名义注册为一家公司，但可联合投标和承包工程。比前述两种合资方式松散一些，可以由两家或多家联合在一起投标和承包一项乃至多项工程。

有些国家并不严格要求以联合集团名义注册成为独立的法人，只要求参加联合的各个公司分别具有法人资格即可。联合集团的松散特点，主要表现在各个参加的公司在其分工负责的范围内具有相对的独立性。只要工程业主同意，各个参加集团的公司可以对业主既共同又分别地承担责任。正是这种松散的特点，在国际工程承包中，这种形式的联合更为多见。

联合集团内部往往是根据各个成员公司的特长和自愿进行分工。通常应当在联合集团协议或章程中把每个成员公司的责任、义务和权利规定得十分明确，甚至将各成员承担任务的内容细节都规定下来。属于各自范围内的周转资金、风险和利润都由各自负担，仅提取一部分付款供联合集团的总管理机构开支。

联合集团可以组织董事会或者管理委员会。这个董事会（或管理委员会）仅决定一些主要的政策性问题，而经常性的项目上层管理可委托其下设的管理处去处理。至于管理处的权限，则可根据不同的项目和不同的意愿作出决定，并向管理处的负责人授权，或制订出管理处的经营管理细则。

4）联营体

联营体（Joint Venture，JV）是指两家或数家承包商通过各种形式的联合共同承包工程项目的行为。联营体在国际工程承包市场的竞标中，较某个承包商具有不可替代的突出优势。同时，因为构建联营体的成员较多，经营概念、营业策略、文化与交际方式等差异和不同，使联营体在承包工作过程中会带来或发生一些困难，应充分加以预防。

① 联营体的主要优势

资金实力雄厚，可承建巨型工程。当联营体成员中有金融机构或资金运作能力强的承包商时，竞标能力更具优势，同时可以减轻各家承包商的资金负担和风险责任。

专业技术水平高人一筹，有能力承担技术复杂、业主有知识产权要求的大型工程。不同的专业公司联合实施项目，专业种类齐全，可保证高标准的质量要求，还可实现工程建设投产后的技术转让。

联营体经营，集成了资质、资金、技术、管理、业绩及信誉等多方面资源的综合优势，有利于通过资审、中标、全方位经营。

某些国家或业主规定，对某项重要工程只允许联营承包时，承包商必须采用联营体形式。吸收工程项目所在地区的承包商参加联营体，对熟用该国法律法规、利于开拓经营、享受优惠政策等大为方便。

② 联营体的缺陷

管理层次增多，各成员间利害关系复杂，有时影响高效率、高质量地形成对重大问题的决策。

如联营体内部责、权、利划分不清时，容易形成互相推诿，容易模糊或误解各方连带责任的概念。

投标报价时，各承包商倾向于提高自己承担合同法律和经济责任部分的价格，往往会造成总标价偏高而不利于中标等。

上述缺陷，特别是联营体内部、外部和项目自身等风险，理当引起联营体承包机构的高度重视，采取有效可行的措施加以防止，或预案处理。

联营体承包的组织形式

联营体的组织形式，应与国际工程承包合同的要求相一致；应精干高效，利于联营体成员间的紧密协调；结合工程项目实际及各成员的特长充分协商等原则确定。一般情况下可参考选用下列模式：

a. 联营体管理委员会是联营体的最高权力机构，它由联营体成员各派一名代表组成，在联营体牵头公司代表的领导下工作。牵头公司的代表任管理委员会主席，代表联营体同业主或其代表（工程师）联系，讨论决定工程项目的重大问题。

b. 牵头公司一般由联营体中承担股份额度最大的承包公司担任，有时亦可通过选举由最具管理实践经验的联营体成员或同业主关系最为密切的成员担任。

c. 管理委员会的各成员公司的代表，应是各公司的领导成员，被授权决定联营体内的重大问题。

d. 联营体管理委员会定期举行会议，对联营承包中的政策性问题做出决定，例如：

决定联营体的建立、股份划分比例、责任划分及权益分配；

选定委员会主席，制订工作制度；

建立联营体工程项目组，选定项目组总经理，审批项目组工作计划；

决定承包施工的进度、财务、设备和采购等重大事项；

研定与处理同业主间在合同实施过程中的矛盾、争议和争端事宜等。

e. 联营体工程项目组，该工程项目组在管理委员会直接领导下，负责工程项目的施工和实施项目合同，代表联营体各成员公司同业主及其代表进行日常工作联系，履行合同责任，进行工程款结算，处理施工过程中出现的问题，定期向管理委员会报告工作。在项目组统一协调和指导下，联营体各成员公司按既定的合同分工，完成各自承担的施工任务，独立进行核算。为此，工程项目组必须设置的工作机构有：

综合部——具体负责联营体内外的一切行政后勤事务安排与管理等工作；

合同部——具体负责合同管理及合同商务实施工作，统一掌握工程进度款和索赔款的申报、催办，处理合同争端等；

工程部——具体协调各成员公司所负责的工程部位的施工进度、工程技术管理、质量的检查、安全管理和交验，保证整个工程的施工按合同的规定进行；

财务部——具体负责联营体的财政收支，根据施工任务划分、处理与各成员公司的财务分配工作；

采购部——具体负责物资材料及设备的采购和物流。

联营体工程项目组的组织架构应视项目的具体情况和需要做出调整和增设。联营体组织架构如图 4-2 所示。

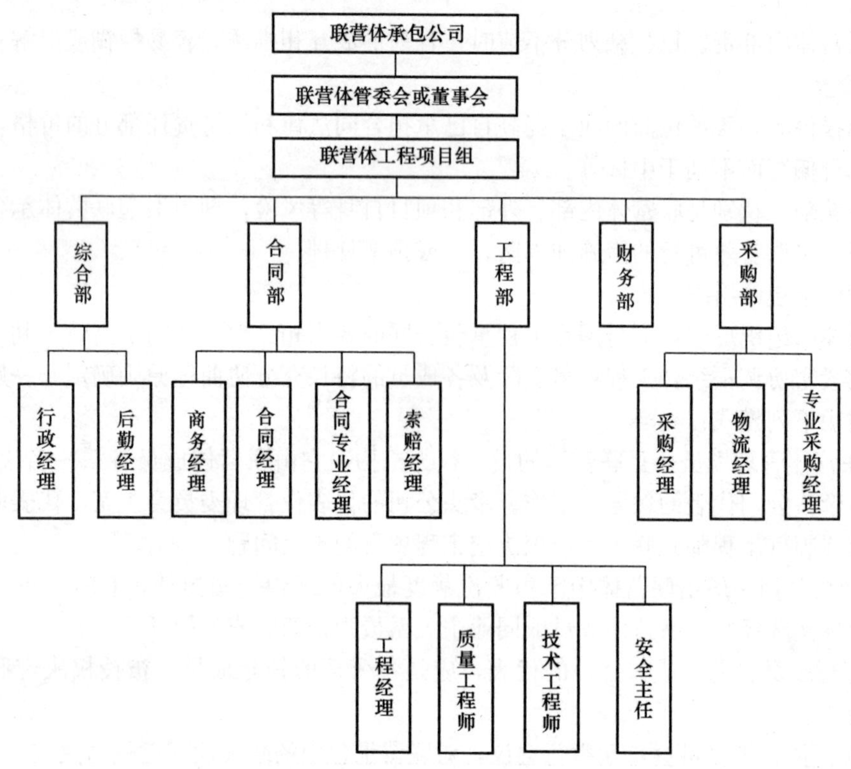


图 4-2　联营体承包组织架构示意框图

③ 联营体的分类

联营体（即 JV）是为特定的项目组成的非永久性团体，对该项目进行投标、承包和实施。JV 一般可分为两类：一类叫分担施工型，一类叫联合施工型。

a. 分担施工型

合伙人各自分担一部分作业，并按照各自的责任实施项目。分担方法可按设计、设备采购和安装调试、土建施工分，也可以按工程项目或设备分，即把土建工程分为若干部分，由各家分别独立施工，设备也可根据情况分别采购、安装调试。该形式有时也叫联合集团。

分担施工型本身不具备一个单独的法人资格，它不是由各个合伙人共同组成的、独立的法律实体，因而向业主递送的投标书、合同等均要由全体合伙人签名。由于 JV 也是一个组织，需要有决定其意志的机构，一般采用各合伙人代表组成的 JV 会议来决定重要事项，采用什么决定方式（如全体一致通过、多数通过等）要事先确定。项目合同的大的变更和修改也要得到全体合伙人的同意。

每个合伙人所分担的施工范围内的责任称为内部责任，包括以下三方面：一是按照项目合同完成分担施工范围的责任；二是由于某个合伙人的原因，对其他合伙人带来损害的责任；三是对业主及第三者的损失赔偿责任。无论是哪一方面，基本上都由各合伙人独立承担责任。

b. 联合施工型

联合施工型的合伙者不分担作业，而是一同制定参加项目的内容，分担权利、义务、利润和损失，因而合伙人关心的是整个项目的利润或损失和以此为基础的正确决算，即使有具体事项的分歧，但最终目的、权益还是共同的。作为一个团体，也采用合伙人代表会议方式，由一位推举的领导者负责。采用这种方式，领导者的职责、权限更具有权威性。联合施工型 JV 的施工是作为一个整体来安排的，用 JV 的经费、人员和器材来统一实施项目，订立分包合同和采购合同也以 JV 名义签订。合伙人之间按所定的比例进行利润分配或损失分担，JV 所有的周转资金也由合伙人根据股份比例提供，这一点是各个合伙人最基本的，也是最重要的义务。JV 的工作人员可由各合伙人提供，但也可以直接从外部雇用。

（3）联合协议的主要内容

除了合资公司须根据其注册国家的公司法进行组织，并签订相应的合同或协议，按规定的格式拟订公司章程外，其他一些联合形式可以由合作的各方共同签订联合协议。联合协议应经一定的公证机构进行公证，有的还须经一定的法定部门认证或登记，有的可能要将其摘要提交工程项目的业主认可和备案。下面介绍一份联合集团的联合协议的主要内容，供拟订各类联合协议时参考。

1）协议各方

包括参加联合集团各方的公司名称、注册地址、代表人的姓名、职务等，必要时应附各方代表人的授权证书（由各方公司董事会授权）。

2）建立联合集团的因由

说明各方愿意组成联合集团的目的，例如共同参加某项工程的投标，编制投标文件，得标后以联合集团名义与工程业主签订工程承包合同，并执行合同等。

3）期限

说明从签订本联合协议之日起，或经各方董事会确认后生效，联合集团宣告成立。

4）董事会（或管理委员会）

① 权力

董事会决定全部政策性问题及按协议组织的项目管理处未能解决的任何问题。

② 董事会的召集

规定董事会定期会议的时间（例如每半年或一年一次等），由董事长或副董事长召集，或根据董事会成员的要求，由董事长或副董事长按实际可能临时召集董事会。召集董事会的理由应事先通知。

③ 投票权

每一成员有一票投票权；除非在各方成员或其代表都参加会议的条件下作出的决定，

否则是无效的；所有的决定应由全体成员一致通过；如果某一决定未能一致通过，则应在最短时期内（可规定期限）再开一次董事会专门讨论分歧的问题，如仍不能一致通过则董事长有权作最后决定，此决定应可约束各方。但此款对于发生仲裁情况下无效。董事会的决定应当记录并发给各成员保存。

5）项目管理

项目管理由董事会授权的项目管理处进行，应规定项目管理处的机构、组成人员（主要成员如项目总经理和副总经理、管理处各部门的经理和副经理等）的分派办法。该处应当落实和实施董事会的决定并代表联合集团处理对外事务，特别是处理同业主的各项业务关系。

董事会将在以后制订专门的业务管理细则，确定项目管理处的授权和限制权限。据此业务管理细则，该处总经理应当采取一切必要措施使本联合集团获得并执行本项工程的合同。

6）商签合同

同业主议标必须有联合集团各方成员的授权代表共同参加，并事先商定共同的意见。对于业主承诺的任何义务（招标文件之外增添的），均应经各方授权代表共同同意。合同可规定联合集团成员就其分工负责的内容共同并分别对业主承担责任。

7）工程内容和职责分工

制订工程内容的分工表，详细划分联合集团各成员承担的工程范围内容和职责；在同业主签订合同后，该分工表进一步就实际工程内容、技术细节及价格等进行调整。各成员在履行合同中所占金额比例，应根据在分工表中其承担工程内容、服务和供货价格并考虑议标中的降价等因素，最后由各方共同审定。

根据分工表中各方的责任、义务和所占份额比例，相应地由各方负责提供合同所要求的各类保函（包括投标保函、履约保函、设备材料和货品临时进口保函、维修保函等）和进口许可证及清关手续等。每一成员应分别对本协议规定的属于自己的义务负全部责任，并承担与其责任有关的全部资金和费用。

8）各成员的责任

① 各成员应当根据分工表提供他所承担的物资和服务内容履行其职责，其中应包括为履行其合同规定责任所需要的附属工程。各成员在其合同责任范围内尽力达到联合集团的目标，并在实施整个合同方面相互支持和帮助。②各成员应根据分工表落实技术方面的规划，并在合理的时间内向其他成员提供关系到其他成员规划设计所需的有关技术数据，以便相互协调。③为使项目管理处管理和协调整个工程进度，各成员应当在合理的时间内提交其工程最快完成的进度表，使其他成员能衔接完成他们承担的工程。④各成员应对属于其他成员的商业和贸易秘密保密。一切从其他成员处获得的与本协议有关的文件、图纸和其他资料，除非是为了实施本协议的目的，均不得在任何他处使用。⑤在本联合协议有效期间，各成员不得直接地或间接地就本工程项目与业主或任何其他第三方达成其他协议。⑥各成员应当将履行其工程责任过程中可能会影响其他成员履行责任的一切事态，立即通知其他成员，使其他成员避免或预防损失。⑦每一成员在没有取得董事会同意之前，不得将其承担的供货、服务和施工任务全部转让给他人。当然，这不适用于材料采购和较小部分工程分包，也不适用于合同中已指名的供货和服务的供货商。⑧只有事先经董事会

批准的开支才被考虑由联合集团成员按比例分摊。如果联合集团的公用开支与原预算有差异，其利润或风险将由各成员按比例分摊。⑨各成员将索取付款单送交项目管理处，由该处汇总并加上联合集团的总管理费报送业主。所有业主的每笔付款由该处按业主同意支付的项目内容根据分工表立即分配给各成员，其中包括已付的工程款、材料款、服务费等。每笔付款分配应由各成员的代表签字。⑩由项目管理处按董事会的协定以联合集团名义投保工程一切险，但各成员应分别对其现场人员投保人身意外险等等。

9）各成员的义务

①各成员将共同地和分别地对业主承担其合同范围内的义务，除本协议对项目管理所授权力外，任何成员作为联合集团的一员不得在同第三者的任何交易中以联合集团名义承担义务和索赔。②任何成员在按本协议履行其责任或实施其承担的工程中违约，从而导致业主或第三方对其他成员索赔其损失、损害或伤害，则该成员应当补偿其他成员由此索赔而蒙受的损失。③任何成员在按本协议履行其责任时因违约而导致其他成员受损失、损害或罚款，该成员应对其他成员所受损失、损害或罚款进行补偿，但其他成员的间接性损失除外。④在特殊情况下，对于造成损失或损害的责任方有争论时，该损失或损害暂时由各成员按其分担的工程内容比例分担，直到各成员达成一致协议或通过仲裁裁决。

10）成员退出联合集团

①如一个成员退出联合集团，则该退出成员必须承担由于该成员退出而其他成员已花费的全部费用。②各成员向联合集团提交一定的履约保证金，如果一个成员不愿履行本联合协议中他应履行的责任，而各成员找不出其他解决途径，则该保证金用来补偿其他成员的损失。③在得标和签订合同后，董事会将确定有关本条款（成员之间履约保证金）的细节，各成员应当努力尽可能降低本条款涉及的费用数字。

11）适用法律和争端的解决

① 本协议将受被授予的合同的适用法律管辖（联合集团各成员也可以协商采用某一法律制度以适用于本协议）。②涉及本协议的一切争议，应本着友好协商的方式解决。如未能达成一致，则提交仲裁解决（应确定仲裁机构名称、地点，并遵守何种仲裁程序）。仲裁裁决是终局的，对争议的各方均具约束力。

12）合同的有效性、文字等

①如本协议的任何部分条款在法律上无效，应不影响协议其余部分条款的有效性。② 本协议所采用的正式语言（某种语言）为各成员之间的往来信件、记录、文件及共同的会计账户等均用此正式语言。③本协议构成内容百为所有成员一致理解，除非董事会一致通过决定，否则，不能作任何修改。④本协议正式文本××份，每一成员均共同签署，各持一份，均具同等效力。

对于上述联合协议的内容，还可用随同签订的各种附件加以说明或者补充其细节。

（4）选择联合伙伴及应注意的问题

联合能否取得成功取决于多方面因素，其中值得注意的有下列问题：

1）联合伙伴的选择

联合的目的是发挥优势，提高竞争力，并实现更好的经济效益。因此，在选择联合伙伴时，应调查成员伙伴的资信和能力，研究分析其优势，以弥补自己的不足。例如，许多国际工程公司选择当地公司作为联合伙伴，主要是想利用当地公司熟悉当地事务、具有广泛的社会联系、易于疏通解决各类当地问题的渠道等等，因此应当切实了解该当地公司是否确实具有这方面的能力。有些当地公司尽管与当地政府上层人士关系密切，但对工程承包却一窍不通，他们可能只想坐地分享佣金。同这样的公司联合，可能会较多地受到当地的政界影响，并不一定是最好的选择。许多国际工程公司相互联合，可能利用彼此的技术优势、装备优势、资金优势或者施工力量（包括熟练劳务等）优势等等，这样更应当对联合伙伴在这些方面的实际能力作切实的调查研究，真正达到“优势组合”的目的。

2）联合形式的选择

前面提到的各种联合形式究竟何者较好，难以作出简单的评价，应当根据自己的需要和各成员之间彼此熟悉的程度，以及彼此的愿望和现实可能性来确定。

一般来说，在彼此之间还不甚熟悉的情况下，可能双方都希望采取单项合资承包工程或者联合集团的形式。这两种形式也比较适合于工程承包这类商务活动，因为它们只限于某一项具体的工程，或者组织关系比较松散，无论是时间和内容方面，其约束力总是有限制的。只有在十分有把握的条件下，并且打算在当地长期从事商务活动，才同当地或外国公司建立有独立法人地位的长久性的合资公司。

当前，有较多的工程承包公司参与项目的发展建设工作。例如：参与投资并承包商场、酒店、住房等等的发展和建设。由于发展项目的特点，其利润与风险的分配与投资有密切关系，同时还涉及当地对发展项目的政策规定等，不得不组织合资经营的独立法人。在这种情况下，当然以选择合资公司的联合形式为宜。

3）联合契约的制订

制订一项平等互利的联合契约、协议或章程，并非是一件容易的事。联合不同于主包与分包的关系，尽管联合各方的风险和利润是按责任或股份比例分配而并不相等，但联合各成员在董事会或管理委员会中的地位应当是平等的，因为他们都是主承包商中的一员，不能搞成主包和分包的雇佣关系。任何联合中，在利益方面既有一致性也有差异性，即既有联合又有斗争。如果过分强调各自的利益，必然是“同床异梦”，许多联合的失败往往都是各方争利导致的结果。

要解决这种争利的内部矛盾，只能强调在发挥各成员的优势基础上相互妥协而达到互利。只有互利才能形成真诚的联合，只有联合发挥各自优势才能得标。在制订联合协议时，对各项条款都应当充分协商，既要调动各方的积极性又要相互制约。所谓制约，就是应当明确各方酌责任和义务，还必须规定一方违约或者任意退出而导致其他各方遭受损失和损害的处理办法，包括仲裁裁决、法律程序制裁和各种经济制裁等办法。

除了合资公司必然要统一收支结算盈亏外，其他各种联合形式可以采取有“合”有“分”的办法处理财务开支。所谓“合”，是指由联合的项目管理处统一向工程业主结算工程应付款和开支各项共同性的费用；所谓“分”，是指每次结算收到的工程款除按事先商定的百分比保留给项目管理处作公共开支外，其余的收入全部按联合各方所完工程应得款项转给各方独自的账号。这就是说，联合的共同性开支由联合各方的项目管理处负责，并按比例分摊，而各方自己承担的那一部分工程实施责任的资金筹集、运营周转、盈利亏损等等均由各方自行负责。

通常，联合协议应在开展一切实际活动前签订。例如：如果打算联合投标和承包某项工程，通常在投标资格预审阶段就要签订联合协议，并编进资格预审资料中以供业主审查。但由于投标尚未开始，联合各方的责任划分只是粗略的，因此，在投标或者中标后应再签订更详尽和细致的联合协议，或者联合协议及其管理细则。只有联合协议越详尽、具体，特别是各方的责任、义务和权利（利润和风险分配）规定得明确和具体，在实施阶段才会避免或减少争执和麻烦。

4）建立严密有效的科学管理

要求通过联合而获得较好的经济效益而避开风险，在很大程度上有赖于对工程进行科学管理。①由联合各方共同物色有经验而又善于指挥并能顾大局的项目经理主管项目管理处的工作。联合中的各方不要对项目经理乱加干预和指责，应当使他能进行有效的、严密的指挥和管理。如发现该项目经理不能胜任工作或有严重偏袒行为，应当在董事会或管理委员会内通过适当的方式解决。②应就项目中的人事、财务、技术、计划协调、劳务、物资、交际活动等等拟订具体的管理条例，使项目管理处的工作有所依循。③应加强董事会的监督，只有董事会而不是联合各方分别对项目管理处进行监督。

**2. 选择分包商的谈判**

一般情况下，在国际工程招标资审文件和投标书都会明确要求总承包商列出分包商的名称、资质及其经验，以便业主对总承包商和分包商同时进行资格审查。当然，总承包商也可以在项目中标后经过业主和工程师的批准再选择分包商。但是，届时分包商往往采用拖延谈判时间的谈判策略，使总承包商处于被动的局面。而总承包商为了怕影响项目施工的总进度，迫使总承包商不得不提高分包价格、降低分包条件。所以，在国际工程承包项目市场开发阶段和资质预审前，物色选择分包商是总承包商的明智之举。一方面可以降低工程成本；另一方面可以规避总承包商对于项目所在国、所在地对传统施工做法不熟悉或专业化较强所带来的风险等。采取工程分包的形式，转移和规避必要的风险，可以使总承包商集中自身有效的人力、物力和财力，搞好工程项目管理。与此同时，总承包商有时也可以利用当地分包商熟悉当地情况和关系的有利条件，共同开发市场。因此，选定必要的分包商，商谈和签订分包协议或分包合同，是国际工程承包商在开发市场和招揽项目阶段的必要工作。所以，有经验的承包商通常都在市场开发、项目承揽与资审前就开始考察、选定分包商，而选定分包商的工作往往要花费很多精力和时间，经过考察、对比、分析筛选与会谈、交流与谈判确定。

（1）分包谈判的要点

选择分包商的谈判的要点主要是：分包的方式，分包的内容，设备、器具与材料供应，计费与支付的方式，工程验收与工程款的支付以及争议的解决等内容。

（2）分包的方式

根据工程项目管理的实践与经验，有以下两种分包方式。

1）劳务分包

劳务分包是指工程施工所需要的设备、工具、材料都由承包商负责，分包商只提供劳务。提供劳务的工种和费用支付办法由承包商和分包商商定后签订的分包协议中规定。一般有两种计费方法。一种是人月费计费法，即按不同职务、不同工种制定月工资额，每月支付工资。另一种是按小时计费法，或称计时工制，即按不同职务、不同工种制定每小时工资标准，每月按每人实际完成的工作小时，记账支付。在国际工程中无论是哪一种劳务分包的计费方法，其人工工资包括的内容（例如：管理费、机票费、动员费、遣散费、税收、利润、境内外社会保险、医疗保险费等）以及由承包商向分包商提供的工资以外的各项费用包括住宿费、卧具费、炊具费、伙食费、水电费、假期工资、加班工资、奖金、其他津贴等等，都要在分包协议中作出明确的规定。所有这些都要通过谈判商定。

2）工程分包

工程分包是最常用的一种分包方式，即国际工程总承包商将一部分工程分包给分包商，其设备、工具、材料（部分或全部）和人员全部由分包商自行负责。分包商除了要履行总承包商和分包商签订的分包协议外，还要履行业主和总承包商签订的工程项目合同中业主对总承包商的所有制约条款。

需要指出的是：由于在国际工程项目市场开发与承揽项目阶段，工程项目还没有公开招标，招标文件可能还在编制中，有时虽然通过对外活动从内部拿到了招标文件或招标文件草稿，但也不能向分包商公开。因此，本阶段的分包协议谈判，主要是根据上述的内容和要求通过谈判达成意向性或原则性的协议，即仅能确定分包工程范围和分包方式，明确对分包商的各项要求，就可以了。

（3）分包合同的内容

有关分包合同的内容，要在遵循主合同（即业主与总包商签订的工程承包合同，也称总包合同）的前提下，以参照FIDIC编制的《土木工程施工合同条件》（1994年版）、《施工合同条件》（2009年版）为基础，双方通过谈判商洽确定。

通常，国际工程分包合同的主要内容包括：

1）合同形式

根据主合同的不同，分包合同的形式可以采取不同的方式，如单价合同、总价合同或者成本加酬金方式等。当主合同采用FIDIC合同等单价合同时，分包合同宜采用单价合同；如主合同为总价合同，分包合同应也采用总价合同的方式；在单项工程或小包项目时，可采用总价合同的方式，以利用总包商控制成本。

2）支付货币

①业主支付什么种类货币，总包商原封不动支付给分包商。

②无论当地汇率如何变化，总包商按主合同规定的比价支付。

③总包商用美元兑换支付，如必要可以做掉期安排。

在单项分包或小额分包给当地分包商时，可以使用当地币全额支付分包合同款项。

3）保函

①采用“背靠背”方式，即使用主合同中的履约保函和预付款保函格式，由分包商向总包商开具。

②总包商选用已使用过的、或一些标准合同格式所附的无条件履约和预付款保函格式。

③分包商开具保函的银行应当是经总包商同意的卓有信誉的银行。

④在要求分包商转开或转递保函时，应在分包合同价款中考虑有关费用。

4）保险

由总包商按主合同规定进行保险，分包商不用就其分包工程再进行保险，但分包商应承担其分包工程发生的保险费用。

由分包商对其分包工程进行单独保险，保险费用由分包商承担。

5）材料供应和检测

在分包合同中，应明确材料的供应责任，即由总包商供货还是分包商自己负责。另外，总包商应严格控制和管理分包商使用的材料，要求分包商提供材料规格、生产厂家、质量证明等文件，如需要，总包商应对分包商提供的材料进行单独检测，以确保工程质量。

6）工程范围

总包商在要求分包商报价中应明确界定分包商的工作范围，如利用工程图纸标注、工程数量清单和文字说明等方式明确分包工程范围，切忌使用含糊不清的语言描述，避免实施中相互扯皮。

7）临时工程和设施的使用

应在分包合同中明确共用的临时工程和设施的建设费用、如何使用等。在使用对方的临时工程和设施时，也应明确使用规则，如事先通知、使用时间等。

8）施工现场、通道或便道的使用

应在分包合同谈判和分包合同中明确施工现场、通道或便道的使用方式、建设和维修便道的费用承担、总包商和分包商的相互提前通知和安排使用等问题。

9）工程变更

如业主通过工程师进行工程变更，根据主合同的规定，总包商可以通过变更令得到变更工程的补偿，分包商也可相应地从总包商处得到业主支付的款项。但如果是总承包商要求进行工程变更，总包商将无法从业主处得到补偿，如涉及分包工程，合理的规定是分包商有权从总包商处得到工程变更的补偿。

10）保留金和维修期限

应明确保留退还及分包工程的维修期限，一般对工期较短的分包工程，其工程经过业主验收认可的，可以尽早支付。对大分包工程，总包商可以在业主退还保留金后才向分包商支付。

11）税务

无论是总包商还是分包商，应对税务问题给予极大的关注，并应在分包合同中明确包括的税种、缴纳义务税率。在一些需要缴纳增值税、预提税的国家，应明确纳税原则。

12）总包商接管权力的行使

总包商的接管是指分包商在无力履行分包合同时总包商接手分包工程，由总包商实施分包合同的行为。这种情况主要出现在分包商无力履行、破产、可能的延误工期以至造成整个工期延误等情形。在终止分包合同时，总包商应注意按照合同的规定维护自己的权力，在法律上不要形成漏洞，造成分包商提交仲裁，避免进一步争议。

13）争议的解决

总包商可以选择在工程所在国的仲裁机构，也可以选择境外的仲裁机构进行仲裁。我国总承包商由于多数采取在国内通过招标选择分包商的办法，这就形成了“国际工程，国内分包，合同履约在国外”的情况。所以，分包合同都规定了仲裁地点或机构为中国北京。

14）法律适用

法律的适用是指分包合同适用的法律，主要是适用工程所在国的法律还是外国法律的问题。一般而言，分包合同应选择与主合同相一致的法律，尽量避免法律冲突和解释上的矛盾。

15）其他

### 4.1.4　资格预审前多方会谈与谈判

国际工程项目招标前，业主都会设立评审委员会对投标者进行资格预审，以便选择优秀的投标人。评审委员会一般都要求邀请参加或报名参加投标的承包商按项目招投标资审的要求，以书面编报的资格预审文件，并辅以必要的口头澄清和答疑。从而确定入选的投标者或投标者短名单。如果承包商不能入选或没有通过资审，则承包商就完全失去了投标和获取项目的机会。一般情况下，在业主收到承包商资格预审文件后，有疑点需要承包商澄清和答疑时，承包商则有机会与业主就项目的有关问题进行商谈。因此，在这一过程中，承包商除了要按业主项目招投标资格预审的要求，填报好资审文件，保证资审文件的完备性、正确性和有效性以外，还要利用各种场合，创造机会主动和业主及其代表、咨询公司或评审委员等进行直接的、非直接的多方位的接触和会谈，赢得他们的信任和好感。许多大型国际工程承包商形象地描述这个阶段的谈判任务是："销售"自己，"推销"自己。这是现代管理理论与实践在工程承包领域的实际应用。目前，在我国以中建为代表的大型国际工程承包企业就是按照这样的思路，在企业内部设立"工程营销中心"，从而实现工程产品的销售与服务。

对一些规模大、较复杂的工程项目而言，业主往往会在资格预审阶段，在接到承包商报送的资格预审文件后，要求承包商当面陈述怎样实施工程的施工组织、安排和施工方案，以便使一些真正有技术能力的承包商能够参与投标，从某种意义上讲这就是"技术投标"，也是技术谈判，这就为承包商"销售"自己提供了千载难逢的机会。国际上知名的承包商都十分重视这种"销售"自己的技术谈判，而这种谈判正是需要把专业知识和创造性思维运用到谈判活动中去。他们往往由公司主要领导人或负责人亲自出马，或派出熟谙该类型项目，知名的技术专家、权威人士去"销售"自己的技术与施工方案，有的甚至提出技术建议。通过与业主的交流、会谈、答辩或出席技术谈判，从而赢得业主的好感，以期在入选投标资格或进入短名单上取得优先权和特权，这方面成功的经验和案例比比皆是。

## 4.2　招标与投标阶段

根据国际工程项目承包的经验，在进入国际工程招标投标阶段，其首要任务是承包商总部任命项目经理和项目主要人员，并在此基础上组织投标班子。及时购买招标文件，研究和分析招标文件，做出投标的决策，并着手编制投标文件。组织好招标与投标阶段的各种谈判工作。

### 4.2.1 对招标文件的分析与谈判

在国际工程项目招标与投标阶段，业主对所有入选的投标者都要按照招标文件的要求和规定的日期，组织和安排投标者对所投标的项目进行现场考察，并结合现场考察召开标前会或投标人会议。有的还在招标文件中规定投标人需在召开会议7日内以书面或传真形式向业主提交质疑文件，并规定投标人可在现场考察中，或在业主召开的标前会议或投标人会议上做出补充质询。业主对投标人提出的质疑，都将用会议记录、会议纪要形式答复，并送交每个入选的投标者，并作为招标文件的一部分或对招标文件遗漏问题的补充及存在的不完善之处的修改。因此，国际工程项目招标与投标阶段的项目现场考察与标前会议是承包商作为投标人的关键性工作。通常国际工程投标项目现场考察与调查的重点任务如表4-4所示。

**国际工程投标项目考察（调查）一览表** **表4-4**

| 序号 | 考察（调查）内容 | 状况 | 备注 |
|---|---|---|---|
| **1** | **项目简介** | | |
| 1.1 | 项目名称 | | |
| 1.2 | 工程地点 | | |
| 1.3 | 投资估价 | | 按立项报告中估价或业主提供信息 |
| 1.4 | 工程类型 | □办公建筑 □公共建筑 □使馆建筑 □工业建筑<br>□机场项目 □居住建筑 □商用及酒店建筑 □教育设施<br>□医疗设施、建筑 □体育设施 □公路与桥梁<br>□水务 □城轨与地铁 □水利 □市政 □其他 | |
| 1.5 | 工程规模 | □建筑面积 □体量 | |
| 1.6 | 结构类型 | □混凝土结构：框架，框剪，剪力墙，筒体，框筒<br>□劲钢（管）混凝土结构 □砌体结构 □木结构 □钢结构<br>□网架和索膜结构 □其他 | |
| 1.7 | 檐高、层数 | □檐高____ □层数____ 地下____层，地上____层 | |
| 1.8 | 业主 | □内资 □房地产 □政府投资<br>□外资 □合资<br>□业主名称 | |
| 1.9 | 监理人、工程师/顾问咨询公司 | | |
| 1.10 | 设计人 | | |
| 1.11 | 项目开工预计准备期 | □ 日 □ 周<br>□ 月 | |

续表

| 序号 | 考察（调查）内容 | 状　况 | 备　注 |
| --- | --- | --- | --- |
| 1.12 | 是否为联合体投标 | □是，□以联合体名义投标　□以公司名义投标<br>□与外资公司联合　□与中建系统公司联合<br>□与其他国内公司联合<br>□否 | |
| 1.13 | 项目所在国或所在地社会治安状况 | | |
| 1.14 | 项目拟采用的中外用工比及工效水平情况 | | |
| **2** | **现场施工条件状况** | | 按现场调研和图纸查询填列 |
| 2.1 | 地理位置 | □市区　□城郊　□农村　□沿海　□其他 | |
| 2.2 | 交通条件 | □需要特别运输设施　□需要修建临时道路　□其他情况 | |
| 2.3 | 地形位置 | □坡地　□平整　□沼泽　□河流　□洼地　□其他 | |
| 2.4 | 场地平整 | □已完成<br>□待完成，预计平整工作量____ | |
| 2.5 | 拆迁情况 | □无<br>□有，待拆迁物包括____ | |
| 2.6 | 地质勘查 | □有勘察资料　□无勘察资料<br>□其他 | |
| 2.7 | 可利用临时设施 | □无<br>□有如____<br>□其他 | |
| 2.8 | 现场道路 | 配套市政：□无　□有　□其他<br>临时道路：□无　□有　□其他 | |
| 2.9 | 施工限制 | □限制时间施工　□限制现场搅拌<br>□现场加工限制，如____<br>□其他 | |
| 2.10 | 场地限制 | □限制工人临建　□限制设立搅拌站<br>□限制堆料，如____<br>□其他 | |
| 2.11 | 高空限制 | □限制塔吊设置　□限制垂直设备设置<br>□其他 | |
| 2.12 | 环保设施 | □特殊环保要求，如____<br>□无特殊环保要求 | |

续表

| 序号 | 考察（调查）内容 | 状　况 | 备　注 |
| --- | --- | --- | --- |
| 2.13 | 水源 | □供水管网 □水井 □其他<br>□接驳点位置（离工地距离） | |
| 2.14 | 排雨、排污管网 | □无 □有 □不完善<br>□接驳点位置（离工地距离） | |
| 2.15 | 电源 | □变电站 □电压等级及其他<br>□位置（离工地距离） | |
| 2.16 | 热力站及管网 | □无 □有 □不完善<br>□位置（离工地距离） | |
| 2.17 | 燃气调压站及管网 | □无 □有 □不完善 □位置（离工地距离） | |
| 2.18 | 电信竖井（包含电话、宽带、有线电视） | 位置（离工地距离） | |
| 2.19 | 作业安全 | □高空作业安全 □防毒污染作业安全<br>□其他 | |
| 2.20 | 水文 | □地下水位<br>□海拔高度<br>□其他 | |
| 2.21 | 气候 | □海洋性气候 □大陆性气候<br>□其他 | |
| **3** | **当地劳动力状况** | | |
| 3.1 | 劳动力是否充足 | □充足 □不充足 | |
| 3.2 | 工种是否齐全 | □不齐全 □齐全 | |
| 3.3 | 劳动力工日平均单价 | □土建 □安装 □装饰<br>□其他 | |
| 3.4 | 各工种工日单价 | □钢筋工 □混凝土工<br>□抹灰工 □木工<br>□电工 □管工<br>□安装工 □焊工 □架子工<br>□机械工 □其他 | |
| 3.5 | 零星用工价格 | | |
| 3.6 | 限制劳务输入 | □无<br>□有，劳动力比例___ | |
| **4** | **当地材料供应状况** | | 按招标项目常用型号类别均价填入 |
| 4.1 | 砂料 | □无，但最近可在______公里以内地区采购<br>□有，价格分别为：□中砂___<br>□细砂___ □粗砂___ | |

续表

| 序号 | 考察（调查）内容 | 状　况 | 备　注 |
| --- | --- | --- | --- |
| 4.2 | 石料 | □无，但最近可在__________公里以内地区采购<br>□有，价格分别为：□碎石____　□卵石____　□其他____ | |
| 4.3 | 水泥 | □无，但最近可在__________公里以内地区采购<br>□有，价格分别为：按强度等级分类填写 | |
| 4.4 | 钢筋 | □无，但最近可在__________公里以内地区采购<br>□有，价格分别为：按钢筋分类填写 | |
| 4.5 | 商品混凝土 | □无，但最近可在__________公里以内地区采购<br>□有，价格分别为：按分类填写 | |
| 4.6 | 沥青或防水卷材 | □无，但最近可在__________公里以内地区采购<br>□有，价格分别为：分类填写 | |
| 4.7 | 预应力钢材 | □无，但最近可在__________公里以内地区采购<br>□有，价格分别为：按分类填写 | |
| 4.8 | 周转材料 | | |
| 4.8.1 | 脚手材料 | □无，但最近可在__________公里以内地区采购<br>□有：□宜采用租赁方式　　□宜采用采购方式 | |
| 4.8.2 | 钢模板 | □无，但最近可在__________公里以内地区采购<br>□有：□宜采用租赁方式　　□宜采用采购方式 | |
| 4.8.3 | 木模板 | □无，但最近可在__________公里以内地区采购<br>□有：□宜采用租赁方式　　□宜采用采购方式 | |
| 4.8.4 | 竹模板 | □无，但最近可在__________公里以内地区采购<br>□有：□宜采用租赁方式　　□宜采用采购方式 | |
| 4.8.5 | 业主推荐或指定品牌 | □无<br>□有，当地无代理或销售机构，异地采购<br>□有，可当地采购 | |
| **5** | **当地施工机械设备状况** | | 根据现场市场调研 |
| 5.1 | 塔吊 | □能租赁到，型号有____<br>价格为____元/月；一次安装进出场费____<br>□租赁不到 | |
| 5.2 | 垂直运输设备 | □能租赁到，型号有____<br>价格为____元/月；一次安装进出场费____<br>□租赁不到 | |
| 5.3 | 土方设备 | □能租赁到，型号有____<br>价格为____元/月；一次安装进出场费____<br>□租赁不到 | |
| 5.4 | 路面摊铺设备 | □能租赁到，型号有____<br>价格为____元/月；一次安装进出场费____<br>□租赁不到 | |

续表

| 序号 | 考察（调查）内容 | 状　况 | 备　注 |
|---|---|---|---|
| 5.5 | 搅拌站 | □需要自建搅拌站　□能租赁到，租赁价格____<br>□能买到，价格____　□不需要自建搅拌站 | |
| **6** | **当地机电物资材料状况** | | 可根据安装材料自行细分此列 |
| 6.1 | 各种管材、管件 | □无，但最近可在________公里内地区采购<br>□有，价格________________________ | |
| 6.2 | 各类阀门 | □无，但最近可在________公里内地区采购<br>□有，价格________________________ | |
| 6.3 | 电缆线、线槽、桥架 | □无，但最近可在________公里内地区采购<br>□有，价格________________________ | |
| **7** | **机电设备状况** | | 可根据安装设备自行细分此列 |
| 7.1 | 终端设备 | □无，但最近可在________公里地区采购<br>□有，价格为____ | |
| 7.2 | 业主推荐或指定品牌 | □有，当地无代理或销售机构，异地采购<br>□有，可当地采购____ | |
| **8** | **业主对工程的特别要求** | | 按招标文件和相关信息填列 |
| 8.1 | 法律法规、标准、规范等方面 | □无　□有，法律法规、标准、规范名称____ | |
| 8.2 | 业主提供的材料/设备 | □无　□有，材料/设备名称________ | |
| **9** | **合同条件** | | 按招标文件和其他书面要求填列 |
| 9.1 | 合同版本 | □FIDIC示范文本<br>□业主提供文本<br>□其他 | |
| 9.2 | 合同类型 | □固定总价合同　□固定单价合同　□可调价格合同<br>□成本加酬金合同　□其他 | |

续表

| 序号 | 考察（调查）内容 | 状　况 | 备　注 |
| --- | --- | --- | --- |
| 9.3 | 承包方式 | □总承包　□设计＋施工总承包　□交钥匙工程<br>□设计＋项目管理＋施工总承包<br>□其他 | |
| 9.4 | 合同内容 | □土建＋机电　□结构＋粗装　□结构＋精装　□机电<br>□其他 | |
| 9.5 | 合同工期 | 开工日期________　竣工日期________ | |
| 9.6 | 质量等级 | | |
| 9.7 | 环保要求 | □无　□有，环保要求__________ | |
| 9.8 | 健康安全要求 | □无　□有，健康安全要求__________ | |
| 9.9 | 合同报价编制根据 | □定额编制，所选定额为<br>□工程量清单报价<br>□其他 | |
| 9.10 | 合同计价货币 | □人民币　□外币种类 | |
| 9.11 | 外汇比例 | | |
| 9.12 | 预付款 | □比例<br>□支付方式（金额/时间）<br>□抵扣方式（金额/时间） | |
| 9.13 | 违约金 | □工期违约金（比例或金额）<br>□其他违约金（比例/金额） | |
| 9.14 | 保留金 | □比例<br>□返还方式（金额/时间） | |
| 9.15 | 工程款（进度款） | □支付比例<br>□竣工结算后支付 | |
| 9.16 | 工程变更 | □变更包干方式<br>□按变更洽商办理<br>□限制变更情形 | |
| 9.17 | 技术措施费 | □无　　□有（计取方式/金额） | |
| 9.18 | 不可预见费 | □无　　□有（计取方式/金额） | |
| 9.19 | 担保 | | |
| 9.19.1 | 投标担保 | □投标保函，比例______　□有效期______<br>□投标保证金，金额______ | |
| 9.19.2 | 预付款担保 | □无　　□预付款保函，比例______ | |
| 9.19.3 | 履约担保 | □履约保函，比例______<br>□履约保证金，金额______ | |
| 9.19.4 | 垫付工程款 | □不需要<br>□需要，垫付方式（时间/金额）______<br>返还方式（时间/金额）______ | |

续表

| 序号 | 考察（调查）内容 | 状　况 | 备　注 |
|---|---|---|---|
| 9.19.5 | 保修担保 | □保函，比例______ □到期时间______<br>□保修金，金额______ □返还时间______ | |
| 9.19.6 | 质量保证金 | □需要，提交方式（时间/金额）______<br>□返还时间______<br>□不需要 | |
| 9.19.7 | 工期保证金 | □需要，提交方式（时间/金额）______<br>□返还时间______<br>□不需要 | |
| 9.20 | 保修期 | □时间： | |
| 9.21 | 保险 | | |
| 9.21.1 | 建筑工程一切险 | □投保人______ □受益人______<br>□保险金额______ □保费______<br>□保险范围______ | 或与安装工程一切险合并 |
| 9.21.2 | 安装工程一切险 | □投保人______ □受益人______<br>□保险金额______ □保费______<br>□保险范围______ | |
| 9.21.3 | 设备险 | □施工设备险 投保人______ 保险金额______<br>保费______ 受益人______ 保险范围______<br>□供货设备险 投保人______ 保险金额______<br>保费______ 受益人______ 保险范围______ | |
| 9.21.4 | 劳务险种 | □雇主责任险 投保人______ 保险金额______<br>保费______ 受益人______ 保险范围______<br>□人身意外险 投保人______ 保险金额______<br>保费______ 受益人______ 保险范围______ | |
| 9.21.5 | 第三者责任险 | □投保人______ □受益人______<br>□保险金额______ □保费______<br>□保险范围______ | |
| 9.21.6 | 普通保险<br>（除上述保险条款外） | □险别______ □投保人______<br>□受益人______ □保险金额______<br>□保费______ □保险范围______ | |
| 9.22 | 使用外籍劳工专项规定 | □无 □有 | |
| **10** | **业主资信情况** | | |
| 10.1 | 合作历史 | □无<br>□有，时间______<br>项目名称______ | |

续表

| 序号 | 考察（调查）内容 | 状　况 | 备　注 |
|---|---|---|---|
| 10.2 | 资金来源 | □自有　□贷款　□缺　□资金<br>□其他 | |
| 10.3 | 经营状况 | □良好　□较差<br>□其他 | |
| 10.4 | 业主工作公正性及其他要求 | □公正　□不公正<br>□无要求　□有要求，如_______ | |
| | | | |
| **11** | **当地法规** | | |
| 11.1 | 施工注册规定 | □无特殊规定<br>□有特殊规定，如_______ | |
| 11.2 | 税收政策 | □无特殊规定<br>□有特殊规定，如_______ | |
| 11.3 | 社会保障体系、医疗保险 | □无特殊规定<br>□有特殊规定，如_______ | |
| 11.4 | 劳务用工规定 | | |
| 11.5 | 质量法律、法规、标准 | □无特殊规定<br>□有特殊规定，如_______ | |
| 11.6 | 环保法律、法规、标准 | □无特殊规定<br>□有特殊规定，如_______ | |
| 11.7 | 技术法律、法规、标准 | □无特殊规定<br>□有特殊规定，如_______ | |
| 11.8 | 健康安全法律、法规、标准 | □无特殊规定<br>□有特殊规定，如_______ | |
| 11.9 | 当地奖项评选标准 | | |
| 11.10 | 近三年当地币与美元（或欧元）比价变化 | 美元：当地币_______ | |
| 11.11 | 汇率（投标期间） | □浮动汇率_______　□固定汇率_______ | |
| **12** | **拟选用分包情况** | | |
| 12.1 | 分包商 A 名称 | | |
| 12.1.1 | 分包商 A 工程范围 | | |
| 12.1.2 | 分包商 A 资质 | □特级　□壹级　□贰级　□叁级　□其他 | |
| 12.1.3 | 分包商 A 联系人及电话 | 联系人_______　电话_______ | |
| 12.1.4 | 与分包商 A 以往合作 | □无　□有，合作项目名称为_______<br>合作项目分包造价_______ | |

续表

| 序号 | 考察（调查）内容 | 状况 | 备注 |
|---|---|---|---|
| 12.2 | 分包商B名称 | | |
| **13** | **业主指定分包** | | 可视分包人数量自行展开填列 |
| 13.1 | 分包商A名称 | | |
| 13.1.1 | 分包商A工程范围 | | |
| 13.1.2 | 分包商A资质 | □特级 □一级 □二级 □三级 □其他 | |
| 13.1.3 | 分包商A签约方式 | □与总包签署合同 □与业主直接签署合同 | |
| 13.1.4 | 付款方式 | □总包支付 □业主直接支付 | |
| 13.1.5 | 总包管理费 | □无<br>□有：计取方式________ 比例或金额________ | |
| 13.2 | 分包商B名称 | | |
| **14** | **当地建筑市场环境** | | 可视分包人数量自行展开填列 |
| 14.1 | 普遍利润水平 | □公建项目________ □民用建筑项目________<br>□工业厂房建筑________ □路桥工程________<br>□市政工程________ □其他________ | |
| 14.2 | 当地普遍能接受的材料款支付方式 | □订金比例________ □货到现场支付比例________<br>□其他方式________ | |
| 14.3 | 人工工资支付方式 | | |
| 14.4 | 垄断地位或竞争力明显的公司 | □无<br>□有，如________________ | |
| **15** | **其他投标风险说明** | □政策变化 □动乱、战争 □其他 | |

汇总填表人：　　　　　　　　　　　　　　　　　　　　审核人：

填表时间：

从表4-4可见，国际工程项目招标与投标阶段的项目现场考察实际上是一个调查的过程，是对招标文件的一次考证，为承包商分析质询，澄清问题提供了一次信息收集的机会。也是承包人参加标前会议或标前谈判活动的一个重要环节，无论是投标者，还是谈判者都应当重视这个机会，事前一定要做好充分的准备。以便通过现场踏查，认真做好记录，分析整理资料，为参加业主召开的标前会议做好准备，与此同时，进一步阅读、消化、分析招标文件，力争有针对性地提出质疑，澄清事实。结合招标文件对投标项目的技术要求与商务条件进行认真的研究与分析：

项目的技术要求包括项目的性质及规模、执行的标准和规范、地质水文资料、设计文件（包括图纸）、标书要求的施工方法等。研究的内容及研究的目的和意义见表4-5。研究的对象是招标文件中的技术规范和图纸等。

研究项目的技术条件，主要是研究施工标准及规范是否为我方所熟悉，提供的技术资料（设计文件、水文地质资料、技术标准和规范）是否完整。

**研究项目技术要求** **表 4-5**

| 科 目 | 研究内容 | 研究的目的和意义 |
|---|---|---|
| 标准和规范 | 使用何种标准和规范（英标、美标、德国标准、法国标准、当地标准） | 无论是采用何种标准，都与我国标准不一致，了解这一科目的意义在于公司以前是否做过相同标准的类似项目，从而决定报价时所考虑的成本和费用 |
| 地质水文资料 | 是否有地质水文资料，是哪家咨询公司提供的，是否准确 | 决定报价时的投标策略及不可预见费 |
| 设计文件 | 是否有设计文件，深度如何，是谁做的设计文件 | 决定投标时对设计工作的安排 |
| 标书要求的施工方案 | 是否是合理的、最佳的施工方案 | 有无更好的施工方案，从而能缩短工期或降低造价 |
| 实验室 | 项目对检验或试验的规定 | 承包商是否要自备实验室，当地实验室情况（设备状况、收费标准等） |

项目的商务条件包括项目的资金来源、支付方式、各类保函格式和保额、工程保留金、违约罚款、税收规定、保险要求、人员入境限制等。研究的内容及研究的目的和意义见表 4-6。研究的对象是招标文件中的投标须知和商务条款等，必要时要实地考察研究。研究项目的商务条件，主要是研究资金来源是否可靠，是否支付外汇等。

**项目商务条件** **表 4-6**

| 科 目 | 研究内容 | 研究的目的和意义 |
|---|---|---|
| 合同形式 | 纯施工的单价合同，或设计加施工的总价合同 | 单价合同和总价合同的风险 |
| 资金来源 | 国际金融组织（世行、亚行、非行）贷款，国际组织（联合国、欧盟、日本协力基金）贷款或赠款，当地政府的预算，外国公司、当地公司、私人的投资等 | 确定资金来源是否可靠，支付是否有保证 |
| 支付方式 | 支付币种（外汇、当地币）、支付时间（即时、延期）及支付方式（现金、实物） | 研究现金流，确定项目是否需要贷款，贷多少 |
| 保函 | 可以是保证金、银行保函、保险公司的担保等。如是银行保函，投标保函的保额为一个固定的数额或标价的2%左右，履约保函为合同额的10%～15%，预付款保函为合同额的10%～15%。是否允许保函由投标人所在国银行直开，还是必须由项目所在国银行转开 | 研究保函的保额是否在合理范围之内，是否符合国际惯例。无论在何种情况下，保函的保额都必须封顶。如保函不能直开，必须由当地银行转开时，要弄清楚转开费用 |
| 工程保留金 | 设置工程保留金是业主为了确保承包商能提供合格工程的保证，也是为了保证项目的缺陷能够得到及时的维修。通常在每笔中期支付时扣除5%或执行其他规定，在工程结束时，有时可以用保留金保函代替扣留的现金 | 工程保留金是国际项目的惯例，但保留金必须有上限。在项目竣工后、维修期间，保留金能否由银行出具的保留金保函替换，也是立项时要考虑的一个重要的因素 |

续表

| 科 目 | 研 究 内 容 | 研究的目的和意义 |
|---|---|---|
| 违约罚款 | 违约罚款主要是指工期延误罚款 | 研究每延误一日罚款额以及罚款额的上限，通常最高上限在10%。如违约罚款是不封顶的，将非常有风险 |
| 保险 | 工程险、材料险、第三方责任险、机械车辆险、人身意外伤害险等 | 了解当地保险公司的费率、手续及赔付情况，了解业主是否可以接受外国保险公司的保单，再保险的规定 |
| 工作许可 | 对外籍员工有无限制。如有，限制条件是什么，如只允许有专业技能的外国员工获得工作许可，或要求外国员工和当地员工的比例 | 由于劳动力成本是中国公司的竞争优势之一，项目所在国对人员入境的限制程度是十分重要的因素 |
| 砂石料源 | 当地砂石料源情况，是否允许承包商自采砂石料 | 根据对砂石料的需求，决定是否自采、合作开采或购买 |

总之，研究项目情况的目的，是确定投标人能否独立或联合其他投标人实施这个项目以及能否实施好这个项目，为决策是否参加这个项目投标提供依据。

按照国际流行的做法，对投标人所处环境进行优势（Strong）、劣势（Weak）、机会（Opportunity）、威胁（Threat）分析，进行综合评价，从而确定是否选择该项目并参与投标，详见表4-7。

**用SWOT方法分析项目** **表4-7**

| 评价科目 | 结 论 |
|---|---|
| 业主对投标人参加投标的态度 | 欢迎、一般、不欢迎 |
| 中国驻当地使馆对投标人参加投标的态度 | 支持、一般、不支持、反对 |
| 投标人有无合适的代理人 | 有、无、正在寻找 |
| 其他投标人的代理人情况 | 了解/不了解、强/弱 |
| 投标人是否在项目所在国有常设机构 | 有、无、在邻国有 |
| 投标人对该国的了解程度 | 深、一般、不了解 |
| 投标人对项目的了解程度 | 深、一般、待进一步了解 |
| 投标人参加这一项目的优势 | 过去在该国执行过类似的项目、过去在其他国家执行过类似国际项目、过去执行过类似国内项目、过去未执行过类似项目 |
| 其他投标人参加这一项目的情况 | 欧美公司、日本公司、印度公司、土耳其公司、国内公司 |
| 当地投标人优惠 | 有、无 |
| 竞争激励程度 | 强、一般、弱 |
| 政治风险 | 民族冲突、恐怖、濒临战争 |
| 业主信用风险 | 资金来源、既往支付允诺是否兑现 |
| 工程风险 | 塌方、滑坡、地震带、软土、地质不明 |
| 资金风险 | 贷款、汇率、利率 |
| 治安风险 | 偷盗、抢劫 |
| 自然风险 | 风暴、大雨 |
| 语言风险 | 英语、非英语 |

在进行 SWOT 分析时，一定要把投标人在本项目上的优势、弱势、机会和威胁分析彻底、分析透彻。只有在全面、综合分析完毕之后，才会得出比较精确的结论，才能决策，从而制定正确的项目投标方案，发挥优势，弥补弱势，抓住机会，消除威胁。

在进行 SWOT 分析时，要把其他投标人的情况搞清楚，判断谁是真正的对手，一对一地进行竞争能力对比，从而制定不同的投标策略甚至放弃项目投标。如投标人的对手已在该国经营多年，熟悉项目情况，拥有良好的社会基础，或在项目领域（房建、大坝、公路、桥梁、铁路、隧道等）拥有特长，或两者兼而有之，这时投标人应慎重参加该项目投标或放弃该项目。如没有这样的对手，则对投标人来说是一个机会。总之，投标人要通过 SWOT 分析，做到知己知彼，百战不殆。

在进行 SWOT 分析时，也要把代理人情况分析透，不光要知道己方代理人的能力，还要了解对手代理人的实力，因为国际工程项目投标，代理人所起的作用是很大的。

综上，归结起来作为投标人的承包商在此阶段，对招标文件的分析或与业主进行沟通交流、会谈或谈判的主要形式与内容如表 4-8 所示。

**对招标文件的分析及与业主的商务会谈（谈判）的主要形式与内容一览表　　表 4-8**

<table>
<tr><th>分析的内容</th><th>谈判的形式</th><th>谈判的目的</th><th>谈判的成果</th></tr>
<tr><td rowspan="2">1. 招标条件（资金来源、业主情况表）<br>2. 合同与商务条件（必须条款、苛刻条款）等<br>3. 工程与技术条件（工程范围、业主资料）等<br>4. 自身条件（资金、优劣势、迫切性）等<br>5. 竞争对手（对手现状、可能与策略）等<br>6. 风险（地区、工程、自然、联营与分包）等</td><td>与业主进行函件沟通</td><td rowspan="2">澄清招标文件</td><td>业主回函书面答复</td></tr>
<tr><td>利用业主召开的招标前会议，采取会谈与谈判形式，进行选择性提问</td><td>业主当面答复或形成会议记录（纪要）。</td></tr>
</table>

### 4.2.2　投标文件编制过程中的谈判

在国际工程项目投标文件编制的过程中，谈判的主要形式与内容见表 4-9。

**投标文件编制过程中谈判的主要形式与内容一览表　　表 4-9**

| 谈判的内容 | 谈判的对象与形式 | 谈判的目的 | 谈判的成果 |
|---|---|---|---|
| 市场询价 | 建材、设备供应厂商，采用书面询价单或会谈 | 货比三家 | 编制价格清单 |
| 代理条件洽谈 | 项目所在国代理人会谈或谈判 | 签订本项目代理协议 | 代理协议 |
| 合同条件洽谈 | 项目所在国承包商拟联营合作的企业 | 签订本项目的联营协议 | 联营协议 |
| 合同条件洽谈 | 项目所在国分包商分包商 | 签订本项目的联营协议 | 分包合同 |
| 保函、保险条款洽谈 | 银行保险公司 | 选定银行、保险公司 | 办理保函签订保单 |
| 竞争者商谈 | 竞争对手；面谈 | 交换信息或轮流保标 | |
| 其他会谈 | 海关、税务等；面谈 | 确认费用 | |

**1. 市场询价谈判**

在编制投标文件期间的市场询价谈判是指在此阶段作为投标人的国际工程承包商，通过约见或致函建材、设备供应厂商，进行产品、设备的价格询问或达成一致意向的活动。往往这是一项比较繁重的谈判任务。谈判的形式主要是约见谈判或以信函、传真方式进行确认。由于设备和材料总价往往要占项目合同总价的60%～70%，而设备、材料的性能优劣又是保证工程项目进度与质量的关键，因此不仅要根据施工图、项目施工方案和技术规范的要求选定适宜的设备和材料，而且要十分重视主要设备和材料的价格，只有货比三家，才能达到价廉质优，降低成本的目的。所以，询价谈判不只是商谈价格、付款条件和交货方式等，而且要通过商谈弄清设备、材料的技术规格、性能以及设备所需的配套条件，同时要争取到较好的技术培训、售后服务和零配件供应等条件。如果只是重视供货，不重视选型，只安排物资人员从价格上货比三家去谈判，往往会带来严重的后果。对设备来说，选型不当或质量不合格，或设备不配套，或零配件供应不及时等，都会严重影响项目的进度、质量和成本。在国际工程承包项目的实践中，由于材料质量不合格，业主或工程师不验收、不接受，因而引起的工程返工、延误工期的事例屡见不鲜。

另外，在进行询价谈判时，承包商的市场地位发生了根本性的变化，已不是卖方，而是买方，建材、设备供应厂商则是卖方。因此，承包商要运用自己手中采购权，为获取和增加工程项目的经济效益，在市场询价谈判中可以适当采用进攻型谈判方式，使用些压力迫使卖方降低，特别是在几个供货商进行竞争时，这种方式往往是有效的。但是也要注意防止滥用权力，决不要强迫卖方让利过多，甚至让利至极限或超过极限，这样会导致物极必反，迫使供货商在供货的质量和时间上采用暗中反攻的手法，使承包商在项目实施过程中遭受一定损失。此外，更需要防止有的“聪明”的供货商施加各种手法投人所好。如果贪图小恩小惠，那就容易中了供应商的“糖衣炮弹”，导致供应商或生产厂家以次充好，质量难达标造成项目的惨重损失。这方面的教训也是深刻的。

在编制投标文件期间，作为投标人的承包商与建材、设备供应厂商通过市场询价谈判，一般会达成产品或设备的购买意向，为投标人编制投标文件提供了支撑，为投标人在取得该项目中标通知书后，与建材、设备供应厂商签署采购合同奠定了基础。所以，许多建材、设备供应厂商会在此阶段积极配合承包商的投标工作，提供产品、设备的技术资料与信息。因此，有经验的国际工程承包商会邀请建材、设备供应厂商参加一些必要的投标会谈与活动。至于购货合同或订货合同，国际上已比较成熟，一般都有通用的模式可资遵循。通常包括货物产地、技术规格和标准、质量保证、检验证书、包装方式、装运标志、装运条款、价格、支付方式、技术文件、交货日期、延期交货赔偿、不可抗力、税费、违约、索赔等条款。

**2. 代理条件谈判**

本书在4.1.2节中，已经叙述了选择咨询机构或雇佣代理人的谈判的内容与方法。但是在编制投标书期间，为了充分发挥和利用当地代理人的作用，要经常和代理人商谈，鼓励和敦促其随时沟通和业主的联系，提供编制投标书所需的一切咨询服务，包括法律、税收、银行、保险、海关、当地物资、劳力、市场行情、竞争对手、分包商等信息和资料。在可能的情况下，还要求提供业主委托咨询机构编标的底标和竞争对手可能的报价等情报。

为了稳妥的获取投标的机会或中标，还要求代理人开展多方位的活动，力争项目中标。在和代理人的商谈中，可以适当增加代理条件，坚持按劳付酬，论功行赏的原则，并在项目中标和与业主签约后方能按协议分期支付代理费。

**3. 合作伙伴谈判**

在编制投标书期间与合作伙伴的谈判，是在市场开发与项目承揽阶段双方达成的共同合作资审、共同投标的基础上更深入一步的商谈。商谈的主要内容有：如何组织共同投标，项目施工组织安排、采用的技术方案和施工方法，各方拟投入的资源，包括资金、设备、材料和人员等，编标投标文件的依据、程序、方法和策略以及各种原始资料，包括工效定额、各项费用构成和费率等。

一般情况下，对大型项目来说，根据国际工程联营的经验，如果双方都是同行业的企业，则以投资入股方式组成的联营体，由联营各方各自分别编制投标文件，然后用综合分析、比较的方法进行对比评审，形成最终文本。这种方法，比组成联合投标小组共同编标的方法要好。如果双方是来自不同行业组成的联营体，可以各自派出专家或技术、经济人员共同研究、编制投标文件，也可以各方分开编标，然后再综合在一起。但是。一般大型工程项目的合作伙伴，都来自不同国家，制度各异，方法不同，组成联合编标小组后，在初始阶段，合作精神是很弱的。即使强调合作气氛，各方的意见和想法还是有一定的分歧和冲突，而各方往往都坚信自己的工作方法和工作制度是最好的，因此，可能在每个单项的计算方法和结果上都会相差悬殊，因而争论不休。例如：机械设备的使用费构成，人工等方面的费率规定和设备台班定额都不相同，在运杂费的摊销方法上也不一样，间接费的比例与构成上差异更大。要避免不必要的争论和冲突，就需要耗费很多精力去了解对方的计算方法和依据，并进行相互关系的协调。如果在一些问题上双方成员都各持己见，喋喋不休地争论，就可能导致合作气氛的长期破坏，产生灾难性的不协调和不合作。因此，通常联合体投标的商谈，应主要集中在技术方案、施工方法、资源分配、投标策略等方面，提倡运用创造性思维提出高质量的建议，达成一致认识后，各方分开编标，完成后再通过双方的专家准提会议讨论、评审进行综合比较，先按工程量表比较每项单价，再比较分类大项的汇总价和合同总价。对双方出入较大的单价、汇总价再由各方对费用构成做出解释和分析，并选取双方确认的合理价。由于联营谈判是为了共同利益而结成伙伴关系之间的商谈，所以，双方的谈判应该是建设型谈判方式，自始至终开诚布公、相互信任、亲密合作。至于联营体协议，在市场开发与项目承揽阶段已达成过原则性的协议，则本阶段没有必要进行商谈，需在项目中标后进行商洽。

**4. 分包商谈判**

如前所述，在市场开发与项目承揽阶段，承包商已经和分包商进行了商谈，并就分包工程的范围、方式和要求上达成过一致意向。在编制投标书阶段，承包商作为投标人就是在已经达成一致意向的前提下，与分包商就投标工程的具体情况，进行实质性谈判，从而为中标后的分包合同谈判奠定基础。谈判的主要问题是：

(1) 分包价格

承包商与分包商应就投标项目的分包范围、分包方式进行商谈，分包商做出报价。如果是劳务分包，双方则进一步就工资标准和工资以外其他各项费用、津贴等进行具体商谈，并落实分包所需的职别、工种和总人数等。如果是工程分包，在商谈中要注意确认分包商用以报价的前提，即分包商的施工方案、施工方法、设备和人员配备、质量保证体系和措施等。如果技术方案不可靠，设备、人员配备不足，报价再低也不可取。这样的分包商无疑没有必要进行详细报价。分包商在报价时必须按照招标文件中工程量表所列要求报出单价和总价，必要时要附有单价分析。然后，综合评估分包商的报价和其他条件，最终选定分包商，签订正式的分包合同或协议。

(2) 分包商风险的防范

承包商在选择分包商时必须考虑在项目实施过程中分包商可能违约或破产，导致整个工程进展受到影响的风险。如果一个项目有多个分包商分担工程，则容易引起互相攀比，干扰和连锁反应，在进度和工序的安排和配合上讨价还价。因此，在商谈中要特别注意分包商的资信度和经济实力，近年来的工作业绩和经验，防止选定没有实力、缺乏经验的分包商。即使是有经验、有实力的分包商，也要在分包合同或协议中规定分包商违约的处罚和赔偿条款。其中，商谈的主要的条款是：

1) 规定承包商有权通知和督促分包商加快工程进度。

2) 规定分包工程延期违约损失赔偿金。

3) 规定如承包商发现因分包商开工不足或管理人员无法弥补其拖延的工期时，承包商有权雇用其他分包商或工人施工，而由原分包商支付发生的费用，甚至还可没收分包商的履约保函而终止分包合同或协议。

当然，在有多个分包商存在的情况下，还要规定各分包商都必须服从承包商的合理协调和组织管理等等。

(3) 转移部分风险

承包商将工程项目中有风险的部分工程，通过分包方式发包给分包商，这是国际工程承包商通用的转移风险的方式。在分包合同和协议中，一般都要求分包商接受承包商与业主签订的工程项目承包合同（也称主合同）中业主对承包商的所有制约条款，使分包商分担一部分风险。有的承包商则把业主和承包商签订的项目主合同中的有关履约担保、保留金、误期损害赔偿费等全部或至少按分包比例的金额，或较大的比例分摊加给分包商。有的承包商则在业主对承包商规定有预付款的情况下，却对分包商规定无预付款。有的还直接把技术含量大，施工工艺复杂、风险大的部分工程分包给分包商，再将业主规定的投标保函、履约担保、保留金、误期损害赔偿费全部打入分包合同或协议中。然后，在谈判中再适当让步，将风险尽量转移给分包商。

(4) 对分包商的管理措施

承包商对分包商的管理措施主要有两类，一是采用鼓励的措施，鼓励分包商更好地履行合同义务；二是采取限制措施，部分限制分包商的权利，例如：拟定分包商提前竣工的奖励条款以及限制分包商索赔权利，在承包商拿到业主相应的工程款后才支付给分包商等条款。这些都需要通过谈判商定后在分包合同或协议中明确，并由双方签字确认。根据国际工程谈判经验，和询价谈判一样，由于承包商已处于买方地位，分包商是卖方，承包商可以利用手中的权力适当采用进攻型谈判方式，施加一些压力，迫使分包商降价，接受条件和签约。一般的做法是先狠狠压价，并提出苛刻条件，再板起面孔采用拖延策略和策略性休会等施加压力，迫使对方让步。然后通过几轮谈判，在双方让步已基本可接受的情况下，从双方现存的差异中，谋求折衷方案。但是，在与分包商商洽时，采用进攻型谈判必须适当，只是利用强有力的地位去谋取较大的利益，决不能滥用权力，强迫对方弃利而就范，做出根本不公平合理的让步。这样做的后果可能有两条，一是分包商无利可图，放弃分包；另一是分包商先接受“压迫”，以后在项目实施过程中打“反击”，采用种种手段找回补偿，使承包商陷于困扰，蒙受难以预料的损失。因此，承包商即使在有利的情况下，也宜尽量采用建设型谈判方式，讲清利害关系，创造良好的合作气氛，既可达到预期的目的，又利于今后互惠互利，搞好工程建设与施工。

**5. 银行和保险公司商谈**

国际工程在项目投标和项目实施过程中经常要和银行和保险公司进行业务交往。按照招标文件规定，银行和保险公司通常均需经过业主的确认和批准。而银行和保险公司的信誉及其各种费率、利息或保险金额的规定常有差异，需要通过承包商的商谈获得较优惠的条件，以便在编制投标书时合理地计算各项费用，减少风险系数。这往往可以通过谈判或以会议纪要、备忘录形式双方签署确认，项目中标后再签订正式协议。通常需要和银行商谈的问题有：

（1）保函的手续费

一般都按业主要求的保证金额的比例提取手续费。例如：投标保函为1‰～3‰，履约担保为2%～5%。由于各个银行提取手续费费率有差异，而且由于履约担保的保证金额较大，各个银行开具保函的条件也不同，往往要求承包商有相应的抵押金，按保证金额的比例50%～100%存入银行后才出具保函。承包商需要通过商谈，争取减少手续费，压低抵押金比例。

（2）贷款和贷款利息

承包商往往由于资金不足或资金周转不灵要用银行贷款组织施工，或是由于业主资金紧张，有时也要求承包商先行垫付资金，这就需要在报价时考虑贷款的可能性，并计入部分贷款利息。需要承包商通过商谈落实贷款的可能性，争取较优惠的贷款条件，据以计算报价。

（3）银行透支的可能性

承包商在项目实施过程中往往会发生由于业主没有及时支付工程款，或承包商的银行存款不足，需要临时支付一些急需款项，而又因金额不大或时间不长，没有必要办理银行贷款手续，只要银行允许透支一定数量的金额，资金便可得到周转或缓解。由于不同国家、不同银行、不同项目、不同信誉的承包商，银行透支的可能性和允许透支的额度是不同的，这就需要通过谈判建立和提高银行和承包商之间的信任度和增加银行透支的可能性，同时可以在编标时适当减少风险度系数。

（4）及时提供国际外汇市场行情和动态信息

通过商谈，请求银行能够同意定期和及时地向承包商提供国际外汇市场行情和动态信息，这样承包商可避免和减轻因汇率风险而产生的外汇收支过程中的汇兑损失，或利用汇率的变化在金融市场上增加收益。这样，在报价时可以较少地考虑汇率风险。

需要和保险公司会谈的主要问题有：

1）保险项目和保险费

根据招标文件合同条款的规定，需要投保的保险项目一般有工程一切险（或称工程和承包商装备的保险）、第三方保险、人身意外险、事故致伤医疗保险、施工机械保险，还有其他根据项目实际情况需要投保的保险项目，如货物运输险、汽车保险以及战争保险等。由于保险费率往往与项目的性质、风险程度的大小和项目所在地的地理条件、自然条件、工期的长短、免赔额的高低、工程所在国的劳动法和社会安全法以及货物运输的方式、货物的性质、运距等不同因素有关。因此，需要承包商向保险公司说明本项目的具体情况，并根据合同文件和所在国法律规定的最低限额与保险公司商谈分别确定合理的保险费率，以及保险公司承担赔偿责任的保单明细表。谈判的好坏反映在承包商能否以较小的保险费换取在受损失的时候，能够得到较大补偿费的保障。这样，在报价时就可列入较小的保险费和风险系数。

2）根据需要参加汇率保险

如果招标文件合同条款中没有防止外汇风险的保值条款，而承包商对国际金融市场的汇率浮动趋势又缺乏预见的能力时，承包商往往需要参加汇率保险，以免在项目实施过程中因汇率变化急剧而导致项目巨额亏损。在报价时就要将汇率保险计入工程成本。

**6. 竞争者商谈**

在招标和投标阶段，通过调查已经购买招投标文件的信息，就可以进而获悉现实的竞争者。当然，在研究分析招标文件和投标书后，有的竞争者放弃投标的可能性也是存在的。根据国际工程项目投标的经验，本阶段承包商与承包商之间即竞争者之间的接触和商谈也是比以前频繁，不仅是相互摸底，而且是交换信息，有的还私下交易进行投标策略上的联合，以便控制标价，或轮流保标。因此，在与竞争者商谈中，必须讲究谈判策略，注意保密，争取主动，防止中计或上当。

**7. 其他会谈**

其他方面的会谈，主要包括海关、税务等部门的商谈。由于各个国家的海关法规、清关手续和税收法以及涉及工程承包业务的其他税务条例都不同，特别是有关所得税、营业税、合同税、关税、转口税、印花税等等的规定有着较大的差别，有的国家对外国承包商还常常索要税法以外的费用或实行种种摊派。这些都将影响投标报价的准确性。因此，必要时承包商要在充分调研的基础上，提出问题和海关、税务等有关部门进行商谈并确认，有的还可以通过有力的商谈获得一些可能的免税证书。

## 4.3 合同商洽与签约阶段

### 4.3.1 评标和决标前的谈判

承包商按要求向业主或招标人递交投标书后，业主或招标人即在规定的日期、地点、时间当众开标，宣布所有投标者送来的投标书中的投标者名称和报价，使全体投标者了解各家的标价和顺序。根据国际咨询工程师联合会（FIDIC）编制的招标投标程序流程图，业主或招标人往往会通过评审委员会的初步评选（或称评标），当场公布最有可能被接受的几个投标者（一般为二～三家）。如果投标者进入最有可能被接受的投标者行列，则说明投标者已经具有了进一步谈判和取得项目的可能。业主往往会采用以个别邀请或约见的方式，要求承包商进行澄清或商谈。从国际工程谈判的基本阶段来说，此时就进入了讨价还价或磋商或称竞争性谈判阶段。对承包商来讲，这个阶段是通过谈判手段力争拿到项目的阶段，谈判工作是本阶段的主要任务。有时由于评标阶段长达四、五个月或半年，这种个别约见和商谈往往要进行多次。澄清或商谈的问题主要是技术答辩以及价格、合同条件等问题的会谈与磋商。对一些大型项目，业主很少能接受获胜标中的全部内容和承包商另外提出的一些条件和要求。通过商谈，双方讨价还价，反复磋商，逐步达成谅解和一致。必要时业主在发出中标通知函前，双方还要先达成谅解备忘录。这种评标和决标阶段的竞争性谈判，也称为标前谈判。

标前谈判是国际工程承包项目决标前业主与投标人举行的谈判。通常，在评标结束后，评标机构或业主推荐或确定评标价较低的前一至三名投标人依次作为中标候选人，然后由业主通过谈判，做出授标决定并报请业主决策层或投资机构批准。由于此类谈判将决定评标价较低的投标人能否中标，以及业主能否选定满意的承包商，因此对于合同的任一方都至关重要。对于规模较大的项目，除了各方的授权代表外，当事方还可能邀请相关的合同、法律专家与会，业主方一般还会邀请咨询工程师（如果已确定的话），政府主管官员、甚至投资方的代表参加谈判。

从理论上讲，标前谈判与一般的合同谈判一样，是当事双方在平等、自愿的基础上协商一致的过程，其谈判内容也往往会超出评标期间“澄清问题”的范围。在国际承包工程实践中，标前谈判还往往被认为是业主和投标人在签约之前互相讨价还价的一个机会，而业主凭借自已相对优势地位，利用投标人急于得标的心理，迫使投标人在正式签约前在某些方面做出让步，比如：要求投标人提供的施工机械以增强履约能力；缩短关键工程的工期；提高履约保函的比例；增加投标人单价相对较低部分的工作量等等。由于标前谈判形成的谅解备忘录或补充协议都将构成合同文件的组成部分，且其优先顺序仅次于中标函和合同协议书。因此，投标人应予以足够的重视。对于业主方提出的无理要求，投标人应据理力争，不宜轻易做出让步。如果是国际金融机构贷款的项目，投标人还可根据相关“工程采购指南”的规定，在必要情况下向该机构投诉。尽管在授标之前，银行方不会与投标人直接接触，但无论是开标前还是开标后，银行并不禁止投标人就与投标相关的问题直接向银行反映。如果银行认为投标人提出的问题正当，会就此类问题与业主交涉，要求业主做出反应或答复。事实上，包括世界银行在内的国际金融机构都有类似的规定，以保护投标人的合法权益不受损害以及整个招投标过程的公平与公正性。

国际工程承包项目标前谈判，经常遇到的问题是：

**1. 工期**

工期谈判是标前谈判的重要内容之一。一般情况下，业主在谈判时会要求投标人重申其施工机械的配备、物资采购、人员进场计划及施工设施的修建、拟采用的施工方法和技术措施的适用性和充分性等等，以确保合同工期的实现。投标人如无成熟的经验和充分的证据，证明自已拟投入的设备及采取的措施是适当的，就可能为了得标而屈就于业主的要求，贸然承诺增加设备及其他资源的投人，甚至接受实质上缩短了的工期。

例如：世界银行贷款建设的 E 国某工程项目的投标过程中，F 公司作为评标后的最低标受邀与业主进行标前谈判。在谈判过程中，业主抛出了一个与招标文件迥然相异的关键工期表，并威胁投标人必须给出“令业主满意的答复”，否则就终止谈判。初看来，在修改后的关键工期表中，总工期由招标文件中的 1200 天延长为 1400 天，但工程实施过程中的几个关键阶段（即与误期损害赔偿相关）的工期却分别提前了 60～180 天。如果接受这个条件，不仅意味着承包商在施工过程中必须加大资源技入以加快进度，而且在工程的中期就要承担高额误期损害赔偿的风险（招标文件规定：如果承包商在施工过程中无法满足某个关键工期所要求的形象进度，承包商就应支付相应的误期损害赔偿费）。据事后了解，业主之所以这么做，是由于他委托的咨询公司拖延了评标时间，因此欲将损失的时间转嫁到承包商头上。尽管这一要求违背了世界银行“采购指南”的相关规定，但由于 F 公司曾长期在该国从事承包业务，自以为占尽了天时、地利、人和之便，因此在工期问题上抱有侥幸心理，在几乎没有任何抗争的情况下接受了工期的重大改变，并与业主签署了相应的合同补充文件。结果，给工程的顺利实施造成了极大的隐患。

这里值得讨论的问题是，在标前谈判过程中，尤其是在激烈竞争的背景下，业主以中止谈判相威胁，要求投标人接受超出招标文件要求及投标书承诺的实质性内容时，投标人应当采取什么样的对策呢？在实践中，由于工程项目的背景、工程所在国的政治、社会、法律及经济环境，为项目提供贷款的金融机构对招标评标过程的监管力度及投标人在技术、经验、价格、公共关系等方面拥有的比较优势各不相同，因此不可能找到一帖制胜的万应灵药。投标人应根据自身对项目的预期及得标对本企业具有的现实和长远意义综合各方面的情况进行权衡，以制订相应的谈判策略。即使投标人认为业主的要求是可以接受的，也应向业主提出相应的对价要求（例如较为优惠的支付条件，业主向投标人提供某些方面的便利等）。如前所述，对于世界银行或其他大型国际金融机构的贷款项目，如果业主要求超出了该机构采购指南的规定范围，投标人可直接向该机构提出交涉。如果业主没有正当理由而终止谈判，转而与其他评标价较高的投标人谈判并授标，那么评标后最低标的投标人可向业主提出异议，并可向贷款机构投诉，以求得到一个公平合理的结果。

**2. 价格**

在标前谈判过程中，价格是否可以修改或谈判，这是一个非常敏感的问题。按照世行的规定：价格修改在标前是不允许的。

在国际工程项目的投标过程中，投标人的报价是投标书的核心组成部分。它既是投标人竞争能力的重要体现，也是评标过程中被关注的焦点。在开标后的澄清问题及标前谈判过程中，与投标价格相关的问题有两种情况是可以谈判的：

(1) 算术错误

报价中出现算术错误有两种可能：一种是疏忽所致，另一种可能是投标人为开标时能够先声夺人而有意所为。无论何种原因造成，业主均可在评标过程中予以修正，并要求投标人书面确认。如果投标人拒绝修正，则可能导致业主索赔投标保函的情况发生，投标人也因此失去中标的机会。当然，投标人出于某种原因有意放弃则另当别论。

(2) 不平衡报价

在国际工程实践中，不平衡报价作为一种报价策略被承包商广泛采用。不平衡报价一般有两种表现形式：

1) 将那些必定发生的工作项目的内容填报较高的价格，而将那些发生可能性不大的工作项目填报较低的价格以增加承包商的收益水平。

2) 将那些在前期发生的预备性和一般性工作项目填报较高的价格，而对后期实施的项目填报较低的价格，以有利于承包商的资金周转。在标前谈判过程中，业主往往会要求投标人对其报价的不平衡性做出解释。

对于第一种情况，业主会要求投标人对那些被认为是明显偏高或明显偏低的项目单价（或单项包干价）提交单价分析。如果投标人能够对此做出令人信服的解释，比如说有闲置的设备，有现成的临时设施或可供利用的库存材料，或拥有特别优惠的采购渠道，或拟采用的施工工艺可使相关的单项工程的成本大幅度降低等等，业主一般不会在此类问题上过分计较。虽然目前大多数国际金融机构都未将不平衡报价列为废标的理由，但如果个别单项工程的成本在整个工程项目中所占比重较大，其投标价严重背离市场价格，而投标人又无法自圆其说时，不排除业主以投标人未正确理解招标文件的内容为由判定投标书“未做出实质性响应”。

对于第二种情况，如果价格分布的不平衡表现出严重的头重脚轻，业主在评标过程中也可能将所有投标人的报价按预计的付款进度折算为同一时点的现值，将不平衡报价可能给业主带来的建设成本增加计入投标人的评标价，从而在客观上削弱不平衡报价者的价格竞争优势。此外，业主还可能在标前谈判过程中要求投标人提高履约保函的比例，以保护业主的利益。尽管这种做法有违世界银行贷款采购手册的相关规定，但对于非世界银行贷款项目或政府出资项目，业主方完全可能提出此类要求。

例如：在某国际金融机构资助的 G 国的一个工程项目的开标过程中，H 公司的报价仅相当于业主标底的 60%，且评标后仍为最低价。虽然 H 公司的报价对业主具有较大的吸引力，但业主担心该公司因价格过低可能在履约过程中出现问题，因此在决定是否向该公司授标时颇费踌躇。在标前谈判过程中，H 公司陈述了自己的经验优势和报价低于其他投标人的原因，同时认为业主的标底编制得不合理，不能作为评估价格的依据。业主就此请示贷款银行，提出了如下两个问题：

①根据银行的工程采购程序，标底是否可以作为评标的依据？

②如果投标人的标价偏低，中标后不能正常履约，业主如何防范由此产生的风险？

银行主管项目的官员对此做出了明确答复：

①在招标过程中设置的标底，仅作为业主方的概算参考，而不能作为评标的依据；超过标底某百分比就作为废标的作法不符合银行“采购指南”的规定；

②如果中标价过低可能给业主带来履约风险的话，业主可在标前谈判中，要求投标人提高履约保证金的比例，作为对业主的进一步保障。

可见，对于投标人来说，当这种情况出现时，他可根据前述的相关因素对谈判形势做出综合判断，决定是否接受业主的要求。一般来说，如投标人对自身的履约能力有充分把握，且享有良好商业信誉的话，履约保函比例的有限提高并非不可接受，则可以做出降价的决定。

在开标前夕临时决定降低投标价格是国际承包工程投标过程中的一种常见情况。虽然降价的方式多种多样，但在评标过程中，评标机构一般从有利于业主利益的角度计算降价的结果。比如：投标人在投标降价函中笼统宣称将投标总价降低某一个百分比，在标前谈判过程中，业主就可能要求投标人接受这样的降价结果：即先以投标总价乘以降价百分比得到降价的绝对金额，然后再除以合同净价（即总标价减去税金、不可预见费，暂定金额等）。这样一来，在以后的合同履行过程中所执行的实际降价百分比将高于投标降价函中所承诺的百分比。为防止此类情况发生，投标人在降价函中最好述明降价的对象，如仅限于计量工程等。

当开标结果全部高出业主预算时，业主将面临如下两种选择：一是重新招标，二是与最低标的投标人进行谈判。

尽管世界银行不允许在开标之后改变投标书的实质性内容或投标价格，但当所有合格投标书的标价都大大超过业主的标前费用估算，且业主出于时间或其他方面的考虑，不愿重新招标时，世界银行容许业主与最低评标价的投标人进行谈判，以尝试通过调整合同范围或重新分配风险和责任的途径来换取合同的签订。但此类做法要事先征得银行的同意。

**3. 额外利益**

在标前谈判过程中，投标人为了增加胜算的把握，往往会向业主做出提供优惠条件的承诺。

例如：某国家电力公司，输变电线路安装工程招标。招标文件规定，钢芯铝绞线铝的纯度不得低于95%。评标结束后，业主欲将合同授予评标后第二最低标的投标人。虽然该投标人的评标价比最低标高出3%，但由于其所报铝线的纯度为97%，业主认为其价格高出的部分可以被减少的输电损失所抵消。然而，银行方面却对此提出了异议，其理由是招标文件只规定了对纯度的最低要求，而没有规定对较高纯度的评标标准。银行认为，在招标文件中缺乏具体规定，对超过最低标准的参数缺乏评标权重的情况下，满足和超过最低标准的投标人应受到同等对待，超过招标文件要求的最低标准而带给业主的额外利益在评标时不应考虑，因此合同仍应授予评标价最低的投标人。

在评标时不予考虑的优惠条件，在标前谈判时是否要考虑呢？可以认为：在实践中，不排除业主在不影响按正常程序选择承包商的情况下顺水推舟，接受投标人承诺的优惠条件，并将其纳入合同，从而演变为承包商的一种额外合同义务的做法。只要此类做法不违背招标文件确定的基本原则，对合同当事方的义务不产生实质性影响，银行方面一般会予以默许。

又如：某国家公路工程项目招标，来自B国的某公司为使自己的投标更具竞争力，在投标书中声明：一旦中标，将免费修补该国首都城市道路上的坑洞。开标后，尽管该公司标价最低且在评标后仍为最低。但在标前谈判时，业主仍要求该公司确认投标时所承诺的额外优惠条件，并以书面形式写进“合同补充协议”。

由于国际承包工程（尤其是复杂的大型工程建设项目）的标前谈判可能涉及合同、法律、商务、技术、国际金融及贸易等方方面面的内容，因此要求谈判者应具备相关的业务知识，丰富的实践经验、良好的心理素质及灵活的应变能力，时刻保持清醒的头脑，不可因夺标心切而轻易在重大问题上做出让步或承诺，避免或减少因合同“先天不足”导致承包商利益受损的情况发生。

总之，国际工程承包项目评标和决标前谈判的主要内容与应对方法见表4-10。

**评标和决标前谈判的主要内容与应对方法一览表　　表4-10**

| 谈判的准备 | 谈判的内容与目的 | 应对方法 |
|---|---|---|
| 1. 确定谈判的目标（最佳目标与底线）<br>2. 分析对方情况（条件、要求与策略等）<br>3. 预估谈判结果与拟定谈判策略<br>4. 技术、经济与工程资料、数据的准备 | 1. 价格（潜在价、调整价、变更价）<br>2. 工期（总工期、单位工程与单项工程工期等）<br>3. 确认技术文件与图纸等（与设计、施工方案相对应）<br>4. 改善合同条件（修订、补充）<br>5. 其他 | 安全答语，耐心说服，投石问路，曲线求利，以逸待劳，车轮战术，限制权利，慎重让步 |

### 4.3.2 商签合同的谈判

当业主或招标人已最终选定一家承包商作为工程承包项目的唯一中标者，并只和这家承包商进一步商谈时，就进入了商签合同阶段或称签约谈判阶段，从国际工程承包项目谈判的基本阶段来说，就进入了最终的解决问题阶段。一般情况下，先由业主发出中标通知函，然后约见中标的承包商进行谈判，即将过去双方通过谈判达成的一致意见具体化，形成完整的合同文件，进一步协商和确认，并最终签订工程承包合同。有时由于规定的评标阶段长，业主也往往会采用先选定中标者，进行商谈后再发中标通知函，同时发出合同协议书，进一步商谈并最终签订合同协议书。

商签合同阶段或称签约谈判阶段谈判特点是：谈判的局面与地位已有所改变，承包商已由过去的时刻处于被人裁定的卖方的地位转变为可以与业主及其咨询机构或项目工程师人员同桌商谈的项目合伙人的地位。因此，承包商可以充分利用这一有利地位，对合同文件中的关键性条款，尤其是一些不够合理的条款，进一步展开有理、有利、有节的谈判，说服业主作出让步，力争合同条款公平合理。必要时还需要加入个别的保护承包商自身合法权益的条款。当然，这决不能对以前已经达成的一致进行翻案，言而无信，而是从合作搞好项目出发，进一步提出建设性意见。另外，也要看到在双方未签署合同协议书以前，买方仍然有权改变卖方，买方可以约见第二位备选中的人另行商谈。一般来说，买方不会轻易这样做，因为买方与第二位备选中的人的会谈将会更困难，第二位备选中的人的身价必然要升高，买方的有利地位将削弱。因此，形成的合同文件中如果确有不合理的条款时，由于合同未签约，尚未缴纳履约担保，承包商不受合同的约束也不致蒙受巨大损失，在一些强加的不合理条款得不到公平合理的解决时，承包商往往宁可冒损失投标保证金的风险而退出谈判。然而，对承包商来说，毕竟还是要力争拿到项目的，并且还要考虑，一旦合同签约，这种有法律约束力的合同关系将会保持和延续很长时间，如果在本阶段的谈判中留有较强的阴影，必将在整个履行合同过程中导致一定程度的反映和报复。所以，本阶段的谈判必须要和以前的谈判保持连续性，并坚持运用建设型谈判方式，谋求双方的共同利益，建立新的合作伙伴关系，使双方能在履行合同过程中创立最佳的合作意愿和气氛，保证项目的顺利实施和建设成功。根据以往的实践经验，本阶段的谈判重点一般都放在合同文件的组成与优先顺序，合同条款、内容和条件（包括修改设计、技术问题等），合同价格的最终确认（潜在价、调整价、变更价等），以及工期（总工期、分工期）、图纸（与设计、施工方案相对应）与改善合同条件（修订或完善）等。如果双方的合作意愿和谈判气氛良好，双方还会目标一致地商谈项目的开工日期。由于国际工程的合同形式还没有完全统一，近年来，虽然大部分国家已广泛采用 FIDIC 合同条件，但在专用条件上往往有较大变动。因此，本阶段谈判有时会持续很长时间，谈判需要的专业性和技巧很强，对一些重要项目来讲，除了要有知识面广和工程经验丰富的技术专家和高级业务管理人员参加谈判以外，往往还要配备合同管理专家或律师。

由于签约谈判对于承包商获得项目的承包权，具有决定性的意义，因此有必要强调承包商在合同商洽与签约谈判阶段，必须应做好以下几方面的工作：

**1. 谈判前的充分准备**

首先要成立一个谈判小组。一般项目的谈判小组至少应由三人组成，即一位主谈、一位商务、一位技术。大型项目谈判时，除组成前方专业齐全谈判小组外，还应配备后方支持小组，前后方共同努力才能使谈判成功。

接着要了解竞争对手的情况。一些邀请招标的项目或大型复杂的含有设计和设备供货的项目，仅从简单的价格高低无法判定投标人优劣时，业主通常会同时邀请两个以上的中标人（其中一个是优先中标人）进行谈判，这时了解和掌握其他投标人的情况就很关键，只有这样才能掌握主动权。要认真分析对手的强点和弱点，我方的优势和劣势，作出预案，用“田忌赛马”的方式把对手比下去。

其次要确定谈判原则。谈判必须要有原则。所谓原则，是己方应该坚持的部分，即使最终失去了项目也不能放弃的条件，亦即是不可谈判的条款部分。

最后要确定谈判最高目标和底线。对可谈判的条款部分，要设定最高想拿取什么样的条件，最低能接受什么样的条件。最高目标当然是愈高愈好，但不能脱离实际，漫天要价。同时要设置最后的底线，即我方退让到什么程度之后就再也不能退让了。经验表明，底线就是招标文件中写明的条件。如果业主迫使投标人接受比招标文件规定的还要低的条件，你的选择应该是不接受或者在别的条件上获得补偿。

**2. 确定基本谈判技巧**

摸清业主的意图。谈判小组中应该有一个人负责记录或录音，把对方说的话全部记录下来，从而仔细分析对方的意图，确定我方下一步谈判的对策。

试探对方的底线。谈判中要注意探底，了解对方的底线是什么，要判断对方的条件中哪些是真正想坚持的，哪些是佯攻的条件。知己知彼，方能百战不殆。

出好第一张牌。第一天的谈判很重要，双方首次“亮剑”，一定要出好第一张牌，如果头一张牌出不好，会影响以后的谈判。通常第一天谈判时，只要有据可依，什么条件都可以要，尽可能把我方的牌出得高高的，所谓“头戴三尺帽不怕砍一刀”，因为谈判是一个妥协和坚持的过程，第一天以后，你就很难找到合适的提出超过既有条件的机会了。

要善于抓住业主的劣势。一般来讲，业主手上有项目，他不弱。但也不尽然，业主也有上级，如果是公众关注的项目，也有社会舆论的压力。如谈判时间的长短，通常对于业主来说可能是劣势，如业主急于在某日达成一致，而承包商没有时间的压力时，承包商可以借此要挟。

价格上要有退让的准备。价格的高低是业主关注的重点，因为一个项目的价格高低很容易被人看到和关注，因此谈判中，必要时投标人要在价格上作一些让步。但合同条款是不容易看见的东西，合同条款里面也隐藏有巨大的利益，可以在合同条款中找补一些回来。

折中策略。为了加快谈判中出现的问题的解决，折中是一个好办法，要有权衡地提出一些折中方案，最好请业主提出折中方案，这样投标人会主动一些，折中方案提出后，双方再讨价还价，从而尽快达成一致。

哀兵策略。投标人和业主谈判，投标人的谈判力远不如业主。项目在业主手上，投标人谈判的最终目的是把业主手上的项目拿到自己手上。业主只有一个，投标人却不止一个，从这个意义上说，投标人是没有谈判力的。业主可以把项目给别人，而不会受很大损失，而招标人在谈判中失去项目是巨大的损失。因此，投标人在适当时候采用哀兵策略，往往会有效果。

**3. 把握谈判成功的要素**

（1）权衡

在有得有失的情况下，权衡出一个综合最佳的结果，也有人形象地把权衡称作“拿捏”。如何权衡，只能凭经验，无据可依。因为你要放弃些什么，才能保全一些东西。放弃什么、保全什么才是最佳结果，常常弄得谈判人寝食不安，因而权衡是一个十分困难和痛苦的过程。通常的做法：一是要设法跳出当事人的圈子，站在第三方的角度来分析取舍、权衡、拿捏；二是要从长远发展、从大局来考虑利益的取舍，要有视野、有远见、有战略考虑。

（2）基于双赢或共赢

对于谈判者来说，把项目谈成是首要目标。对业主来说，他也是希望项目能谈成的，这是他的工作，也是他的成绩。而且在谈判中谁都想取得一些利益，好向各自的上级作一个交代，因此谈判的结果必须是双赢的，要使双方都认为从谈判中得到了好处，这样的谈判才能成功。作为投标人，要有成人之美的仁德，要学会站在业主的角度考虑问题，以自己的诚心去感动对方。

其次，投标人要认真研究并提出对于谈判中出现的问题的解决方案，这个方案必须是有利于双方的解决方案。要让业主感到己方首先让步，要耐心地说明方案对业主是有利的，有利在哪里，帮助业主找到平衡点。

最后要强调自己是最佳的，要让业主相信他的选择是最正确的，只有我方才是和业主创造性合作、同舟共济、最终共同完成这个项目的最佳伙伴。

**4. 谈判任务与要点**

国际工程承包项目商洽合同与签约谈判的基本谈判任务与谈判要点如表4-11所示。

**商洽合同与签约谈判的谈判任务与要点一览表　　表4-11**

| 谈判任务与要点 | 说　明 | 最佳/最低条件 |
|---|---|---|
| 价格 | 通常业主会提出降价要求。价格问题是谈判中核心的核心。复杂问题不能单独议、单独谈，要和其他要素一并考虑 | 应根据业主的意见，结合实际情况，考虑一个一揽子降价（调价）方案 |
| 开工时间从何时开始计算 | 对于已经中标签约的承包商来说，开工时间愈晚愈好。承包商通常需要较长时间进行设备、材料、人员等生产要素的动员。对于业主来说，工程愈早开工愈好，因此业主会千方百计地提早下达开工令 | 最佳条件：在收到预付款后的某日下达开工令，并开始计算工期<br>最低条件：合同签订并被业主的上级批准后，即下达开工令 |
| 预付款支付的比例 | 预付款关系到项目动员所需要的资金，也是评估项目风险的重要指标 | 预付款的比例15%时最佳，10%也是不错的条件，5%的预付款为最低条件。无预付款的国际工程项目是有很大风险的，应视为不可接受的条件 |

续表

| 谈判任务与要点 | 说　明 | 最佳/最低条件 |
| --- | --- | --- |
| 保 函 | 保函的条款要符合国际惯例 | 如果所在国法律规定只能在当地银行转递或转开时，可接受转递或转开的条件，但应积极争取保函直开的条件，以降低费用 |
| 验工计价的批复时间 | 国际工程项目的支付一般按进度付款，按里程碑付款的项目较少。无论是何种付款方式，整个从申请到支付的程序和每阶段的所需时间必须确定 | 通常留给咨询工程师和业主审批的时间为28天，支付所需的时间为56天，合计84天，超过这个时间后，业主应支付承包商利息，利率的高低可灵活掌握 |
| 设计（或施工图）的审批时间 | 审批所需时间愈短对承包商愈有利 | 至少要明确审批程序及所需时间，如超过这个时间，承包商应获得工期及费用的补偿 |
| 保留金 | | 保留金不能超过5%，进入维修期以后，要争取用保留金保函代替施工期间业主扣留的保留金现金 |
| 工程保险 | 保险公司的选择和限制很重要，对保费和理赔都会有影响 | 如果所在国法律规定只能在当地保险公司（含在当地注册经营的国外保险公司）投保，承包商只能争取让业主接受国际保险公司的再保险 |
| 社会保险 | 几乎所有的国家都要求承包商为其员工交纳各类社会保险（失业、养老、医疗、住房等），其中有些社会保险，承包商的外籍雇员是享受不到的，因此，免除外籍雇员的某些社会保险，诸如失业、养老等是谈判要点 | 在没有和中国签订免除避免双重征税的国家只能执行当地规定，争取免除一部分社保费用，一定要提出来谈 |
| 仲裁适用法律 | 国际工程项目的仲裁应符合国际仲裁规则程序，以显示其对业主和承包商的公平性，世界银行等国际金融机构融资的项目的仲裁条款大多如此。项目所在国一般会坚持仲裁适用的法律为所在国法律，甚至要求在所在国仲裁，使用所在国语言，由所在国国籍的仲裁员担当 | 最低条件可以接受仲裁依据所在国法律，但仲裁规则、程序按国际仲裁规则办理。对于一些特殊国家和特殊项目来说，可以接受更苛刻的条件，但一定要审慎考虑后决定 |
| 承包商自采砂石 | 对于砂石用量比较大的项目如大坝、铁路、公路，承包商要争取自采砂石，以确保供应，避免因砂石随需求量增大时涨价带来的风险 | 项目所在国的法律规定承包商不能自行开采当地砂石资源时，至少要争取到合作开采砂石的权利 |
| 当地主要建材的供应 | | 当地对水泥、油料、炸药的供应有控制时，谈判中要争取到最佳的供应渠道 |
| 施工涉及的市政网线 | | 要明确网线迁移的责任人和时间，费用由业主承担。如能争取到因业主原因导致延误时，承包商可获得费用和工期的补偿条件时更好 |
| 工作签证指标 | 对外籍劳工有特殊限制的国家，工作签证的指标是重要的谈判点 | 外籍劳工的数量和审批的时间应在谈判中明确规定 |

**5. 谈判要注意的问题**

承包商的合同谈判一般具有非常明确的目的：一是为合同的执行减少阻力；二是使风险分配更为合理；三是与业主争取合理的合同权利及经济利益。就此目的，承包商在谈判中应注意引导对方转向自己关注的问题。在提出问题并表明立场时，不能因害怕谈判失败而回避自己的观点。阐述自己的观点应有充分的依据，技术问题最好辅以类似项目的例证，商务问题则要拿出具体的市场调研材料，合同问题则要符合国际惯例以及项目所在国的常用惯例。在谈判过程中，双方应尽量避免谈判陷入长时间辩论和僵持。这样的谈判场面更是承包商与业主都不愿意看到的，但为了维护自身的正当权益，承包商有时不得不接受这样的事实。但仍需注意谈判中，特别是在反驳对方的观点时，应该坚持“站在对方角度考虑问题”的原则，更多强调双方利益的一致性。首先应该论证自己立场的科学性和正确性，坦率地说明自己的利弊得失，然后更要站在对方的角度阐明其接纳意见后的利弊得失，这样可以尽量避免双方都不愿意看到的场面发生。站在对方的角度探讨和分析对我方有利的问题，更容易使对方产生共鸣。因此，谈判中要注意的问题是：

（1）合同形式与谈判方法

以上讨论都是以 FIDIC 标准土木工程施工合同条件即 FIDIC 条款为基础进行的，如果项目合同是采用其他类型的合同条件，则谈判的内容必然会有所差异。一方面需要注意翻译的准确性，做到准确理解合同条款；另一方面对一些主要问题应尽量参照国际上已广泛采用，各方面经验已比较成熟的 FIDIC 条款和内容提出中肯的合理的建议，作为谈判的基础，以便遵照国际惯例取得谈判的成功。

（2）谈判策略

1）由于合同的谈判是严密的，业务性和逻辑性都很强。为防止授人以柄，不要让对方认为你对合同缺乏理解，或牵强附会。除了要选派得力的主谈人员和翻译以外，必要时还要配备法律顾问或合同专家，并按照第 2 章要求认真细致地做好各项谈判准备工作。

2）在发表我方意见之前，务必先听清对方的观点并理解准确。在形成我方观点前，务必将问题想透彻、想全面，要分析哪些观点对方可能接受，哪些则可能引起争论。要运用创造性思维多设想几种选择性方案，以便在可能产生剧烈争论时必要时修改谈判方案，提出建议方案或改换话题。

3）不要把对自身有利的所有论点和证据一揽子都抛出去，如果你手中掌握了论据，可以先提几条无可争议、最有说服力的，使对方信服，以创立谈判优势。否则，对方会抓住你的最弱点攻击你，使你处于劣势、守势，从而丧失谈判的主动权。

4）在谈判中要竭尽全力将复杂的问题简单化，抓住主要矛盾、抓住关键、抓住要害。要在熟悉合同条款的基础上，充分利用合同条款的合理性、合法性和内在联系来说明问题和保护自己。

5）虽然承包商的地位已有了变化，已由卖方转为项目合作伙伴的关系，承包商可以充分利用这一有利地位，对合同文件中的关键性条款，尤其是一些不够合理的条款，展开有理、有利、有节的谈判，说服业主作出让步。但是，谈判双方都是项目未来预期的合作者，进行友好合作取得项目的成功应是双方的共同愿望和共同利益，因此，在谈判中仍然以采用建设型谈判为主，积极创造和谐、合作和相互信任的谈判氛围。然而，在合同谈判中往往也会碰到无克制的进攻型的业主，如果我方从对方的各种反应和表现确认对方已持肆意进攻的态度，合同条件苛刻，谈判刻薄，固执，我方也只能被迫采用进攻型谈判来防卫和保护自己，以便使对方在付出代价的基础上获取可能的回报，决不要一味妥协，委曲求全。我们的基本目的仍然是“得”，对对方提出的额外要求小心留神地“给”，“得”的越多越好，“给”的越少越好。要利用策略和技巧，取得较好的效果。

根据国际工程谈判的实际经验，对付进攻者的反进攻策略，经常运用的有：

①利用时间

进攻者往往急于求成，并使用压力迫使速战速决，为了自身利益，必须设法拖延时间。要根据谈判的进展和对方的心理状态，选择和变换时刻和时限等因素，该拖的拖，该决的决。

②走为上策

谈判长时间没有进展时，适时使用这种策略，利用到下一次谈判前的这段时间，承包商可以针对上次谈判中遇到的问题重新调整谈判策略，或重新整理关于这部分争议的资料，取得更多对自己有利的证据。

③板起面孔

针对对方的进攻或连珠式的逼问，可以一本正经地板起面孔，使对方感到难以捉摸，深浅莫测。既不要避而不答，也不要有问必答，有时还可以反提问，镇定自若地应付。

④先苦后甜

承包商先向对方提出一个较为苛刻的条件，然后逐渐让步并达到自己的预期目的。承包商的单次让步幅度不要太大，节奏不宜过快。

⑤稳住对方

进攻型谈判的对方往往在关键时刻使用终止谈判的战术进行恐吓或威胁，如果无意退出谈判，就要设法稳住对方，把对方缠在谈判桌上。可以提出新的想法和条件吸引对方，也可以以“如果你同意……，我也就同意……”的姿态，作出有条件的妥协和让步，使对方在心理上有所缓和和满足。即本着有所“给”必须有所“得”的原则，在接受和满足对方提出的额外要求的同时，在别的问题上提出补偿条件或交换条件。例如：业主坚持非降价不可，承包商可以提出调整外汇比例或改善预付办法等作为交换条件进行商谈。

⑥策略休会

在双方各持己见，难以妥协的情况下，如再继续进则势必陷入僵局，可以建议休会，以便双方冷静思考，提出新的谈判方案，在缓和气氛后重开谈判。

⑦私下接触

在关键问题上遭遇进攻，谈判陷于困境时，一方面可以策略性休会，另一方面也可以根据对方的爱好，选择方式私下接触以缓和气氛，增进友谊，例如：共同去高尔夫俱乐部、娱乐中心等等，在轻松愉快的环境和气氛中交换意见，或私下交易达成默契。

⑧舍小取大

在谈判期间需要特别注意的是，谈判进程中每次会议的会议纪要与最终的合同谈判谅解备忘录是最为关键的文字资料。谈判小组需仔细推敲其中的文字，并最终由法律顾问定稿，以避免进一步的合同漏洞。

## 4.4　项目实施与执行阶段

### 4.4.1　项目实施与执行阶段谈判的对象与内容

在国际工程承包项目中，项目实施阶段由于项目属于一个开放的系统，存在大量的信息交换，如环境信息、市场与物价信息等。一方面项目所在地的政府、业主或承包商主管部门等外部系统对项目或项目经理部（简称项目部）的指令，对项目实施的干预。另一方面项目经理部对项目状况的报告、请示和要求等，向外界进行信息输出。因此，任何一项工程项目都需要建立与外界沟通的渠道，建立会谈与谈判的机制。

在国际工程承包项目的实施与执行阶段，项目经理及其管理团队代表承包商需要经常沟通、会谈或谈判的对象是业主、设计单位、分包商、供应商以及其他参与该项目实施与执行的合作伙伴。其中：此阶段的项目经理及其管理团队代表承包商沟通、会谈与谈判的重点是与业主的沟通、会谈与谈判。因此，本章将重点阐述项目与业主的沟通、会谈与谈判的方式、方法与内容。

**1. 与业主的沟通、会谈与谈判**

在工程项目中，业主是项目的所有者，对项目具有特殊的权利。而项目经理是承包商与业主用合同关系确定的工程项目的管理者，是为业主实施项目建设的管理者，必须服从业主的指令与决策，从而保证业主获得满意的工程产品。因此，要取得项目实施建设任务的圆满完成，项目经理以及项目管理团队必须获得业主的支持。努力使业主对项目的预期要求与项目管理的实际状况相结合，让业主了解与熟悉并投入项目管理的过程。

（1）基本方法

项目经理以及项目管理团队与业主或业主代表的会谈或谈判的方式，采取以下基本方法：

1）与业主建立合作伙伴关系

业主与承包商工程承包项目合同签订后，工程项目进入了按合同履行规定任务的阶段，也称项目实施与执行阶段。业主和承包商之间的关系有了新的变化，由项目招标、投标、评标、授标阶段的买、卖关系，转变为合作伙伴关系。在项目招投标、评标、授标和签订合同过程中，承包商的谈判主要对象是业主、咨询或招标代理机构。而在以合同履行为主要特征的项目实施与执行阶段，承包商谈判活动的主体是承包商授权的工程项目的代理人，即项目经理；谈判主要对象是业主委托的项目代表人或受业主委托的工程师代表（也称监理机构；或简称工程师）。承包商授权的项目经理或业主委托的项目代表人或受业主委托的工程师，在项目招投标、评标、授标和签订合同过程中，可能是谈判小组的主要成员，现在则成为项目实施与执行阶段经常会谈或谈判的最高层。同时，随着工程项目的进展，与该项目有关的设计、专业分包商、供应商和服务商等陆续参加到谈判活动中来。

特别是由于国际工程一般都具有规模大，工程复杂的特点，一个工程项目从准备、修建、竣工到缺陷责任期结束，往往需要 3～4 年或更长的时间，其间双方围绕工程项目实施而举行的商洽会谈或谈判的次数，将不胜其数。因此，从项目实施开始，就要建立起有利于谈判的环境与气氛，并逐步与业主建立新的合作伙伴的关系，这是承包商义不容辞的责任。

首先，要建立起一个正确的双方关系的导向。为了建立正确的导向，在第一次工地会议或联席会议时，双方代表要用较多的时间先讨论明确项目初始阶段双方的职责、作用和主要工作事项以及如何加强相互信任，并逐步建立起在有争论或分歧时，双方都能够在开诚布公和亲切合作的气氛中谋求解决，共同打好建设型谈判的基础。与此同时，项目经理在私下与业主代表或工程师接触中能有分寸地、实事求是地显示自己的资历和经验，让对方感到你是一位有资历、有经验、合格的伙伴。从而建立起相互信任、相互尊重、共同工作的友好气氛。项目经理从项目实施开始，尤其是在项目初始阶段，就需要主动会见业主代表或监理工程师，诚恳交谈，虚心请教并共同探讨，建立起双方友好合作的良好气氛。但是，也不能一切无原则地妥协和让步，甘拜下风。既要注意处理好双方关系，也要学会按合同管理，按合同条款办事，运用合同条款保护自己。如果业主代表或工程师主宰的局面业已形成，通过现有双方的谈判改善关系和扭转局面已十分困难的情况下，可按以下途径另找出路，谋求从困境中解脱出来。

①如果承包商已经察觉项目经理不称职，则应尽快撤换项目经理。

②如果承包商找不到能够对付业主代表或工程师的项目经理替换人物时，也可设法寻找借口，要求业主更换业主代表或工程师。这在国际工程谈判中也不是无先例可循的。但是，这必须在有确切的把握时才着手，否则一旦换不掉，承包商项目经理的日后处境将会更加困难。一般来说，这往往需要通过特殊安排的双方相当于公司总裁一级的秘密高层谈判来解决。其把握性则有赖于：一是双方相当于公司总裁一级间的个人交往的友好程度；二是掌握业主代表或工程师滥用权力证据的充分程度。需要对照合同条款作出有力的说明和解释。三是寻求双方潜在的共同利益。包括公司之间的和高层谈判之间的以及对项目现状包括进度、质量和成本的改善可能和保证。

③如果项目经理、业主代表或工程师都无法或不具备条件替换时，往往可以采用聘用项目管理公司或专家加强项目管理、合同管理和索赔工作的办法，不动声色地维持业主或监理工程师主宰的局面，一方面努力加强项目管理和合同管理工作，另一方面积极收集资料和有理有力的证据，准备索赔报告和对外谈判。国际工程界称这种战术叫“游击战”，也就是让对方沉溺于得意忘形的主宰统治之中，然后在你认为对方难以报复的时刻，以无懈可击的证据，出其不意地进行突然袭击，令其大吃一惊，然后猛醒过来谋求改善关系，讲妥协，求和解。

另外，还可以通过“角色”谈判，建立新的伙伴关系。如前所述，项目开始实施后，业主和承包商之间的关系有了新的变化，已经成为是捆在同一个项目里共同工作的合伙人了。根据国际工程的实践经验，需要通过“角色”谈判，建立起新的伙伴关系，明确各自担任的角色和任务、职责和分工，达到相互密切配合和协作。也就是达到 FIDIC 条款（第 4 版）应用指南引言中所强调的 Close cooperation and teamwork。经验和教训告诉我们，双方关系的恶化往往是从各自对自己担任角色和任务的不同理解产生分歧而开始的。如果承包商与业主双方能够为同一目标按各自的职责和分工密切配合和协作，相互理解和信任，则在产生分歧时就会相互宽容和谅解，有利于工程项目实施。一旦这种配合和协作以及相互信任和理解受到某种损害，或在认识和做法上有差异或误解，双方关系就很快恶化成互相推诿、指责，甚至谩骂，必然对工程项目实施产生消极的影响。根据国际工程项目实施的经验，为了减少在业主与承包商在项目实施过程中看法上的分歧，当双方以合作伙伴们的身份第一次坐到一起开始工作时就需要先进行"角色"谈判。通过谈判，在相互信任和理解的基础上。对共同目标，确定各自担任的角色和任务，对职责和分工取得一致的看法和具体安排，并在个人与个人之间，团队与团队之间树立起良好的第一印象，为长期合作打下牢固基础。一般的做法是：首先建立双方共同的核心工作小组或领导小组，小组人数视项目的大小确定。核心工作小组由业主代表与承包商项目经理部各方的主要代表人物组成，有时也可以吸收分包商代表参加。核心工作小组主要会谈、商谈以下内容：

①保证项目总体计划统一实施的联合目标以及各自的职责；

②各方需要有关方协作配合的工作目标及其相应的保证措施；

③各方日常通讯联系的方法和具体安排；

④核心工作小组的定期和不定期会议制度。

通常情况下，核心工作小组的各方要将各方自行讨论形成的要求和建议方案，由各方代表带到核心工作小组谈判会上进行讨论和交换意见，然后再把会议上各方提出的相同点和分歧点带回去进行修改和补充，然后再带到核心工作小组的会议上，通过商谈形成统一的工作计划和设想。这样就能保证双方统一认识，分清责任，确定目标和任务以及相互联系的方式、方法和安排，并且在项目实施的关键问题上或一些业务交叉问题上，取得共识与双方密切配合和协作，从而为项目的顺利实施奠定基本的保证。

2）要使业主逐步了解该项目，理解项目实施的过程，使其成为专家，以便于减少非程序干扰和越级指挥。特别是要防止业主组织内部或其他部门的人员随意干预或下达指令，或将其组织内部的矛盾带到项目上来。许多人不希望业主介入或干涉项目的实施，实质上是不可能的。一方面项目经理是不可能、也无权拒绝业主的干预；另一方面业主的干预，会对工程项目的实施与执行起到积极的推动作用。而业主在了解、熟悉项目的实施过程后，会对项目实施中的困难有足够、深入的认识，从而必然使项目决策更加科学、合理、符合实际，对项目的实施与执行产生极大的帮助和不可替代的作用。

3）通过沟通使业主与项目经理相互理解各自的期望、习惯与价值观念，从而使双方关注项目实施的关键点，随时互通情况，使决策的问题具有合理性与一致性。

4）加强计划性与预见性，使业主了解承包商的施工方案，了解非程序干扰的后果。使双方在加深相互理解中，明确项目实施与执行目标的一致性。

5）通过沟通，项目经理要了解业主项目前期策划与项目决策的过程，增强对业主建设意图的认识，实现业主满意的基本要求。

6）项目经理及其管理团队，要虚心听取业主所属其他部门对项目实施的意见与建议，并做出耐心的解释与说明。

（2）谈判的内容

在国际工程承包项目的实施与执行阶段，项目经理以及项目管理团队与业主或业主代表其会谈或谈判的主要问题与内容见表4-12。

项目实施阶段项目部与业主谈判问题及内容一览表 表 4-12

| 序号 | 谈判问题类别 | 谈判的内容 |
| --- | --- | --- |
| 1 | 研究并动态运用项目合同 | 1. 与业主代表研究动态运用项目合同的意义，其目的是为了完成工程建设，取得效益<br>2. 与业主代表明确、规定合同优先顺序的意义<br>3. 对合同的明文条款以及隐含条款成立的条件（从明文中引申、公平合理的、有利于合同履约及项目实施、显而易见的、明确的问题等）<br>4. 研究工程实施中，可推定的情况（工程变更、加速施工、暂停施工等） |
| 2 | 履行合同的沟通与谈判 | 1. 业主与承包商的权利与义务<br>2. 工程师的权利与义务<br>3. 合同履约的问题（履行自身的义务、制约对方履行合同、日常商务沟通等）<br>4. 不符合合同条件或技术规范 |
| 3 | 工程变更谈判 | 1. 不可预见的外界条件所致（难以预见的、业主提供的资料粗略或修改设计、报价失误等）<br>2. 法律的变化，导致工程变更与合同价格的调整<br>3. 不可抗力导致的工程变更<br>4. 说明情况，提交建议书（方案与价格），协商后实施<br>5. 按业主或工程师的指示调整工期或价格与成本<br>6. 商洽变更的内容与程序 |
| 4 | 索赔谈判 | 1. 索赔原因的确认：（1）不可预见和意外的外界条件索赔（即不可预见与意外或合同缺陷合）；（2）工程变更索赔（即工程的复杂性与难度增大）；（3）工期延误或支付延误索赔；（4）加速施工或取消工程的索赔（即合同缺陷或履约不够与违约，变更导致等）<br>2. 商洽索赔的计算方法：即工期索赔的计算与经济索赔的计算 |
| 5 | 争议谈判 | 1. 争议问题的确认与双方对争议问题的理解<br>2. 争端问题的梳理（合同履行的争议，工程变更的争议，工程款支付的争议，有关索赔的争议）<br>3. 争议解决的办法（友好协商，争端调解委员会调解（DAB），仲裁，诉讼） |

**2. 与设计单位、分包商、供应商的沟通、会谈与谈判**

在国际工程承包项目的实施与执行阶段，项目经理以及项目管理团队与设计单位、分包商、供应商的沟通、会谈与谈判的内容见表 4-13。

项目实施阶段项目部与设计单位、分包商、供应商等沟通、会谈与谈判内容一览表

表 4-13

| 序号 | 对方名称 | 沟通、会谈与谈判内容 |
| --- | --- | --- |
| 1 | 设计单位 | 1. 对设计与施工图存在问题的磋商<br>2. 设计交底与图纸会审的交流<br>3. 对施工图与施工实际不吻合或隐含问题的澄清、处理<br>4. 其他有争议问题的解决与处理 |

续表

| 序号 | 对方名称 | 沟通、会谈与谈判内容 |
|---|---|---|
| 2 | 分包商 | 1. 建立相互合作的工作关系（技术关系与经济关系等）<br>2. 对进度、质量、安全、成本控制以及施工生产要素和现场管理的问题协调<br>3. 了解分包人的情况，发现问题，及时处理 |
| 3 | 供应商 | 1. 对供应商的考核洽谈<br>2. 对产品型号、规格、质量、技术条件与供货时间、配套服务与价格等商洽<br>3. 对合同的商洽、签署的谈判 |
| 4 | 工程师（监理机构） | 1. 对有关生产计划、统计资料、工程报表等问题的协调<br>2. 接受监督管理的协作与配合<br>3. 现场签证、工程检查与隐蔽工程验收以及工程师指令的执行等协调与配合 |

## 4.4.2 项目实施与执行阶段谈判活动的重点

国际工程承包项目在项目实施与执行阶段，项目经理以及项目管理团队与业主代表或工程师（也称工程师代表或监理机构）谈判活动的重点或称谈判活动的控制点，是指在项目实施与执行过程中，为了克服双方沟通、会谈与谈判的障碍，保证项目实施目标的实现，通过项目管理理论与实践的研究与总结，设立或建立的不合缺少的谈判活动的主要环节。也就是说，在项目实施与执行的过程中，由于某一项工作没有沟通、会谈或谈判，而导致后续工作无法开展，或之前完成的工作无法检验，而导致工作程序混乱，影响工程进度、质量、成本以及项目实施目标的完成。我们将这个需要沟通、会谈或谈判的某一项工作称为谈判活动的控制点。

一般来说，工程项目管理的目标是工程进度、质量、成本控制。国际工程承包项目在项目实施与执行阶段，影响工程进度、质量、成本控制目标实现的主要因素如表 4-14 所示。

**影响工程目标实现的主要因素一览表　　表 4-14**

| 序号 | 类　别 | 主 要 因 素 |
|---|---|---|
| 1 | 对工程质量的影响 | 1. 人员素质<br>2. 工程材料的质量<br>3. 机械设备：(1) 项目配套的工程实体配套设备的质量影响工程的使用功能；(2) 施工机械设备的质量影响工程项目的施工质量与工期<br>4. 施工工艺、操作方法与施工方案，是工程质量的保障<br>5. 环境条件对工程质量特性起到重要的作用 |
| 2 | 对工程进度的影响 | 1. 有关部门对进度造成的影响（如设计不及时；材料供应迟缓；工程款支付延迟等）<br>2. 施工条件的变化（如地质水文的变化或与地质勘查报告不符；暴雨、高温、洪水等）<br>3. 技术错误（施工措施不当；技术事故等）<br>4. 施工组织不利（流水作业不当，劳动力与机械调配不当等）<br>5. 意外事件的出现 |

续表

| 序号 | 类别 | 主要因素 |
| --- | --- | --- |
| 3 | 对工程成本的影响 | 1. 市场的原因（客观原因）<br>2. 业主的原因<br>3. 施工的原因<br>4. 材料的原因<br>5. 施工中变化的原因等 |

通过对影响工程进度、质量、成本控制目标实现的主要因素，我们就可以建立国际工程承包项目实施与执行阶段，谈判活动的控制点及其控制的内容，如表 4-15 所示。

**谈判活动的控制点及其控制的内容一览表　　表 4-15**

| 控制点类别与名称 | | 内容 | 与业主沟通的形式 |
| --- | --- | --- | --- |
| 质量 | 人员素质 | 进场检查，资质审查 | 会谈或书面报告 |
| | 工程材料与设备 | 按合同规定进行进场检查，按规范要求抽检，要求 | 书面报告或会谈 |
| | 施工机械设备 | 合理选择，定期检查与维护 | 书面报告 |
| | 施工方法 | 确定施工方案 | 会谈或提报书面材料 |
| | 环境条件 | 根据技术与作业条件确定施工方法 | 会谈或提报书面材料 |
| 进度 | 相关参与方 | 设计内容的变更；出图情况，材料与设备供应，成品与半成品的检验 | 会谈、洽商与谈判或书面报告 |
| | 施工条件 | 与勘查资料不符 | 洽商 |
| | 自然条件 | 恶劣气候条件的出现 | 预案报告 |
| | 施工技术 | 新技术的应用 | 书面报告 |
| | 施工组织管理 | 劳动力、施工机械的配置以及施工平面布置 | 会谈或书面报告 |
| | 意外事故的防范 | 安全生产 | 巡视、会谈 |
| 成本 | 业主的原因 | 资金、设计、指定分包 | 会谈或谈判 |
| | 施工的原因 | 对施工情况的检查 | 巡查、检验或书面报告 |
| | 材料的原因 | 市场价格变化 | 书面报告 |
| | 变更 | 变更内容的确认 | 工作联系单或书面确认 |

## 4.4.3 项目实施与执行阶段的谈判任务

如前所述，在国际工程承包项目的实施与执行阶段，承包商任命的国际工程承包项目的项目经理及其管理团队代表承包商需要经常与业主委派的业主驻工地代表人（简称业主代表）或业主委托的工程师就工程项目实施与执行中的问题进行沟通、会谈或谈判。双方的谈判的方式主要是建设型的，但是双方都会在自己处于有利的情况下，适当采用进攻型谈判。特别是有些工程师受业主的某些影响经常或更多采用进攻型谈判的方式。基于项目实施与执行阶段业主与承包商合作伙伴关系建立的缘故，项目经理及其管理团队应着眼于合作和长远利益的角度出发，可作出必要的妥协和让步，并主要采用建设型谈判的方式。但是，必要时偶尔可采用进攻型谈判方式，需要掌握好时机与尺度，要符合合同条款的要求，决不强词夺理，不致导致谈判破裂而诉诸仲裁。

在国际工程承包项目实施与执行阶段项目管理的核心是对工程项目的进度、质量、成本的管理与控制，而合同管理贯穿项目管理的全过程。一般情况下，项目实施与执行阶段项目经理及其管理团队与业主代表人或工程师谈判的任务，主要是围绕项目实施与执行过程中出现的问题而进行谈判，这些与业主谈判问题的类别在表 4-12 中已经给出，而这些谈判问题的具体事项，已经全部包含在表 4-13 与表 4-14 中。由于篇幅的原因，我们不能就一些谈判问题的具体事项一一叙述。为此，本章就国际工程承包项目实施与执行阶段承包商经常遇到、经常发生的敏感性的主要谈判任务，概略谈及。

**1. 工程变更**

工程变更是指在工程项目实施过程中，由于多方面的原因，按照合同约定的程序对部分或全部工程在材料、工艺、功能、构造、尺寸、技术指标、工程数量及施工方法等方面做出的改变。例如：由于勘察设计工作粗糙，以致在施工中发现许多招标文件中没有考虑或估算不准的工程量，不得不改变施工项目或增减工程量；或由于发生不可预见的事故，如自然或社会等原因，引起停工和工期延误等。

工程变更的表现形式为：更改工程有关部分的标高、基线、位置和尺寸；增减合同中约定的工程量；增减合同中约定的工程内容；改变工程质量、性质或工程类型；改变有关工程的施工顺序和时间安排；为使工程竣工而必需实施的任何种类的附加工作。一般来说，工程变更的结果是：施工条件变更、工程内容变更、延长工期、缩短工期、改变工程承包金额以及对发生的自然灾害及其他不可抗拒力的处理。

（1）取消工程

取消工程是指正常工程变更外对合同工程项目的取消，即取消合同规定的工程范围内的工程项目。根据 FIDIC 条款第 51.1 分条款（a）至（f）作出减少或省略是正常的工程变更。

一般都是业主为了削减工程预算或由于某些特殊原因而取消工程的。正常变更作出的减少或省略和取消工程这两者在工程性质和数量上是显然不同的。减少或省略是指在完成工程量表列出的项目中对该项目的某些组成部分的减少或省略，例如在桥梁、涵洞项目中对某些铺砌、栏杆、翼墙等的减少或省略，在线路项目中对某些路缘石、护坡、挡墙等的减少或省略。取消工程则是对工程量表中某个项目的整体取消例如取消全部路面工程、支线工程等。

通常，承包商与业主合同签订后业主和工程师是无权下达取消工程的变更指令。如果业主和工程师以下达变更令的方式指令取消工程，承包商理应根据国际惯例和合同条款表示反对或不接受，或提出施工索赔要求，通过谈判维护承包商本身合法权益，不要无原则地或盲目地接受，导致经济损失。当然，业主和工程师可以提出取消工程的要求和承包商进行商讨，如果承包商认为不致蒙受巨大经济损失，为了照顾双方长远利益，有时也可接受下来。一般来说，业主和工程师在提出取消工程的同时往往会提出相应增加另外一部分工程或承诺给予别的工程项目以弥补承包商的经济损失。由于取消工程的谈判是业主和工程师有求于承包商，在谈判中承包商始终处于有利地位，此时，业主或工程师通常会采用建设型的谈判方式，提出一些补偿的选择性方案供承包商考虑，承包商则可以适当采用进攻型谈判，以便讨价还价，取得较多补偿。但是也要适可而止，以免影响双方关系，在其他场合招致报复。有经验的谈判者往往会同时使用进攻型和建设型两种类型，最终以建设型谈判在良好的气氛中结束谈判，达成共识。

（2）修改设计

由于业主委托的设计咨询公司在工程设计时，其技术人员不深入现场调查研究了解情况，或由于地质勘察不够等原因，脱离该国的国情和现场的实际情况，或盲目追求较高的技术标准，因而导致施工图设计上存在一些不合理和不切实际的地方。致使在项目实施和执行阶段被承包商或业主察觉，被迫提出修改设计。

对此，承包商要通过调查研究，必要时通过科学试验取得可靠的数据，提出一些切实可行、合理的修改设计方案，往往还可以加快工程进度并获得相当可观的经济效益。其首要条件是：在保证工程质量的前提下，技术上确有创见，使合同双方都可以接受的合理化建议；其次是要和业主或工程师建立起相互信任和友好合作的关系，没有业主或工程师的支持是无望实现的。同时，必须按照合同规定的程序办事，要事先通过与业主或工程师商谈，取得一致意见，由业主或工程师按 FIDIC 条款第 51 条下达工程变更令，然后再按 FIDIC 条款第 52.1 和第 52.2 分条款规定的程序与业主或工程师议定新的费率或价格。如果遇到比较客观、公正的业主或工程师，双方通过谈判确认，较容易取得一致意见并付诸实施。既可以加快工程进度，也可以降低成本或提高工程质量。如果业主或工程师缺乏经验，思想比较保守或教条，则往往需要承包商与工程师进行艰苦细致的说服工作、即使说服不了时也不能强加于人。无论是哪一种情况，承包商必须注重用技术数据论证，用事实说明，耐心细致，充分说理，注意谈判方式和策略。

（3）不可预见的外界条件变化

不可预见的外界条件变化是指在项目实施和执行阶段，合同履行的过程中项目及其项目所在地区受到不利的外界障碍或条件的影响，包括自然和气候条件，地质状况，地下构造物和公共设施（如管线、管道、电缆、电话等）的情况等等，导致工程进度的延误和额外费用的增加，使合同双方均蒙受损失。一般来说，对这种影响，FIDIC 条款第 12.2 条款已规定了较明确的处理方法和程序。承包商可按照该条款尽早据实通知业主或工程师，并提出工期延长和费用索赔申请报告。但是，业主和承包商往往都希望把造成的影响和损失由对方来承担。因此，双方对合同条件的理解和解释往往出现矛盾，尤其是有些不公正的业主或工程师，有时不能客观地、正确地对待这一问题，他们片面地认为：如果承认了不利的外界障碍或条件的存在，就是承认了设计工作的缺点和不完整性，为了维护自己公司的信誉，他们常常借口承包商提供的有关不利的外界障碍或条件的证据不充分而拖延不决或不置可否。因此，承包商在遇到这类问题时，需要认真收集资料和原始数据，摄制必要的现场照片，同时进行充分的论证。在论证和谈判中要特别注意以下两个问题：

1）结合 FIDIC 条款第 12.2 条款论证“这些障碍和条件是一个有经验的承包商也无法预见到的”。

2）根据 FIDIC 条款第 12.2 条款实事求是地分析计算需要延长的工期和可能发生的任何费用额递交索赔申请报告，要求业主或工程师作出决定。在分析计算时，按照该条款规定：既要包括因业主或工程师签发有关指示而引起的工期延长和费用增加，也要包括承包商在无业主或工程师具体指示的情况下，自己采取并为业主或工程师接受的任何合理恰当措施可能发生的工期延长和费用增加。

根据实践经验，以上两个问题是在谈判中双方经常争论的重点。对第1）个问题，FIDIC条款第4版应用指南中有以下三点解释很重要，可以作为谈判的依据：

①应用指南对第12.2分条款的解释："尽管各方都进行了招标前现场勘察，然而承包商还会遇到不可预见的外界障碍或条件。"

②应用指南的引言中指出："为了取得最好的结果，在进行招标时，不应期望投标者在他们所报的单价中把在准备投标时不能合理预见或估计到的风险包括进去，这一点是最基本的。"

③应用指南的引言中还强调："如果业主能在合同中承担某些事件引起的费用，这些事件可能从来不会发生，或承包商无法控制，或不能按合理的保险金对其保险，那么这是对业主有利的。"上述风险在第4版中被列为"业主的风险"。

因此，合同双方都应该客观地承认确有一些障碍或条件是一个有经验的承包商所无法预见到的。同时，对一些特大的自然灾害等不可预见的意外风险要求承包商在投标报价阶段就列入风险费用也是极不合理的。只能是在意外事件出现时实事求是地对待和处理才为合理。

第2）个问题，则是在双方通过谈判确认第1）个问题以后，对这些障碍或条件影响的范围和程度进行评估，决定工期延长和增加费用产生分歧时的重要依据。特别是在出现一些十分困难和复杂的技术条件或地质条件且与设计资料出入很大、严重影响工程进度或质量的情况后，工程师常常会指令承包商改变施工方法，增加设备。有时工程师也拿不出克服困难的施工方法，需要承包商自己动脑筋、想办法，并添置设备和增加额外费用。这种情况下，承包商就要注意事先以书面方式请示工程师获取同意和批准后再实施。只有这样，承包商才能做到符合第12.2分条款要求，并根据该条规定通过谈判取得合理的延长工期和额外费用。否则在谈判中监理工程师往往对承包商自行采取的措施和方法不予认可。

(4) 工程变更估价

业主或工程师依据FIDIC条款第51条规定下达变更令后，承包商必须对照合同文件和工程量表进行细致的对照和研究，分清以下几种情况：

1）如果是额外工程或取消工程，应按以上所述立即递交书面文函，提出不同意见，并要求进行商谈。

2）如确属合同规定的工程范围内的工程项目，且有适用的费率和价格。一般即应根据工程量表规定的费率和价格进行估价，没有谈判的必要。

3）如果在工程性质和数量上有较大改变，导致原定费率和价格已显然不合理或不适用时，则需要通过谈判另行议定合适的费率和价格。如果还可能导致工期延长，就要同时提出施工索赔的要求。

按照国际惯例和FIDIC条款规定，这项确定费率和价格的权力是在业主或工程师手中。因此，在谈判过程中要充分做好业主或工程师的工作，并且运用建设型谈判的方式。关于在什么情况下费率和价格变得不合理和不适用的问题，在谈判中往往是争论的主要问题，为此，FIDIC条款第4版“专用条件”中已对第52.2条款提出了明确的补充规定：“合同内所含任何项目的费率或价格不应考虑变动，除非该合同价格的2%，以及在该项目下实施的实际工程量超出或少于工程的25%以上。”可以作为谈判的主要依据。实际上，这个界限按国际惯例已是从合同规定的“附加工程”变为“额外工程”的界限，进行费率和价格调整已是情理中的事了。如果项目变更在性质和数量上已截然不同，事关重大，当然应该要求另签新合同或补充协议了。另外，FIDIC条款第52.3分条款的规定：即当最终结算时的合同价超过或小于有效合同价（系指不包括暂定金额和计日工补贴的合同价格）的15%时应进行合同价调整，也可以匡算结果的概念作为谈判的参考依据。除此之外，承包商在接到变更令后，即应主动和业主或工程师接触和沟通，不要等到业主或工程师执行FIDIC条款第52.2分条款“工程师有确定费率和价格的权力”后再去协商，在既成事实面前，业主或工程师往往不愿丧失自己的权威去改变已定的费率和价格，承包商因而陷于被动。

因此，在工程变更估价的谈判中，承包商应自始至终地坚持运用建设型谈判的方式，并注意以下几点：

1）态度要诚恳，积极配合业主或工程师的工作。

2）细致做好各项技术准备和经济分析工作。按工程分类，施工工序做好方案说明和费率分析，摆事实，讲道理，逐步让业主或工程师理解和接受呈报上提出的方案。

**2. 不符合技术规范的事项**

在项目实施与执行过程中，工程师和承包商都可能发生不符合技术规范的事项，大部分是属于工程质量包括设计质量、施工质量方面的问题，而且双方很容易发生争论或扯皮。特别要注意的是，有的合同的技术规范中对某些项目施工质量的技术要求并没有细化，无明确标准，有时还说明“施工质量要达到业主或工程师满意为止”。这样，由于业主或工程师的技术知识和施工经验的局限性，或不能公正地办事，往往会有不同的或不切实际的认识，就更容易产生矛盾和争论。有时业主和工程师还以施工质量差和不符合技术规范为借口作为对承包商扣除部分工程款的手段。因此，在整个合同履行过程中，这类问题的谈判是经常性的。要获得谈判的成功，除了需要丰富的技术知识以外，还需要熟悉合同条款和合同管理知识，并掌握一定的谈判技巧。从总的来说，由于业主和工程师处于有利的地位，承包商应坚持采用建设型谈判方式。然而，当业主和工程师提出的要求显然不合理和无理，而承包商在技术上、经验上又处于优势地位时，也可适当采用进攻型谈判方式。但必须有理有据有节，着重事实论证，注意双方的长远合作关系。

（1）属于业主或工程师责任的事项

这种事项主要有以下两方面问题。

1）设计质量

在通常情况下，项目的前期工作包括可行性研究、项目永久工程设计、招标文件和合同文件的编制等都是由业主或业主委托工程师所在的咨询（监理）公司承担并完成的。由于工程设计不当造成的设计质量问题理应由咨询（监理）公司负责。然而在项目实施过程中，由设计质量或施工质量引起的工程质量风险和事故损失有时很难区分，不少设计上的错误，在施工前也是很难发现的，往往要在施工过程中或部分工程完工后才能发现，因此，工程师为了维护本单位的利益和信誉，经常把工程质量问题笼统地归咎于承包商施工不当，或不符合技术规范造成的施工质量问题。FIDIC 条款第 3 版虽然把纯属工程师的工程设计所引起的工程损坏或损失列为“例外风险”。但实践证明：这种提法容易被误解，因为人们有时听成“可接受的风险”，而且工程师仍然在“纯属”的解释上做文章，责任难以分清。FIDIC 条款第 4 版吸取了多年的经验教训，已采用“业主风险”这一术语和规定，在第 20.4 分条款中从项目一开始就明确设计责任，即承包商只对自己负责的设计错误承担责任，其他一切设计错误的责任均已纳入“业主风险”内，进一步维护了承包商的权益。因此，作为承包商，从项目一开始就要十分注意工程质量的责任问题，必须在施工过程中注意积累各种实际资料和试验数据，以便必要时据理力争，用充分的资料和数据证明是设计上的错误，为谈判工作和索赔工作提供依据，同时防止工程师笼统地借口施工质量差，不符合技术规范将责任转嫁给承包商。这类问题多年来在国际工程项目实践中是常见的现象，必须予以充分重视。

2）工程师的不合理要求或无理要求

在国际工程施工现场，有时还会遇到专业知识较差而又傲慢的工程师，他们不仅放不下架子，还往往提出一些不合理或无理的要求，颁发技术标准过高或不切实际的工地指令。如承包商不遵照办理，便以不符合技术规范为由克扣部分工程款，使承包商蒙受无谓的经济损失。因此，承包商不仅要仔细阅读分析合同文件的技术规范，而且要对工程师下达的每一项指令进行研究，对一些不合理要求或无理要求，要通过建设型谈判提出不同意见和改进方案。

(2）属于承包商责任的事项

这里指的是由于承包商施工质量不良引起的不符合技术规范的事项。作为承包商来说，按照技术规范和工程师的要求进行施工是合同规定的职责。一般来说，施工操作程序和施工质量标准均已在合同文件的技术规范中都有明确的规定和说明，承包商只要严格遵照办理即可。但是，有时在技术规范中对某些项目并没有细化，只是说明“施工质量要达到工程师满意为止”，尤其是有些 EPC 交钥匙工程项目在总承包项目的合同文件往往只有使用要求的说明，缺乏技术细节方面的规定。如果承包商事先没有向工程师主动征求意见并商谈，就容易在施工质量问题上和工程师产生分歧和争论，甚至导致工程返工或质量事故。国际工程在这方面的经验教训是很多的。尤其是我国的工程技术人员对国外技术规范和国际合同管理还不熟悉，一部分人员还语言不通，缺乏和工程师的经常联系和沟通，往往更容易不自觉地或盲目地发生不符合技术规范的事项，从而导致施工质量不合格和工程返工。至于承包商偷工减料或不遵照技术规范，自作主张造成的施工质量事故，理应由承包商负责。工程师在这方面提出的批评和指责，承包商应该虚心接受，这些都不需要谈判，只是接受和改正的问题。谈判的重点应放在以下两方面：

1）在技术规范中无明确规定的事项

对技术规范中无明确规定的事项，承包商就要主动征求工程师的意见。重要的要请工程师下达书面指令，以便有所遵循，千万不要擅自解释和行事。有的还需要承包商自己去细化规范、图纸，提供材料或半成品样品或进行一些试验，提出建设性方案，征得工程师的同意和批准后再施工。在此过程中就需要谈判，谈判的过程正是双方技术知识和感情的交流和沟通的有利时机，也是增进双方了解，加强友好的过程。因此，在谈判方式的选择上应该主要采用建设型谈判方式，开诚布公，和蔼友好，互相探讨，谋求一致。

2）双方理解不一致的事项

由于知识和经验的局限，或由于所处地位的不同，以及某种人为的偏见，承包商和工程师对技术规范产生理解上的不一致，因而出现矛盾和分歧，在日常工作中是难以避免的。关键在于双方都要有合作的愿望，要通过协商谈判取长补短。对待技术问题要提倡实事求是，反对虚假和浮夸，更不能自以为是，我行我素。只要不是蛮横无理，强加于人，作为承包商就需要虚心听取工程师的解释，然后提出自己的建设性看法和建议。一个谈判者就要力求客观，注重事实论证，做到以理服人。

**3. 不符合合同条件的事项**

项目的实施与执行是建立在承包商与业主对合同条件的共同同意和确认的基础上。因而，合同的任何一方都有权要求另一方严格遵守合同条件，履行合同的各项职责，合同条件也相应地规定了任何一方不履行合同职责而违约的条款，特别是承包商为此还提供了履约担保。尽管如此，由于国际工程合同履约时间长，主客观情况的千变万化，仍然不可避免地会出现一些不符合合同条件或违约事项，这就要求合同双方能够及时沟通或交换意见，通过谈判协商解决。谈判的目的很明确，即要求对方遵守合同条件，改善履约状况，保证合同的顺利实施。

（1）业主不遵守合同条件或违约

业主不遵守合同条件或违约，通常表现在以下两方面。这也是在项目实施过程中使承包商最感头痛的问题，是谈判的重点，是影响承包商能否顺利完成合同规定任务的主要事项。

1）不能及时向承包商提供合同规定的施工场地，即现场占有权及其通道。包括施工场区内的拆迁工作进展迟缓等。

2）不能及时或中断支付承包商应得的款项，包括预付款和工程款。

为此，FIDIC 条款第 4 版在总结历史经验教训的基础上已经作出了相应的比较明确的规定，如第 42 条和第 69 条。承包商在谈判中就要运用这些合同条款合理维护自身正常利益，业主也应遵守合同条款，履行合同规定的职责。例如：FIDIC 条款第 42.2 分条款规定，如果业主未能按照第 42.1 分条款及时解决征地而使承包商延误工期和（或）付出费用，则监理工程师应同意延长工期并偿付有关费用。在 FIDIC 条款应用指南中还对第 41.1 分条款作了重点解释，即向承包商下达开工令前“业主一定要对现场拥有占有权，并且清理好通往现场的通道，同时根据已确定的计划完成其他的法律或财务手续。尤其重要的是业主能够履行向承包商支付预付款的义务。”这不仅对业主及时解决征地、拆迁、进场道路等作出了规定，而且对支出预付款也提出了要求，这为承包商的谈判工作提供了重要依据和谈判力度。世界银行等国际金融组织对其贷款项目的土地占有和拆迁再定居问题非常重视，往往把这些问题的解决作为和业主谈判和支付贷款的先决条件，要求业主递交和报批详细的再定居行动计划。因此，作为承包商，一方面要在下达开工令（即开工通知）之前尽力做好业主和监理工程师的工作，通过磋商和谈判，根据业主履行合理的具体情况，选定合理的开工时间。一旦开工令下达，就必须按照第 41.1 分条款的规定及时开工。在开工后，往往还会发生施工场地和拆迁问题，有时还导致被迫中止施工，这样，在谈判中除了运用上述合同条款外，还要运用第 40 条暂时停工的有关条款，提出工期和费用索赔的要求。同时还应注意两点：一是要监理工程师及时以书面下达暂时停工的指示，承包商就要在接到指示后的 28 天内写出索赔要求的通知；二是如果暂时停工时间超过 84

天，监理工程师仍不能下达复工令时，承包商可通知监理工程师要求在 28 天内允许继续施工，如果此要求得不到批准，承包商就可根据第 40.3 分条款选定对承包商有利的处理方法及时书面通知监理工程师和业主，即可按照第 51 条规定，将此项停工视为可减少的工程，或将此项停工视为业主违约，并根据第 69.1 分条款终止合同，同时执行第 69.2 和第 69.3 分条款。

（2）承包商不遵守合同条件或违约

承包商不遵守合同条件或违约往往表现在很多方面，业主和工程师用以制裁和处理承包商不遵守合同条件或违约的合同条款也相应有很多。通常可能发生并进行谈判的有关承包商违约的主要问题有：

1）未能按时开工。

2）进场人员和设备与投标书不一致。

3）开工后施工进度与计划不符，进度迟缓。

4）材料和设备不合格。

5）违反 FIDIC 条款第 4.1 条款关于合同分包的规定等等。

事实上，如果承包商具有明确的合同观念和工作责任心，自觉学习、遵守和履行合同条件，在日常工作中积极主动与工程师配合，不遵守合同条件和违约事项是可以有效避免的，谈判活动也可以大大减少。反之，如果承包商不尊重或无视业主或工程师的职责和权力。在工作中我行我素，或不顾影响、唯利是图、忽视质量、偷工减料，工程师也很容易运用有关合同条款对承包商进行制裁和处理。例如：运用第 16 条撤换承包商的任何人员；运用第 37.8 或第 39.1 条款拒收材料和设备或责令拆运、重置；运用第 46.1 分条款要求承包商采用加速施工措施，承担一切附加费用并补偿额外的监理费用；运用第 63.1 条款处理承包商的违约，等等。使承包商很难堪，而在谈判活动中也必然处于被动挨整的地位。

然而，多数的情况是在合同履行的漫长过程中，不可避免地会遇到国际、国内环境条件和法律、政策的变动，合同双方本身条件的变化，导致履行合同条件的困难，因而发生一些不符合合同条件或违约事项。这时，就需要合同双方通过谈判，进行友好协商谋求合理的解决。尤其是我国的承包商由于不熟悉国际合同条件，有些项目经理不懂外语，加上国际工程合同管理观念较薄弱，更难免不自觉地发生不符合合同条件或违约事项，使工程师不满，尤其是在履行合同的初期。因此，对承包商来说，从履行合同一开始，就需要重视和认真学习合同条件，加强合同观念，注意与工程师代表的联系和配合，加强友好协商和谈判活动，实事求是地向工程师申述和解释某些合同条件在执行中的实际困难及其主、客观原因，谋求同情和谅解，获取双方的妥协。由于在承包商可能违约的事件中，业主或工程师代表始终处于强有力的地位，他们可能会经常采用进攻型谈判方式。作为承包商，就必须沉着而耐心，坚持运用建设型谈判方式，提出建设性的改进措施或解决方案，而且要注意遵守诺言，言而有信，言必信、行必果，更重要的是要督促工地把工程进度和质量搞上去，以实际行动赢得谈判桌上的主动，取得业主和工程师代表的信任和支持。

**4. 工期延误**

工期延误是指承包商在合同规定的工期内未能如期完成合同要求的工程，延误了竣工或移交工程的时间。按照国际惯例，常把这种延误严格地区分为两大类。

(1) 可原谅的延误

这种延误不是承包商的责任，而是由于业主或工程师的责任或外界影响引起的延误，对承包商是可以原谅的。这类延误又分为以下两种：

1) 如果延误的责任是在业主或工程师方面，则承包商不仅可以得到工期延长，还可以得到经济补偿，这种延误被称为可原谅并可给予补偿的延误。

2) 如果延误的责任者不是业主或工程师，而纯属是外界条件或因素的影响，承包商可以获得工期延长，但得不到经济补偿。这种延误则称为可原谅但不给予补偿的延误。

(2) 不可原谅的延误

这种延误的责任者是承包商。即由于承包商缺少设备、材料或人力资源，管理不善等原因造成的工期延误。这时，承包商不但得不到工期延长，而且得不到经济补偿。

项目实施过程中，施工进度的拖延是经常发生的，如果任其拖延，严重时就会使工程项目不能按合同规定的工期建成，承包商就要支付误期损害赔偿费，承担巨额的经济损失。因此，当发现施工进度拖延，或监理工程师指责施工进度拖延时，承包商应按上述分类及时分析延误的原因。如果责任是在自己方面，则应尽快采取措施，赶上进度计划，严格按合同工期建成项目。如果是业主和监理工程师方面的原因或是外界条件与因素的影响，则承包商有权获得工期延长，即按 FIDIC 条款第 44.1 分条款申请和索赔工期延长。如果进度拖延属于业主和工程师方面的责任，则承包商不仅有权获得工期延长，还可以得到额外费用的补偿。FIDIC 条款第 4 版应用指南中对第 44.1 分条款中可能引起工期延长的原因作了较详细的阐述，可以作为索赔和谈判的依据。例如：获得现场占有权的延误（第 42 条），颁发图纸或指示的延误（第 6 条），不利的外界障碍和条件（第 12 条），暂时停工（第 40 条），额外的工作（第 51 条）或者工程的损害或延误（第 20 和第 65 条）。

然而，在实际施工过程中，工期延误的原因是多方面的，而业主和工程师对核批工期延长的掌握是很严格的。首先是要看是否属于可原谅的工期延误，其次是必须发生在工程网络计划的关键路线上。因此，工期延长的谈判是一项专业性很强的工作。既要熟悉合同条件的有关条款和国际通用的分类原则，又要熟练掌握网络技术，善于应用关键路线法分析论证。一般来说，工期延长的谈判，业主和工程师掌握主动权，处于有利地位，他们往往采用进攻型谈判，承包商则需要运用建设型谈判，着重事实论证，注意以理服人，即便责任在业主和监理工程师方面，也要注意照顾对方的面子，心平气和地、客观地进行说理。为了作好分析论证，承包商必须重视日常的基础工作，随时作好施工日志和同期记录，分析拖延发生的原因，即使原因发生的当时只有 1 天或几周，不足与业主和工程师正面交锋和谈判，但在整个工程施工期间积少成多，累计即可达几个月。有时，业主和工程师当时未认可或批准，但在工程尾声的谈判中，在承包商论据充分的情况下，为了保证项目的顺利竣工，不得不有所考虑或确认。

**5. 支付延误**

支付延误是指业主未能在合同规定的期限内及时向承包商支付由工程师签发的承包商应该得到的工程款项。

(1) FIDIC 条款的规定

FIDIC 条款对此有明确的规定：

1) FIDIC 条款第 60 条是一个完整的支付条款。它对付款手续、付款程序、付款方法、支付时限等都作出了明确的规定。

2）第 60.10 条款明确规定：当工程师将经过审核签字颁发的任何临时证书，包括月报表即月结算单送交业主后，业主应在 28 天内向承包商支付承包商所有的应得款额。还说明如果业主在规定的时间内没有支付，则业主应负责偿付超期款项的利息。

（2）第 69 条着重强调了不能中断支付承包商应得款项的重要性以及对业主违约的处置。第 69.1、69.2、69.3、69.4、69.5 等条款又为此规定了业主违约的范围、界限和处置办法以及承包商可以采取用以维护本身权益的有效措施。例如：业主在第 60.10 分条款规定的应付款时间期满后 28 天内仍未能向承包商支付时，承包商可在提前 28 天通知业主并将一份副本呈交工程师的情况下，暂停工作或减缓工作速度。必要时承包商也可向业主发出通知终止合同，同时明确说明发出通知满 14 天后，承包商有权撤离设备，业主还应支付承包商由于该终止引起的或与之有关的或由其后果造成的任何损失的费用。

尽管合同条件有明确的规定，但是由于临时证书、月报表等所要履行手续的部门较多，其中每一个环节都可能产生延误，而业主也往往由于政府财政困难或从本身经济利益出发，企图拖延支付。因此，支付延误问题在合同履行过程中是经常发生的。有的拖延几个月，有的甚至半年、一年以上，尤其是由当地政府提供投资的项目。因为支付延误，往往导致承包商在流动资金上陷入困境，有的不得不为此债台高筑，蒙受巨大的经济损失。作为一个国际承包商，就要熟悉有关的合同条款，主动按照合同规定的时限跟踪工程款和各种款项的支付状况，安排专人负责催款。在发生支付延误问题后就要及时发出通知，并通过谈判，做好业主和工程师的工作，说明自己的困难，阐明自己的观点，并表明自己是熟悉合同，善于运用合同条件这个武器的，尽量提醒和说服他们遵守合同，按时支付。如果他们仍然敷衍拖拉，劝说无效时，必要时可以申述准备终止合同和索赔的意图，向业主施加一定的压力。一般来说，在业主拖延支付问题的谈判活动上，承包商处于较有利的地位，必要时适当采用进攻型谈判是恰当的。

（3）由于承包商本身工作不力或不符合合同要求，也可能导致业主支付的延误。承包商在谈判活动中就会处于较弱的地位。这也是我国国内承包商在对外承包工作中经常发生的事情。有以下两种情况：

1）不熟悉合同条件，不熟悉业务，月报表（月结算单）过不了关。这几乎是我国承包商在项目开工后一段时间内的通病。有的竟然连续几个月甚至半年、一年都通不过，工程师很不满意。月结算单通不过，工程款的支付必然延误。FIDIC 条款第 60.1 分条款明确规定了款项涉及的具体内容，并且指出“承包商应在每个月末按工程师可随时指定的格式提出一式 6 份报表”。事实上，每个工程师都有他自己习惯的工作方式，在格式的指定上也会有所差异。因此，作为承包商，就要在日常工作或谈判活动中不耻下问，主动配合工程师工作，取得工程师的帮助，并遵照其指定的格式做好月报表。决不要自以为是，我行我素，招致反感和责难。

2）工程质量或材料质量不符合合同条件或技术规范，或工程师对承包商的工作执行情况不满意，因而根据合同条款第 60.2 分条款对有关款项进行扣除或删去。这是工程师的权力和职责，承包商需要实事求是地予以确认。如果情况不属实，就要在着重事实论证的基础上，通过谈判以理服人，争取获得监理工程师的改正，列入下一期的月报表。

**6. 基本竣工和移交证书**

当工程能够按照预定的目的被业主占有和使用时，工程就可被视为已基本竣工。一般的做法是，先由承包商申请竣工检验，业主和工程师在收到承包商申请后，联合其他有关部门组织联合验收。在验收合格后，由业主或工程师签发移交证书，工程即进入缺陷责任期。移交证书既确认工程已基本竣工，该证书注明了基本竣工的日期，明确在该日期由业主接收工程，照管工程的责任即转交给了业主，工程的缺陷责任期即开始。在移交证书后面还要附上在缺陷责任期内需要承包商继续完成的未完成的项目一览表。

然而，工程完成到什么程度才可被视为是基本竣工，这往往是合同双方争论的问题，也是需要通过承包商与业主或工程师谈判解决的问题。因为合同文件上不可能对基本竣工的定义和条件阐述得非常准确和清楚。对承包商来说，只要主体工程和主要配套设施已完成，已不影响项目的正常使用，就可以申请竣工检验，要求颁发移交证书。如果把一些不影响项目正常使用的次要的配套设施和零星工程都列为基本竣工前必须做完的项目，而且不存在任何缺陷和瑕疵需要修补，则承包商就可能面临误期损害赔偿的危险。例如：房屋建筑工程项目，当主体和内外粉饰及水、电、气等配套设施已经具备使用的条件的情况下，即可认为是基本竣工。至于室外配套项目如绿化、小品等零星工程可在缺陷责任期去完成。例如：公路工程项目，在道路及其主要构造物已全部完成，道路并已全部铺上路面并划线后，即可认为是基本竣工，还剩有一部分零星工程如植树、铺草皮等，就可放到缺陷责任期去完成。然而，对业主来说，由于经济上或其他多种原因，往往想拖延接收，并为此找出种种借口声称项目尚未基本竣工。要求承包商继续完成他认为必须完成的工作。如果对任何已完工程居心挑毛病的话，即使质量良好，总是可以找出问题来的。因此，在基本竣工和移交证书问题上，谈判任务是很重的。当然，也有的业主要求提前占有和使用工程的情况，这时承包商就比较主动，只要在不影响工程质量的前提下尽力满足业主的要求即可。竣工移交的谈判也就相对顺利得多。另外，对一些大型项目，根据投标书的要求或实际情况的发展，需要区段或部分工程分别移交时，办理程序和手续以及谈判任务基本上是相同的。只是各段或各工程进入缺陷责任期的时间不同，并有相应的多个缺陷责任期和移交证书。

一般来说，从承包商提出申请基本竣工到业主或工程师签发移交证书，通常有两轮重要的谈判任务。一是：确认工程基本完工的内容与条件。也就是说要确定工程完成到什么程度可被视作基本竣工，并初步认可需要完成的未完成工作，包括竣工检验前必须完成的工作以及在缺陷责任期内需要完成的工作。二是：通过竣工检验后，双方要进一步确认未完成工作的内容一览表，并对其进行调整和补充，确认承包商在缺陷责任期内要完成的未完成项目，列出一览表附在工程师将要签发的移交证书后面。

第一轮谈判往往是在竣工检验前举行。在第一轮谈判前，承包商要做好充分的准备，画出工程竣工概况图，列出已完工的主体工程和主要配套设施的详细清单以及未完工作的清单，事先个别征求业主或工程师的意见，尽力说服业主或工程师接受承包商提交的方案，必要时可以作出适当妥协，争取多完成一些工作，并共同商定竣工检验的日期和方法。在谈判桌上，承包商要详细阐述工程的实际完成情况和剩余的工作，着重说明在完成竣工检验前需要完成的工作后，剩余的工作已不致影响整个工程的正常使用和发挥项目的效益。同时表明在通过竣工检验后，将向业主和工程师提出在缺陷责任期内完成与必须完成的工作的书面保证。在整个谈判过程中，承包商要坚持运用建设型谈判方式，对待不同意见要着重事实论证，耐心说服，以理服人。

第二轮谈判是在竣工检验结束后进行的。在谈判前，承包商要对联合检验中大家提出的意见抓紧处理，以实际行动表明自己对待工作的认真负责态度。同时，向业主或工程师递交调整补充后的缺陷责任期内要完成的未完工作一览表。由于在第一轮谈判中双方已建立起友好合作的氛围，承包商又能够在实际工作中显示出认真负责的态度，会上会下又进行了频繁接触和交换意见，因此，第二轮谈判一开始，双方都会以建设性态度进行商谈。通常业主和工程师都会结合竣工检验对主体工程等进一步提出些改进的意见，并参照承包商递交的在缺陷责任期内要完成的未完工作一览表对剩余工作的时间安排和工程质量提出些具体要求。最后，承包商在会上进行表态并做出保证。谈判便可在轻松的气氛中顺利结束，取得预期的效果。

**7. 缺陷责任期**

在国际工程中缺陷责任期，也称维修期、养护期或称保用期，是指项目基本竣工，移交证书已签发，工程已移交给业主后，项目即进入这段时期。这段时期的长短，应在投标书附件中就注明，通常为 1 年，对于有些项目也可例外地为 2 年，甚至更长，起始日期则在移交证书中注明。一个项目有多个缺陷责任期时，则由相应的多个移交证书分别注明。缺陷责任期的主要目的是要在使用条件下，证明合同的规定已得到遵守。在此期间或期满后的 14 天内，承包商不但必须完成移交证书中所列的未完成的工作项目，而且还须修补出现的任何缺陷，以便在缺陷责任期满时，工程能按合同要求的条件（合理的磨损除外）并以使业主或工程师满意的状态，最终移交给业主。由于合同并不要求承包商在缺陷责任期内负责使用中的维修（除非在招标文件中有明确规定或在投标书工程量中列有专项，并在技术规范中有相应的叙述），因此，维修费用和修补费用由谁来承担的问题往往是在缺陷责任期内双方谈判的主要任务。

（1）争议与分歧

对缺陷责任期双方认识与争议的问题，主要是：

1）哪些缺陷的修补费用应由承包商自行承担，哪些则由业主承担，并由业主支付给承包商。

2）什么情况下缺陷的修补费用可被视作额外费用，即承包商有权进行索赔，并取得缺陷责任期的延长和额外费用的补偿。

（2）谈判与解决问题的渠道

由于工程在使用过程中出现的缺陷，往往是由各种原因交织在一起产生的，其中可能有设计上的原因，也可能有施工中的问题或是使用者使用不当的问题，还可能是偶然事件和意外事故等其他原因造成的。因此，在整个缺陷责任期内，承包商必须做好有关的记录和分析，保存好来往文函，以便随时进行谈判和索赔。更重要的是承包商必须对有关的合同条件，要有充分的理解，并且熟悉国际惯例，才能在谈判中赢得主动。例如：FIDIC 条款第 49.3 条款中就有比较明确的规定。它既列出了承包商必须自费修补的缺陷，同时也规定了如果修补缺陷的费用不由承包商负担时应遵循的程序。费用划分的原则，就是这些缺陷的产生的原因。如果是由于承包商未按合同要求施工，或由于承包商负责设计的部分永久工程出现缺陷，或由于承包商疏忽等原因未能履行其义务时，则应由承包商自费修复。否则就应由业主承担费用，并由业主或工程师按照第 52 条规定在合同价格中增加一笔款额追加支付给承包商。同时，第 50 条还明确规定在缺陷责任期内任何时间出现任何缺陷，承包商根据业主或工程师指示进行调查的调查费用应由业主负担，除非是由于承包商的责任使用了有缺陷的材料、设备或工艺或其他违约而引起的缺陷。

另外，按照国际合同法专家阿勃拉哈姆森等阐述的国际惯例，承包商不应对缺陷责任期内发生的偶然、意外事故性的损坏承担维修和调查费用。所有这些规定和阐述都可以作为谈判工作的主要参考依据。

**8. 索赔与争议**

(1) 索赔

索赔工作是国际工程承包项目合同管理的重要组成部分，也是项目在合同履行过程中的主要谈判任务。当前，国际工程市场竞争激烈，标价趋低，索赔工作愈显重要。尤其是承包商的施工索赔，它是承包商用以维护自身合法权益，减少和弥补风险损失，防止经济亏损，增加项目效益的一种重要手段。国际上一些大型承包商在项目实施过程中往往不惜重金聘用合同管理和索赔专家，专事索赔和索赔谈判工作，通常都能取得可观的收益。很多从事国际工程活动的项目管理者及工程师都已认识到索赔工作的重要性，他们已经把它列为自己日常工作的一个重要组成部分。然而，在实际工作中，由于文化背景和知识水平的不同，对索赔工作的理解和态度上往往还存在着很大的差异。在一些人看来，索赔工作在项目合同履行过程中是一项正常工作，是很自然的事，是理所当然的。在每月的月报表和日常支付中都可含有索赔的内容。但是，对另一些人来说，却把索赔工作视作是“情面”的事，甚至把索赔工作看成是“不友好的行为”，是“破坏双方友好关系”和“开战”的象征。有的业主或工程师还往往规劝承包商，说什么“不要索赔，这样会破坏合作气氛。我们没有必要谴责自己，自己找自己麻烦”等。因此，索赔工作的谈判任务既是一项技术性、合同和法律观念很强的工作，又是一项艰苦细致的思想说服工作。

1) 引起索赔的事件及有关的合同条款

随着国际工程市场的发展，国际工程施工合同条件的不断完善和规范化，国际工程界在索赔工作上已逐步取得了共识，大家也都意识到了索赔工作的必要性和重要性，“索赔”已是国际工程界的通用词汇。大家都开始认识到索赔是合同双方，业主和承包商，都具有的权利。任何一方都有权主动提出索赔要求，以维护自己的正当合理的经济利益，而且把承包商向业主的施工索赔简称为索赔，把业主向承包商的索赔称为反索赔。FIDIC 条款第 4 版也明确作出了第 53 条“索赔程序”的新规定，提出了一个对业主和承包商都有利的关于索赔工作的约束方式。为了方便使用和加深对 FIDIC 合同条件的最新文本（1999 年 9 月第 1 版）《施工合同条件》中承包商索赔条款的认识，表 4-16、表 4-17 分别列出《施工合同条件》（1999 年 9 月第 1 版）下的索赔条款与隐含索赔条款。

**《施工合同条件》（1999 年 9 月第 1 版）下承包商的索赔条款　　表 4-16**

| 序号 | 条款编号 | 条款的主要内容 | 可能调整的内容 |
|---|---|---|---|
| 1 | 1.9 | 延误的图纸或指示 | C+P+T |
| 2 | 2.1 | 进入现场权 | C+P+T |
| 3 | 3.3 | 工程师的指示 | C+P+T |

续表

| 序号 | 条款编号 | 条款的主要内容 | 可能调整的内容 |
|---|---|---|---|
| 4 | 4.6 | 合作 | C+P+T |
| 5 | 4.7 | 放线 | C+P+T |
| 6 | 4.12 | 不可预见的物质条件（指外界条件） | C+T |
| 7 | 4.24 | 化石 | C+T |
| 8 | 7.2 | 样品 | C+P |
| 9 | 7.4 | 试验（指检验） | C+P+T |
| 10 | 8.3 | 进度计划 | C+P+T |
| 11 | 8.4 | 竣工时间的延长 | T |
| 12 | 8.5 | 当局造成的延误（指公共当局） | T |
| 13 | 8.8，8.9，8.11， | 工程暂停，暂停的后果，拖长的暂停 | C+T |
| 14 | 9.2 | 延误的试验（指检验） | C+P+T |
| 15 | 10.2 | 部分工程的接收（也指验收） | C+P |
| 16 | 10.3 | 对竣工试验的干扰（指竣工检验） | C+P+T |
| 17 | 11.2 | 修补缺陷的费用 | C+P |
| 18 | 11.6 | 进一步的试验（指检验） | C+P |
| 19 | 11.8 | 承包商检查 | C+P |
| 20 | 12.4 | 删减（指省略） | C |
| 21 | 13.1 | 变更权 | C+P+T |
| 22 | 13.2 | 价值工程 | C |
| 23 | 13.5 | 暂列金额 | C+P |
| 24 | 13.7 | 因法律改变的调整 | C+T |
| 25 | 13.8 | 因成本改变的调整 | C |
| 26 | 15.5 | 雇主终止的权利（也称业主终止合同） | C+P |
| 27 | 16.1 | 承包商暂停工作的权利 | C+P+T |
| 28 | 16.2，16.4 | 由承包商终止，终止时的付款 | C+P |
| 29 | 17.3，17.4 | 雇主的风险，雇主风险的后果（也称业主） | C+P+T |
| 30 | 17.5 | 知识产权和工业产权 | C |
| 31 | 18.1 | 有关保险的一般要求 | C |
| 32 | 19.4 | 不可抗力的后果 | C+T |
| 33 | 19.6 | 自主选择终止、付款和解除 | C |
| 34 | 19.7 | 根据法律解除履约 | C |

注：C表示索赔费用，P表示利润，T表示工期。

《施工合同条件》(1999年9月第1版) 下承包商的隐含索赔条款　　表4-17

| 序号 | 条款编号 | 条款的主要内容 | 可以调整的内容 |
|---|---|---|---|
| 1 | 1.3 | 通讯交流（指通讯联络） | C+P+T |
| 2 | 1.5 | 文件优先次序 | C+T |
| 3 | 1.8 | 文件的照管和提供 | C+P+T |
| 4 | 1.13 | 遵守条例、规则和法律 | C+P+T |
| 5 | 2.3 | 雇主的人员（也称业主） | C+T |
| 6 | 2.5 | 雇主的索赔（也称业主） | C |
| 7 | 3.2 | 由工程师付托（指工程师的授权） | C+P+T |
| 8 | 4.2 | 履约担保 | C |
| 9 | 4.10 | 现场数据 | C+T |
| 10 | 4.20 | 雇主的设备和免费供应的材料（也称业主） | C+P+T |
| 11 | 5.2 | 反对指定 | C+T |
| 12 | 7.3 | 检验 | C+P+T |
| 13 | 8.1 | 工程的开工 | C+T |
| 14 | 8.12 | 复工 | C+P+T |
| 15 | 12.1 | 需测量的工程 | C+P |
| 16 | 12.3 | 估价 | C+P |

注：C表示索赔费用；P表示利润；T表示工期。

另外，FIDIC编写的关于第4版FIDIC条款“摘要”中还分别列出了承包商和业主在进行索赔和反索赔时可引用的有关合同条款。它是进行索赔工作和索赔谈判的重要参考依据，也正是开发谈判思维创造力的“检核表”即“思路提示”。

2）索赔的主要种类

根据国际工程施工索赔的实践经验，归纳起来索赔主要有：增减工程引起的索赔；地质条件变化引起的索赔；不利的外界障碍或条件引起的索赔；工程变更令引起的索赔；合同文件模糊和错误引起的索赔；工期延长引起的索赔；加速施工引起的索赔；暂时停工引起的索赔；终止合同引起的索赔；设计错误引起的索赔；图纸误期交付引起的索赔；业主拖延支付引起的索赔；物价上涨引起的索赔；业主风险引起的索赔；特殊风险引起的索赔；不可抗力引起的索赔；业主违约引起的索赔；法令变更引起的索赔等。

上述这些索赔，从索赔的目的和最终索赔成果，都反映在以下两大方面，一是编写索赔报告，二是与业主或工程进行索赔谈判。而这两方面的工作的内容和要求是：

①延长工期索赔或简称为工期索赔。即合同规定的工程竣工时间通过工期索赔获得延长，即表4-16、表4-17中的T。

②额外费用索赔（或简称为费用索赔，或称经济索赔），即通过费用补偿获得不应该由承包商自己承担的经济损失或额外费用，即表4-16、表4-17中的C。其中利润P是不能单独进行的，只有在可以进行费用索赔时才可以进行利润索赔。另外，按照国际惯例，工期延长和利润补偿两者是不可兼得的。同时，利润的调整还要受承包商投标书中的利润率控制。

3）非合同规定的索赔和道义索赔

以上种种索赔都是合同规定的索赔，在合同文件中都能找到依据的合同条款。然而在履行合同的长期过程中往往还会发生合同文件难以包括的种种意外的情况，使承包商蒙受额外费用损失。如果承包商和项目所在国政府以及业主、工程师已经建立起长期的相互信任和友好合作关系，有着良好的谈判氛围，往往还可以通过友好接触与商谈，获得非合同规定的索赔或道义索赔，前者虽然在合同文件中没有条款可资遵循，但经合同双方协商一致或达成协议便在法律上生效；后者则往往是开明的或通情达理的业主从善良意愿和长远关系与利益出发，照顾承包商的实际困难，批准给予承包商的适当经济补偿。

4）索赔程序和索赔基础工作

索赔工作常常是在项目已完成或引起索赔的事件发生后很长时间才提出索赔，这样，业主、工程师和承包商均依靠不完整的记录和追记进行谈判，而双方又必然都认为各自对事件的记忆是无可争议的。由于双方的记忆很少吻合，因此往往在谈判中分歧较大，争论较多，双方对处理的结果往往都不满意。为此，FIDIC 条款第 4 版引入了明确的索赔程序（第 53 条），对索赔通知、索赔证明、索赔支付等都作出了明确规定和时间限制，并要求保持同期记录，如果不能保持同期记录，承包商的索赔权利可能会受到限制。这些为索赔的基础工作和索赔程序提出了较严格的要求，也是索赔谈判能否取得成功的重要前提。例如：

①承包商要在引起索赔的事件第一次发生之后的 28 天内通知工程师，并抄送业主。这是承包商递交进行索赔的意向通知，不是当时即进行索赔。与此同时，要在每日的施工日志中记录事件发生的时间和简况。

②承包商要在事件发生时做好同期记录，详细叙述事件发生的情况，说明承包商为此所做的工作和蒙受的损失。如果有可能，力争邀请业主或工程师核查，提出补充意见并确认。

③承包商在发出通知后 28 天内，或在业主或工程师可能同意的其他合理的时间内，向业主或工程师递交详细的索赔报告，准确地叙述事实，分别写出工期索赔和费用索赔，附上充分的证明和论据，包括图表、来往信函、工地指令、工程变更令、工料计算和原始凭证、施工日志，施工记录（进度、质量和支付情况）、工地会议记录、电话记录、照片、录像等。如果引起索赔的事件具有连续影响时，上述详细报告应被认为是临时详细报告，承包商应按工程师可能合理要求的此类时间间隔，发出进一步的临时详细报告，给出索赔的累计总额及进一步提出索赔的依据。在索赔事件所产生的影响结束后 28 天内递交一份最终详细报告。FIDIC 条款第 53.4 分条款还规定，承包商如果未能遵守以上程序和规定，则承包商得到付款的权利可能会受到限制。这将导致承包商在谈判桌上的被动。业主和工程师还往往用未能及时申报，缺乏同期记录，没有进行同时核查等等拒绝接受事后的索赔要求，使谈判陷入僵局。

综上所述，承包商要取得索赔的成功，并在谈判桌上赢得主动，就要注意：

①树立自觉的索赔意识和合同观念。

②及时发现引起索赔的事件，并做好同期记录。

③按时发出索赔意向通知，提出索赔要求。

④熟练引用有关合同条款，编写好索赔报告。

⑤做好基础工作，提供充分的索赔证明。

同时，承包商要力争做到严格按照合同规定的索赔程序，使索赔工作正规化。也就是说，在发生索赔事件后随时提出单项索赔要求，在索赔款的支付方式上，也力争单项索赔，单独解决，逐月支付，把索赔款的支付纳入按月结算支付的轨道，与工程款的结算支付同步处理。不要一切留待算总账，进行最后综合索赔，增加索赔工作的难度。

5）索赔谈判及其策略和技巧

索赔谈判从发现引起索赔的事件开始到业主和工程师批准索赔为止，在索赔工作的整个过程中是连续不断的，在承包商递交详细索赔报告后，就更为集中，也是索赔谈判的最后冲刺阶段。在此过程中，业主和监理工程师会不断要求承包商作出解释，提供详情材料或详细报告，即细化，还要有充分的分析计算，附有有关的证明文件。承包商要耐心答复业主和工程师所提出的问题和要求，通过反复接触和商谈，逐步达成双方可接受的一致意见。根据国际工程实践经验，要求谈判人员注意以下策略和技巧。

①着重事实论证，注意以理服人

索赔谈判是一项技术性、务实性很强的工作，只有充分说理，才能以理服人。任何简单、潦草或无理纠缠都是无济于事的。谈判人员既要能够准确地阐述引起索赔事件的客观事实，又要善于科学地引用合同条款，充分论证索赔要求的法律依据，还要善于进行技术经济分析，合理提出工期索赔和费用索赔，并随时寻找充分的论据作为谈判的筹码。

②随时争取工程师的帮助和支持

FIDIC 条款第 4 版“应用指南”中着重强调了工程师在索赔工作中的特殊地位、作用和职责。例如：

第 40 条规定：给予工期的延长是以工程师对合同的理解，以及对在工程施工中涉及的有关情况的评估和承包商在其通知书中阐明的索赔依据为基础的。

第 52 条，第 60 条规定：对承包商的任何费用支付都要由工程师审核并签发证书。工程师并有权确定新费率。

第 60.4 分条款、第 67.1 分条款规定：工程师有权在任何临时证书中进行任何修正或更改。任何争端事项都要向工程师提出，要求工程师作出公正的决定。

第 44 条，第 2.6 分条款规定：工程师要以公正、无偏见的态度处理问题。

同时，索赔谈判往往是以工程师对承包商索赔报告的处理建议作为双方会谈的基础的。因此，在索赔工作和索赔谈判的全过程中，注意做好工程师的工作，取得工程师的帮助和支持是十分重要的。不要局限在办公室和会议室里，可以巧妙地利用各种场合和机会，进行情况交流和感情交融，并主动向工程师提出建设性方案，征求补充和修改意见。

③力争友好协商解决

由于索赔工作直接关系到合同双方各自的经济利益，在谈判过程中合同双方为了澄清合同责任，保护自己利益，难免产生争论和分歧。此时，谈判者要冷静，客观地寻求友好协商解决的途径，切忌伤感情，各执一词，无休止地争论，使谈判陷入困境。要及时缓和气氛，避免正面冲突，提出建设性建议，谋求双方都能接受的选择性方案。FIDIC 条款第 4 版着重强调了友好解决的重要性。例如“应用指南”的引言中就提出了业主、承包商和工程师之间紧密配合和协作的要求，第 44.2 分条款中又强调了业主、工程师和承包商之间友好交流和理解的必要性。即使双方争论已形成争端，并拟提交仲裁采取法律手段解决前，第 67.1 分条款还特别增加了一个双方的协议，协议规定在进行仲裁之前，双方宜采取两个步骤：第一，把争端提交工程师由他决定；第二，如果此决定不被接受，双方尽量自行友好解决，而且明确地指出，这第二个步骤并未包括在 FIDIC 条款的以前的版本中，在第 4 版中引入此步骤是吸取了以往的历史教训，使合同双方都能注意到避免既耗时又费力的、昂贵的仲裁诉讼方法。

④讲求灵活性

索赔的目的就是能合法地得到自己应该得到的损失补偿。由于引起索赔事件的原因很多，在某些情况下会涉及到工程师或业主的声誉或切身利益，如果坚持就事论事，按自己的要求办事，不顾全面子，往往会使对方十分难堪，即使理在手中，对方也可能为了保全面子，不愿轻易让步而采取敷衍拖延的态度，导致问题长期得不到答复和合理解决。此时，双方就要从长远利益出发，照顾双方的利害关系，讲求灵活性，谋求双方都能接受的妥协方案，使问题获得合理的解决。

⑤高层调停或场外谈判

当谈判出现严重分歧和难题或陷入僵局时，由高层即请领导层（承包商总部和监理方总部领导）出面调停或安排他们进行特殊的场外谈判，选择幽静的环境，创造轻松愉快的氛围，通过相互妥协、谅解和默许，达成双方可以接受的索赔方案。

⑥借用外力

当争议双方直接谈判已无法取得一致意见时，为了避开双方对峙中形成的偏见和互不信任，争取友好协商解决，可以邀请第三方或中间人进行调解。第三方或中间人可以是双方都信赖的有威望的个人、专家或权威，也可以是与合同双方都有利害关系的另一方如投资方，或是专门的组织，如合同争端评委会，通过他们的沟通、疏导和调解，取得双方均能接受的解决办法。

⑦必要时施加压力

有些业主或不负责任的工程师对待索赔往往采取不置可否，不答复，敷衍应付等等态度，有些业主还通过工程师以索赔事件证明不足为借口，要求承包商不断地提供证据材料，企图长期拖下去，乃至不了了之。在这种情况下，承包商可以合理利用合同条款施加一定压力，并予以警告。FIDIC 条款第 4 版第 69.4 分条款就赋予了承包商暂停施工或放慢进度的权利，这种进攻性策略也往往是行之有效的。

在谈判方式的运用上，为了谈判积极主动而富有成效，仍应以建设型谈判为主。但在承包商处于有利或优势的情况下，可适当采用进攻型谈判方式。在面对无克制的进攻型谈判者和官僚主义或不负责任的对手面前，也有必要适当采用进攻型谈判方式。FIDIC 条款第 4 版对索赔工作已作出了明确而细致的规定，对适当采用进攻型谈判方式也提供了必要而有力的武器。

索赔工作和索赔谈判是贯穿于项目合同履行的全过程的，持续时间往往很长，有的还可能延续到项目结束，在此期间合同双方难免发生这样或那样的分歧，作为谈判者就要有毅力和信心，耐心做好各方面的工作。不要指望一次、两次谈判就能成功，也不要听之任之，任其发展。要根据情况的发展和双方的争论点、分歧点，不断学习，认真钻研合同文件，寻找充分的法律和合同条款依据以及准确可靠的证明，讲求策略和技巧，既善于进攻取胜，又善于妥协让步，以取得索赔谈判的成功。

（2）争议

争议也称争端．在工程项目实施与执行阶段，项目经理及其团队就是要不断地解决矛盾冲突、而矛盾冲突则是争议产生的根源。只有在不断的解决矛盾冲突的过程中，才能培养项目经理及其团队的积极性与创造性，从而实现项目创新，促进项目团队的建设。

一般来说，在国际工程承包项目中，争议问题是矛盾冲突的必然结果，其表现的形式有摩擦、排斥、纠纷、对立与对抗。项目经理及其团队对应的处理方式为撤出、面对、缓和、妥协与强制。

通常，与业主或工程师争议问题解决的方法是：

1）协商解决。

2）谈判解决。

3）权威人士出面解决，即当协商与谈判无法解决的情况下，承包商与业主或工程师的上级领导层出面做出裁决。这种方法是强制性的，往往从根本上解决问题。但是，从企业发展或市场开拓的角度，可能对承包商是有利的。

4）仲裁解决。此种方法适用于争议的问题，已经演变成为对立与对抗的程度，并已经做好了撤出或强制的准备的情况下。

## 4.5 项目竣工后的谈判

项目竣工后的谈判是指在国际工程承包项目中，业主或工程师已经签发解除承包商承担工程缺陷责任的证书，此时意味着缺陷责任解除，承包商与合同有关的实际义务已完成，工程已竣工并获得批准。在此基础上承包商与业主和工程师就工程项目后期收尾工作而进行的谈判活动。尽管此时缺陷责任解除，施工任务已经完成。但是，承包商与业主之间依然存在着许多工作没有结束。例如：工程款、保留金、索赔款等尚未支付，履约担保尚未退还释放给承包商，债务、税务、保险等业务尚未了结等等，不少工作仍然需要通过谈判解决。因此，FIDIC 条款第 62.2 分条款明确说明这些工作仍然属于未履行的合同义务，合同对双方仍然有效。这是项目合同管理工作中不可忽视的最后环节。由于许多承包商对项目竣工后的收尾工作不重视，导致工程款迟迟不能回收，该索赔的未索赔，应收的工程款和保留金也未收回。有的甚至拖上几年都不闻不问。这样的例子举不胜举。因此，重视和抓好国际工程承包项目的后期收尾工作，开展相应的谈判活动是承包商十分重要的工作。

承包商在项目竣工后的谈判任务主要是：

**1. 与业主或工程师的谈判**

（1）关于竣工报表

按照 FIDIC 条款的约束，这个工作是在颁发有关整个工程的移交证书，项目进入缺陷责任期之后 84 天内，承包商就应该完成的。应当指出的是：由于这个工作和承包商完成合同实际义务后的后期收尾工作，特别是和最终报表有直接的联系，也直接关系到承包商的经济利益，为此在本章节中重点叙述。

竣工报表要根据施工期间保存在现场的符合要求的施工记录以及累积的计算结果进行编制，要附有按工程师批准的格式所编写的证明文件，并详细说明以下几点：

1）到移交证书注明的日期为止，承包商根据合同完成的全部工作的最终价值。

2）承包商认为应该支付的其他款项，如所要求的索赔款等。

3）承包商认为根据合同应支付款项的估算总额。

然后，经工程师代表核算后确定工程竣工报表的支付金额，开具支付证书，上报业主批准。

因此，在编制竣工报表期间，承包商是否主动和工程师联系，取得支持和帮助并友好商谈是十分重要的。由于工程质量和工程数量的检查、认可、丈量、计算，工程的款额以及最终反映在竣工报表上的数值都要经过工程师的审核签字。如果他对工作执行情况不满，他有权在证书中删除或减少该工作的价值。反之，如果他认为项目可增加支付金额，他也可以对他以前颁发的证书进行修改。承包商应该抓住竣工报表编制的有利时机，对合同完成的全部工作和索赔事项等进行全面的复查，做好工程师的工作力争获取更多的经济利益。特别要注意尽量争取在工程师权限范围内的可能补偿的事项及因市场情况变化、时间变化需要补偿的事项。例如，根据现场记录调整土石方比例，对汇率变化和物价上涨的补偿，对业主拖延支付的利息等等。另外，对有些看法上有较大分歧的，难以一时解决的事项或索赔难点，从策略上考虑，可以在竣工报表阶段暂时搁置，只是提到为止，不宜争执，可在缺陷责任期内创造条件进一步商谈，以免影响编制竣工报表工作的谈判气氛和顺利核准。

（2）关于缺陷责任证书

颁发缺陷责任证书应由工程师在缺陷责任期终止之后 28 天内颁发。它是承包商与合同有关的实际义务已完成的证明。虽然缺陷责任期会自动期满，并通常均记录在由工程师提交给业主的信件中，且有一份副本送给承包商。但是在实际工作中，当最后的缺陷责任期结束，承包商并已努力完成剩余工作时，如果没有长期友好合作的气氛，业主和工程师很少会主动痛快地表示“承包商已按合同条件百分之百地完成了工程任务，一切都满意”。他们往往还要节外生枝或吹毛求疵，寻找工程缺陷，提出一些需要修补的剩余工作，或在索赔工作上制造种种麻烦，拖延一段时间再颁发缺陷责任证书，直到他们认为“令人满意”为止。因此，承包商需要在缺陷责任期期满以前就主动找他们商谈，摸清他们的意图，事先征求意见，创造合作气氛，提出建设性建议，尽可能在缺陷责任期终止之日以前满足他们的合理要求，完成一切剩余工作，做到合同各方都能按时保质生产出共同满意的“最终产品”，树立良好的共同信誉。我国有些国际工程承包商只重视“移交证书”，不重视“缺陷责任证书”，在颁发移交证书后，项目主要人员已陆续撤离回国，在缺陷责任期自动期满之日以前无人商谈，而且在这之后也无人催办，至于“最终报表”和“最终证书”往往也是可有可无。这确是项目管理和合同管理的重要漏洞和经验教训，也是项目效益的重要损失。

（3）关于最终报表、书面结清单和最终证书

FIDIC 条款规定，在颁发缺陷责任证书后的 56 天之内，承包商应向工程师提交一份最终报表的草案，附有按工程师批准的格式编写的证明文件，详细地说明以下内容：

1）根据合同所完成的所有工作的价值。

2）承包商根据合同认为应支付给他的其他款项。包括索赔款项。

FIDIC 条款第 4 版在第 60.6 分条款中强调了提交最终报表草案后在承包商和工程师

之间达成一致意见的成功做法。在达成一致意见后，承包商方能编制并提交双方同意的最终报表。实际上，这是给予承包商又一次和工程师商谈和提高项目效益的机会，也是最后的一次机会。因此，承包商既要重视竣工报表的商谈，更要珍惜最终报表的商谈。因为在最终报表阶段，工程师仍然具有对以前的支付证书作出任何补充和修改的权力，同时，在竣工报表中没有得到解决的遗留问题也将在最终报表中予以解决，当最终报表递交之后，承包商根据合同进行索赔的权力也就终止了。因此，许多有经验的承包商对最终报表的商谈非常重视。他们往往会以感谢长期合作的方式通过商谈与工程师达成最后一次"私下交易"，不仅承包商从最终报表中获得了额外效益，而且工程师也从中分得了好处。在提交最终报表的同时，承包商就要给业主一份书面结清单，以进一步证实最终报表中的总额。在接到最终报表和书面结清单之后 28 天内，工程师应向业主递交一份最终证书，说明：

1）工程师认为按照合同最终应支付给承包商的款额。

2）业主以前所有应支付和应得到款额的收支差额。

在最终证书送交业主 56 天内，业主应向承包商进行支付，否则就应按投标书附件中的规定支付利息。

为了保证承包商获得支付款项的合同权力，FIDIC 条款第 60.7 分条款对承包商还赋予两种保护措施，即在最终证书没有得到支付以前以及履约担保没有按照 FIDIC 条款第 10.1 分条款规定的时限退还给承包商之前，承包商向业主提交的书面结清单不能生效。这些条款对谈判提供了有力的依据。

(4) 关于银行保函和保留金

按照合同规定，业主应该做到：

1）颁发缺陷责任证书之时，说明承包商履约担保的有效期已经结束。在缺陷责任证书发出后 14 天内，应从银行将履约保函退还给承包商。

2）业主凭承包商预付款保函支付给承包商的预付款，已在施工过程中按投标书和中标通知函的规定逐步扣还，并在竣工前已全部偿清，偿清之日即应从银行将预付款保函退还给承包商。

3）按投标书规定在支付报表中扣留的保留金，应在颁发整个工程的移交证书之时将一半退还给承包商。当剩余工程已全部完成，承包商与合同有关的实际义务已完成，颁发缺陷责任证书之时应将另一半归还给承包商。

根据以上合同规定的程序和手续，及时释放或解除银行保函以及归还保留金，本应是履行合同的很正常和简单的事，但是，在实际工作中往往会和颁发缺陷责任证书一样拖延较长时间。业主为了本身利益，往往要寻找一些工程缺陷、承包商违约事项，甚至一些人为因素进行反索赔，以便从履约担保或保证金中扣取费用，对承包商的索赔事件也会提出不同的评审意见以拖延时日。这些问题都需要通过谈判来协商解决。因此，缺陷责任期终止前后的项目后期收尾工作的谈判任务仍然是多方面的，繁重的，是不容忽视的。在思想上必须高度重视，在行动上要积极主动，才能取得各项收尾工作的顺利结束和项目的善始善终，赢得项目更好的经济效益。我国有些承包商由于缺乏国际工程项目管理和合同管理知识，常常忽略了这个最后环节，甚至在正常情况下也不及时去办理释放银行保函和归还保留金的手续，导致了不必要的经济损失。

**2. 与其他各部门的谈判**

国际工程承包项目收尾时，往往还需要与有关部门进行谈判。如海关、税务、保险公司、银行等有关部门就项目竣工后的有关业务进行谈判。在正常情况下，承包商只要遵照各部门的规章制度，照章办事即可，而且在项目合同执行期间已经和他们经常接触，如果在以前的来往中已经建立起友好合作的关系，了结业务会很顺利，会谈也会在友好气氛中进行。但是，在极少数情况下，有些部门出于特殊目的或经济利益的需要，有时会和业主密谋勾结，试图在项目竣工收尾时节外生枝，从承包商手中攫取钱财。这时就需要通过谈判并开展有力的对外活动，谋求问题的合理解决。

除此以外，清理和了结债权和债务也是一项很重要的项目收尾工作。尤其是和业主的债权债务。在通常情况下，总是业主拖欠承包商的工程款和索赔款等。而业主往往习惯于进攻型谈判和进攻性行为。此时，承包商已经完成了合同规定的义务，地位发生了变化，可以适当采用进攻型谈判。当然，首先要调查了解业主的实际处境，如果业主在经济上确有困难，仍然以采用建设型谈判为主，设身处地地帮助业主出主意、想办法，寻找财源。并配合其下属部门共同工作。例如：敦促和劝说投资方加快支付速度，增加支付比例，或先行挪用其他款源进行调剂等等。如果确系业主的进攻性行为或故意拖延，则需要根据法律和有关合同条款，给以有效的、必要的回击。晓之以理，示之以力，不仅要求立即支付拖欠款项，而且要求业主按银行贷款利息支付拖付期的利息，否则将采取进一步的行动，通过谈判向业主施加一定的压力，谋求问题的合理的解决。

**3. 争端问题的解决**

无论是在项目实施过程中或在项目竣工后的后期收尾工作过程中，合同双方经常会发生这样或那样的分歧或争论。很多分歧当时通过谈判已获得解决，有些分歧虽然经过几轮谈判，但是仍然未能取得一致意见，特别是遇到特殊情况或费用大量超支时，双方为了澄清和解脱合同责任，维护自己的利益，不容易一时协商一致，而形成难以解决的争端，这些争端在项目后期都会集中地反映出来。例如：对施工过程中出现的不利的外界障碍和条件以及特殊风险等有不同的解释和理解；对工期延误和支付延误的原因和责任看法不一；对索赔要求的合理性和具体分析有争议；对缺陷责任期即使用期内出现的损坏的责任和修补费用有不同的看法，等等。

因此，许多争端的解决便成了项目竣工后收尾工作的一项突出的谈判任务。合同双方之间解决争端的方式，根据国际工程的经验以及 FIDIC 条款第 4 版所阐述的，通常对这类争端采取以下几种处理方式。

(1) 友好解决

友好解决各种争端是合同双方的共同利益所在，即由合同双方根据合同文件的规定和有关法律依据，通过谈判进行友好协商并达成一致意见解决有关争端。这在项目任何阶段、任何时刻都是最基本的、行之有效的解决争端的方法，这比提交仲裁要好得多。为了使合同双方吸取以往国际工程实践的经验教训，都能注意到避免既耗时又费力的、昂贵的仲裁诉讼方法。为此，FIDIC 条款第 4 版特意规定了友好解决的条款，例如第 67.2 分条款便着重指出，即使将争端已提交仲裁，在提交仲裁的意向通知发出后 56 天内，争执双方均应首先设法自行友好解决。如果在此时限内仍然不能友好解决，仲裁工作方正式开始。国际工程的实践证明，绝大多数的争端是可以通过谈判自行友好协商解决的。如果业主、工程师、承包商之间在项目实施的初期就十分重视建立协作配合的关系，努力创造友好交流和相互理解的气氛，有意识地注意防微杜渐，则往往能有效地防止争端的扩大和激化。另外，合同双方还可以在早期合同商谈阶段，达成友好解决争端的程序，也可由业主一方提出友好解决争端的程序，列入合同文件的专用条件中，例如邀请第三者进行调解的方式或采用当前国际工程已逐步推广采用并得到世界银行等国际金融组织支持的“争端评审委员会”进行调解的做法等，尽量避免步入法庭或仲裁机关。

(2) 工程师决定

FIDIC条款第67.1分条款明确规定，不论在工程施工中还是竣工后，也不论在合同有效期内或终止前后，业主和承包商之间产生的任何争端，包括对工程师的任何意见、指示、决定、证书或估价方面的任何争端，合同一方可以以书面形式提交工程师，并将一份副本送交另一方。工程师应在收到文件后84天内作出决定，通知合同双方。如果合同双方的任一方对工程师的决定不满意，或是工程师在84天内未能对争端作出决定，则业主和承包商任一方均可在收到工程师决定后的70天内通知对方，准备将争端提交仲裁。如果合同双方在收到工程师的决定70天内均未发出准备将争端提交仲裁的意向通知，则工程师的决定即自然生效并被视为最终决定，并对争议双方均具有法律上的约束力。这就是FIDIC条款赋予工程师对争端解决的特殊权力。因此，在国际工程承包事务中，工程师具有特殊的法律地位，起着举足轻重的重要作用。工程师虽然受雇于业主，但是他的行为和职业道德受到国际工程界和国际金融组织的密切注视和监督。FIDIC条款第4版为此专门增设了第2.6分条款，明确要求工程师必须做到行为公正。因此，承包商千万不能片面地、错误地认为工程师受雇于业主，必然听命于业主，偏于业主一方，从而对他不信任，处处小心提防，或敬而远之，把自己孤立起来。与此相反，在项目实施的全过程中，承包商要时刻注意和工程师增进友谊，加深理解。尤其是在对合同条款的规定有不同的解释或分歧意见时，要抱着虚心学习或相互学习、共同提高的态度，和工程师心平气和地进行探讨和协商，把会谈纳入建设型谈判的轨道，消除可能产生的偏见和人为障碍，促使工程师在友好的气氛中对争端作出合理的决定。

(3) 调解解决

当争端难以通过合同双方友好协商解决时，往往可以由争议双方邀请或选定一位调解人作为第三方或中间方进行调解，在争议双方阐明各自观点的基础上，反复调解达成双方都能接受的合理解决方案。如果调解失败，即提交仲裁机关或法院判决。在谈判活动中，当谈判出现对峙或陷入僵局时，也经常采用借用外力的策略，实际上也是由第三方出面斡旋和调解的做法。近年来，一些国家和地区正推广使用争端评审委员会的方式，这个方式实质上就是调解的方式，它已得到世界银行等国际金融组织的支持，并可将它纳入合同文件的专用文件中。一般的做法是：当合同金额超过5000万美元时，争端评审委员会由3名熟悉项目工程业务的专家组成。其中1名由业主推荐，经承包商同意；另1名由承包商推荐，经业主同意；第3名由已选定的两名专家提名推荐，经业主和承包商双方同意，并担任争议评审委员会的主席。项目合同金额小于5000万美元的，也可只由1名专家担任争端评审委员。评审委员会委员的条件是不得与合同双方有从属关系，不曾受雇于合同的任一方，没有和任何一方发生过经济关系，在担任评审工作以前，不曾介入过此工程项目。争端评审委员会并不取代合同双方原有的争端解决方法。通常的程序是当产生争端时，首先由合同双方自行协商解决或提交监理工程师决定，解决不了时，才提交争端评审委员会进行调解。评审委员会调解无效，再步入仲裁机关或法院。调解解决的优点就是避免争端的进一步激化，使争端较快地得到解决，不再诉诸法律或仲裁，节约费用。一般情况下，争端评审委员会的专家不长住在现场，但要定期对现场进行访问，从项目一开始就了解项目的情况和存在的问题。合同的任一方将争端提交争端评审委员会后，争端评审委员会就召开听证会或采取个别调查方式听取双方的意见或对话，然后由争端评审委员会站在公正立场，不偏袒任何一方，提出调解建议。在调解建议递交争议双方后的 14 天内，业主和承包商应作出书面答复。如果在 14 天内未正式答复，即认为已接受了争端评审委员会的建议。如果一次调解不成，可要求争端评审委员会重新评审，再次提出调解建议，或由争议双方诉诸法律或仲裁。

因此，在合同双方已商定采用争端评审委员会方式解决争端后，就要重视和争端评审委员会成员的联系和商谈，反映情况，提出建议，以便争端评审委员会成员能够对争端产生的原因和历史背景有客观的了解，提出较公正的调解建议。

（4）仲裁

当工程师的决定未能被接受，而又未能通过友好协商或调解解决争端时，最后一个途径便是诉诸法律或仲裁。根据国际工程的实践经验，大部分国家均尽量减少通过法院诉讼判决的方式而强调采用国际仲裁的方式，这是由于有联合国发布的《承认及执行外国仲裁裁决公约》的约束，世界上绝大多数的国家都承认和执行国际仲裁的裁决。FIDIC 条款第 67.3 分条款也规定“除非合同中另有规定，均应按国际商会调解和仲裁章程，由据此章程指定的一名或数名仲裁人予以最终裁决。”仲裁人有全权解释、复查和修改工程师对争端所作的任何决定。双方的任一方可提交不限于以前已提交给工程师的证据或论证。工程师可作为证人被传讯，并向仲裁人提供任何与争端有关的证据。每一个工程项目的招标文件通常都要对仲裁地点、机构、程序和仲裁裁决效力等作出规定。但是，最终选定哪一个仲裁机构，在中标通知函发出后签订合同前，承包商还有发言的权利，并和业主共同协商确定。国际性的以及各国的法律都赋予了仲裁的法律地位，仲裁机关的裁决是终局性的，法律保证其强制执行。由于仲裁往往需要较长的时间和巨额的仲裁费用，在谈判不致陷入僵局并已无法突破的情况下，合同双方应尽量寻求其他途径解决争端。然而，有些国家有的情况诉诸仲裁却是一种必要的途径。例如：有的国家的业主倾向于诉诸仲裁，他们的理由是“我们都是受尊敬的人，争论容易伤感情，由仲裁解决是庄重的、公正的。这样，我们仍能保持友谊。”有的业主则在谈判中对承包商的最终索赔坦率地表示：“情况我都了解。你们完全有理由索赔，但是我不愿意掉脑袋来批准，因为官员们都在想是否你们贿赂了我，否则我是不会批的。还是通过仲裁来裁定吧。”在这些情况下，承包商为了尊重一个国家的习俗，或者是为了维护业主的尊严和声誉，发展长期的友好合作，同意提交仲裁解决争端也是顺乎情理和必要的。

综上所述，在项目后期通过谈判解决各项遗留问题和争端，获取项目的经济效益是十分重要的，抓好这个最后环节，使项目善始善终，完善管理，增加收益，无疑是非常必要和有益的。因此，从战略或指导思想上来看，合同双方对存在的分歧和各种争端，都应该立足于通过谈判取得友好解决。从项目一开始，合同双方就要注意树立良好的友好合作的愿望。FIDIC 条款第 4 版根据国际工程长期实践的经验教训就突出强调了业主、工程师、承包商之间友好交流和相互理解的必要性以及友好解决各种争端的重要性。同时提醒三方不到万不得已的时候，尽量不要走上既花钱又费力的诉诸法律和仲裁的道路。因此，在项目实施的全过程中，承包商要自始至终坚持以建设型谈判为主的友好商谈的办法，使谈判始终在亲切、友好、合作和相互信任的气氛中进行，谈判者的行为和态度必须是诚恳、耐心、忍让和顾全面子，并注意运用一定的谈判策略和技巧。在谈判解决争端时，谈判者要注意充分利用空间和时间来缓和争端的策略和技巧。例如：

1）千万不要把注意力集中在争端的某一具体细节上，要善于转移和回旋，否则就容易扩大和激化争端，导致谈判陷入困境。要努力促使和保证争端的问题能够获得全面的探讨，放大谈判的探讨空间和期望水平空间，通过探讨确认双方的真实分歧和差距，有进有退，合理妥协，讨价还价，逐步缩小差距，确定最终的双方可以接受的期望水平。

2）由于争端通常来自双方对合同的不同理解和各自不同的经济利益，要改变对方的观点和立场，往往需要有充分的理由和通过说理、讨论和转变认识的过程，这就需要给对方一段缓冲和适应、思考的时间。在争论相持不下的情况下，不要急于求成，强加于人，往往可以利用策略休会的方式以缓和双方的紧张气氛，给双方以冷静思考，各自审慎回顾和总结的机会和时间，以便转变认识，调整谈判方案。

另外，要注意运用“哈佛谈判术”的原则和特点，着眼于实际利益而非立场。谈判双方虽有对抗性立场和冲突性利益，但也蕴藏着潜在的共同利益。双方要以共同利益而不是从对抗性立场出发去商谈，要探讨和寻找选择性方案和建设性方案，达成双方都可以接受的明智的方案。

然而，国际工程争端的解决毕竟是一项技术性、务实性、法律和政策性都很强的工作，谈判工作必须严格地按照合同条件的有关规定，并遵循国际惯例进行，做到以理服人。任何不符合合同条件的观点和强加于人的做法都是不利于谈判的。因此，谈判者必须充分熟悉和掌握与争端有关的合同和法律方面的知识，才能真正做到以理服人，取得良好的谈判成果。

# 第5章 国际工程承包项目谈判的战略与决策

## 5.1 谈判的战略

“战略”这个概念最初只存在于军事领域。战争讲究谋略，谋略有大有小，“战略”泛指统领性、全局性的、左右胜败的谋略、方案和对策。

对于国际工程承包而言企业战略虽然有多种，但基本属性是相同的，都是对企业经营与发展中，整体性、长期性、基本性问题的谋略。例如：企业竞争战略是对企业竞争的谋略，是对企业竞争整体性、长期性、基本性问题的计谋；企业市场营销战略是对企业营销与市场开发的谋略，是对企业营销与市场发展整体性、长期性、基本性问题的计谋；企业技术开发战略是对企业技术开发的谋略，是对企业技术开发整体性、长期性、基本性问题的计谋；企业人才战略是对企业人才开发的谋略，是对企业人才开发整体性、长期性、基本性问题的计谋。以此类推，都是一样的。各种企业战略有同也有异，相同的是基本属性，不同的是谋划问题的层次与角度。总之，无论哪个方面的计谋，只要涉及的是企业整体性、长期性、基本性问题，就属于企业战略的范畴。而企业发展战略的本质特征是发展性，是着眼于企业发展。

因此，本章节所研究的国际工程承包项目谈判的战略，就是国际工程承包企业市场营销战略的组成部分，是国际工程承包企业在围绕着工程承包项目谈判活动中，制订指导思想和方针时所要考虑的主要因素和重要决策。

## 5.2 影响谈判战略的主要因素

### 5.2.1 企业市场发展战略

理论与实践表明：企业发展战略意图的具体化为一定的市场营销目标，并通过市场发展战略的实施，将市场营销活动纳入企业发展战略所预期的方向和轨道，从而使市场营销活动符合企业发展战略的本质要求。市场发展战略就是面对激烈的“商战”，面临各种竞争对手的挑战，运筹谋划从容地应对竞争对手，实施有效的竞争战略与竞争对手抗衡，以便使企业在激烈的竞争中立于不败之地。市场发展战略也是企业发展战略的延伸和表现。虽然市场发展战略只是指企业的市场营销系统、规划营销系统的运行，但其终极目的，无疑是确保企业战略目标的顺利实现。可见，影响国际工程承包企业项目谈判的主要因素是企业市场发展战略。这是因为国际工程承包企业市场发展战略是由现有工程产品和相关市场组合而产生的战略。它是发展现有产品的新顾客群或开拓与发展新的地域市场，从而扩大产品销售量的战略。实行这种战略有三种办法：一是市场开发，即把本企业现有工程产品打入其他相关的市场如区域性市场等，从而扩大现有产品的销售；二是在新市场寻找潜在的用户；三是增加新的销售渠道。因此，市场发展需要决策，即确定企业营销目标，对实现企业目标的各种战略方案进行拟定和评价，从中选择最优方案作为企业的发展战略。选择战略，首先要能够鉴别和评价各种可供选择的战略方案。在企业营销决策中，一般采用的市场发展战略有稳定战略、成长战略、收缩战略和淘汰战略。而市场发展战略制订与实际操作的前提是要以本企业的微观经济活动为基础，又要以宏观环境为依据进行规划，制定本企业的长期营销目标和营销战略。市场发展战略的制定过程是：确定企业任务和目标——分析市场环境和企业实力——拟定预选方案——综合评价选优——控制实施。

因此，国际工程承包企业项目谈判的战略必须服从于企业市场发展战略。在本书第二章“2.3 信息资料的搜集与整理”中，已经阐述了对谈判信息资料的整理研究的方式与方法。但是，为了加深理解国际工程承包企业市场发展战略对项目谈判的战略影响的程度，有必要对企业市场发展战略选择与决策的过程予以简述。

**1. 战略选择**

国际工程承包企业市场发展战略的选择都是建立在 SWOT 分析的基础上，以世界为市场，以全球为布局，业务经营则按照在全球范围内的最大利润与市场发展的原则，在四种不同的战略模式（增长性战略、多元化战略、扭转型战略和防御性战略）中做出选择与决策。

表 5-1 给出了某企业内外因素评价和战略选择示意表。

**某企业内外部因素评价和战略选择示意表** **表 5-1**

| | | |
|---|---|---|
| 内部条件 | 优势（Strength）（S） | 劣势（Weakness）（W） |
| | •成本低，因而价格上具有竞争力<br>•具有广泛的合作项目经验，并能使工作符合国际标准和规格<br>•有完整的信息网络<br>•与银行和有关金融机构建立了良好信誉关系<br>•设备先进，专业化水平高，施工工艺一流<br>•与目标市场国文化相似或有传统的文化优势<br>•在行业内有良好的履约声誉<br>•地理位置优越<br>•其他 | •各专业人才匮乏<br>•缺少近年来工程总承包的相近纪录<br>•财务情况不够理想<br>•难以提供一揽子工程的各项服务<br>•经营基础不甚好<br>•无自主知识产权，创新能力不强<br>•其他 |
| 外部环境 | 机会（Opportunity）（O） | 威胁（Threat）（T） |
| | •该区域经济增长快，市场机会多<br>•外交关系良好<br>•区域贸易趋向自由化<br>•政府扶持力度大<br>•其他 | •经济不景气导致市场下滑<br>•目标市场国政治经济不稳<br>•行业竞争者加入<br>•外汇风险加大<br>•企业原有技术相对滞后<br>•不利的政府政策<br>•其他 |

续表

| | 增长性战略（SO） | 多元化战略（ST） |
|---|---|---|
| 企业战略选择 | 优点：利用优势和机会，保持并扩大现有经营领域，加强联合、加大创新力度和技术研发能力，积极拓展国内和国际两个市场资源<br>缺点：未考虑到威胁和劣势 | 优点：利用优势避免威胁，利用企业自身能力，向其他领域进行扩张和进军，如进出口、贸易、投资等<br>缺点：放弃了潜在的机会 |
| | 扭转性战略（WO） | 防御性战略（WT） |
| | 优点：利用机会改进弱点，提高现有经营领域的同时，开展多元化经营，培养核心竞争能力<br>优点：利用了机会和优势，避免威胁，克服劣势 | 优点：为避免威胁，放弃现有的经营领域，转到高技术、高附加值、高利润等领域<br>缺点：放弃了现有的、潜在的机会和自身的优势 |

**2. 战略决策**

企业市场发展战略决策是以国际工程承包市场战略分析框架为基本出发点。国际工程承包市场战略分析框架如图 5-1 所示。

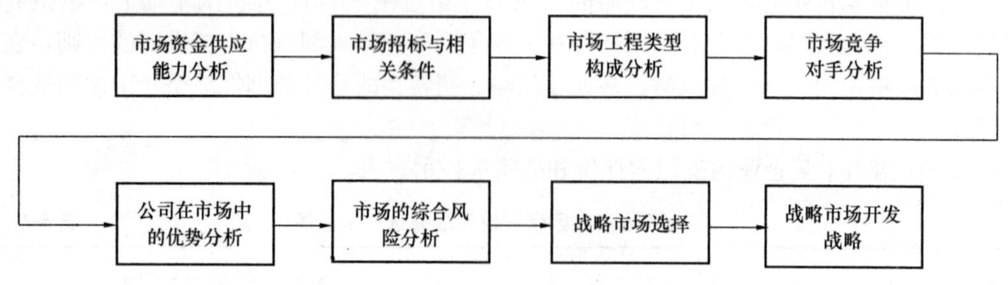


图 5-1　国际工程市场战略分析框架

（1）市场资金供应能力分析

资金供应规模直接决定了承包市场的规模。因此，承包商需要先对各地区资金供应能力进行分析，进而确定潜在的市场规模。资金供应能力分析框架如图 5-2 所示。

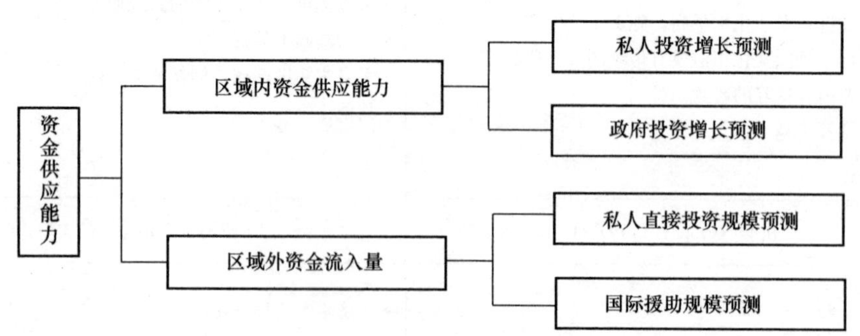


图 5-2　资金供应能力分析框架

（2）市场招标与相关条件分析

随着国际市场竞争的日趋尖锐，各国为保护本国民族工业和劳务市场都制定有一些保护性政策，因此由资金供应能力确定的市场规模对外国承包商来说还不是现实的市场规模，需要对招标与相关条件进行分析，以确定本公司是否能够合法进入该市场，该市场对外国承包商开放的市场规模究竟有多大。各市场招标与相关条件分析框图如图 5-3 所示。

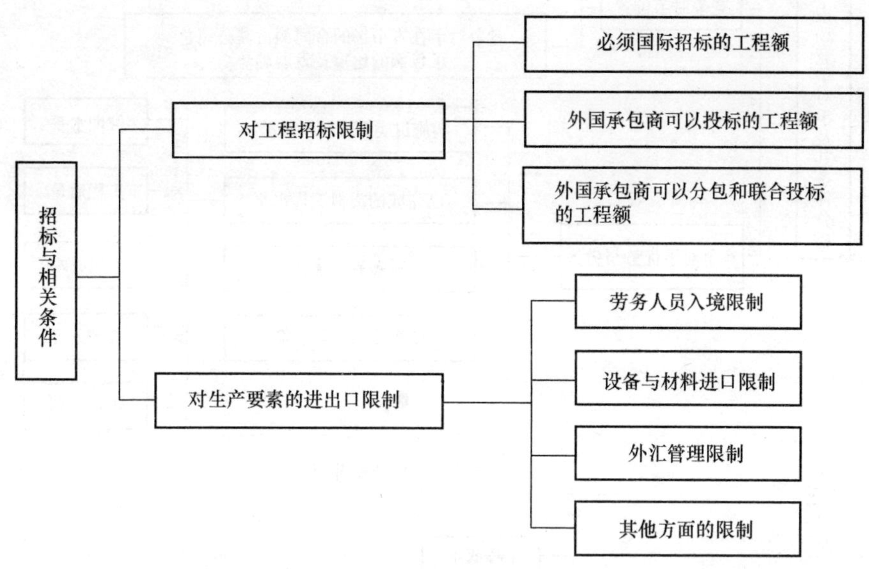


图 5-3 招标与相关条件分析框架

(3) 市场工程类型构成分析

市场工程类型构成分析是市场细分的重要步骤。确定各种技术类型的工程在市场所占份额，便于企业选择充分发挥优势的工程领域，从而达到占有市场的目标。市场工程类型构成分析框架如图 5-4 所示。

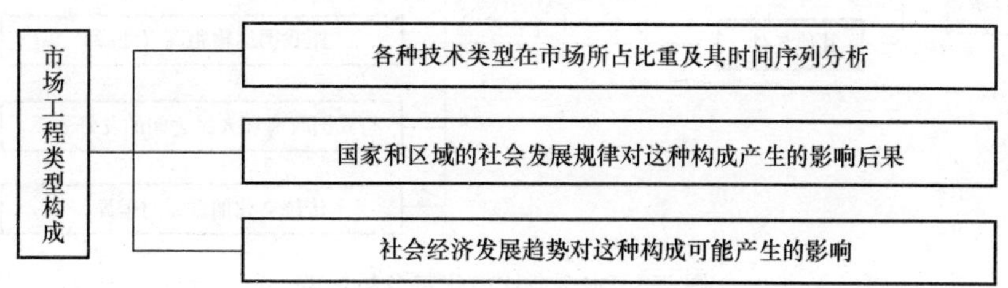


图 5-4 市场工程类型构成分析框架

(4) 市场竞争对手及其优势分析

市场是为现实的和潜在的竞争者所准备的博弈平台，只有对竞争对手进行了解、调查、分析、知己知彼方能百战不殆。竞争对手分析框架如图 5-5 所示。

(5) 本企业在各市场的比较优势分析

根据对市场竞争对手的优劣势及其地位的分析结果，可对本公司在该市场的比较优势进行分析，确定立足于可能的发展水平。本企业比较优势分析框架如图 5-6 所示。

(6) 市场综合风险分析

经过上述分析后，潜在的战略市场轮廓已显现，综合风险分析的重点是放在被选中的市场上面，其框图如图 5-7 所示。

(7) 战略市场选择

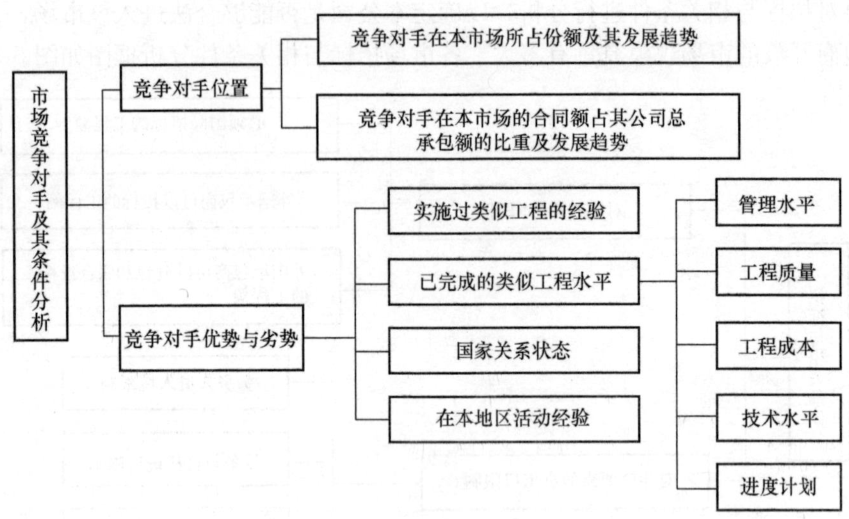


图 5-5　竞争对手分析框架

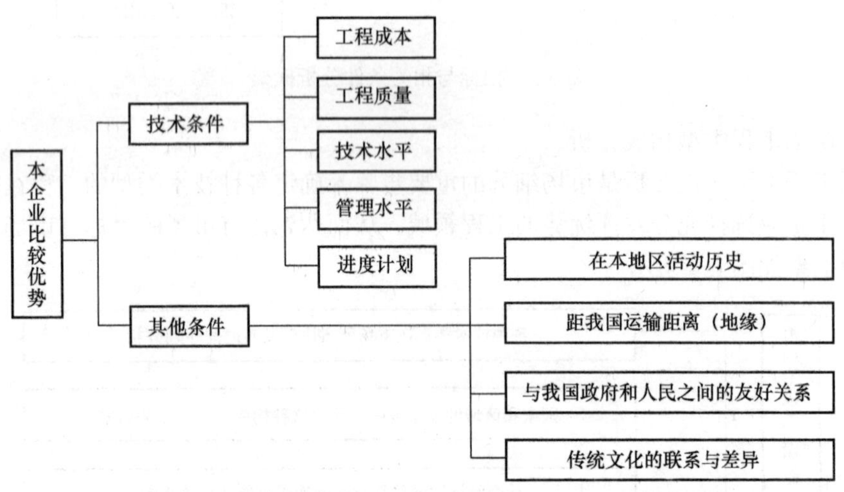


图 5-6　本企业比较优势分析框架

综合分析结果，可选择多个细分后的市场作为企业的战略市场，其过程如图 5-8 所示。

（8）市场开发策略

战略市场确定后，就可以制定企业开发该市场的相应策略措施，其目的是为战略市场开发做好万无一失的各项准备，以取得市场进入的竞争优势。其开发战略市场分析框架如图 5-9 所示。

### 5.2.2　企业市场发展战略对项目谈判的影响

综上所述，国际工程承包企业的市场发展战略是根据各个时期市场格局的变化，从国家利益和企业的经营发展目标而确定的，是项目谈判活动的指导思想。所以针对不同的国

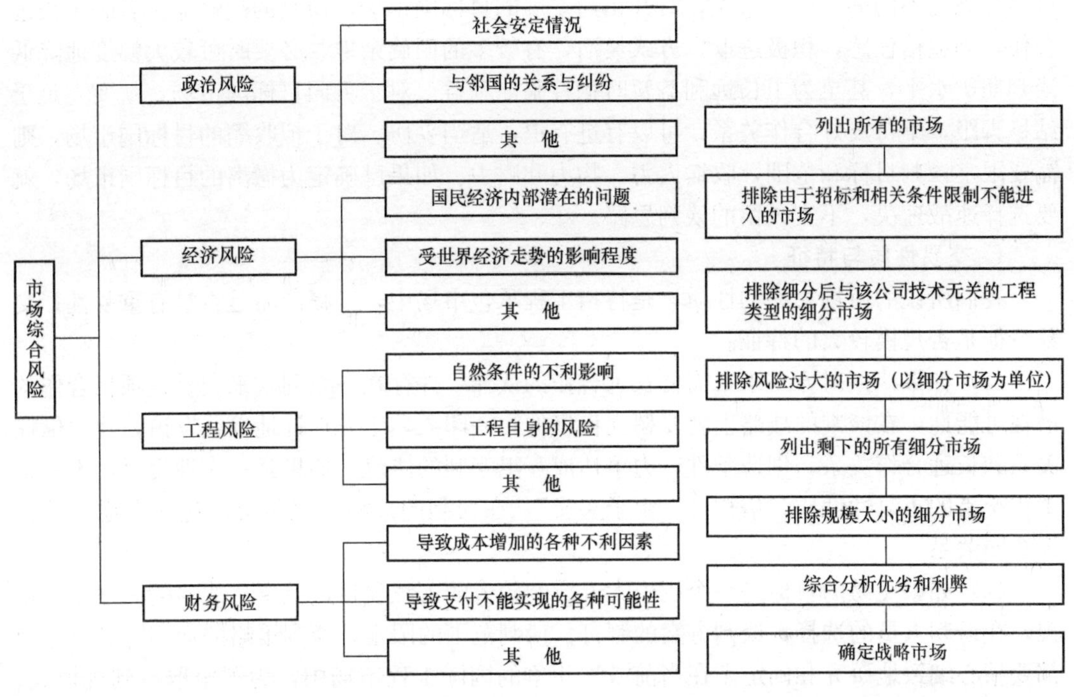


图 5-7 市场综合风险分析框架　　图 5-8 确定战略市场的步骤

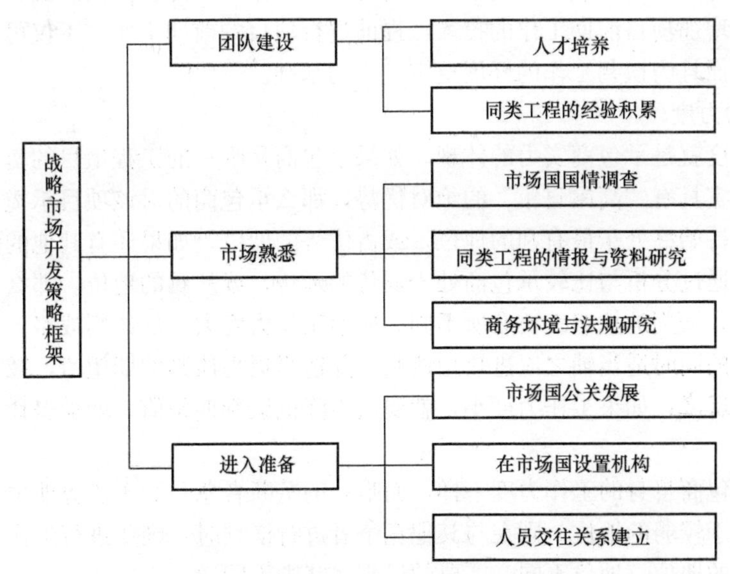


图 5-9 战略市场开发策略框架

家、不同的区域市场、不同的谈判对象，对谈判的重视程度和投入的力度也不同。例如：近几年来，我国对外承包市场已形成了以亚太为重点，巩固非洲，恢复中东，开拓其他地区的格局。但是，对于各个国际工程承包企业来说，往往要根据自身的发展、特点、条件和实力，选择和确定符合自己实际的市场战略；明确重点开拓的区域与市场；巩固和维持的市场；准备收缩或撤点的市场。不言而喻，对待不同的市场目标点，要采用的谈判战略显然应该是不同的。一般来说，对开拓与发展的目标国市场，谈判的战略应是着眼于长远合作，创造信任感，积极进取，方式灵活，有较多的回旋余地，必要时可较大幅度地降低谈判期望水平，甚至为了长远利益暂时牺牲眼前利益。对于巩固目标国市场，就要立足于站稳脚跟，维持友好合作关系，可以有进有退，适当妥协。对于拟收缩的目标国市场，则需要限定谈判目标和范围，收缩人力、物力和财力。如果已确定为撤离的目标国市场，就要选择速战速决，不宜久留的谈判思路。

**1. 交易性质与特征**

我们所说的市场交易的性质，是特指工程承包市场中，工程产品是否具有重复性；交易特征是否规模较大的特征。

（1）如果谈判对方是未来需要长远合作的伙伴，并存在一系列未来交易或项目合作的潜在可能性，在谈判的战略上就要树立良好的第一印象，千方百计地发展友谊，建立信任关系和长远合作关系，创造条件，力争达成互惠互利的协议。如果是一次性交易，不具备工程交易的重复性性质，俗称"一锤子买卖"，在谈判的战略上显然毋需过多考虑维护长远合作关系。

（2）如果交易的目标是一个规模大、影响较大的工程项目，就要从战略的高度予以重视，在谈判人员的选择，谈判方案的制订，谈判范围的限定，谈判策略的运用等各个方面都要精心细致地研究和确定。在当前激烈斗争的国际工程市场中，为了争取拿到规模大、影响大的大型工程项目，许多大型国际工程承包商都会从战略上重视和加强与项目所在国的接触、商洽与谈判，同时加强超前工作的意识与安排，努力扩大信息源，广泛摄取和筛选项目信息，增加项目前期工作的投入，提前进行项目的前期工作，不仅可以增加公司的市场竞争力，而且为谈判工作的开展奠定一定的基础。

**2. 工作的力度**

工作的力度就是承包商实力的体现。如果承包商是唯一的工程项目的卖方，或是在众多的竞争中确实具有"高屋建瓴"的绝对优势，那么承包商的对该项目承揽工作的力度就要加大，要保持始终处于最有利的地位，或占优势的地位。如果还有其他的强者或较多的竞争者参与，通过分析与比较承包商处于弱势的地位，或从属的地位。那么承包商的工作力度就要减小，谈判的战略就要有所不同。所谓工作力度大，从谈判战略上，就可以在采用建设型谈判的同时适当辅之以进攻型谈判，并适当提高谈判的期望值，减少退让和妥协的谈判空间。反之，如果工作力度小，就要适当降低谈判期望值，增加退让和妥协的谈判空间。

如果同承包商自身的工作力度一样，而唯一的垄断者总是处于优势地位。作为竞争者之一的总是处于较弱的地位，则在与其他竞争者进行谈判时，则要进行工作力度分析，弄清自己所处于的地位，地位不同，需要的谈判战略则不同。

**3. 时限**

在激烈的市场竞争中，谈判往往都会有时间的限制。不可能设想所有的谈判都会有自由的时限，只是时限限定的空间程度大小而已。如果时限宽裕，在战略上就容许仔细推敲，徐而图之。如果时限不足，在战略上就必然要求速战速决，果断决策。谈判时限的要求对高层领导人员更具有重要的意义和作用，因为他们的时间更宝贵，更有限。因此，谈判时限因素的影响往往并不取决于一般谈判成员的时间，而是取决于少数高层次的谈判领导者。谈判不仅耗资而且耗时，尤其是大型国际工程项目的谈判，往往困难，旷日持久。因此，在拟定谈判战略时，必须考虑时限的因素与安排。

## 5.3 谈判的战略决策与变换

### 5.3.1 谈判的战略决策

国际工程承包项目谈判的战略决策，要在充分考虑和综合分析上述各项因素，包括市场形势、战略方针、力度对比、项目重要程度等因素后确定。这样谈判者就会做到胸有全局，制订较明确的项目谈判的战略目标，从而选择谈判类型和谈判的时间。项目谈判的战略决策选择的内容、选择的时机与条件如表 5-2 所示。

**项目谈判的战略决策选择一览表** **表 5-2**

| 序号 | 选择的内容 | 选择的时机与条件 |
|---|---|---|
| 1 | 建设型谈判方式 | 1. 卖方（承包商）处于弱势地位<br>2. 适用于合同签订前 |
| 2 | 进攻型谈判方式 | 1. 卖方（承包商）处于强势地位<br>2. 适用于合同签订后 |
| 3 | 谈判的时间 | 1. 速战速决<br>2. 引而不发 |

在谈判类型的选择上，无论是买方或卖方，无论是处于优势或劣势，只要双方具有共同利益，均应以建设型谈判为主。但是在采用进攻型谈判时，务必注意不要滥用权力和地位，恃强凌弱，强迫对方作出过多的不合理的让步。否则，将会适得其反。其对手必然采用明、暗或通过其他渠道，或采用其他手段找回补偿或进行报复。然而，对于无情的或顽固的进攻型谈判者，就需要被迫进行适当的自卫和反击，不宜一味妥协或委曲求全，甚至卑躬屈膝而投降。

在谈判时间的选择上，如果形势明朗，承包商自身工作力度大，处于优势地位，通常可选择速战速决的方式。如果承包商自身处于弱势地位，那么两种方式都可采用，可以根据对手采用的方式来选取。如果形势不明朗，力度对比不明确，则应采用引而不发方式，克制自己，以便赢得更多的探讨和讨价还价的时间。两种方式，各有利弊。速战速决方式固然可以节约时间，但有时由于谈判双方缺乏足够的探讨和交流，会在谈判开始不久就导致争论、扯皮而拖延时间。引而不发方式固然需要较长时间，但有时由于有较充分的探讨和交流，却可以赢得较好的谈判效果，补偿时间损失当然也可根据不同谈判任务、不同谈判议题采用不同的时间决策方式。

### 5.3.2 谈判决策的变换

为了实现项目谈判的战略目标，所制订的指导谈判活动行为的主要战略决策，是要根据谈判阶段、谈判任务、谈判形势等的变化而有所变换的。其中：

**1. 谈判类型的变换**

本书各个章节均对建设型谈判与进攻型谈判做了一些阐述。在此，我们以建设型谈判为开局，由于战略决策的变换需要适当采用进攻型谈判为例。说明该谈判型式变换的程序。国际上许多谈判专家，对此有一个比较一致的特殊模式，其指导思想是：不仅对总的谈判目标和期望水平，而且对每项议程、每个问题都要做到“深藏不露”，也就是说，自身的“底牌”不要轻易泄露给对方。在此基础上，谈判程序是：

(1) 从小问题开始。进攻型谈判者的“给/得”哲学一般都是先“得”后“给”，但在此小问题上是例外，即例外的先“给”对方一点东西，目的在于创造一个良好的开端，“吸引”对方，在谈判双方之间建立“凝聚力”。用中国话讲：“先给点甜头尝尝”。

(2) 投石问路。期望对方有所“给”并试探对方能否有所给的问题。目的在于记录和研究对方的态度和想要得到的是什么及其行为准则，以便检查调整自身的谈判方案。

(3) 根据问题的重要性程度，按递减程序安排商谈。

(4) 按自身心中深藏很久的最终目标，以恰到好处地如愿以偿，结束谈判。

在考虑程序的同时，需要同时考虑在谈判中采用的策略和技巧，重要的是为了摸清对方想要获取的信息和要求。一旦摸清了就可列出：哪些问题不能妥协、让步，哪些问题可以逐步妥协和让步，哪些问题要对方作出妥协和让步。在此基础上，拟订和采用相应的策略和技巧，然后定出谈判的空间和限界，紧紧围绕在这个空间和限界的范围内开展谈判活动。

以上就是由于战略决策变换需要适当采用进攻型谈判时，可以参考使用的一种模式。

**2. 时间因素的变换**

如何利用时间因素的变换，是一个有经验的谈判者十分重要的战略问题。无论关于任何问题的谈判，都有以下两类时间因素要考虑，并进行有利的选择和变换。

(1) 时刻。即进行谈判的特定的合宜时刻。

(2) 时限。即取得谈判成功需要的适宜的时间限界，即谈判期限。

通常，人们对生活、工作的时刻和时限都有一定的认识。例如：上下班的时间、办公时间、营业时间、火车时刻表、飞机航班表等都是时刻和时限的体现，是迫使人们采取何种行为、行动的心理因素和条件。人们对时间的理解，导致对时间压力和时间的价值的认识，懂得了时间宝贵、时不再来的简单哲理。在国际工程承包项目的谈判活动中，谈判者正是需要针对人们在日常生活中的心理特点，充分利用时间因素的变换来获取谈判的成功。

在整个谈判过程中，既要根据问题的性质和掌握的对方的各种信息以及谈判双方工作力度的对比选择有利的谈判时刻，要确定和考虑好哪些问题先谈，哪些问题后谈，哪些问题需要暂时放一放。也要根据谈判形势的发展和需要，及时提出各种时限来增加谈判的力度，并防止谈判的消极拖延或是加快，速战速决；或是放慢，引而不发，从容不迫，拖而不决；或是设置最后期限，增加对方的心理压力，使对方感到时不再来，机不可失，迅速作出反应和决策。从心理效应上讲，人们往往用“时间到了”来比喻及时英明的决策时刻，但也可以用“时间是可以改变一切的”的哲理来比喻时限的有效拖延。当你要求别人让步时，你就必须给人留有一段时间来改变其旧有观念。这种对时间因素的辩证运用，正是一个谈判者战略决策变换的灵活运用。许多谈判的策略、技巧与谈判艺术，就是基于对这种时间因素的心理效应的考虑和灵活运用的。

**3. 关于谈判的策略**

国际工程承包项目谈判策略是为实现既定的谈判的战略任务而采取的手段，它服从于战略。因此，谈判策略和战略的关系，是反映全局和局部，长远利益和当前利益之间的辩证关系。谈判的战略任务必须通过策略的运用一步一步地去完成。战略和策略都可以随着形势变化、力度对比的变化而相应地变换。但是，战略在一定时间内有相对稳定性和确定性，而策略则在战略许可的范围内有着较大的灵活性和多样性。例如：总的战略决策是引而不发，但随着谈判形势的发展，对方心理特点的变化，可以利用时间因素的各种策略如拖延策略、规定最后期限策略等，也可同时运用别的策略如苛求策略、深藏不露策略、谋求折衷策略等等来实现谈判的战略目标。因此，作为一个成功的谈判者来说，既要有相对稳定和确定的战略，又要有在战略决策许可范围内的灵活和多样的策略。而谈判的技巧、艺术则是反映一个谈判者灵活运用策略的熟练技能。

在长期的国际工程承包项目的实践中，国际上许多谈判专家和学者积累了很多的谈判策略，也出版了一些专著。如美国谈判学会会长杰勒德·L·尼尔勒伯格所著《谈判的艺术》；英国学者比尔·斯秘特等所著《工程建设的谈判技巧》；美国律师查理·利普顿所著《跨国公司的谈判技巧》等。由于文化背景、思想意识、政策方针、理论原则、伦理道德等的不同，很难直接套用。作为我国国际工程承包企业在开展国际经济技术合作与国际工程承包业务中，则必须建立“守约、保质、薄利、重义”的工作方针和“平等互利、讲求实效、形式多样、共同发展”的四项原则，这是我国承包商运用谈判策略的根本出发点。同样，我国古代也有很多有关谈判谋略的名著，如《六韬》、《孙子兵法》、《鬼谷子》、《韩非子》、《厚黑学》等，可以借鉴。

# 第6章 国际工程承包项目谈判的语言表达与技巧

## 6.1 谈判语言表达的一般性技巧

在国际工程承包项目的谈判中，尽管双方来自不同的国家，语言不通，但是依然是通过翻译人员，运用口语，即人们的声音、语言来表达各自的立场、观点并相互沟通信息。因此，口头语言是谈判中不可缺少的构成载体和表达手段，口语表达能力的强弱即谈判口才的好坏，直接影响着谈判的效果。也就是说，良好的谈判口才能使谈判走向成功，并在谈判被动的情形下反败为胜；反之，不具备这种能力，只能导致谈判的失败，甚至还会使有利的形势转化为被动，致使谈判陷入僵局。因此，掌握谈判口才的表达技巧，在谈判中是至关重要的。

### 6.1.1 谈判中的倾听技巧

谈判离不开人与人之间的交谈，因此谈判的过程是一个语言交流的过程。在这个过程中，“听”与“说”构成了两个最主要的因素，它们在语言交流过程中紧密地交替进行，缺一不可，谈判者通过倾听，可以捕捉信息，及时了解和把握对方的立场观点，谈判者通过说，可以表达出自己的见解和态度。应该说，在谈判中，倾听是非常重要的，谈判者只有清楚地听清并了解对方的观点和立场的真实含义之后，才能准确地提出己方的方针政策。倾听不仅能帮助你去发现对方的需要，还能通过对方的语气、声调、措辞、表达方式上发掘出背后隐喻的含义。因此，谈判者要想取得成功，倾听是一个必不可少的重要条件。

古今中外，许多政治家、教育家、企业家、谈判家及学者都充分意识到倾听对自身带来的巨大益处，他们对于如何正确地倾听都有十分精辟的论述。日本松下电器公司创始人松下幸之助把自己的全部经营秘诀归结为：细心倾听，集思广益。艾科卡在其畅销书《艾科卡传》中说：“一位优秀的管理者应当明白需要听的至少与他需要说的一样多。……假如你要发动人们为你工作，你就一定要好好地听别人讲话。一家蹩脚的公司和一家高明的公司之间的区别就在于此。”美国谈判学家卡洛斯也说：“如果你想给对方一个你丝毫无损的让步，这很容易做到，你只要注意倾听他说话就成了。倾听是你能做的一个最省钱的让步。”英国谈判学家斯特还指出了“有效的倾听取决于积极的态度、谈判者的相互影响、集中精力、恰当的提问。”尼尔伯格更是明确指出倾听是发现对方需要的重要手段。法国作家安德烈·莫洛亚甚至说“多听少讲有利于统治国家。”等等。虽然论述的角度不同，但确实反映出能否有效地倾听是事业成败的重要因素。

**1. 倾听在谈判口才中的重要意义**

一般说来，谈判活动主要是一种口语交际活动，谈判口语表达能力的好坏有一半在于倾听的能力。据说，造物主之所以赋予人类两只耳朵一张嘴，就是希望人类多听少说。在谈判中，最聪明、最出色的谈判者往往不是讲话讲得最多的人，而是听得最认真、最仔细并能在紧要关头发表几句最精辟议论的人。由此可见，倾听在谈判口才中有着重要意义。具体主要表现在以下几个方面：

（1）倾听是谈判中语言交流链条的重要一环。

谈判是一个语言交流的过程，所谓“谈”就是指谈判一方通过谈话表达出自己想法，而“判”则是谈判的另一方通过倾听对方谈话的内容，判断出对方的意图，从而快速反应出自己的应对措施，发表出自己的观点。这是一个倾听过程所要完成的内容。可见在谈判中光会说，不会听是无法完成谈判活动的整个全过程的，两者在交流中缺一不可。

从生理上说，有所谓“先聋后哑”之说，即小孩如果先天失聪，他就无法在“听”中学会大人的发音吐字，长大后就必然是个哑巴，尽管他的口腔系统并无毛病。

从对话过程说，交谈也好，论辩也好，商讨也好，说话与听话是紧密地交替进行的，如果对方的话你听不懂，或者没有听清楚，交流的链条就会中断，整个口语交际就无法进行下去。

从交际者充当的角色来说，无论交际双方是充当信息发出者还是接受者，或者交际的一方只是充当被动的接受者（如听报告等），或者交际过程中的位置、角色的互换（先是甲方听，乙方说；后为乙方听，甲方说），这几种情况中的角色都离不开“听”。可见“听”在口语交际中与“说”占有同等重要的地位。听话能力强，就有时间组织“答话”，答的话也就中肯而有力量；说话能力强，当然相应的听话能力也就强。在外语口试中，受试者感到较为困难的往往是听力差，听的能力跟不上，这样，整个口语水平也就比较低。

（2）倾听是获取信息的重要手段。

人非生而知之。人的知识是后大获得的。获取知识的渠道很多，通过社会实践，可以获得经验；通过识字读书，也可以获得知识。但通过听讲则是日常获得信息、增长知识的重要途径与方式。人们常说“耳聪目明”，耳聪就是指听觉发达；听觉发达，获得知识就便利而且迅速。古人云：“听君一席话，胜读十年书”，也反映出通过倾听能获取大量的信息。俗话还说“眼观六路，耳听八方”，就是这个道理。学生在十几年的求学过程中，首先是每天都在课堂上“听”课，由教师传授知识，其次才是看课本，复习讲课的内容。可见，倾听是获得信息和知识的重要渠道。

在当今的信息时代，“信息是战略资源，是生产力，是竞争力，是取得经济成就的关键性因素”。因此，现代社会组织和个人必须把信息的收集放在工作首位。有人曾这样说过，“会听”的人能获得有价值的信息，并将这信息变为生财之源，这话很有道理。

（3）倾听能够调适人际关系，缓和矛盾冲突。

美国现代心理学家马斯洛认为，获得“尊重”的需要是人的七种基本需要的一种，而在口语交际中认真虚心听取对方的讲话就是给对方这一心理需要的一种满足。所以强调要倾听各种意见——不管你同意的还是不同意的，愿意听还是不愿意听的，想听下去的还是要急于走开的，在表面上都要好好听，不让对方扫兴。找你说话的人，或者是有事要让你知道，要同你商量，或者是让你听后发表看法，或者是找你宣泄，要你用听来帮他排解，或者是让你分享他的成功和喜悦，总之，都是“有所为”而来的。如果你冷淡他，拒绝他，不礼貌地走开，或者听一两句就贸然打断，这会给对方一种心理上的挫伤。如果你懂得对方的来意和“说话之意”，又懂得听的意义，你就会认真地听，使对方感到极大的满足，调适彼此之间的关系。

**2. 妨碍倾听的一些主要因素**

倾听是语言交流中的一个重要因素，但在实际生活中要真正做到倾听，说起来容易，做起来却很难了。到底是什么原因妨碍人们倾听呢？国内外许多学者对此进行了一些专门的研究和论述。概括起来，大致有以下几种因素：

(1) 外界环境影响

外界环境的干扰会造成听力障碍。谈判环境是千差万别的，由于环境的干扰，常常会使人们的注意力分散，从而造成听力效果障碍。例如：天气突然变化而电闪雷鸣，通信器材失真，外来者打岔，修建房屋的噪声、交通工具的噪声等等，都会扰乱谈判中倾听者的注意力。这种干扰既不是谈话者的责任，也不是听话者的责任，但却给听方设置了障碍，影响了倾听的效果。

(2) 倾听者自身素质影响

由于倾听者受文化知识、语言水平等因素的限制，特别是受专业知识与外语水平的限制，而听不懂对方讲话内容。因为谈判，总是针对某一具体业务而言的，毫无疑问地会涉及大量的专业知识。因此，如果谈判人员对专业知识掌握有限，一旦谈判中涉及这方面知识，就会造成由于知识水平的限制而形成的倾听障碍。特别是对于国际商务谈判，由于语言上的差别，也会造成倾听障碍。因为我国翻译人员往往是从外语学院毕业，对某些业务知识掌握得不够全面，一旦需要对某些技术含量较高的业务进行全过程翻译时，就很容易出现对某些精微细小的环节一带而过，或者是只译个大概意思。实际上，正是这些细小环节，有时又恰恰是理解对方讲话的内容、把握对方立场和观点的关键。另外，由于语言的一词多义现象在英语中十分常见，这也会给翻译人员带来困惑，从而成为听力障碍。

(3) 受思维能力和思维定势影响

人与人之间客观上存在思维方式的不同，如果一方的思维属于收敛型，而另一方的思维属于发散型，那么由于收敛型的思维速度较慢，发散型的思维速度较快，双方很难做到听与说的一致，这样就造成了少听或漏听。

另外，受思维定势的影响，有的人不管别人讲什么，他都会立即与自己的经验套在一起，用自己的方式去理解。这种人有严重的思维障碍，当他急于想了解某种情况时，常常听不懂别人稍微复杂一点的解释。比如你谈到年轻人易冲动，他立刻说：“是的，现在年轻人就是爱蹦来蹦去，没有规矩”。你说到异性交往，他马上说：“真不正经。”你说到国家的法令法规不能违背，他却说他可以说服别人。这样受思维定势的影响，倾听者很难从自己的框框中跳出来，正确倾听和理解说话人的意图，只能曲解别人说话的含义，使谈话误入歧途。

(4) 倾听者只注意与己方有关的讲话内容影响

谈判时，人的大脑处于高度紧张状态，很容易出现只考虑自己头脑中的问题，而不顾对方的全部讲话内容。从心理学角度来看，人与人之间进行沟通和信息传递最密切的心理过程之一就是“注意”。在谈判中，注意就是指对信息的注意。人们总是自然而然地只对与自己有关系的事情才加以注意，或者是在对方刚开始讲话时还能十分注意听，可过一会儿，注意力就转移到与自己有关问题的思路中去了。而对其他方面的内容却无心领会，这就形成了听的一种障碍。

（5）受倾听者的注意力结构影响

一般说来，人们在交谈时，其注意力是有内在规律可循的。谈判之初，倾听者精力十分充沛、旺盛，但维持的时间很短，约占整个时间的8.3%～13.3%。随着谈判时间拖长，听者开始疲劳，精力和注意力就会分散下降，这个时间段较长，约占整个时间的77.3%。等到谈判达成协议时，就又出现精力充沛的回潮期，但持续时间也很短，约占整个时间的3.7%～8.7%。研究者曾做过实验表明：绝大多数听话者只能记住不到百分之五十的讲话内容，而只有三分之一的谈话内容按原意被听取了，还有三分之一谈话内容是被曲解地听取，另外三分之一却丝毫没听进去，并且不同的人对于已听取的三分之一的理解也各不相同。因此，倾听者倾听内容的多少受注意力结构影响很大。

由于上述种种因素，造成我们在倾听时不能完全正确地充分理解谈话内容，从而影响谈话的内容和谈话质量。

**3. 谈判口才中的倾听技巧**

在谈判中，要想提高倾听的效果，必须注意掌握以下倾听的技巧：

（1）倾听时要有“恒心”

谈判时，谈判人员要聚精会神、专心致志地倾听对方的谈话，这是倾听技巧中最基本的也是最重要的。倾听时应避免心不在焉，即使是自己已经掌握或熟知的谈话内容，也不能充耳不闻或分散注意力，以防止错过一个重要信息的传递，因而导致错误理解谈话内容和其中隐含的意义。

（2）倾听时要“恭听”

在倾听时要以积极主动的态度去倾听，而不是消极的、被动的态度。在倾听时要积极与说话者配合，充分表达对对方发言的尊重、关注和兴趣，要做到全神贯注地认真听，双眼注视着谈话者，主动地与谈话者进行目光接触交流，必要时应以适当的神情和动作来表示你的专注和反馈。比如：赞同时点点头，否定时摇摇头或微微一笑，不解地皱皱眉头等等。以积极主动的态度去倾听，会增加成功的可能性。切忌漫不经心显出不耐烦的样子，更不要急不可耐地想打断对方的谈话，也不要“思想”开小差，不住地伸懒腰或看手表。

（3）倾听时要有耐心

在谈判过程中，谈判者在倾听对方谈话时要反映冷静，要学会控制自己的情绪，要有耐心不能过于激动。当对方的谈话令人不解或难以接受时，万万不可塞住耳朵，表示出拒绝的态度，也不能中途急不可耐地打断对方的谈话表述自己的想法，而应该耐心地倾听对方把话讲完。只有这样，才能使谈判顺利进行。作为一名谈判者，应该养成耐心倾听对方讲话的习惯，这也是谈判者良好的个人修养的标志。

（4）倾听时一定要注意“多听”

倾听的一个要领就是“多听”，这是谈判者所必须具备的一种修养。富兰克林曾说过，与人交往取得成功的重要秘诀是多听，永远不要不懂装懂。多听不仅是尊重对手的具体体现，而且是了解对手、获取信息、发掘事实真相、探索对方动机与意见的重要和必要的积极手段，是谈判中“攻”与“守”的重要基础和前提。有人说过，多听，是一种只有好处而没有坏处的让步，而这个让步给你带来的一定要比你付出的还要多。下面就有这样一个典型的例子：

有一次，日本一家公司与美国一家公司进行一场工程项目采购谈判。谈判伊始，美方代表便滔滔不绝地向日本方面介绍情况，而日方代表则一言不发，认真倾听，埋头记录。当美方代表讲完后，征求日方代表的意见，日方代表却迷惘地表示“听不明白”，只要求“回去研究一下”。几个星期后，日方出现在第二轮谈判桌前的已是全新的阵容，由于他们声称“不了解情况”，美方代表只好重复说明了一次，日方代表仍然以“还不明白”为理由使谈判不得不又暂告休会。到了第三轮谈判，日方代表团再次易将换兵并故伎重演，只告诉对方：回去后一旦有结果便会立即通知美方。半年多过去了，正当美国代表团因得不到日方任何回音而烦躁不安、破口大骂日方没有诚意时，日本突然派了一个由董事长亲率的代表团飞抵美国，在美国人毫无准备的情况下要求立即谈判，并抛出最后方案，以迅雷不及掩耳之势，催逼美国人讨论全部细节。措手不及的美方代表终于不得不同日本人达成了一次明显有利于日方的协议。事情过后，美方首席代表无限感慨地说：“这次谈判，是日本在取得偷袭珍珠港之后的又一重大胜利!”

这个案例告诉我们：在谈判中采用多听少说的策略，对于洞悉对手实力，有的放矢地制定扬己之长、攻敌之短的决策具有多么重要的作用。正如维克多·金姆在《大胆下注》一书中所说的：“你应该少说为妙。我确信，如果你说得愈少，而对方说得愈多，那么你在谈判中，就愈容易成功。”

（5）倾听时要学会“善听”

谈判时，要提高倾听的质量，就要学会“善听”。

善听的主观标准是“三到”：即耳到、眼到、脑到。这是追求“全方位”综合效应的“听”，也就是除运用耳朵这种听觉器官去听以外，还要用自己的眼睛去观察对手的神态举止，并运用自己的脑子去记忆对手谈到的有关信息，从中分析出其谈话内容背后的原发构想、意向动机、方针策略、需求及顾虑等等。

善听的客观标准，又表现在如下几方面：

首先是由点及面，亦即要“听全”。要力求把包括数字、细节等一切内容都听进去，千万不要因某些主观上认为不重要的东西而漏听。做到这一点绝非易事。一位研究“听话”的专家拉夫·尼可拉斯说：一般人在听过别人说话之后，不论他曾如何下决心注意听，也只能记得听到的一半。因此，除了尽量听全外，还应辅之以必要的笔记。

其次是由表及里，亦即要“听透”。就是在听完一个片段之后，要善于马上将对方意见加以归纳，理清头绪，把握中心，吃透观点，捕捉意图，找出破绽，甚至听出其中的“弦外之音”。

三是由言及色，即不仅要“听其言”，还要“察其色”。因为人们的言辞与举止神态是有内在联系的，如谈判者的脸红、面部肌肉紧张、烦躁不安、过分专注、强笑、凝视，都在一定程度上反映出内心的紧张情绪；眨眼过于频繁，常与内疚或恐慌的情感有关；不自然的咳嗽，往往被用于掩盖谎言；说话有板有眼却又配上个毫无表情的扑克脸孔，多是城府很深，必须慎重应付的对手……当然，我们难以像山道尔·费尔德曼博士那样，可以分解出五十余种举止与无言的表情，但我们应当努力去学习在倾听中“察言观色”，以尽量充分搜集和利用这些无言的信息，这将有助于我们的分析与决策。

（6）倾听时一定要有“信心”

在谈判中，往往会遇到一些自己难以应付的问题，如政治、技术、经济等等问题，有些问题可能会令谈判人员回答不上来，但在这时切记不能采取回避的方式，充耳不闻，这恰恰会暴露自己的弱点。因此在遇到这种情况时要有信心，不慌，不乱，有勇气去迎接对方提出的每一个问题，只要用心领会对方提出的每个问题的真实用意，就能够找到解决难题的答案。

总之，把握倾听的技巧，在谈判桌上是大有用处的。在谈判中，先发制人，摆出咄咄逼人的姿态侃侃而谈，往往不是最后的胜利者。而善于倾听，善于发现对方的弱点，从而找到适应对方的内容和策略，后发制人往往更为有效，最终将成为谈判的成功者。

### 6.1.2 谈判中的提问技巧

有人说："问是个法宝。它是深化的阶梯、长进的桥梁、触发的引信、觉悟的契机。"这是说提问，有着极为重要的作用。提问是谈判中经常运用的语言表达方法，恰当的提问往往能引导谈判者寻找很多机会，并打破僵局，使谈判走向成功。愚蠢的提问有时误导对手，不利于谈判的正常进行。因此，提问在谈判中具有极其重要的作用。

**1. 提问在谈判口才中的重要作用**

首先，通过提问，可以获取信息。

谈判中，双方需要了解对方的实力、要求，掌握各种有关的信息和背景资料。当谈判者对对方的情况不完全了解和对自己掌握的情况要求证实时，可以直接采用提问的方式，获取自己想要得到的信息。

其次，通过提问，可以增进沟通，活跃气氛。

谈判是一个双方沟通的过程，为了避免沟通时出现障碍，保证顺畅、融洽，不妨在谈判中运用提问，即带有征求询问性质的提问来表达自己的要求。因为问话包含着征求询问的性质，是表示尊重对方的意思，最能博取对方的好感。所以说，"你能不能把文件给我看一下?"或"你看这样办好不好?"永远比"你把文件给我看一下!"和"我想这样办。"更能打动人。

双方沟通实际上就是思想交流，而交流是双方面的，必须双方共同努力。

在谈判活动中，经常会出现各执己见，互不相让的情况，双方都反复强调自己一方的利益，而对对方的需求则置若罔闻。在这种情景下，虽然双方都在发表意见，但实质上是没有交流的，很容易使谈判陷入僵局。谈判专家建议：在这种时候，可以实行一种"特许提问"的谈判步骤，即事先规定好让双方轮流发表自己的观点或方案，但在任何一方发言时，另一方不得提出反对意见，只能用提问的方式"澄清事实"。比如："你这句话的意思是不是说……"以便正确理解对方的想法。

这样一来，尽管双方的观点和看法已经引起了争议，但他们仍有机会保障充分阐明和重述自己观点的权利，而不至于在尚未把道理讲清楚前，就因对方不同意而陷于僵局。提问可以促使双方彼此充分理解，搞清分歧的关键，并使之不再进一步扩大，进而找出绕过分歧继续谈判的办法来。

也有些时候，谈判会出现"一边倒"的情况，一方滔滔不绝，另一方默默倾听，一言不发，这种情形当然谈不上交流了。要想让沉默的一方开口，就要向他发问，启开他的话匣，引导对方用语言表达自己的想法："你看，我刚才说的这些，对吗？你有什么补充吗？""你同意我这么说吗"或者"你一言不发，说明你不反对我的意见喽？"这样，给对方讲话提供环境，促进双方的交流。

第三，通过提问，能引导谈话的方向，控制谈判的进程。提问，在对话中处于主动地位，它是引起话题的动因，它能够决定和引导着谈话的方向，控制着谈判的进程。谈判中可以通过巧问引出话题，或转移话题，使谈判向着有利于自己的方向发展。当谈判气氛渐趋紧张，大脑有运转不过来的感觉时，提问可以放慢谈判速度，给你以喘息的机会，让你重新组织思路，发动新的攻势。

提问者选用适当的词语、句式，对对方答什么，怎么答都应该胸中有数，使听话者始终处于自己的控制之下，使谈判进程顺利地按照自己的意图发展。

由此可以看出，提问是谈判中掌握主动的重要手段，要想获得谈判的成功，必须学会和掌握提问的技巧。

**2. 谈判中的种种提问方式**

谈判中要做到巧妙地提问，必须根据实际情况选择正确的提问方式。发问的方式常见的有如下几种：

（1）一般性提问

这是一种没有特定限制的开放性提问，只要求对方就有关议题表述意见。比如问："贵公司对本公司的产品质量有什么看法？""请问贵方需要我厂提供哪些售后服务？"

当我们在谈判中需要对方就某些问题畅所欲言时，可运用这种方式。

（2）选择性提问

这是把自己所能提供给对方考虑的几种可能性列举出来，让对方在这些所控制的范围内根据自己的意愿，自主地作出选择性的答复。由于它能表达出对对方的尊重，所以有助于形成一个平等、友好的交谈氛围。比如问："贵方是愿意支付现金，享受优惠价格。还是乐于按现有价格成交，而实行分期付款？"

选择式提问也可规定对方在一定范围内选择回答，甚至以己方的意志强加给对方。但要注意运用得当，特别是语调温柔、措辞得体，以免引起对方反感和出现僵局。例如：

"只有明天可以，您说上午，还是下午？""原定的协议，你们是明天，还是后天实施？"

（3）澄清式提问

也称作直接式提问。首先通过己方的提问，使对方作出直截了当的明确回答。其好处在于方向明确、直来直去、节省时间。这种方式一般用于需要确切地知道与对方有关的某些情况或想法，而对方又有义务与责任提供的。例如：

"请说明理由，好吗？""请问你们为什么要更改施工计划？"

如果对方没有回答的责任，而问题又属于对方比较敏感或忌讳的话题，双方关系又并不密切，那么一般不宜以这种直接的方式提问，以免引起对方反感。

另外，在带有辩论和对抗性的谈判中，也可通过直接提问来一针见血地揭示矛盾，以咄咄逼人的气势来争取主动。例如："您刚才说对这宗交易您可作出决定，这是不是说您拥有谈判的全权？""您刚才说情况没有变动，是不是说你们可以如期履约？"

澄清式问句可以确保谈判各方在"同一语言"的基础上进行沟通，而且是针对对方话语进行反馈的一种方式。

(4) 肯定否定性提问

这种提问是在特定的范围内要求对方作出肯定或否定的答复，它具有一定的可控制性。比如问："我方如保证按时交货，在价格上是否可以有所优惠?""贵公司对这些商品的款式有没有兴趣?"

这种提问，目的明确、答案也简明，只要求对方答"是"或"不是"、"有"或"没有"。一般用于我方的某些观点或方案需要对方明确表态之时。

(5) 间接式提问

指间接地借助第三者的意见来影响或改变对方态度的问句。例如："×××先生对你们能否如期履约不是很关注吗?""×××不是希望我们的谈判成功吗?"

采取这种提问方式，应当注意第三者不仅是对方所熟悉，而且也是对方尊重的人，因而会产生很大的影响力。如果不是，那么很可能引起对方的反感。所以，这一提问方式要慎重使用。

(6) 延伸性提问

这是针对对方的某些表态，通过发问进一步深入探索，以求获得更多信息，巩固并扩大谈判成果的提问方式。比如问：

"贵方已表示如果我方承销三千吨货物的话，可按定价的20%的折扣批货；如果我方答应承销五千吨，是否可以按更大的折扣批货?"

(7) 探索式提问

是旨在与对方探索新问题、新方法的提问方式。例如："假如采用这个新方案，你们认为怎么样?""根据以上讨论的结果，我们能不能找出一个更子的解决办法?"

探索式提问也可以针对对方的答复、要求引申和说明。例如："您说对所有承销商都一律给予5%的折扣，那么能否说明一下，您为什么不对销售量较大的承销商，给予更大的折扣以作为鼓励?"

探索式问句，有助于更充分地发掘信息，也有利于启示提问者对对方答复的重视。

(8) 证实性提问

这是要求对方对问题与观点作出进一步具体的说明与解释。例如问："你刚才说这宗交易可以尽快交货，这是不是说可以在6月1日以前交货?"

这种发问方式一般用于己方需要对方，就某一意见或先前所述的事实作出更加明确、具体的证实与确认，以使谈判在某方面获得共识的可靠的结论。

(9) 多种式提问

或称多层次提问，在一个问句中包含了多种主题。例如："那里的水、电力、运输和资源的情况怎么样?""请您把这个协议产生的背景、履约情况、违约责任以及双方的态度谈一谈?"

这类问句，由于包含多个主题而使对方难以全部把握。不少心理学家认为：一个问题最好含一个主题，最多不超过两个主题，这样才能使对方有效地掌握。

(10) 诱导式提问

这种提问方式旨在开渠引水，具有强烈暗示性，使对方在思考与回答和己方所言事理或有类比关系的其他事理的同时，受到启发，从而理解与赞同己方的观点。例如："我方的工程报价利润很少，如果不按工程进度付款，我方就难以成交，贵方是否可考虑我方提出的要求？”“违约是要承担责任、受到惩罚，您说是不是？”

这类问句几乎使对方毫无选择余地，而按发问者所设计的内容作答。

总之，掌握以上种种提问的技巧和方法，针对不同的谈判需要，恰当巧妙地发问，会给谈判的成功带来意想不到的效果。

**3. 谈判中提问应注意的事项**

（1）选择正确的提问方式

谈判者应按照实际需要，并针对对手的不同情况，在上述各种不同的提问方式中，选择相应的方式来发问，以期更有效地达到目的和获得相应的效果。

为了获得良好的提问效果，在进行提问时，还应特别注意以下几个问题：

1）不可使用盘问、威胁、讽刺和审问式的问句。谈判是一个平等互利地协商问题的过程。采取盘问、威胁、审问的提问方式，只会导致对方的反感，破坏谈判的气氛。

2）不要提带有敌意的问题。不应当抱着敌对心理进行谈判，尽量避免那些可能刺激对方产生敌意的问题。

3）不要抢着提问。应当等待对方表述完毕后再提问，这是礼让的基本要求，而且也有助于全面理解对方的意图，以便更恰当和准确地提出问题。

4）不要直接提出指责对方信誉的问题。这不仅会使对方感到不快，且会影响彼此间的真诚合作。

5）提问题的态度应诚恳。这会使对方乐于回答，也有利于谈判者彼此感情上的沟通。

6）不要为了表现自己而提问题。这也会引起对方的反感，故意卖弄往往会弄巧成拙，被人藐视。

7）不要重复和连续地提问。这会导致对方厌倦、乏味而不愿回答，即使回答也会马马虎虎，甚至答非所问。

8）对方一时不愿回答的问题不要强问，以示对他人的尊重。

此外，还应当注意提问的句式应尽量短一些，让对方的回答长一些。如果提问的话比回答的话还长，那么这种提问便是失败的。

（2）抓住提问的有利时机

要注意选择发问的时机，因为在不同的时间，由于谈判进展的情况不同，对方的心境不同，如果不讲究提问的时机，常常会事与愿违。所以提问时，要纵观谈判现场的气氛和对方的心境，当对方感到形势有利，踌躇满志之时，往往是提问的较佳时机。当然，由于谈判过程的不同需要，应抓住相应的时机采取相应的提问方式。什么时候该让对方畅所欲言，什么时候该要对方适当让步，什么时候该让对方明确表态，什么时候该使对方作出某方面的明确敲定，什么时候该扩大战果……都必须因情制宜，抓住有利战机，选准正确方式，及时施问。新闻记者是提问的职业工作者。他们有时以提问来诱导对方说话的手段真是高明之极。意大利著名女记者奥里尔娜·法拉奇有一次为了获得关于中美外交的最新消息前去采访基辛格，她问：“博士，你简直变得比总统的名气还大，你的窍门是什么？”基辛格不想回答，却反问法拉奇：“你认为呢？”法拉奇说：“我可不清楚，我正想通过这次采访找到其中的奥妙——我的意思是说，就像一个高明棋手，你走了几步绝招。”这一问顿时使基辛格满面春风，得意扬扬，却不料滔滔不绝地透露了不少中美外交中的秘密。见报后，连基辛格也不明白怎么会透露了这么多内幕。此记者正是抓住基辛格反问的有利时机又高明地把问题推回给对方，使对方在不知不觉中回答了她的提问，达到了自己的目的。

（3）讲求提问的应变策略

谈判过程中，情况千变万化。虽然双方一般都有备而来，也会出现“不测风云”，所以要保持清醒头脑，眼观六路、耳听八方，运筹帷幄，精思巧问，以增强提问的效果，加速谈判的成功。

例如：有这样一件趣事，一名教士问他的上司：“我在祈祷时可以抽烟吗?”这个请求遭到了上司的一顿呵斥。而另外一名教士也去问这位上司：“我在抽烟的时候也可以祈祷吗?”结果上司却允准说：“祈祷是随时随地都可以进行的。”可见提问的策略和表述方式是多么重要，它往往能驾驭谈判的进展。因此，应随时随地把握全局，捕捉机会，因情巧问。

又比如：有时为了求得对方的答复，不妨以“内精外傻”的方式，提一些大智若愚的问题。对对方企图或正在回避的问题，要看情况需要，或则直言追问，抓住不放。或迂回诱问，暗度陈仓。假如对方回答不完整，或“顾左右而言他”时，也可以耐心而缓和地追问，使对方陷于被动而不得不有所让步。当需要知道对方立场是否前后一致时，可用各种方式反复问一个问题。如前后一致，说明准备充分、考虑成熟。否则，就说明考虑不周，这正是我方争取主动权的好机会和突破口。发问之后，要适当保持一段时间的沉默，以造成对方心理上的压力，千万不要在对方未作答时又提第二个问题，或说出己方的意见。

**4. 谈判中巧问的制约因素**

（1）自卑心理

我们怕被人认为提出的问题可笑，怕被人认为观察力太差，怕提出的问题令人窘迫而影响关系和友谊，怕显露自己的无知等等，于是往往会觉得少问为佳甚至不问。实际上在谈判中这种情况往往令人扫兴。没有信息的反馈的谈话是难以持续的。对方在陈述完后，你却没有反应，或面无表情，或低头不语，或面红出汗，对方很可能自觉冒失、幼稚或不投机，严重时甚至使谈判冷场、中止。

（2）强烈表现欲

有些人为了在谈判中获得别人的尊重，喜欢显露自己的各种优势。他们对于对方的问题不想关心，自己只想说而不愿意听，故而谈话的主题总是以“自我表现”为中心，这样往往会使对方产生反感，出现敌对情绪。

（3）缺乏充分准备

有些人对于在谈判中应了解什么问题，应怎样表达，有哪些关键问题，事先没有充分的准备，尤其是在激烈辩论时，往往把重要的问题遗忘了，使谈判中没有主次，难以抓住解决问题的关键，令谈判出现尴尬的局面，有时会给对方以可乘之机，使己方在谈判中丧失主动地位。

（4）没有目的性

有的人提问常常与谈判的目的缺少联系，或漫天提问，或纠缠细节，对于不够完整的答案缺乏继续追问的毅力。

（5）不善于将问题与人恰当分开

低水平的谈判者常常把问题与对方的个人纠缠在一起，当遇到困难时，他提出的问题往往偏离讨论的轨道，而带有强烈的对对方人格的攻击色彩。

（6）未理解问题的实质

这种情况下谈判者提出的问题由于与原问题相去甚远，往往令对方无从回答，甚至显得滑稽可笑。这在谈判者注意力分散或调换人员的时候最易出现。

（7）面子观念的影响

因双方现存关系或自身的面子观念的作用而难以提出好问题。人格心理学家的研究表明：人们对待某一事物的面子观念越重，提问就越偏离事物的核心，而提问的暗示性就越强。拿最简单的例子来说，有个人借给他的好朋友一笔钱，而他这位好朋友恰巧又忘记了还钱。这时这个人（作为谈判者）若要向其好朋友谈及还钱的问题，他就很可能陷入面子的苦恼之中。有时则因为第三方在场调停时，谈判者会看在第三方的面子上而不再提问刁难对方。

（8）外行

比如谈判者在对非本专业问题进行讨论时，往往提不出好问题。

### 6.1.3　谈判中的应答技巧

谈判中既然有提问，就必须有应答，两者是紧密相连的。提问的不好，不利于谈判的进行；应答的不当，同样也会使自己一方陷入被动的局面。

通常在谈判中，同样的问题会有不同的应答，而不同的应答往往又会产生不同的谈判效果。有时对方会故意提出一些较难回答的尖刻问题，目的是想把对手问倒，这时，如果是一位较为出色的谈判者，就会用一个巧妙的应答，使自己逢凶化吉，由被动变为主动。

谈判中的应答，是一个证明、解释、发表自己观点的过程，从某种意义上说，你的应答是对对方的一种承诺，因而你对自己回答的每一句话都要负有责任，应答提问时，不能口无遮拦，信口开河，应把握分寸，该说什么，不该说什么，应该怎么说都必须恰到好处。

**1. 应答应注意的事项**

谈判中的应答有其自身的特点，它不同于学术研究或知识考试中的回答，一般不以正确与否来论之。其要诀应该是：基于谈判效果的需要，准确把握住该说什么，不该说什么，以及应该怎样说，为此，我们必须注意以下几点：

（1）应答要有充足的时间准备

谈判中所提的问题，不同于一般的普通问话，因此，回答问题前必须谨慎从事，对问题进行认真的思考，才能作出应答。要做到这一点，就需要充分的思考时间。

有人喜欢将生活中的习惯带到谈判桌上去，即对方提问的声音刚落，这边就急着马上回答问题，这种做法很不讲究。其实，在谈判过程中，绝不是回答问题的速度越快越好，因为它与竞争抢答是性质截然不同的两回事。

一般情况下，谈判者对问题答复得好坏与思考时间成正比。正因为如此，有些提问者会不断地催问，迫使你对问题在没有进行充分的思考的情况下仓促作答。这种情况下，作为答复者更要沉着，你不必顾忌谈判对手的催问，而是转告对方你必须进行认真地思考因而需要时间。

人通常有这样心理，如果对方问话与己方回答之间所空的时间很长，就会让对方感觉我们对此问题欠准备，或以为我们几乎被问住了；如果回答得很迅速，就显示出我们已有充分的准备，也显示了我方的实力。其实不然，谈判经验告诉我们，在对方提出问题之后，我们可通过喝一口茶，或调整一下自己的坐姿和椅子，或整理一下桌子上的资料文件，或翻一翻笔记本等动作来延缓时间，考虑一下对方的问题。这样做既显得很自然、得体，又可以让对方看得见，从而减轻和消除对方的上述心理感觉。

(2) 应答应把握对方提问的目的和动机

谈判者在谈判桌上提出问题的目的往往是多样的，动机也往往是复杂的。如果我们没有深思熟虑，弄清对方的动机，就按照常规来作出回答，往往效果不佳。如果我们经过周密思考，准确判断对方的用意，便可作出一个独辟蹊径的、高水准的回答。

比如：人们常常用这样一个实例来说明，建立在准确地把握对方提问动机和目的基础上的回答，总是精而绝妙的。艾伦·金斯伯格是美国著名的诗人，一次在宴会上，他向中国作家提出一个怪迷，并请中国作家回答。这怪谜是："把一只五斤重的鸡装进一个只能装一斤水的瓶子里，用什么方法把它拿出来?"中国作家回答道："您怎么装进去的，我就会怎么拿出来，您凭嘴一说就把鸡装进了瓶子，那么我就用语言这个工具再把鸡拿出来。"此可谓是绝妙回答的典范。谈判人员如果能在谈判桌上发挥这种水平，就是比较出色的谈判人员。

(3) 应答时把握回答问题的分寸

谈判桌上，对方可能提出的问题很多，谈判者有义务回答问题，但并不是所有的问题都非要作出应答。

在谈判中，对方提出问题或是想了解我方的观点、立场和态度，或是想确认某些事情。对此，我们应视情况而定。对于应该让对方了解，或者需要表明我方态度的问题，要认真回答；而对于那些可能会或有损己方形象，或泄密，或近于无聊的问题，谈判者也不必为难，有礼貌地加以拒绝即可。当然，用外交活动中的"无可奉告"一语来拒绝，也是回答这类问题的好办法。

同时，我们也可以针对对方提出的问题缩小范围，并加以限制修饰来回答；对一些模棱两可或旁敲侧击的提问我们应弄清对方的用意，不轻易作答。在回答问题时注意给自己保留余地，不能过早地暴露自己的实力。此外回答问题时要特别注意不能让对方抓住你的漏洞，否则他就会刨根问底地追问下去。

**2. 谈判中的应答技巧**

谈判中同样的问题，会有不同的应答，不同的回答能产生不同的效果。有时，对方会故意提出一些尖刻的问题，旨在把对手问倒。这时的一个绝好的应答，往往会有逢凶化吉、妙手回春之效。因此，掌握一些应答技巧是十分必要的。下面介绍一些应答技法以供参考。

(1) 正面直接应答。

在谈判中己方的某些信息是对方必须了解的，如果对方的提问是为了获得这些必不可少的信息，答话者可以采用此法，忠实地按问题实质作出答复，问什么答什么，直截了当，清楚明确，以保证双方的正常沟通。

例如，问：你们公司今年上半年的效益如何？答：很好。上半年完成全年计划产量的60%，人均创产值 12000 元，比去年同期增长了 10%，上缴利税 3200 万元，创历史同期最高记录。这种回答，是友好、坦诚、直率的。

此外，在正面直接应答时需要注意的是应答时说话要适度，该说的说，不该说的不说，既不可凡话留三分，闪烁其词，给正常的信息交流制造障碍；也不可过于坦白，本来只需局部应答，却全盘托出，不加保留，让对方摸清底牌。

（2）分项应答

所谓分项应答是指提问具有包容性，不作“是”与“否”的笼统回答，而是听清话意，分解一问为几问，分别给以正确的回答。

分项应答这种口语技巧要运用好，首先要会听，听清对方话语的意图，警惕自己不可倾势而应。其次，要分解对方的问题，它的问题一般都有两层以上的含义，分解好了，即可以逐一应答。分项应答之妙还在于把对方提出的问题中存在的挑衅成分都给否定掉，这是最有力的。

（3）反诘应答

所谓反诘应答是按照发问者的提问话题，反口诘问，以提问的方式作为对对方提问的回答。这是回答的一种常用手法。这种手法可以争取主动，还可回避难题。

（4）变通应答

变通应答，是指既不回避对方语言表面上的问题，以示礼貌，又不回答对方实质性问题，以免自己陷入困境。

（5）不确切应答

当答问者处于某种特殊语言环境中，既不能作否定式回答，又不愿作肯定式回答，更不能不予以回答时，便可采用不着边际式回答进行搪塞。

（6）狙击式应答

谈判者的主动权被对方抢夺，自己处于极为不利的被动地位时，要争取通过回答问题迅速易位，变被动为主动，以免对方步步逼近，使自己处于前有追兵，后无退路的困难境地。这种方法是用于对进攻型提问的反击。例如：

美前总统卡特竞选时，有位女记者找到了卡特的母亲，下面是女记者和卡特母亲之间的问答。

女记者问：“您儿子向选民们说，他如果说谎话，大家就不要投他的票，您敢说卡特从来没说过谎吗？”

卡特母亲说：“也许我儿子说过谎，但都是善意的。”

女记者问：“什么是善意的谎话？”

卡特母亲说：“你不记得几分钟前，当你跨进我的门槛时，我对你说你非常漂亮，我见到你很高兴。”

卡特母亲的应答可谓针锋相对，使得问话者非常尴尬。但这不能责备卡特母亲不友善、不礼貌、不厚道，她的应答是对方不友好挑起的，是对方步步“逼问”逼出来的。就内容来说，其恰当、巧妙、简洁都是无懈可击的，起到了反击进攻型提问的作用。

（7）附加条件式应答

如果问话中含有侵犯性的内容，就不要直接回答，而应首先设定条件来抵御侵犯，从而保证己方的利益不受损害。《新约·约翰福音》有一个故事是这样的：

犹太人的教师和法利赛人带来一个在通奸时被抓到的女人，当众问耶稣：按摩西的法律，这犯奸淫罪的女人应该用石头打死，你说怎么办？耶稣回答说：你们中有谁没有犯过错误，谁就拿石头砸死她吧！

这是法利赛人设下的圈套，耶稣不同意，就违反了摩西的法令；倘若同意，救世主就要对打死人负责。众人反躬自问，都觉得自己并不干净，一个个走开了，女人得救了。耶稣巧妙地提出附加条件，使问题解决得十分圆满，无懈可击。

（8）否定前提式应答

这种答法主要是用来对付限制型提问的，是"是"与"否"以外的第三种答复。黑格尔《哲学史讲演录》中举过这样的例子：有人问梅内德谟，他是否已经停止打他的父亲了。显然，这是一个限制型提问，如果简单地回答"是"与"否"，都会证明梅内德谟过去曾打过他的父亲，这正好中了提问者的圈套。机智的梅内德谟回答道："我既没有停止，也没有打过。"这便是否定前提的应答问法。

在谈判中提问者经常会使用限制提问诱人上钩，答问者应当格外注意，特别是在一些涉及国家利益的重要外交场合，对提问更要谨慎提防，用否定前提的方法，打破提问者的圈套。例如：1843年，林肯与卡特莱特共同竞选伊利诺伊州议员，二人因此成了冤家。一次，他们一同到当地教堂做礼拜。卡特莱特是一名牧师，他一上台就利用机会转弯抹角地把林肯挖苦一番。在布道的最后，他说：

"女士们，先生们，凡愿意去天堂的人，请你们站起来吧！"全场的人都站起来了，只有林肯仍然坐在最后一排，对他的话不予理睬。过了一会儿，卡特莱特又向大家说：

"凡不愿意去地狱的人，请你们站起来。"全场的人又全都站起来，林肯还是依旧坐着不动。卡特莱特以为奚落林肯的机会来了，就大声说道：

"林肯先生，那么你打算去哪儿呢？"

林肯却不慌不忙地说：

"卡特莱特先生，我本来不准备发言的，但现在你一定要我回答，那么，我只能告诉你了：我打算去国会。"

全场的人都笑了，卡特莱特被窘住了。

卡特莱特本来想使林肯进退两难，因为林肯如果站起来，就意味着林肯被他所调动，而不站起来，就意味着林肯将去地狱。不料，林肯却没上他的圈套，回答"我打算去国会"，一方面解脱了自己的困境，另一方面也向大家表明了自己的志向，既表现了自己的智慧，又羞臊了卡特莱特，真是不可多得的妙答。

又如在谈判中当提问者问："你们是三月还是四月交工？"时，应该回答说："我们根本就不打算在三四月交工。"这样，对方就占不到便宜了。

（9）牵连式应答

有时面对故意刁难甚至侮辱的提问，如果从正面回答，显得无力，即使答得再好，也只是一种为自己开脱、辩解的防卫语言。这时，就可用牵连式应答的技巧。

采用牵连式应答的技巧，就是抓住事物之间的对应、连带关系，提一个涉及答者与问者的命题，造成一荣俱荣，一损俱损的态势，以抵消对方的攻势，使自己立于不败之地。比如我国历史上有这样一个故事。

晏子出使楚国时，楚王向晏子提出一个侮辱性的问题："齐国为什么派你这一个矮小无德的人作使臣呢？"晏子说："齐国派使臣有一个规定，不同的人朝见不同国王。贤德的人朝见贤德的国王，不贤德的人朝见不贤德的国王。我最不贤德，就派来朝见您楚王。"

楚王本想侮辱晏子，没想到反而受到了晏子的侮辱。晏子的回答，把自己的荣辱与楚王牵连在一起，使得楚王无法反驳，自找没趣。

牵连式应答的表达奥妙，就是用话将自己与问话者牵在一起，不可分开，使对方不能处于优势的攻击地位。但牵连式应答要注意分寸，因为"利害相连，荣辱与共"，所以对自己和对方都不要过分贬损，一般是答话中应有"两可"的意思，即我这样，你也这样；我那样，你也那样。

(10) 引证式应答

引证式应答，就是引用名人名言、俗语、谚语等来作回答，以表明自己的意思，或佐证自己的观点。这种应答，好处是很明显的，既增加了说话的权威性与可信度，又省去了许多解释和说明，还能增添口语的生动性与感染力。

引证式应答需注意的要点：一是引证的语言要有一定的权威性，又要为听话的人所理解；二是不必在引征后作冗长的说明。

(11) 拈连式应答

拈连式应答是紧承问话的词句，利用拈连手法，在原话的基础上稍作变动，作出准确、鲜明、生动回答的一种口语表达技巧。这种应答如果运用得好，可以取得很好的效果。

拈连式应答技巧，是拈连修辞格在答话中的运用，首先要懂得拈连的知识和用法，拈答才能用得好。其次，这种答问离不开上下文语境和语言条件，不能勉强凑合，要在条件允许的情况下才运用，要用得贴切、自然。

(12) 比喻式应答

比喻式应答，就是对某些棘手的问题，采用比喻的方式来回答。既形象生动，又明白透彻。如果摆开架势直接说理，不但费力费事，还不见得有好的效果。

### 6.1.4 谈判中的述说技巧

谈判的述说是指谈判一方基于自己的立场、观点等，通过陈述来表达对各种问题的具体看法，或对客观事物的具体阐述，以便让对方有所了解。谈判中的述说虽与答复有相通之处，但两者又不能等同。答复是基于对方提出的问题所作的有针对性的被动阐述，而谈判中的述说则不受对方提出问题的方向、范围的制约，带有主动性的阐述，是谈判过程中传递大量信息，沟通情感的方法之一。因此，谈判者能否正确有效地运用述说的功能，把握述说的要领，将会直接影响谈判的效果。

**1. 谈判口才中述说的基本要领**

谈判中叙述问题、表达观点和意见时，应当态度诚恳，观点明确，语言生动流畅，层次清楚紧凑。但这只是一般情况而言的，具体地讲，谈判中的述说应把握以下几项基本要领：

（1）述说要力求准确

谈判者的每一句话、每叙述一件事、每列举一个数字乃至每一个承诺，都代表着己方的观点，都需要负责任，都必须一丝不苟地审慎对待。因此，谈判要求任何一方对谈判中的任何问题、任何事情，从第一句话开始就要准确地传递信息、表达见解。这是谈判的第一步，也是谈判的基础。这里所说的“准确”，应当从以下几方面去把握。

第一，观点、见解的表达要准确

谈判中，对每件事要恰如其分地表述，并表达得完整，力求一语中的。力戒含混，避免前后矛盾，否则会让对方抓住把柄，打开缺口。观点有时可依据谈判局势发展的需要而改变，但在述说方法上要令人信服。

谈判要求表达准确、鲜明，并不排除表达时留有余地。要舍弃那些绝对化、过分偏激的语言。尽可能避免使用诸如“绝对”、“决不”、“独一无二”、“无与伦比”等用语，以免由于失实而闹笑话，使自己下不了台。也不要用“太贵”、“太便宜”、“太差”、“令人厌恶”、“我早就对你说过……”等可能会使对方误解或令对方伤感的话，以免使谈判走上岔路或者形成僵局。

第二，提供的事实、数字及其他各种信息、资料要准确。

在谈判中所提供的事实，以及各种资料信息要经得起调查与推敲，切不可把道听途说、主观臆测的材料作为依据。当由于遗忘或偏见等原因而出现述说上的错误时，应有通气随时纠正，不能碍于面子而采取顺水推舟、将错就错的做法，以免对方误解，影响谈判。更不可文过饰非，自圆其说，这样只会愈描愈黑，更加被动。

第三，语言的运用要准确。

语言的运用要力求规范，要符合语法和逻辑，遣词造句要表意确切，尤其要注意不要讲那些模棱两可的词句，不滥用省略语，不故弄玄虚，不卖弄语言技巧，不要不懂装懂地滥用那些陌生的专业术语。当无法避免使用专业术语时，应以简明易懂的惯用语加以解释说明。

总之，要让对方真正完全弄懂你要表达的真实见解和事情，因为任何一个谈判对手都不会接受他所不了解或误解的事情。

（2）述说时应层次清晰、简洁鲜明、主次分明

谈判中的述说不同于日常生活中的闲叙，述说中语言应简洁明了，紧扣主题，主次分明，层次清楚，切忌语无伦次，东拉西扯，没有主次，层次混乱，让人听后不知所云。为了能让对方方便记忆和倾听，述说应适合听者的习惯，便于其接受；同时，分清述说的主次及其层次，这样可使对方心情愉快地倾听己方的述说。谈判时还要注意不要随便发表与谈判主题无关的意见。因为谈判要讲时效，如果你在述说中随便谈及与主题无关的话，那就会掩盖你表达的中心意旨，使对方难于理解你的观点，甚至会以为你是在故意拖延时间而产生反感，影响谈判的气氛与效果。

（3）述说的态度应客观真实

谈判中叙说基本事实时，应本着客观真实的态度，既不夸大事实真相，也不缩小事情本来实情，以使对方相信并信任己方。一旦由于自己对事实真相加以修饰的行为被对方发现，哪怕是一点点破绽，也会大大降低己方的信誉，从而使己方的谈判实力大为削弱，再想重新调整，已是悔之莫及。

（4）述说时语言应具体生动

为了使对方获得最佳的倾听效果，我们在述说时应力求生动而具体，这样可使对方全神贯注地收听。

述说时一定要避免令人乏味的平铺直叙，以及抽象的说教，要特别注意运用生动、灵活的生活用语，具体而形象地说明问题。有时为了达到生动而具体的效果，也可以运用一些演讲者的艺术手法，声调抑扬顿挫，以此来吸引对方的注意，达到己方述说的目的。

（5）述说时应通俗易懂

谈判中的述说完全不同于写文章，说出来的话要尽可能简洁、通俗、易懂，使对方听了立即就能够理解，切忌在述说己方观点和立场时使用隐喻或专业性过强的语句和词汇。这样可以使对方准确、完整地理解己方的观点和意图。

述说的目的在于让对方相信己方所言的内容均为事实，并使其接受己方的观点。为了达到这一目的，述说时一定要简单明了，千万不可借助述说来炫耀自己的学问，或卖弄自己的见识，以免引起对方的反感和抵触，有碍谈判的顺利进行。

（6）重复述说有时很必要

谈判述说过程中，时常会遇到对方不理解、没听清楚或有疑问等情况，这时，对方会用有声语言或动作语言来向我们传达信息。这就要求谈判人员在述说的同时，注意观察对方的眼神、表情等，一旦觉察对方有疑惑不解的信息传出，就要放慢速度，或重复述说。如果对方持笔记录我们所述内容时，述说的速度就更要掌握好，必要的关键之处要适当重复。如果经过复述对方还不理解，要耐心地加以解释；如果对方误解我们的原意，也不要烦躁，要耐心地进行诱导。

谈判人员必须慎重地对待对方在自己述说时的反应，发现有不理解或误解的地方应及时加以引导和纠正，否则，会严重影响效果。

（7）述说时要有错必纠

谈判人员在谈判当中，常常会由于种种原因而出现述说上的错误，谈判者应及时加以发现并纠正，以防造成不应有的损失。有些谈判人员，当发现述说中有错误时，总是碍于面子，采取顺水推舟将错就错的作法，这是不可取的，因为这样做往往会使对方产生误解，从而影响谈判的顺利进行。还有些谈判人员，当发现自己述说有错误时，便采取自圆其说，文过饰非的做法，结果不但没能“饰非”，反而“加非”，可谓愈描愈黑，对自己的信誉和形象实在是有损而无益，更重要的是可能会失去合作伙伴。

（8）述说应讲究策略

谈判是解决矛盾，求得互利的过程，竞争性很强。同样为了达到目标，述说语言运用的策略不同，效果也会截然不同。应当力求做到自始至终重视述说语言的策略，既要避免使自己陷于被动，也要避免挫伤对方的感情。

比如：谈判中产生了分歧，当己方发表意见时，不要把自己摆在绝对正确的位置上，即使不能同意对方观点时，也不妨先承认对方意见中的合理成分。评论和反驳对方的见解时，要把目标对着观点，而不要针对着个人。表示不同意见时，不要揭对方的错处，而是强调对方所忽视的好处，把着眼点始终放在谋求双方的利益上。

另外，会谈结束时的述说，也切莫以否定性的语言进行小结，无论己方的目标是否达到，都应给对方以正面的评价。因为一次谈判只能说明眼前，双方或多或少地都会有所收获，而合作是长期的，所以，无论从礼节，还是从长远利益考虑，都应使每次谈判给对方留下较好的印象。

总之，谈判中的述说，应从谈判的实际需要出发，灵活掌握上述有关述说应遵循的原则，以便把握好该述说什么，不该述说什么，以及怎样述说等等。

**2. 谈判中述说的技巧**

谈判过程中，述说的方式、技巧多种多样，概括起来有以下几种：

(1) 情理述说法

这是一种有情有理、情理融合的述说方式，能添加感情色彩，并伴之以理服人，从而达到以情感人，使倾听者深受感染并在内心产生共鸣，常常会收到奇特效果。

例如：正当"引滦入津"工程进入关键阶段，隧洞施工部队需用的炸药不够了。没有炸药，整个工程就要延期，部队派一位连长到某化工厂去买炸药。他喝了一口厂长秘书递过来的开水，说："厂长啊！你们这儿的水可真甜啊！你去过天津吗？天津人可没有这种口福啊！他们喝的是从海河槽和洼淀里收集起来的苦水，不用放茶就是黄的。可他们就是喝着这苦水搞生产，贡献多大啊！噢，你戴的表是海鸥表吗？这是天津生产的，天津有名的产品可不少，听说全国每10块手表中就有一只是天津的，每10台拖拉机里就有一台是天津的，每4个人里就有1人用的是天津生产的碱。您是生产行家，比我懂得多。您说生产能离开水吗？天津人喝水都紧张，生产用水就更甭提了，引滦入津可是解燃眉之急啊！"

厂长听了这些话，很受感染，便问了一句："你是哪里人哪？"连长接过话头继续说："我是河南人，厂长，说句心里话吧，我和你一样，都喝不上滦河水！我是10年的老兵了，等到滦河水进了天津，我可能已经脱了军装回老家去了。"

这位连长的述说是以理为纬，以情为经，情、理交织感人肺腑，致使在谈判中顺利地实现了谈判目的。

(2) 实物述说法

即谈判者在叙述过程中辅以实物（包括图表、模型等），以增加直观效果，从而增强述说的真实感和说服力，以收到良好效果。

实物述说在商业谈判中每每运用到，谈判双方以陈列的商品为据，阐述各自的看法；还可以边述说边操作，演示给对方看，这样，说服力和真实感大大增强，自然能收到很好的效果。

(3) 对比述说法

对比述说是指把两种互相对立的事物放在一起述说，使二者相映相衬。在正与反的对比中使己方的观点更鲜明、突出，从而引起对方的注意，造成强烈的印象。这种述说方法是谈判中经常用到的，有很强的说服力。

(4) 提炼述说法

提炼述说是指把述说内容进行加工提炼后，总结成言简意赅的字句，以强化听者的记忆。

提炼叙说使人感到新鲜，增加可听性和清晰度，增强好奇心和注意力，好记难忘，重点突出，是一种颇有效果的述说方式。

(5) 细节述说法

细节述说是指在述说过程中对人物、景物、事件、场面的某些细节做出具体描绘的述说。运用细节述说，可以让对方如临其境，感受深切。

察微知著，细节述说能帮助谈判者真切、具体地表达思想感情，使听者深切理解谈判者的观点、立场。但采用这种形式必须注意细节真实，如果任意夸大或编造，露出破绽，那就会产生极其恶劣的后果。

（6）递进述说法

递进述说是指先提出问题，然后逐层分析问题，最后得出结论的讲述方法。这种方式摆事实，讲道理，逐层深入，具有脉络层次清晰，逻辑严密，说服力强的优点。

例如：日本日铁公司按协议给上海宝山钢铁总厂寄来一箱资料。原来定好寄6份，随寄来的清单上也写明为6份，但上海方面打开箱子后，却发现只有5份，于是双方再度谈判。日方声称："我方提供给贵方的资料，装箱时要经过几关检查，决不能漏装。"上海方面则表示了他们的看法："我方收到资料，开箱时有很多人在场，开箱后当众清点，发现少了1份。经过多次核实，我方才向贵方提出交涉。现在有三种可能：一、日方漏装；二、途中散失；三、我方开箱后丢失。如果途中散失，则外面的木箱应当受到损坏，现在木箱完好无损，这一可能可以排除。如果我方丢失，那木箱上印净重应当大于现有资料净重，而事实是现有5份资料的净重与木箱所印净重正好相等，因此，我方丢失的可能性也应排除，剩下只有一个可能，即日方漏装。"

上海方面采用递进述说方式，提出三种可能性，再逐层分析，一一排除，日方只好补齐资料。

### 6.1.5　谈判中的论辩技巧

在谈判过程中，由于各种主、客观因素的影响和制约，人们难免存在着立场、观点、思想方法、认识水平等方面的差异，因此在谈判中间，决不可能只有认同与合作，必然会或多或少地存在着不同程度、不同方面的分歧。如果这些分歧涉及比较重大的是非原则问题及双方一定的利益关系，那么论辩就往往不可避免。

通过谈判双方摆事实、讲道理的论辩，正确的才能说服错误的，人们才能在是与非上取得共识，交流与合作才能收到成效。另外，在谈判中间有时会遇到一些心术不正的人，不讲道理地进行发难与挑衅，也只有通过雄辩，予以反驳，才能坚持和维护真理。因此，谈判者还必须掌握论辩要领，具备基本的辩论技巧。

**1. 谈判中的论辩要领**

谈判中的辩与听、问、答、述不同，它具有论辩双方相互依赖、相互抵抗的二重性，是人的思维艺术与语言艺术的综合运用，具有较高的技巧性。作为一个谈判者，要想训练和提高自己的论辩能力，在谈判中获得良好的效果，应当注意把握以下要领：

（1）观点明确，立场坚定

谈判中的辩论，就是通过摆事实讲道理论证己方观点、反驳对方观点的过程。因此，论辩时首先要亮出自己的观点，说明自己的立场。同时要运用一些客观材料和能支持己方论点的有关证据，来论证自己观点和立场的正确性与公正性。

（2）思辨敏捷，逻辑严密

谈判中的论辩过程往往是在谈判双方相互非难中进行。一个优秀的谈判者应当头脑冷静，思维敏捷，能应付各种各样的非难。同时，要使自己的论证严密，运用逻辑力量，以理服人。是非与真理是在相互辩驳的过程中明确的。在谈判实力不相上下的情况下，谁在辩驳过程中思辨更敏捷、严密，更富有逻辑性，谁就能占上风。

(3) 措辞准确，态度客观

文明谈判是大家都应遵循的准则，不论论辩双方如何针锋相对，态度应力求客观，措辞应尽量准确，决不能侮辱诽谤、尖酸刻薄，甚至进行人身攻击。如果哪一方违反了这一原则，这样做只能损害己方的形象，降低和减弱己方的谈判实力和谈判质量，丝毫不能为谈判带来好处。在论辩中一旦达到目的，就要适可而止，不要得理不饶人，穷追不舍，以避免将对方逼入绝境，从而强化了敌对心理和反击的念头。

(4) 掌握分寸，适可而止

谈判中论辩的目的是要证明己方的立场、观点的正确性，反驳对方立场、观点上的不足，以便能够争取有利于己方的谈判结果。切不可认为论辩是一场对抗赛，必须置对方于死地。因此，论辩时应掌握好进攻的尺度，一旦已经达到目的就应适可而止，切不应穷追不舍，得理不饶人。因为谈判中如果某一方被另一方逼得走投无路，陷于绝境，则往往会产生更强的敌对心理，甚至于反击的念头更强烈，这样即使对方暂时可能认可某些事情，事后也不会善罢甘休，最终会对双方的合作不利。

(5) 把握原则，切中要害

在谈判的论辩中，要有战略眼光，把握大的原则与方向。要把精力集中于主要问题上，不要陷于枝节问题的无谓纠缠。反驳对方的观点时也要抓住要害问题，有的放矢。坚决舍弃断章取义、强词夺理等不健康的论辩方法，这样做只能妨碍谈判。论证己方的观点时要突出重点、层次分明、简明扼要，切忌东拉西扯，言不对题。

(6) 权衡利弊，沉着应对

在谈判的论辩中，可能在某一阶段你占优势，我居劣势，可过一阶段又有可能你处劣势，我占优势。当我们分别处于两种不同状态时，就必须用不同方法处理好论辩中的优势与劣势的不同对策，这是衡量谈判人员是否合格的一个条件

当我们处于优势状态时，谈判人员要注意以优势压顶的滔滔雄辩，气度非凡，并注意借助语调、手势的配合，渲染己方的观点，以维护己方的立场，但切忌表现出轻狂、放纵和得意忘形的态度。要时刻牢记：谈判中的优势与劣势是相对而言的，而且是可以转化的。相反，当我们处于劣势状态时，要记住这是暂时的，应沉着冷静，从容不迫，既不可怄气，无理不让人，又不可沮丧、泄气，慌乱不堪。因为这样对于挽救己方的劣势是毫无帮助的，在劣势状态下，只有沉着冷静，思考对策，保持己方阵脚不乱，才会对对方的优势构成潜在的威胁，从而使对方不敢向纵深进犯。

(7) 举止优雅，注意风度

在论辩中，一定要注意自己的举止和气度。有些行为比如语调高亢，口沫四溅，指手画脚等等，都是没有气质的表现，更谈不上什么风度了。论辩中良好的举止和风度，不仅会在谈判桌上给人留下良好的印象，而且在一定程度上可以左右谈判论辩气氛的健康发展。有时，一个人的良好形象会比他的语言更具有诱惑力。

**2. 谈判中的论辩技巧**

谈判中论辩的技巧与方法千变万化，其妙无穷，很好地掌握谈判中的论辩技巧会使你在谈判桌上大展风采，掌握主动，能使你的谈判有个好的结果。下面是一些较常用的论辩技法：

（1）归谬证误法

要论证或反驳一个观点，有时候采取直接证明或反驳的方法不一定有效。在一定条件下，如果采取欲擒故纵、声东击西的策略，一开始先不直接反驳对方的观点，而是把所要反驳的虚假论断当作充分条件的假言判断的前提，并以此为据推出荒谬的结论，由于结论的荒谬一目了然和毋庸置疑，而且又是从其前提合乎逻辑地推断出来的，这就证明对方提供的前提是荒谬的。这样，对方就无以反驳，只能默认，这就等于承认了己方的观点。

（2）设事为喻法

有时为了更好地说服和驳倒对方，论辩时可以先假设一个对象，一种情况，一桩事理，让对方认可、同意，然后将话转到要说的道理上来。

有时候，谈判者由于某种原因，不能在论辩时把话说得太明白，这时也可以借打比方来启发、暗示对方，让对方自己去领悟其中的道理。

运用设事为喻技法的要求是：一是两件事理之间相合相通；二是必须先让对方承认特设的事理之后，再联系本意要讲的事理，否则火候未到，达不到目的。

（3）二难驳谬法

在交谈辩论中，考虑到对方论点所涉及的事物表现有两种可能性，而每种可能性都会导致对方不得不放弃原先的错误观点。

（4）直言相抗法

论辩也要看对象。有时遇到刁难、讥讽、侮辱的言辞那就需要以牙还牙，直言相抗。不必拐弯，不必谦逊，也不必长篇大论，而是要针锋相对，逐条批驳。

运用这种技巧，一要应变能力强，不管对方话题扯多宽，都有话对付。二要看对象和场合，如果是论辩学术问题，就不必这么直言无忌，应配合些礼貌语言和委婉语气。如果在谈判中论辩与自己切身利益有关的关键问题，就应当仁不让，以免受到损失。

（5）揭穿矛盾法

论辩时，也可以找出对方自我矛盾之处，以子之矛，攻子之盾。这样再雄辩的论敌也会陷入狼狈的境地，他的观点会被彻底攻破。这是最便利、最经济、最有力的论辩技巧之一。

（6）换向拆释法

在谈判辩论中，有时会遇到对方发起挑衅性攻击，而己方又不便正面反击，这时可随机应变，换一个角度顺势巧妙地颠倒语序或意思，作出一种新的于对方不利的解释，使语意突然逆转为对己方有利，而让对方的原话变成了搬起石头砸自己的脚。

（7）以退为进法

在谈判的论辩中，有时不急于以眼还眼，针锋相对地直言对抗，而是先承认对方的分析和指责是对的，自己似乎同意了对方论据的合理性，然后出其不意，或指出对方的矛盾，说出事实的真相，或做出另外的分析，最终达到证明自己观点正确的目的。

总之，谈判语言表达的一般性技巧，是一种谈判语言表达的技法。严格说来有某种共存性，很难限定某种技法只实用于某种特定的表达形式，实际运用时，各种技法往往是综合采用的。

## 6.2　谈判语言表达的艺术

在国际工程承包项目的谈判中，运用口头语言表情达意，是传递信息的一种才能，也称口才。

谈判的过程，实际上是双方运用口语进行协商的过程。在这个过程中，彼此的心理活动、策略应对、观点的接近与疏远等等，都要通过言语反映出来。因此，是否很好地掌握并运用谈判口才，对于谈判的成败，具有决定性的作用。

### 6.2.1　谈判中的寒暄艺术

所谓寒暄是指人们相遇时说出表明自己意识到对方存在以及表明自己友好态度的话语。它是人与人之间建立语言交流的方法之一。谈判是一种特殊的交往和谈话过程，谈判中的寒暄是谈判活动的重要组成部分，它虽不是谈判语言的主体部分，却是整个谈判过程有机的组成部分，是谈判的前奏和引入阶段。谈判初始双方见面，打招呼，相互问候，谈论一些与谈判无关的轻松话题，往往会起到意想不到的作用。

**1. 寒暄在谈判过程中的作用**

人们见面时大都说一些应酬的话，在谈判过程中也不例外。例如：见面打招呼时说一些问候话，“你好!”“这件衣服你穿很漂亮。”“你最近身体还好吗？工作忙吗?”等等。这些话看似无关紧要，本身不表达什么特定的含义，但是它在谈判中的作用却是不可缺少的，他能使不相识的人相互认识，熟悉，使单调的气氛变得活跃，并为双方进一步的谈判架起沟通情感的桥梁，它对谈判双方的思想、情绪、行动都产生重要的影响。它的作用主要表现在以下几个方面：

(1) 谈判前寒暄能营造出一个友好、和谐的谈判氛围

谈判双方初次见面，由于不太熟悉，心里有一定的距离感，这时谈判双方在说一些问候语以及相互引荐的客套话，能够使双方在礼节上和感情上互通互酬，营造出一个良好的氛围。当谈判者主动与对方打招呼、寒暄，就等于在向对方宣布：我坦率地打开心扉，与你亲近，我愿意与你建立良好的人际关系，营造出一个友好、和谐的谈判氛围。这样做，自然会很容易地获得对方的好感，消除谈判双方的紧张情绪和敌对戒备心理，使双方思想和行动趋于一致，以轻松的姿态开始谈判。

(2) 谈判前的寒暄加以暗示能起到投石问路的作用

谈判前的寒暄暗示对谈判的成功是会产生一定作用的。寒暄不仅能使不相识的谈判者相互认识、相互摸底，而且能使单调的气氛变得活跃。尤其是在寒暄中加以某种暗示，还会在轻松的气氛中表达某种意愿，了解对方的态度，从而为后面的正式谈判制定相应的策略。

显然，这里的寒暄暗示，表达了双方合作的愿望，高雅而得体。这种寒暄暗示的作法在谈判中往往起着投石问路的作用。

（3）谈判前的寒暄能够了解对方情况，做到“知己知彼，百战不殆”

谈判前的寒暄是观察对方情绪和个性特征，获得有用信息的好方法。一个有经验的谈判者，往往会透过那些应酬话，掌握谈判对手的背景材料：他的性格爱好、处事方法；他的谈判经验、谈判作风；他对谈判业务的熟悉程度；进而找到双方的共同语言，为心理沟通做好准备。这样对谈判对手的情况了解的越细致周详，谈判最终取得胜利的可能性就越大。

例如：日本松下电器公司创始人松下幸之助第一次交易谈判的对手就是这样一个非常精明的人。松下幸之助到东京的一位批发商那里推销他的产品。批发商和蔼可亲地招呼他：“我们是第一次打交道吧！以前我好像没有见过你。”

这平常的寒暄之语使批发商获得了重要信息，对手是一个初出茅庐的新人。于是当松下报出二十五元的价格时，他利用松下人生地不熟，又急于打开销路的愿望，趁机压价：“你第一次来东京做生意，刚开张应当卖得更便宜些，二十元卖不卖?”

由此可见，一般人并不在意的寒暄在谈判中有多么重要。

谈判前的寒暄是个润滑剂，它可以使双方逐渐接近，找到共同语言，建立起双方相互沟通的基础，同时也可以营造出一个宽松和谐的气氛。使谈判有个良好的开端，最后取得事半功倍的效果。

因此，谈判者应该重视寒暄的作用，掌握一些寒暄的技巧。

**2. 谈判中的寒暄技巧**

一般说来，要想掌握寒暄的技巧应该从以下方面入手：

（1）要有一个积极的姿态

谈判前在与别人相遇的瞬间，要迅速培养和调动自己的愉快情绪，应该积极主动，以明朗的表情，热情的态度与对方寒暄交谈，要努力发挥个人的魅力，充分表达自己的良好愿望以及自己的坦率和真诚，给对方留下美好的第一印象，让对方从你的言行反应中感到自己的存在和重要，使其受人尊重的心理需要得到满足。同时，积极的姿态也是富有自信、易于合作的性格的体现，这有利于融洽人际关系，建立一个良好的合作氛围。

值得注意的是，在自己心情不好或身体不适时，也应该努力克制，不要让对方有所察觉。那种不动感情、例行公事式的寒暄达不到沟通的目的。如果对方感到你不够诚恳，还会增加抵触情绪，给谈判设下心理障碍。因此，寒暄应该从心底里出发，发自内心地向对方表示真正的亲切。对方自然也会从内心里发出回应，为交流打下良好的基础。

（2）要集中注意力

任何漫不经心的言语和行为只能使对方感到被轻视。比如：甲方与乙方谈判前在大厅中见面了，谈判双方初次见面经过短暂的握手之后，甲方代表想说几句什么以表示自己的友好态度，不料乙方代表却与自己身边的人讨论其他问题，将甲方“晾”在了一边。这样，甲方感到很受冷落，心里很是不快。倘若乙方能集中注意力，在握手之后与甲方代表再寒暄一两句，就不会有这种缺憾产生了。

（3）要善于选择寒暄的话题

初次见面双方应该选择一些比较易于回答并能展开谈论的话题。如相互问候，互通姓名，谈论天气以及一些国内外大事，股市行情等众所周知的热门话题，绝对避免提出易于引起争议的话题和一些干巴巴的类似“您好”！“来了!”之类的客套话。同时可以讲讲自己身边的熟人、朋友，有时这些人很可能对方也和他熟识，这样找到一个共同的话题，以此拉近彼此之间的关系；还可以聊聊自己的兴趣以及对方的兴趣爱好，可针对情况发表一些自己的看法以引起共鸣等等。通过寒暄，能够增近双方相互之间的亲近感，拉近彼此之间的距离。

夸奖对方也是寒暄的常见话题。例如：一句“你看上去真精神!”会令对方高兴不已，即使是一句“好帅!”在年轻人听来，也是非常带劲的。还可以夸奖对方的办公室或居处：“啊！这间屋子好干净啊!”或者“这盆花开得多好看啊！你一定花了好多心思吧!”这些话都会引来对方友好的回应。有人认为必须谈些深奥的、有学问的题材，才能使人尊重，进而控制谈判局面，所以拿哲学、诗或航天飞机充当话题，殊不知，这样尖端的学问是很难在一般人那里找到知音的，对方没有谈兴，自然也就达不到融洽气氛的目的。

（4）要注意寒暄的时间

高明的谈判者要注意把握寒暄的时间，善于抓住寒暄的契机，及时引入主题，使谈判自然而然地纳入预定轨道，而不能忘了时间，没完没了地寒暄，冲淡了主题。此外，在和外国人寒暄时，不可以随便打听对方的年龄、收入和家庭生活，他们把这些看成是个人隐私，随意询问被认为是不礼貌的行为。

（5）寒暄时一定要注意讲究方式

与生人初次见面的寒暄，一般须有两三个问答往复的过程。这样能拉近初次见面的距离，消除陌生感，有利于建立起良好的谈话氛围；而熟人之间的寒暄，如果经常见面，往往只须一句话，一个招呼，甚至只须一个眼神，一个微笑，一个手势。如果久不见面，则宜有两三个问答往复的过程。言语的长短，言语往复的次数多少与交谈双方关系的亲疏程度、分别时间的长短成正比。

### 6.2.2 谈判中的幽默艺术

幽默是一种优美健康的心理品质在语言及行为中的表现。尤其是在语言的运用中，幽默是思想、学识、智慧、灵感、教养、道德等在高水平上的结晶，它既看出了事物的可笑之处，又能巧妙地表达出来。

**1. 幽默语言的特点**

有人说，幽默是人的情感的自然流露，它可以像润滑剂一样调解人与人之间的关系。因此幽默语言在人际交往中具有很重要的作用。

幽默语言有三个最基本的特点：第一它能使人发笑，这是表达方式上的特点；第二它有深刻的寓意，这是表达内容上的特点；第三它是友好善意的，这是表达目的上的特点。

从幽默语言的特点来看，幽默语言与滑稽语言、讽刺语言有很大的区别。滑稽语言只是仅仅使人“觉得好笑”而无任何积极意义的语言，它是直露的、廉价的。虽然滑稽语言一般都不带有恶意（多数是以表现自己的丑为代价，虽然它在生活中也需要，有暂时调节心理的作用），但滑稽过度就会招人反感。如有些男人在公众场合为博得别人一笑而故操女人腔，有些女人为了在男人面前显得妩媚而故意装“嗲”，这都是滑稽的表演。讽刺语言虽然可能有一定的积极意义，但却是以尖锐的嘲笑和谴责的形式直接表现出来的，讽刺表明了人的一种对立心态。

在人们的语言行为中，幽默、滑稽与讽刺有时往往胶着在一起。一个人的素质越低，他的语言中的滑稽成分就越多；人的素质越高，其语言中的幽默感才越强。一个人与别人的关系越融洽，他的语言中的讽刺意味就越少，反之则越多。

幽默反映了人对生活的积极乐观的态度，反映了人的同情心和爱意，反映了人的审美情趣的高尚，反映了人的知识和修养的富有。美国心理学家特鲁·赫伯说："幽默是一种最有趣、最有感染力、最具有普遍意义的传递艺术。"

**2. 幽默在谈判中的重要作用**

幽默作为一种语言艺术，是人的智慧的结晶。它像调解剂一样，在人际交往中一旦出现不和谐因素时，就会充分发挥它的重要作用和无穷的魅力。幽默语言在谈判中的作用表现为以下几个方面：

（1）幽默口才有利于创造良好和谐的谈判氛围

良好的谈判气氛对谈判至关重要。谈判中幽默的语言是协调谈判双方关系的润滑剂，它使双方关系随和亲近，融洽轻松而不致紧张，并在欢快的气氛中完成双方的协商。

（2）幽默有利于避免尴尬，摆脱窘境

在谈判过程中，有时由于种种原因会导致谈判桌上出现令某一方或各方都感到有难为情的情况，巧妙地运用幽默语言有利于避免或消除尴尬。

例如：第二次世界大战期间，英国首相丘吉尔来到华盛顿会见美国总统罗斯福，要求美国和英国共同抗击德国法西斯，并给予物资援助。丘吉尔受到热情接待，并被安排住进白宫。

一天早晨，丘吉尔正躺在浴盆里，抽着特大号雪茄烟。此时，突然门开了，进来的正是美国总统罗斯福。丘吉尔大腹便便，肚子露出水面……这两个世界知名伟人在此时此刻见面，非常尴尬。丘吉尔扔掉烟头说："总统先生，我这个英国首相在您面前可真是一点没有隐瞒。"

由此看出，丘吉尔以幽默的语言化尴尬为亲热，为自己解了围，又暗示了双方会谈中丘吉尔的态度，一语双关，寓严肃于诙谐之中，表现出他坦率的性格，机敏的素质，良好的教养以及此次采访的诚意。最终谈判成功，英国得到了美国的援助。

另外，当谈判对手愤怒地指责你或突然提出一些令人尴尬的问题时，也可以采用幽默的语言巧妙地进行反击，这时，幽默往往与讽刺合二为一。例如：英国第一位女议员阿斯特女士与丘吉尔非常对立，有一次她对他说："假如我是你的妻子，我会在你的咖啡里下毒。"丘吉尔却幽默地说："假如我是你的丈夫，我会喝下那杯咖啡的。"这种聪慧的灵感和敏捷的回答，是常人需要努力培养和锻炼才能获得的。再如：有一位漂亮的姑娘在穿长筒袜后，遇到一位男人上前与她搭话："你腿上的袜子真好看，是在哪里买的?"这位聪明的姑娘回答说："我劝你别去买，否则那些不三不四的人就会找你纠缠。"这真是一个绝妙的回答!

（3）幽默有利于缓解矛盾，甚至可以化干戈为玉帛

谈判中的冲突是不可避免的。但冲突的形式，可以是剑拔弩张，也可以是和风细雨。如果双方直来直去，怒目相向，其冲突可能是激烈的。但如果用幽默的语言代替直接而激烈的言辞，其效果会好得多。

（4）幽默能避开对方的锋芒，增加谈判中论辩的力量

谈判中论辩是司空见惯的。论辩激烈则咄咄逼人，常会导致谈判气氛紧张。因此在论辩中运用幽默的语言，一是可避开对方咄咄逼人之态势；二是可给运用者增添魅力与雄辩的力量；三是可体现运用者的素质、信心和风度，令对方相形见绌，从而使己方于态势上先声夺人，压倒对方，甚至可于谈笑挥洒自如之间，瓦解对方攻势，顿挫其锋芒。

比如：在谈判中对方欲贬低己方产品的质量，说："请问，您知不知道谁最先批评您的产品?"己方答："当然知道，本公司董事长。"有时当找不出恰当理由反驳对方时，幽默往往可以帮大忙。比如：对方明明是个贪得无厌的人，却借一些大道理来对你进行说教，向你讲"奉献比索取更有意义，给予比接受更令人愉快"的名言时，你正面不好反驳这些活，可以说："你是拳击手么?"对于讲大道理的人，这种幽默是很有效的。

**3. 谈判中运用幽默的技法**

(1) 否定式幽默法

否定式幽默法，是甲乙两种相互对立的事物，从肯定甲事出发，随之以加入乙事物内容来达到否定甲事物为目的的方法。

例如：一位顾客在饭店吃饭，米饭中砂子很多，他不得不把它们吐在桌上。服务员见此情景很是不安，抱歉地说："尽是砂子吧?"顾客摇摇头微笑着说："不，也有米饭。"顿时，两人都笑了。

这位顾客用"奇在意中，巧在理中"的回答，既纠正了服务员说话道歉的事实本身，同时消除了服务员尴尬情态和不安心理，让人透过笑的影子，既使服务员心悦诚服地感到自己的工作没有做好，给顾客添了麻烦，同时也觉察到今后必须纠正的问题。这种否定方式比较委婉，消除了否定过程中所产生的对抗情绪，也使人比较容易接受否定的事实，并注意加以改正。

(2) 岔道式幽默法

岔道式幽默法，是通过反逻辑的方法造成笑料的方式。例如：丘吉尔87岁生日那天，有一位年轻的记者访问他："温斯顿爵士，我希望在你一百岁生日那天再来祝贺您。"丘吉尔回答说："你也许能做到，因为你看起来很健康的。"

丘吉尔是运用反逻辑的方式造成笑料的。记者说丘吉尔很健康，能活一百岁；丘吉尔说小伙子很健康能活到丘吉尔一百岁时，还隐含了自己不只活到一百岁和对记者的"希望"稍有不满。

(3) 双关式幽默法

双关式幽默法是利用一个词的语音或语义同时关联两种不同的意义并进行曲解的方法。

例如：一次，周恩来总理宴请清室皇族成员，溥仪在入席时，神态拘谨，不肯入上座。周总理笑着说："你是'陛下'嘛，你不入座，大家都不好坐了。"一言既出，顿时宴会的气氛活跃起来，也使这位"末代皇帝"深受感动。

溥仪曾经是"陛下"，这是事实；但此刻他已不是"陛下"，也是事实。周总理将两种语义相关，而同时又把不同意义的词语有意联系起来，进行曲解，化解了溥仪的拘谨和不安，显示了现任"宰相"的豁达磊落和诙谐幽默。

幽默的语言是健康的，又是愉快的；是机智的，又是含蓄的。因此，低俗的，愚蠢的，拙笨的，浮浅的，尖酸刻薄的语言，不是幽默的语言。

### 6.2.3　谈判中的说服艺术

说服是一种设法使对方动摇，改变初衷，放弃己见，而心甘情愿地同意接受和采纳你的要求的方法，它实质上是一场从精神上征服人心的战斗。谈判中很重要的一项工作就是说服，它常常贯穿于谈判的始终。谈判的过程就如两军对阵，当你试图说服对方之际，也同样处于被说服地位。你的说服将随时遭到各种有形与无形的抗拒，除非能有效地瓦解这种相反的作用力，否则，你不但无法收到说服的效果，反而有可能被对方所说服。

**1. 成功的谈判离不开说服艺术**

在谈判中最重要也是最艰巨、最复杂和最富有技巧的工作就是说服对方接受己方的观点。这是因为谈判双方的各自主张之间存在着利益的冲突，因而，要让一方轻易地放弃自己的主张而赞同对方的主张，是不那么容易的。

谈判中的说服工作，常常贯穿于谈判的始终，谈判的过程实质是一个不断说服对方的过程，因此谈判者在谈判中能否说服对方接受自己的观点，就成了谈判能否最后成功的一个关键所在。

谈判中的说服，是综合运用“听、问、答、看、叙”及“辩”的各种技巧，改变对方的起初想法，接受己方的意见。说服工作做得好，谈判的和局就会随之产生。

谈判之前，任何一方都有设法说服对方的意图。然而实际操作起来，到底是谁能说服谁，或者彼此都没有被说服，或者相互说服，达成了一种折衷的意见，这三种结局往往是事先不好断言的。谈判者只有进入谈判实际中，才能一较高低，得出答案。

然而，说服的成功，并不是件容易的事，谈判的胜利并不是简单的回答就能说服对方的，它是智慧的较量，心理的较量，它要求说服者不仅能掌握令人信服的事理，而且还要具备启人心智的见解和娴熟的各种说服艺术的方法，只有这样才能获得成功，赢得最后胜利。

**2. 谈判中说服运用的基本原则**

想要说服他人的人，总是希望自己能够成功，但是如果不讲究原则，不掌握要领，急于求成，往往会事与愿违。说服口才运用的基本原则主要有以下几项：

（1）取得他人的信任

在说服他人的时候，最重要的是取得对方的信任。只有对方信任你，才会正确地、友好地理解你的观点和理由。社会心理学家认为：信任是人际沟通的“过滤器”。只有对方信任你，才会理解你友好的动机，否则，如果对方不信任你，即使你说服他的动机是友好的，也会经过“不信任”的“过滤器”作用而变成其他东西。

（2）站在他人的角度设身处地的谈问题

要说服对方，就要考虑到对方的观点或行为存在的客观理由，亦即要设身处地地为对方想一想，寻找到对方与你在个人需要上的共同点，从而使对方对你产生一种“自己人”的感觉。这样，对方就会信任你，就会感到你是在为他着想，说服的效果将会十分明显。

（3）创造出良好的说“是”的氛围

从谈话一开始，就要创造一个说：“是”的气氛，而不要形成一个说“否”的气氛。不形成一个否定气氛，就是不要把对方置于不同意、不愿做的地位，然后再去批驳他、劝说他。比如说："我晓得你会反对……可是事情已经到这一步了，还能怎样呢?"这样说来，对方仍然难以接受你的看法。在说服他人时，要把对方看作是能够做或同意做的。比如"我知道你能够把这件事情做得很好，只是不愿意去做而已"；又比如："你一定会对这个问题感兴趣的"等等。谈判事实表明，从积极的、主动的角度去启发对方，鼓励对方，就会帮助对方提高自信心，并接受己方的意见。

美国著名学者霍华曾经提出让别人说"是"的30条指南，现抄录如下，供谈判者参考。

1）寻找对方注意的东西。

2）让对方知道你很感激他的帮助。

3）如对方有重大困难，应帮助解决。

4）让他想到这个计划的惊险和兴奋。

5）与计划一样，自身必须具有足够的魅力。

6）答应给予报酬尽量多一些。

7）告诉他这个方案的成果和效益。

8）自始至终清楚地展现魅力。

9）告诉对方对其协助绝不吝惜支持。

10）给他将来必定成功的承诺。

11）采取有自信的态度。

12）让对方知道这计划非他不可。

13）将对方置于最具吸引力的位置。

14）绝不对计划做类似辩解的事。

15）对对方打心底保持兴趣。

16）给对方制造快乐的气氛。

17）采取要得到首肯答案的行动。

18）把拒绝当成重新尝试的机会。

19）让其看出你的亲切。

20）给对方承诺，这计划马上就有收获。

21）打动对方喜欢新事物的心理。

22）让对方了解，不光是取得，同时也要给予。

23）让对方自由地发表意见。

24）不要给对方强迫。

25）自始至终站在对方立场着想。

26）自然地行动。

27）态度不要生硬。

28）证明你的赞成，是因为它是最好的决策。

29）让对方知道，你愿意与他建立长期关系。

30）让对方认为，你并非是"取"，而是在"给"。

(4）说服用语要推敲

在谈判中，欲说服对方，用语一定要推敲。用语的色彩不一样，说服的效果就会截然不同。通常情况下，要避免用，“愤怒”、“怨恨”、“生气”或“恼怒”这类字眼，即使在表述自己的情绪时，比如像担心、失意、害怕、忧虑等等，也要在用词上注意推敲，这样才会收到良好的效果。

**3. 谈判中的说服技巧**

实际生活中往往会遇到这样的情况，同样的问题，让不同的人去做说服工作，会收到不同的效果，可见说服工作是一种艺术。在谈判中间，说服工作十分重要，往往贯穿于谈判的始终。那么谈判者应当如何说服对方呢？

谈判中的说服技巧变化万千，丰富多彩。有时循循善诱，侃侃而谈，如春风化雨，达到让对方明理动情、心悦诚服的目的；有时需要迂回侧击，委婉含蓄，实现暗度陈仓的意图；有时需要先发制人，刚柔相济，趁热打铁，以最快的速度达成交易；有时却最好抓住契机，以“四两拨千斤”，获得举重若轻的奇效。只要路子对头，用劲灵巧，则能收到事半功倍之效。下面就介绍一些比较普遍、常用的说服技巧。

（1）先易后难，步步为营

谈判中需要讨论的问题应该按照“先易后难”的原则去安排，先谈容易达成协议的问题，这样由于双方利害冲突不大而比较容易取得初步的成效，使双方从一开始就显示了合作的诚意和彼此的信任、理解，从而为谈判的进展创造了更加热情友好的气氛，减少了双方的戒备心理，增强了双方对交易成功的愿望与信心。这一来，在谈判深入发展中要说服对方理解我方的意见与方案，就比较容易获得成功。而双方意向差距较大的问题可以放在较后的位置和安排较多的时间去讨论。这时由于前面的谈判成果已增强了双方的合作意向，谈判的困难会相对减少。

（2）权衡利弊，先直言利，后婉言弊

在说服对方时，为了满足对方对谈判结果的心理需求，不仅要就我方的主张晓之以理，而且更应侧重动之以利。但只言利、不言弊的单面论据往往会引起对方的猜疑，因为人们不会相信你的提议纯粹是为了让他们一方得到好处。因此，要成功地说服对方免不了要兼言利与弊两个方面，把一好一坏的信息传递给对方。在陈述过程中，一般的原则是先讲利的一面，然后再以委婉的口气陈述弊的一面。这样做是因为谈判者以利的追求为目标，会十分注意利益的得失。为了说服对方，我们首先迎合对方的需求示之以利，有助于激发对方的兴趣与热情。而且，这种“先入为主”的思维定势往往会使对方更注重他得到的第一个消息。这样，当我们委婉讲到关于弊的第二个信息时，不但不会太大地削弱第一个信息的印象，相反，我方还会给对方留下坦率、真诚、友好的良好印象，从而使对方更易于接受这个利大于弊的方案。

（3）抓住时机，实例举证

谈判成功的一个重要方面在于把握时机，抓住有利的时机会给谈判者的说服工作增加成功的可能性。这里所讲的时机包括两个主要含义：一是己方要把握说服工作关键时刻趁热打铁，重点突破；二是向对方说明，这正是接受意见的最佳时机，人往往由于未能很好听取别人的意见，而失去了机会，把道理讲透，对方就会做出抉择。在抓住时机的同时能够用实例举证，讲一讲实证例子的具体情节帮助己方证明自己观点的正确，比如：在证明自己是否能够如期履约的问题时，只靠下保证或表决心是不能说明问题的，对方也不会信服。这时可在适当的时候，列举己方过去与某客商如期履约的实例，特别是如果能够举出自己在比较艰难的情况下仍如期履约的实例，这对说服双方相信自己是非常有效果的。

(4) 强调互利，激发认同

谈判中交织着冲突与合作的双重因素，没有冲突就不需要谈判，而没有合作，谈判中各执一端，冲突也无法解决。谈判是在双方互相合作、各得其利的基础上达成协议、解决冲突的。既然谈判的目标是满足各自的需要，在说服过程中就应尽量去发现对方的迫切需要或第一位需要。如果发现对方的需要正好与自己的提议有互相一致之处，双方就往往一拍即合。因此，说服工作要立足说明双方利益的一致性，淡化相互间的矛盾性，这样对方就比较容易接受你的观点。

谈判的成功与否取决于合作与冲突的强弱，强调利益的一致性比强调利益的差异性更容易提高对方的认知程度和接纳的可能性。因此，在谈判中，我们应当更多地强调双方利益的一致性与互利互惠的可能性，这样会有助于激发对方在自身利益认同的基础上接受你的建议。

(5) 恩威并施，刚柔相济

谈判中双方难免产生各种对立的意见分歧，作为谈判的双方既要维护自己的应得利益，又要满足对方的必要需求。因此无论是执意的强求、企望压服对方，还是一味的退让，对对方有求必应、百依百顺的做法都是不能达到互利互惠的合作目的的。有经验的谈判者应当根据己方的合理需求和对方的必要利益，凭借自己的实力、经验和技巧，实施恩威并施、刚柔相济的策略。在涉及己方应得的必要利益的问题上，应凭借己方的实力与优势，施展强攻的心理战术与语言策略，显示“刚”的威力，促使对方在这些问题上作出让步，实现己方的既定目标；而在涉及对方应得的必要利益问题上，则应理解对方的实际需要，作出必要的退让，向对方示之以利，动之以情，发挥“柔”的吸引力。这样，“刚”的威力在“推”着对方，“柔”的吸引力在“拉”着对方，说服的成功就有了双重的保证，达成的协议也体现了利益均沾的互惠性。

(6) 投人至好，取我急需

谈判的任何一方都必然是以满足自己的需要为主要目标，但任何一方都往往不可能全面满足自己的所有需求，而任何一方的各种需求也不是没有主次之分的。谈判者在谈判中往往着重就自己的第一位需求去千方百计说服对方，同时不得不以降低自己的其他次要需求，作出适当的退让为代价来达到满足主要需求的目标。因此，需要在说服过程中尽量去发现对方的迫切需要或第一位需要。如果我们发现了对方的迫切需要与我方的第一需求并不重合，那么我们就可以比较容易提出一个“投人至好，取己急需”的方案来，达到吸引和说服对方，一拍即合的良好效果。而如果万一双方的第一需要是重合的话，那么就要求双方在第一需要的问题上作出相应的退让，找出一个合适的接合点，或辅以对第二、第三……级需要的相应调整，这样的提议，也是有可能说服对方的。

(7) 设身处地，动之以利

爱因斯坦曾说过：人，是一种计算的动物。心理学家珂斯德里西说过：人类是计算加感情的动物。在谈判桌上，人们无时无刻不在计算自己一方获利的程度。因此，一个谈判高手知道，利益是说服对方改变想法的重要杠杆。谈判者对谈判成功的欲望，往往与他们从成交方案中获利的大小成正比。因此，我们要说服对方，就应及时地、适当地、有的放矢地强调某一提议的实施和这场谈判的成功对双方的好处，特别要强调切中对方第一需要的各项条件，从而去影响对方的思考权衡，进而影响谈判的结果。另外，在诱之以利的过程中，还要注意一个立足点的问题，即把思维与表述的立足点从己方转到对方的立场，让自我角色发生移位，把说服对象当作主体自我来评价权衡所提建议，设身处地阐明建议对满足对方需求的好处。这样做的好处在于它能使说服者的立场、角度与对方相一致，无形中缩小了与对方的心理距离，使对方对己方产生一种“理解我并为我着想”的印象，自尊心和求利欲都得到满足，就会对己方的说服产生较强的认同感。

(8) 多言成果，淡化争议

随着谈判按先易后难次序的层层深入，已解决的问题逐步增多，而重点问题的争议也会越来越激烈。为了更好地说服对方，我们应十分珍惜和充分运用已取得的谈判成果，这时不应单纯去强调未解决的争议问题甚至抓住一点，全线出击。而应注意通过重点、反复宣传已解决的问题，赞扬双方前阶段谈判的真诚意向和良好的合作气氛，展望“冬天的来临，意味着离春天已经不远”的前景，这样有助于增强对方合作的信心和决心，鼓励和说服对方始终以积极的态度互相理解，互相体谅，不断淡化争议，扩大战果，直至达成协议。

(9) 兼听为先，后发制人

当谈判进入关键阶段，关键问题上的分歧意见逐步显露，争议也会越来越激烈。这时候不宜操之过急，强加于人，因为争议已进入了关键性的讨价还价阶段，要说服对方，关键不在于你先强调了什么，多说了什么，而在于你能让对方相信什么。所以这时候我们不应急于去多发表意见，不应迫不及待地反驳对方，而应冷静地多去倾听谈判桌上的各种意见，从中找出双方的利益冲突和关键所在，找到双方可求之同与应存之异，然后再高瞻远瞩地提出自己较之前边任何一种意见更全面、更成熟、更易于为双方接受的方案。这样的方案常常最有说服力。

(10) 多言事实，少说空话

事实是人们可以凭借感官和经验予以验证的东西，“事实胜于雄辩”。研究证明：人的一切行为均与一定事实的经历和存储有关。在谈判中，有的人喜欢用空话、大话来炫耀自己的产品，什么“质量上乘”、“人见人爱”、“誉满全球”、“领导时代新潮流”，这除了给人以自吹自擂的感觉外，是不能说服对方的。为了说服对方，我们应力戒“肥皂泡”式的空话，而注意多用确凿的事实、有代表性的典型事实说话，让对方凭借自己的实践经验和独立思考来获取结论。

(11) 隐藏动机，反向说服

一般而言，要纠正因不满而产生的反抗态度，必须采用间接的说服方式，若直接施加压力，反而容易激起更强烈的反抗意识，这和拍皮球一样，在充满气体的皮球上施加压力，只会弹得更高而已。因此，说服者是处于不受说服对象欢迎的地位。原就心有不满的劝说对象，此时会更为不满。在这种情况下的说服工作，应该完全针对对方之“不满”而发。

(12) 双向结合，揉面说服

指把尚未解决的问题掺在已经解决了的问题中来说服。也就是说，为了顺利达成协议，在说服对方时，不要单纯强调未解决的争议问题，而结合已解决的问题一起来谈，这样可以增强双方合作的信心。但是这种说服方法不可以把相互抵触问题放在一起进行，这样只能使问题复杂化。

(13) 耐心说理，变换角度

说服必须耐心，不厌其烦地动之以情，晓之以理，把对方接受你的建议的好处和不接受建议的害处讲深讲透，不怕挫折，一直坚持到对方能够听取你的建议为止。在谈判实践中，往往会遇到对方的工作已经做通，但对方基于面子或其他原因，一时还下不了台。这时谈判者不能心急，要给对方时间，直到瓜熟蒂落。

说服工作要耐心，但耐心不等于谈判者反复唠叨已经陈旧和令人厌烦的问题，这样只能增加对方的抵触情绪，而不会收到什么好的效果。当说服的角度不对路时，谈判者应及时更换新的角度，寻找新的方法，再把说服工作有效地进行下去。

(14) 及时总结，做出结论

说服到一定程度，对问题该作结论之时，就不要推辞。与其让对方作结论，不如先由己方简单明了、准确无误地陈述出来。这对于那些经过双方反复讨论和修正的部分，及时作出结论是十分关键的。

### 6.2.4 谈判中的拒绝艺术

在谈判的过程中，当你不同意对方的观点，或对方提出难以答应的条件，甚至是无礼的要求时，必须要用拒绝的方式来答复。但是，如何拒绝呢？幽默大师卓别林曾经说过："学会说'不'吧！那你的生活将会好得多。"这里所说的学会说"不"，指的就是掌握拒绝的方法和技巧。

拒绝的方法和技巧很多，目的只有一个，那就是一个"不"字。但是一般情况下，我们不直接用"不"这个极具有强烈的对抗色彩的字眼，更不能以威胁的方式，甚至辱骂对方来达到自己拒绝的目的，而应该尽量把否定性的陈述以肯定的形式表达出来，这样既可以使对方觉得你的拒绝可以理解，又尽可能地减少了对方因拒绝而引起的不愉快，从而达到真正的交流和理解。

**1. 谈判口才中拒绝应把握的原则**

(1) 拒绝的态度要诚恳

凡是要提出拒绝，总是对自己不利，而对方则处于有利地位。这时提出拒绝，对方显然是不会高兴的。因而，拒绝者的态度必须十分诚恳。要让对方感到他已把你逼到了尽头，实在是无计可施。这时候，拒绝者还要表示对对方的要求充分理解，然后再加以拒绝。这使对方觉得你已尽力而为了。对方有了一种满足感，就会减少被拒绝后的不愉快。

(2) 拒绝的理由要充分

谈判者要使对方接受自己的拒绝，必须提出比较雄辩的理由，这样才不至于伤害对方，比如：讲明自己一方的处境，说明拒绝是毫无办法的。再如：从对方的角度谈拒绝的利害关系，阐明原因，容易得到对方的谅解。

(3) 拒绝的语调要婉转

在谈判中，拒绝的措辞一定要委婉含蓄。这可以缓解对方的情绪，给对方一个下台的阶梯和回旋伸缩的余地。因此，你在说话时一定要讲究策略，婉转一点，谦虚一点。比如，可以托故暂缓；如“待我们向领导汇报后再答复你吧”“我们暂且把这个问题放一放，先讲讲其他的问题吧”。也可以用暗示的方法让对方主动提出暂不谈判；还可以用婉转的口气说明继续谈判已无实效；或者可以表示深感遗憾等等。这样委婉地与对方商谈，就容易被对方接受，不至于伤了和气。

(4) 拒绝的方式要灵活

拒绝继续谈判，一定要运用灵活多样的方式方法。要处理得入情入理，有根有据。比如：你可以首先总结一下双方认同的问题，总结一下对方的意见，肯定一下对方的优势，再予以拒绝。也可以告诉对方，继续谈判费人力、费时间、费财力，又收不到实际效果，停止谈判是符合双方利益的，是出于对自己和对对方的尊重和爱护。这样，对方就不会产生怨恨之心了。

(5) 拒绝时不对对方加以否定

谈判中不要用否定对方的字眼。即使由于对方的坚持，使谈判出现僵局，需要表明自己的立场，也不要指责对方。你可以说：“在目前情况下，我们最多只能做到这一步了”。

(6) 拒绝时可以使用一些敬语，传递拒绝的信息

在谈判中使用一些敬语，也可以表达你拒绝的意愿，传递你拒绝的信息。

所以，当你想拒绝对方时，可以连连发出敬语，使对方产生“可能被拒绝”的预感，形成对方对于“不”的心理准备。

(7) 拒绝时，避开实质性的问题，故意用模棱两可的语言作出具有弹性的回答，既无懈可击，又达到在要害问题上拒绝作出答复的目的。

总之，谈判中拒绝对方，一定要讲究策略。婉转地拒绝，对方会心服口服；如果生硬地拒绝，对方则会产生不满，甚至怀恨、仇视你。所以一定要记住，拒绝对方，尽量不要伤害对方的自尊心。要让对方明白，你的拒绝是出于不得已而为之，并且感到很抱歉，很遗憾。尽量使你的拒绝温柔而缓和。

**2. 谈判中的拒绝技巧**

谈判的过程，是一个充满着允诺与拒绝的过程。在谈判中，允诺与拒绝是相辅相成的。就同一场合、同一事物的同一方面看，既然作出允诺，就不是拒绝；如果拒绝了，就没有允诺。但是从另一种意义上看，作出某一允诺就等于拒绝了更高的要求；而某一拒绝却可能会换回对方不得已而作出的允诺，或者也可能意味着己方在其他问题上的允诺，因此，拒绝是谈判中一项难度较高的专门技巧。谈判者需要认真掌握，才能在谈判中应用自如、得心应手和稳操胜券。下面介绍一些拒绝的技巧。

(1) 间接拒绝法

有时候由于种种原因，难以正面拒绝时，那么可以采用或强调客观或沉默不语或含糊其辞等方法予以拒绝。

1) 强调客观。当对方的要求超过己方所能同意的程度，而运用其他方法仍无法摆脱对方的纠缠时，不妨把对方“进攻”的目标分散到若干个他也无法解决的方面，即强调要满足其要求存在一些自身和社会无法解决的客观条件，表示己方力不从心，爱莫能助，从而使对方在放弃纠缠的同时对拒绝给予谅解。

2) 沉默不语。一般而言，在对方提出要求以后的沉默不语，要么是在表示考虑，要么就是表示拒绝了。因此，在交谈中以沉默不语来传递这个无形的“不”字，对方是可以

感觉出来的。

应用沉默不语拒绝时，往往会辅以某些相应的体态“语言”。如：中断微笑，皱眉头，双手在胸前交叉而双脚重叠、目光旁视以表示对方的要求无法考虑等。当然，采用沉默不语拒绝法要慎重，只是当其他有声语言方式不奏效而对方继续纠缠不休时，才适于用此方法，此时则是“无声胜有声”了。

3）含糊其辞。不是明确地拒绝对方，而是用含糊不清的答复使对方从中感觉到你对他的要求不感兴趣，从而达到巧妙的拒绝效果。其中包括以下一些方式：

①笼统式。以不具体、不清晰、语意含混不清的答复来间接传递拒绝的信息。例如：某中学的总务科长在一个温文尔雅、热情认真的家具推销员面前不忍心直言拒绝，而是这样说：“你们的课桌确实不错，只是我也弄不清究竟怎样的课桌更适合现在的中学，据说有关部门会有一些新的研究结论，不过，我的信息也太不灵了。”语气之中，使推销员听出了“不买”的表态，但要继续说服，什么是“研究结论”又是一个十分笼统模糊的概念，无法进一步讲，只好作罢。

②抽象式。通过把话题不断抽象化，让对方乍听似乎引入了与要求关系密切而又十分重要的另一个问题，但听下去才发现已被一大堆如烟雾般的抽象术语所包围，想理也理不清，只能带着模模糊糊的心理停止再提要求。据说：美国的超级市场曾用此法来对付上门抱怨商品质量或价格而喋喋不休的妇女们，用一般人难以听懂的抽象的专门术语，似乎在非常热情和细心地予以解释，而又让听者越听越是迷迷糊糊，无法再提要求了。

③两可式。运用一些模棱两可的语言，对对方的要求似有肯定因素，又似有未能肯定的因素，让对方既感到自己的要求得到了某些方面和某种程度的理解，从而不容易引起反感，同时又让对方意识到要求并未得到允诺，从而达到含蓄拒绝的预期目的。如：外商来华谈判时往往提出要参观某些保密的企业，己方接待人员就可以回答说：“你们的要求我们完全理解，通过参观交流可以听到你们的宝贵意见，但是这家企业以往还没有接待参观者的经验，我们再联系一下，如果可以的话，我们会通知你们。”以达到婉拒的目的。

（2）反馈婉拒法

对于谈判中那些只顾自己、不顾对方利益的过分要求以及失实的无理批评，最好不要拍案而起、迎头痛击，更不要用带有教训、嘲弄或挖苦的口气去刺激对方。有时候运用反馈婉拒的方法，即针对对方要求，提出问题或反馈对方，往往可以取得较好的效果。下面列举三种反馈婉拒的具体方法：

1）回以自解。当碰到一些不需要或不便于直接回答的明知故问时，可以运用回以自解的方法拒绝回答，犹如把问题像反弹乒乓球一样“弹”回给对方。例如：

一次，某国大使举行记者招待会。一位记者问：“你在给你的同胞的信中说贵国已经不再是独立自主的国家，而是附属于外国。你说的这个外国是谁?”对这一不无他意的明知故问，大使机智地回答道：“你问的这个外国是谁，我可以说，即使我不讲，所有的人都知道它是谁。”这样既不授予对方以话柄，又进一步强调了该国附属于这一超级大国的众所周知的事实，真是“此时无言胜有言”。

2）指明方向。即在拒绝对方要求的同时，说明对方为了得到所求而应作的努力，这样就使对方留有希望，从而减少受到拒绝而产生的不满与失望。

《成功的人际关系》一书的作者威廉·雷利在谈及怎样处理下属希望晋升而其本身条件又不具备时，曾对企业主管们提出以下指明其努力方向的建议：

“是的，乔治，我理解你希望得到提升的心情，可是，要得到提升，你必须使自己变得对公司更重要。现在我们就来看一下，为此我们还要干点什么……”

这种指明方向的拒绝在谈判中有时也很能起到作用。

3）反问婉拒。针对对方的一些不切实际的要求，问上一连串的“为什么”，这样可以拖延和争取时间，寻找对手所持理由的破绽，探知对方行为的真正动机。

例如：某公司与投资者进行谈判时，对方把一份使公司无利可图的协定草本交给公司，代表公司与投资者谈判的人员明知不妥，却不动声色，平心静气地问对方：“按协议执行，我公司的 1000 万元资金在两年内岂不全无收益吗？第三年情况也不一定会好转。本公司投入资金的合理利润问题将如何解决，请帮助我公司想想办法。我很希望本公司的 1000 万元资金在两年内也获得与贵方同样的 20％的毛利。我的要求是否过分？有劳随时指教。”这样一问，对手就会知道，公司的谈判者并非他原来所想的无能之辈，开始感到自己的要求太过分了，从而表示放弃。

反问婉拒实际上是诱使对方自我否定，达到己方拒绝对方建议的目的。

（3）自我拒绝法

当对方在谈判中使用各种计谋想把己方引入瓮中之时，己方不应采取当面的揭露、抗议的手法，也少用批评性词汇，而应多陈述自己的感想与期望，由于这种方法意味着自己对对方的信任，因而有利于事实的澄清和对真正利益的捍卫。

例如：甲方发现乙方草拟的供货合同文本中，利用了语言学上的技巧，在交货保证条件上作了与几天来谈判已达成的意向不同的修改，甲方就运用了自我拒绝法，说道：“交货的保证条件这样写，我怎么总感到它与两天前的一致意见不尽相同……”这种运用自我感觉表示拒绝的方法，含蓄有力，往往使对手也难以否认。

（4）补偿拒绝法

考虑到如果斩钉截铁地拒绝对方，会引发寻求报复、反唇相讥等不良后果，因此在答复拒绝的同时，在心理需求上或物质利益上作出稍微的补偿，以平衡对方因失望而带来的心理不平衡。

例如：双方就合同价格进行谈判，业主提出：“合同总价能否下降 10％？”承包商代表回答说：“如此大的降价我实在无权决定，这样吧，价格就不再变动，我给你们，免费提供施工现场的办公场所，好吗？”这就是以在某一范围外的让步来求得某一范围内的拒绝。

（5）赞赏拒绝法

当人们的意见被否定时，他们期望得到尊重、赞扬与理解的要求也会越加强烈，因此，为了在拒绝对方时尽量照顾对方的自尊心，避免对抗心理的产生，可从对方的意见中找出双方均不反对的某些非实质性内容，对对方加以适度的赞赏，突出双方的共同点。显示对对方的理解与尊重。接着，再对双方看法不一致的实质性内容进行阐述、启发和说服对手。

例如：可采用以下一些话语：

“是的，你在那件事上当然是正确的，但是，另一方面……”“你没错，假如我站在你的位置上，我也会这样说，但是……”

### 6.2.5 谈判中的赞美艺术

一般来说，赞美的话人人爱听，相信没有人会因被赞美而生气。根据某项调查显示：如果下属做错了事，上司当面责备下属：“这是怎么搞的！你干了几年了？重来！”下属中产生负面效应的约占65%，如果上司改用赞扬的口气：“嗯！做得相当不错了！如果再把这唯一的缺点改掉，相信会更加完美。”这样一来，员工中产生正效应的能在87%左右。可见，赞美别人产生的力量有多大。难怪美国著名作家马克·吐温曾不无夸张地说：“仅凭一句赞美的话语就可以活上两个月。”

人们受到赞美，都会心情愉快，信心大增，认为自己受到了肯定，同时，对于称赞者也容易产生好感，这样就为谈判双方缩短距离，密切关系，进行心灵沟通打下了很好的基础。所以，永远不要吝惜给予别人以夸奖。下面有这样一个实例：

美国华克公司在费莱台尔亚承包修建一座办公大楼，项目进行的很顺利，整个工程就要进入装修阶段了。这时，负责大楼外部装饰铜器的工厂却突然通知他们不能按期交货。这样一来，整个工程进度就要受到影响。如果不能按合同的要求准时完工，华克公司将蒙受巨大的经济损失。公司通过长途电话反复交涉都遭到了拒绝，最后决定派高先生前往纽约与该工厂谈判。

高先生从一见到工厂的经理就开始称赞对方，他说：“你知道你的姓名是在勃罗克林独一无二的吗？”

经理诧异地说：“不知道。”

高先生说：“哦，我今天早晨下了火车，查电话号码簿找您的时候，发现整个勃罗克林只有你一个人叫你这个名字。”

“我从不知道，”经理很高兴，“嗨，这真是不平常的姓名，我的家庭是二百多年前从荷兰迁到纽约的。”接着他开始谈论他的家庭和祖先。等他说完，高先生又恭维他拥有一个多么大的工厂，并且告诉他：“这是我所见过的最清洁的一个铜器工厂。”经理更加高兴：“我用一生的精力来经营这项事业，我为它自豪。”他表示愿意带高先生参观他的工厂。参观过程中，高先生夸奖工厂的构造系统，并向他说明比别的工厂好在哪里，又夸奖了几种特别的机器，经理自豪地告诉高先生，那是他自己设计的。他给高先生介绍了产品，又坚持请他吃午餐。吃完饭，经理说：“没想到我们的交往会是这样愉快，你可以带着我的许诺回费莱台尔亚去，即使别的工期拖延，你们的也保证按期交货。”

高先生的称赞，满足了经理的心理需要，经理自然也会给高先生满意的回报。这个事例，充分说明了赞美能收到很好效果。

**1. 如何把赞美之词用在点子上**

赞美虽然是一种卓有成效的交往艺术，但决不是随便说几句好听的恭维话就能奏效。赞美的话人人爱听，可并不是人人会说，说不到点子上，会让对方感觉你是在敷衍他，戏弄他，甚至嘲讽他，就会对赞美者产生厌恶感。那么，怎样才能把赞美之词说到点子上，真正发挥赞美在谈判中的效果呢？

（1）赞美应该具体化

赞美别人时，如果使用词语不具体、不明确，而只是含糊笼统，就会使你的赞美大打折扣，如“你是位很优秀的领导者”，或“你的工作做得很好”，或“你这人真好”之类的话，由于没有涉及赞美的原因就会因没有讲出充足的令人信服的证据，别人听了可能会产生误解，甚至窘迫反感，感到赞美者是在屈尊俯就，是别有用意的恭维与敷衍，或者会引起对方的误解而盲目自满。

如果你能用具体的语言去赞美对方，就证明你非常了解对方、敬重他的长处。这样你的赞美就显得真切实在，而对方也会因此而接受你的赞美。所以，要赞美他人千万不可笼统概括，必须具体指出你所喜欢的对方的言行，这些言行给你带来的帮助以及你对这些帮助的感受。比如：赞美一个人工作好，可以说：“噢，这么多工作你一下午就干完了，有你在，我就可以放心了。”

因此，应当把赞美的内容具体化。要做到这点，最好能够明确赞美的三个基本因素：你喜欢的具体行为；这种行为对你的帮助；你对这种帮助的结果有什么感受。

（2）赞美要有真实性

赞美要发自内心，出于诚意，具有真实性，这也是赞美与阿谀、奉承、谄媚的根本区别。后者是出于一己的私利，为了投人所好而不顾事实地唱赞歌，这是一种言不由衷、巴结逢迎的投机行为。比如对方在某处表现并不突出，却一味违背事实地夸赞，那只能让人觉得肉麻。虽然我们把赞美他人当作谈判的一种策略，使得这种赞美有了功利性，但是在运用这种语言策略时一定不可虚情假意，勉强做作。真诚的赞美是为了相互交流，共同协作，以事实为依据，向对方表达一种内心强烈的“美感”的冲动，表示对对方某些真善美的东西的欣赏与钦佩。因此赞美应该是诚恳的、认真的，是发自内心的热情称赞。只要是真心的，那么即使你的赞美有些不妥或言不及意，也会产生迷人的效果。

真诚的赞美，必须以事实为依据，切忌信口开河，言过其实。有美才有可赞，大美大赞，小美小赞，不美不赞。因此赞美应该恰如其分，朴实得体。

（3）赞美要因人而宜

在日常生活中，由于人与人之间在为人、性格、能力、气质、风度方面各不相同，因此在赞美时还要因人而宜，切忌千人一面。人们身上美好的东西，千姿百态，各具特色。即使是同样的优点，其表现形式也各具情态。再加上人们对赞美的需求心理也不一样，有人希望公开赞美，有人希望个别鼓励，有人期望赞美其精神，有人则希望赞美其才能。对于这些，应当因人、因情制宜，各得其所。赞美恰当，听者会心情愉悦，拉近双方的距离，明确关系，反之，赞美不当，令人尴尬，会起到相反的作用。

（4）赞美要独到

在赞美他人时，一定要与众不同地找出他人值得赞美的优点和长处。每个人都有自己的优点和长处，许多人还取得了令人瞩目的事业上的成功。如果赞美一些众所周知，显而易见的东西，很难打动对方，应该找出那些不为人知，但他本人却很有信心的部分加以肯定和赞美。这样一来，对方一定会喜在心头，照单全收。

要找出他人与众不同的值得赞美的优点和长处，并不一定必需是那些令人瞩目的成就。有时，一个人有些毫不起眼的优秀品质，也许他自己也觉得“不足为外人道”，或者连他自己都没有意识到，如果你能挖掘出来，并对他说明，往往会令对方更为高兴，很容易把你引为知己。所以，永远不要因为对方的长处微不足道而不敢夸奖。

那些世人皆知的优点和长处，由于被赞扬了很多次，已经成了公式化、定型化的东西，根本不可能引起被赞美者的喜悦。而出其不意地被人点出自己的浑然不觉的长处时的那种喜悦，才是真实的，新鲜的，才会产生效力。

(5) 赞美要有明确性

很多人受我们民族传统思想的影响，不习惯当面对别人进行称赞。他们认为当面赞美人就是拍马屁，所以他们即使是出自真心地称赞别人，话出口也总是很害臊的样子，吞吞吐吐，欲言又止，影响了赞美的效果。其实，赞美和拍马屁是完全不同的两回事，拍马屁是寡廉鲜耻之徒为达一己之私利和其他卑劣目的而谄媚他人，以博青睐的手段。拍马屁者口是心非，无中生有，不顾现实，无限拔高，令人作呕。夸奖他人的同时，完全丢掉了自己的人格和良心。而真正的赞美不是违心的，是发自内心的对他人某种长处的肯定。

每个人在生活和工作中都有其各自不同的成就，有其引以为自豪的东西，有值得我们学习和敬重的地方。真诚的赞美就是把我们对一个人的长处的敬重之情如实地表达出来。这丝毫不会违背我们的良心，降低我们的人格。相反，我们的心灵还会因此得到美的陶冶，这又何乐而不为呢?

值得注意的是，如果在赞美别人时不好意思，吞吞吐吐，会让对方觉得你在捉弄他，这样的赞美还是不说为好。

(6) 赞美要审时度势

赞美别人首先要审时度势，把握有利时机。时机有利，赞扬会事半功倍；不合时宜，则会事倍功半，甚至适得其反。

抓住赞美的时机可注意以下三个阶段：一是开始阶段，这时应注意对方的良好动机、合作的苗头、上升的势头等并及时予以赞美。这将有助于启发对方更加明确宗旨，发扬优点，坚定信心。二是中间阶段，这时应注意对方的成绩和交流，及时予以表扬鼓励，这将有助于对方发扬成绩，再接再厉，夺取全胜。三是结尾阶段，这时大功告成，业绩显露，应当予以全面肯定，充分赞扬，而且应进一步从理论上、规律上加以概括总结，这将有助于把感性的体会上升为经验，为以后双方进一步扩大合作打下基础。

**2. 赞美的有效方法**

在人际交往中，恰当的赞美话语更是一种密切人与人关系，消除隔阂，增加双方亲近感的“润滑剂”，也是激励别人的有效方式。

按照赞美的目的、内容和对象的不同，赞美的方法可以划分为以下不同的类型：

(1) 按照赞美的范围和对象可以分为：

1) 个别赞美法

即当着对方的面，单独地赞美对方的长处与成绩。其好处是可以赞美对方某些不愿意让更多人知道的“秘密”，而且可以用促膝谈心的方式进行，显得格外真诚和亲切，有利于引入更加广泛深入的思想感情交流。

2) 当众赞美法

即在公众场合，对某些人予以公开赞美。这种赞美由于影响面广，能使赞美对象获得更强烈的荣誉感和满足感，因而有更大的激励作用。

3) 间接赞美法

即在当事人不在场的情况下，向别人赞美当事人。其好处除了能给更多的人以榜样的激励作用外，还能使被赞美者感到这种赞美的真实和诚意，从而增加了对赞美者的信任感。

(2) 按照赞美的方法特点可分为：

1) 直言赞美

即毫不含糊地直抒自己对对方长处的肯定与夸奖之情。其好处在于直言相告，显得格外大方热情、真诚自然。

2) 前景赞美

有时对方的长处并不很突出，如果小题大做，直言赞美，容易言过其实，使对方感到只是违心的恭维而引起反感。但是如果能够抓住对方的一些好的苗头，以他如此发展下去的美好前景为由给予赞美，这就不仅能使对方感到这种赞美是实事求是和真诚的，而且有利于坚定其信念，树立目标，更加努力地为实现这一美好前景而奋斗。

3) 对比赞美

经过同类事物的对比，显出事物的高低优劣后，对比其他事物的短处，突出对方的长处，并由此对其进行赞美式的评价。这种赞美方法有利于让对方肯定和发扬自己的长处，树立克服短处的信心。

4) 反向赞美

"金无足赤，人无完人"。当看到对方由于各种原因出了某些差错时，与其就其失误部分予以指责，不如对其成功部分进行赞美。这往往可以使对方在感到赞美者对自己的理解、信任和宽宏大量的同时，产生更深刻的自责感，从而暗下决心将功补过。

当然，运用反向赞美法，要观察事物的背景和对象的实际情况，对于那些性情懒散、缺乏自尊与自责的人，就不能单用反向赞美来代替批评。另外，运用此法还要注意适度。如果对方明明全错了，却偏要牵强附会地拼凑一些理由来赞扬，那只会使其感到是一种讽刺与侮辱，效果就适得其反了。

### 6.2.6　谈判中的模糊语言艺术

模糊语言艺术，是指运用不确定的或不精确的语言准确表达思想、情感的技巧。这是谈判中常用的一种语言艺术。

**1. 模糊语言在谈判中的作用**

模糊语言在不同背景、场合、氛围中，因说话者表达的目的和要达到的效果不同，其作用也有所不同。这里只讲两点：

(1) 模糊语言能够应对谈判中一些尴尬乃至困难的场面

在谈判中时常会碰到一些不想让对方知道自己的真实意图，并对自己的表述没有肯定的把握和信心时，常会运用模糊语言，使一些难以回答、难以说清的问题变得容易起来。

例如：项羽自称霸王后，想谋杀刘邦。范增出主意说："等刘邦上朝，大王就问他：'寡人封你到南郑去，你愿不愿意去？'如果他说愿意，就说明他意图养精蓄锐，有谋反之心，可以绑出去杀掉；如果他说不愿意，你以违抗王命杀掉他。"陷阱设好后，一场政治谈判就这样开始了。

刘邦上殿，项羽一拍案，高声问道："寡人封你到南郑去，你愿不愿意去？"

刘邦答道："臣食君禄，命悬于君。臣如陛下坐骑，鞭之则行，收辔则止，臣惟命是听。"

项羽一听，无可奈何，因为刘邦的回答使用了模糊语言，既不说愿去南郑，也不说不去南郑，而是"鞭之则行，收辔则止，臣惟命是听"。这种模糊语言的使用，就使刘邦化解了政治谈判中的一道难题，从而绕开了一个陷阱。

(2) 模糊语言能够增大语言的容量，加强表达效果

在谈判过程中，许多用明确语言难以表达的意图，使用模糊语言后，使事物得以充分恰当地表述出来，大大地加强了表达的效果，同时模糊语言半隐半显，似是而非，又引发人们思索，包含着广博的内容和深刻的含义。

例如：1972 年 5 月，在维也纳一次记者招待会上，《纽约时报》记者马克斯·弗兰克尔向基辛格提出美苏会谈的程序问题："到时，你是打算点点滴滴地宣布呢，还是来个倾盆大雨，成批地发表协定呢?"

基辛格说："我明白了，你看马克斯同他的报纸一样多么公平啊！他要我们在'倾盆大雨'和'点点滴滴'之间任选一个，所以我们无论怎么办，总是坏透了。"他略为停了一下，一字一板地说："我们打算点点滴滴地发表成批声明。"

记者的提问使用了模糊语言："点点滴滴"、"成批地"，企图迫使基辛格就范。但基辛格看出了他的用心，先用反语，其实也是模糊语言"公平"，进行讥讽。然后话锋一转，来了个更大的模糊："我们打算点点滴滴地发表成批声明"，将两个完全不同或者说完全对立的概念揉在一起，既是以牙还牙，又使对方无隙可乘。不过，究竟怎么办，谁也说不清，让记者先生自己去思考好了。

**2. 模糊语言的特点**

模糊语言是人们运用语言要素中的若干模糊特点，准确表达思想、情感并进行交流的一种有效方式。由此可见，要在谈判过程中运用好模糊语言，就必须把握好它的如下特点：

(1) 表达的不确定性

模糊语言的表意不确切性是其主要特征。这既是语言本身的特征，也是人们在交往中有意识地使用这一特征造成的。为了某种特定的需要，不作明确的特指，而是或推诿，或估计，或猜测，或希望，或暗示。

(2) 在语境中的灵活性

模糊语言是一种具有灵活特征的语言，它可以充分显示出说话人驾驭语言的主观能动性，可以较恰当地表现客观事物在各种状态下的不确定性。

例如：外交中常使用："这个部分很重要，我们将注意研究。"

这是在外交场合特定语境中的模糊应答，"重要"一词在这里是中性的。既不是肯定，也不是否定，至于什么地方重要，为什么重要，重要的含义和倾向性是什么，一概不做解释。因此，这个词语在这里表现出极大的弹性，是不确定的，相当模糊的。后面的"将注意研究"，就更具有主动性和灵活性。一个"将"字，是时间上的不确定。如果换成"立即"、"马上"一类的词语，就没有这个"将"字来得有味道，来得主动；与"注意研究"这个词组搭配更能体现发言人的策略和分寸。同时又在词意的连续性上适当地补充了"重要"的含义，它告诉记者."重要"的内涵需要"研究"之后才能说清，现在不能说。

模糊语言的巧妙，在很多情况下，都体现了说话人的机智、灵活和分寸感。这就是为什么说模糊语言是既模糊又准确的原因：其语言是模糊的，但说话人要说的意思是表达得非常清晰准确的。

**3. 模糊语言的主要类型**

（1）宽泛模糊语言

模糊的语言是用含义宽泛、富有弹性的语言传递主要信息的方法。其语言结构往往是：较明确的词语加模糊词语。

（2）回避式模糊语言

回避式模糊语言，是根据某种场合的需要，巧妙地避开确指性内容的方法。

中美 1972 年联合发表的上海公报中“台湾海峡两岸的中国人，都确认只有一个中国”。在当时美国与“台湾当局”尚未断绝正式外交关系、未与中华人民共和国建立正式外交关系的情况下，使用这样的模糊语言，巧妙地回避了双方都十分敏感的台湾问题，既明确了美国只承认一个中国的政策，又回避了当时哪方代表中国的问题。

（3）选择式模糊语言

选择式模糊语言，是根据不同的交际目的，用具有选择性的语言来表达的方法。

譬如：我们邀请谈判伙伴来谈判可使用“适当的时候”，或“方便的时候”，“尽早来我处洽谈”，或“本月中旬或下旬”等，都属于选择式。给对方以选择的余地，表示尊重对方。反之，如果不使用模糊的语言，限定“某月某日”，那不是邀请，而是命令，抑或是最后通牒，显然更不合适。

### 6.2.7 谈判中的委婉艺术

委婉，是谈判语言中的“软化”艺术，又称婉转或婉曲。在谈判过程中，总会有一些使人们不便、不忍或语境不允许说的话，便采用委婉的语言艺术。这种社会交际中的缓冲方法，能使本来是困难的交往，变得顺畅起来，让对方在舒坦宽松的氛围中接受信息。

**1. 委婉在谈判中的作用**

修辞学家陈望道说过：“说话时遇有伤感意厌的地方，就不直白本意，只用委曲含蓄的话来烘托暗示的，名叫曲辞。”这一段话将委婉的作用说得十分明白和清楚。这就是说，说话的人在遇有不便直言的情况下，故意说些与本意相关或相似的事物，来烘托本来要说的意思。具体到谈判过程，委婉的作用表现在以下几个方面：

（1）委婉的语言能协调谈判双方的关系

委婉的语言，既能为谈判双方和人际交往创造一个良好的气氛，而且也有助于调谐人际关系，使各方都处于精神松弛、心情愉快的良好状态。

（2）委婉在谈判中起到曲径通幽的作用

无论公园里的小路如何弯曲，大都是人为制造的，目的是为了引导游人到达更幽静的去处，故意造成“山重水复疑无路”的意趣，然后让你领略“柳暗花明又一村”的境界。换言之，委婉的作用，亦是为了达至某种目的，只不过是“曲径通幽”罢了。

例如：一位顾客坐在高级餐馆的桌旁，把餐巾系在脖子上，经理对此很反感，叫来一个招待员说：“你让这位绅士懂得，在我们餐馆里，那样做是不允许的，但说得委婉些。”

招待员走到这位顾客桌前，有礼貌地问道："先生，你是刮胡子，还是理发?" 客人意识到了自己的行为不得体，从脖子上摘下了餐巾。

招待员说话虽然绕了一个弯子，但却实现了交际目的，这就是曲径通幽的语言艺术。

（3）委婉的语言能引起人的重视，发人深省

委婉的语言亦可以用以批评他人，不仅不伤对方的面子，而且意蕴深刻，发人深省。

例如：一位作家对厨师说："你没有从事写作，因此你无权对我的作品提出批评。"厨师却说："我这辈子没有下过蛋，可我能尝出炒鸡蛋的味道，母鸡能么?"

厨师的回答通俗、生动、深刻，含蓄地驳斥了作家的粗暴指责，同时又对作家的无知进行了有力的反击，委婉、幽默，发人深省。

（4）委婉的语言能显示出说话者自身的修养

委婉的语言，往往比较隐约，含蓄。它的思想和情感容量也比较大，细细品味，含有更深切的意蕴，启迪人们作深层的思考。

例如：1948年奥斯卡金像获得者——男演员华德·赫斯顿以影片《碧血金沙》获最佳男配角奖。有趣的是这部影片的导演恰好是他的儿子约翰·赫斯顿。华德在领奖时说："很多很多年以前，我养了一个儿子。我对他说：'如果你有朝一日成为作家或导演，请你为你的爸爸安排一个角色。我的天！他居然做到了。"

获奖者不自吹自擂，却褒奖自己的儿子，委婉地表达了自己对儿子的爱，别致、风趣，又透着含蓄和深沉。当然，作为获奖者，无论是从获奖角度，还是从做父亲的角度，这样说更具风采，显示了自己的风度和教养。

**2. 委婉口才的表达技巧**

（1）直意表达法

在某种情境中，不便直接说出本意，可做曲折表达，让对方在回味中理解你要说的意思。有时曲折表达比直接说出本意更好。

例如：一次，丘吉尔的同事，保守党议员威廉·希克斯在议会上演讲，看到丘吉尔一个劲地摇头，便说："我想提请尊敬的议员注意，我只是在发表自己的意见。"丘吉尔对答道："我也想提请说话者注意，我只是在摇我自己的头。"

希克斯想说的本意是：丘吉尔先生，您不应当阻止不同意见的发表。而丘吉尔想说的本意是：希克斯先生，您不应当阻止别人对您的意见的评论。可他们两人都直意曲达，委婉含蓄。

（2）闪烁隐约法

为了某种需要，讲话的言语有时故意表达得不甚清楚、明了。但对方对此信息的接受照样明白无误。

例如：两位热恋的青年男女在荫房往架上挂葡萄，他们一边劳作，一边进行着婚姻谈判。婚姻谈判应是世界上最玄妙的谈判，男青年因急于明确婚姻关系，就借晾葡萄对女方说："既然熟了，为什么又要晾起来呢?"女青年听懂了对方的话，表面说葡萄，实际是说两人的婚事。于是女青年也用委婉语言，隐约闪烁地回答说："你没看见吗，还有不少水分!"

这种不直不露、不明不白、闪烁其词的语言，是说话者故意造成的，实际上其意谁都明明白白，颇具只可意会不可言传之妙。但它必须隐而不晦，巧而不滑。

委婉的语言，常从侧面切入，暗中点明自己要说的主要意思。

(3) 刚柔相济法

委婉不等于柔若无骨，而是柔中有刚，刚柔相济。“阳刚者气势浩瀚，阴柔者韵味深美。”

(4) 意趣柔美法

委婉的语言，往往意深情浓，伴有幽默，颇有趣味，令人回味无穷。

(5) 讳饰遮掩法

讳饰式委婉语言，是用委婉的词语表示不便直说的话或避免使人感到难堪的方法。

由于国际工程谈判涉及经济利益，在谈判中亦不宜老提“钱”字，最好婉转地避开，以免伤感情。

(6) 借用代替法

借用式委婉语言，是指借用一事物或他事物的特征来代替对实质性问题的直接回答的方法。

(7) 曲语含蓄法

曲语式委婉语言，是用曲折含蓄的语言和商洽的语气表达自己看法的方法。在谈判或人际交往中，有时需要心直口快，有时则需要直话曲说。

## 6.3　谈判语言表达的谋略与技巧

谈判，是知识、智慧和才华的较量，也是谋略的实施和演绎。语言，作为实施和演绎谋略的一种工具，则存在于谈判的全过程之中。为了取得谈判的成功，必须充分运用谈判中的语言表达的谋略及技巧。古往今来，人们在谈判实践中总结出了一系列谈判中的语言谋略与技巧，提出了许许多多运用语言克敌制胜，摆脱窘境最终取得谈判成功的方法。学习和借鉴这些方法，对于我们掌握国际工程承包项目谈判口才艺术，是大有裨益的。

**1. 针锋相对法**

在唇枪舌剑的谈判中，针锋相对的方法是经常运用的。当双方涉及核心及实质问题时，往往要据理力争，针锋相对，不轻易在原则立场上让步。

所谓针锋相对，并不是大吵大嚷，指着鼻子骂人。而是必须摆事实、讲道理、逻辑严密、语言有力。

例如：电影《风雨下钟山》里有这样一个情节：以周恩来为首的中国共产党代表团与以张治中为首的国民党代表团在北平举行谈判。当谈判接近尾声时，传来了人民解放军占领南京的特大喜讯。消息传来，在谈判现场张治中无可奈何地叹息道：“这是天意如此!”周恩来认为张治中的话没有肯定人民革命的力量，也没有揭露出国民党政府不得人心而必然走向灭亡的实质，于是把张治中的这句话换了一个字，针锋相对地反驳说：“不，这是民意如此!”

在这个细节上，周恩来也巧妙地运用针锋相对的谈判语言技巧，点出要害，以一字之改把国民党反动派必然失败，共产党领导的全国人民必然取胜的道理昭然揭示，无可辩驳。

可见，这种针锋相对技巧的运用，常常是从对手在语言上的自身表现入手，机敏地加以改动，在要害点反击对手，阻击对方的攻势，进而战胜对方。

**2. 步步为营法**

谈判中应时刻注意牢牢地掌握谈判对手的说话内容，一步一个脚印地沿着他所说的话大作文章，步步为营，环环紧扣，这就叫步步为营法。使用这种战略战术，能够促使谈判走向成功。

比如某业主对承包商这么说："我希望我们的住宅工程是一个人人喜爱的优质产品，而你们好像具备这种能力或条件。"

承包商马上接着他的话说：

"假如我能够提供质优的住宅产品，你会发包给我吗？"

这是一种将话就话的方式，这种谈话模式对推销有很大好处。就上面一段话，承包商抓住业主所说的话而大作文章，给他提供一个符合他条件的住宅，首先满足他的需要。这时，他事先说过的话就不好反悔了，否则就会感到十分难堪。这样的情况在国际工程承包项目的谈判中时常发生。

**3. 激将法**

用语言刺激对方，激发对方的某种情感，使对方发生情绪波动，从而下决心去做某种己方希望去做的事，就是谈判中常用的激将法。

诸葛亮可以说是运用激将法的能手。《三国演义》第四十三、四十四回中诸葛亮孤身去江东谈判，以实施联吴抗曹的战略，用激将法接连说服孙权、周瑜的精彩情节，真可谓是脍炙人口，妇孺皆知。

在现代经济谈判中，运用激将法取得谈判成功的例子也有很多。

例如：在商店我们经常会遇到这样的情形，顾客指着柜台里的某件物品要看一看，售货员用鄙夷的口气说：

"这个要×××元呢！你想买吗？真想买我就给你拿！"

其实，这时售货员就是有意无意地使用激将法，表面上他是在介绍产品的价钱，而言外之意很明显，买不起就别让我白白拿来拿去。这分明是在讥笑顾客没有这个购买能力。对一些年轻气盛或争强好胜的顾客来说，这无异于当众挨了一个耳光："连售货员都敢看不起我。"他们被激怒了，为了证实自己的经济实力，立刻倾囊而出，买下本来可能并不太中意的商品。其实，他们恰恰上了售货员的当，让售货员达到了卖出商品的目的。

这种激将法与我们所说的激将法相比，有很大的副作用，它虽然达到了推销商品的目的，但却用挖苦、贬损的言语伤害了顾客的自尊心，给顾客留下很不愉快的印象，以后他肯定不会再光顾这家商店。所以，这样的激将法，实际上，损害了商店的形象，堵死了以后的商路。

运用激将法一定要因人而异，要摸透对方的性格脾气、思想感情和心理。对自卑感强，谨小慎微，性格内向的人，不宜使用此法，因为这些人会把那些富于刺激性的语言视作奚落和嘲讽，因而消极悲观，丧失信心，甚至产生怨恨心理。对那些老谋深算，富于理智的"明白人"，也不宜使用这一方法，因为他们根本不会就范。同时，还要掌握好刺激的火候，火候不足，语言不疼不痒，激发不起对方的情感波动；火候太过，会造成很大的心理压力，诱发出逆反心理，对方就会一味固守其本来的立场、观点。

**4. 循循善诱法**

在谈判中，常会碰到对手对你提出的观点或建议表示怀疑。在这种情况下，运用循循善诱的方法往往能使对方的想法逐步与你接近，思路与你同步，促使谈判成功。

循循善诱的特点就是紧紧抓住对方的心理，站在对方的立场上阐述自己的见解。这样的语言表述容易使对方逐步放弃初衷顺着你的思路去考虑。

循循善诱还有一个重要的出发点，即先从讨论双方彼此相同的观点开始，在与对方取得初步的一致之后，再步步为营，推理诱导，使对手的谈判思路纳入自己的轨道，达成使对方口服心服而又有利于己方的协议。

在运用这种循循善诱技巧时要注意音调的平缓和口气的谦和，绝不能使用那种居高临下式的指责态度，或反唇相讥式的嘲讽的语调。在这方面，沙特阿拉伯的石油大亨亚马尼做得十分出色。他特别善长子在循循善诱中化敌为友，使对手心悦诚服地接受条件。一位美国石油商曾这样评价亚马尼的谈判艺术："亚马尼在谈判时总是低声细语，决不高声恫吓。他最厉害的一招是心平气和地重复一个又一个问题，最后把你搞得精疲力竭，不得不把自己的祖奶奶都拱手让出去。他是我打过交道的最难对付的谈判对手。"

**5. 引蛇出洞法**

在谈判中，谈判者用语言设下圈套，诱使对方说出己方所需要的观点，然后收拢圈套，以此为据，指出他的观点和原来的观点相矛盾，使对方无法争辩，这就叫作引蛇出洞法。

例如：美国谈判专家荷伯·科恩一次到墨西哥城去主持一次谈判研讨会。抵达目的地时，旅馆告诉他已"客满"。荷伯找到旅馆经理，问道："如果现在墨西哥总统来了怎么办？你们是否要给他一个房间？"

经理回答："是的，先生。"

荷伯说："好吧，他没有来，所以我住在那间。"

结果，荷伯·科恩顺利地住进了旅馆，条件是总统来了必须立刻搬出。当然，这种可能性微乎其微。

荷伯利用假设条件，逼迫旅馆经理承认还有房间这一事实，这样一来，对方进入了他的圈套，就再也不能把他拒之门外了。

引蛇出洞的关键在于引诱对方说出己方需要的观点，所以必须充分了解和把握对方的心理特征，采用合适的方法，巧妙地诱导他。如果方法不当，出语生硬、蹊跷，让对方察觉有语言陷阱，对方不上当，这个语言圈套法就无法发挥效力了。

**6. 情感圈套法**

中国古代兵书《三十六计》中就有"笑里藏刀"一计，说"信而安之，阴以图之；备而后动，勿使有变，刚中柔外也。"意思是先使敌人相信自己，而自己则暗中谋划，有充分准备再行动，这是内藏杀机而外示柔和的策略。

在谈判过程中，人们常误解甚至讨厌那些直爽的汉子，嫌其说话太"冲"，而对那些"未曾开口面带笑"者充满好感，这是正常的心理状态。随着人类文明程度的提高，自然粗鲁的人会越来越少，以笑容可掬的面孔待人成了人们普遍的习惯。但同时不要忘记，一个诱人的魅力，可能会和它的险恶成正比。

**7. 软硬兼施法**

软硬兼施的目的主要是让对方在“软”与“硬”的态度转换之时，不能很好地判定作出哪种肯定性的应对选择是好，而比较易于认可和默许对方后表现出的新态度——因为显得对方有诚意（先硬后软），或因为他们理由充分（先软后硬），其实，有时候只是一种假相。

例如：在中美知识产权谈判中，双方就曾多次运用这种先硬后软或先软后硬的方法。1991年10月～11月的第三轮谈判期间，尽管中方未曾就有关条款作出多大让步，但谈判桌外却传递着两条对谈判的继续有重大影响的信息：一是中国成立了以国务委员宋健为组长的知识产权领导小组；二是国务院会议上确定了无论将面临多大困难，我们对知识产权的保护原则不变的方针。这就使美方感觉到，尽管目前尚未达成协议，但希望仍然是确实存在的——由此就给我方造成一个有利的态势，即事实上美方推迟作出贸易报复的决定，而把着眼点放在继续谈判上。这是一个典型的硬中有软的实例。另外，在本轮谈判结束之前，美方不顾协议已基本达成的事实，借口个别细节问题，单方面宣布谈判破裂，中方拂袖离场，准备回国，美方又邀请中方代表，表示“希望再会晤一次”。表面上看，虽属中方代表吴仪指责的那样“蓄意破坏谈判”，但如从谈判手段的角度上分析，这也是软硬兼施手法的运用。

**8. 探测虚实法**

探测对方虚实、底细，离不开语言艺术。因为谈判中的探测不可能借用什么“仪器”，而只能靠机敏的、有弹性的语言，而且还要用得巧妙。探测的办法也很多，一种是条件探测，即给予两个以上的条件，探测对方对其中的哪一个有兴趣。

还有一种是假定探测，即用话放出一个“空气球”，看看对方如何回答。比如：“听说近年来消费者写信投诉贵厂这一产品的质量问题，不知反映最多的是哪方面的毛病?”这是一种假设的问题，先用了“听说”，表示不一定；又用了“近年来”，这样时间跨度较长的词语；再说，这种笼而统之的谈质量，一般是比较难于否认的。可是对方又不得不回答，这就达到了弄清产品质量的目的。

**9. 意向引导法**

给顾客各种各样的“意向”，会使他的态度变得积极。“意向引导”在买卖交易中的作用力很大。它能使顾客转移考虑的对象，产生一种想象。这样，就使顾客在买东西时变得特别积极，在他们心中也产生一种希望交易尽早成功的愿望。

“意向引导”，所有的一切行动都是你安排的。但在顾客看来，一切都是按照自己设计的，一直到交易成功之后，他（她）都以为自己占了便宜。这其实正中了你的意向，这在心理学上，被称作“心理暗示”的作用。推销员在开始推销时，一开始就要做好充分的准备，向顾客进行有意识的肯定的暗示，使他们从一开始就走进你的“圈套”。

例如：“我们公司目前正在进行一项新的投资计划，如果你现在进行一笔小小的投资。过几年之后，你的那笔资金就足够供您的孩子上大学。到那时，您再也不必为您的孩子的学杂费发愁了。现在上大学都需要那么高的费用，再过几年，更是不可想象，您说，怎么样呢?”

当然，你对他们进行了如上的各种暗示之后，必须给他们一定的时间去考虑，不可急于求成。要让你的种种暗示，渗透于他们心中，使他们的潜意识接受你的暗示。

如果你认为已经到了探询顾客是否购买的最佳时间，你就可以立刻对他们说："每个父母都希望自己的孩子接受高等教育。望子成龙，望女成凤这是人之常情。不过你是否考虑过，怎样才能避免将来这种沉重的经济负担？而对我们公司现在进行投资，则完全可以解决你们的忧虑，对这种方式，您认为如何?"

顾客的讨价还价，会使你洽谈的时间加长。这时推销员必须耐心地、热情地和他们进行商谈，不断强化他自己的意图，直到买卖成交。

**10. 虚张声势法**

虚张声势是谈判中常用的一种方法，其目的是摸清对虚实，取得主动。虚张声势的表现形式有：

（1）抛出某种信息，突然改变态度

例如：中国承包商×公司，与某国 A 业主进行 EPC 总承包从事该国保障性住房建设，在谈判中 A 业主以为靠磨、缠等方式，试图降低工程总价，使谈判陷入僵局。我方代表突然告诉 A 业主说："有许多业主已经开始与我方联系。"这样一来，A 业主摸不清底细，"许多业主"来竞争，这是他们很害怕的，所以立即改变态度，谈判得以恢复。

（2）故障询问对方，暗示将另作选择

例如：我国某公司与日商进行贸易谈判，各方面都已谈妥，惟有价格日方寸步不让。如何迫使对方让步，我国代表提出一个问题："贵国生产这种产品的公司有几家？贵公司的产品是否优于×国与×国的同类产品?"按说，我方不至于连对方国家有几家同类厂家都不知道，也不会连对方产品质量在国际上居何种地位也要问人家；目的是提醒对方，我们是有很大的选择余地的，对方一听，态度就会软下来。

（3）大度让步，使对方以为你做了很大牺牲，实际上你的条件从高往下落，也是虚张声势。

**11. 比喻论证法**

在谈判中，人们通常把两个不同的事物放在一起进行比较，用双方共性的东西来证明自己的观点和做法，这就叫比喻论证法。但是相比较的两个事物往往都有某种相似或类似的地方，这样就把在谈判中比较复杂或难以说清的道理，通过简单的事物形象而生动地阐述出来。

**12. 制造优势法**

在谈判中，是否具有优势，对于谈判的成败起着决定的作用。当自己处于不利地位的时候可以采用一些策略，来制造自己的优势。当然优势不限于用语言，但我们这里只谈用语言制造优势的方法和技巧。

**13. 巧用语境法**

善于适应谈判周围的语言环境，能够在一定程度上利用、左右、制造一些谈判语境，为自己的谈判服务，这就叫巧用语境法。

语境，在谈判中具有相当重要的作用。所谓语境，是指谈判时的氛围。每一场谈判都有其情调与气息。这种情调与气息洋溢于谈判环境的建筑物、用品、情景、人员、表情及语言等方面，这是每个谈判者都可以感觉得到的。有经验的谈判人员对语境十分重视，他们能够利用语境来增强谈判的力度，使自己的表达准确、鲜明、生动，从而具有更大的说服力，推动谈判向着有利于自己的方向发展。

**14. 迎合心理法**

谈判不仅是一场舌战，而且也是一场“心理战”。在了解对方的喜好和顾虑的基础上，迎合对方的心理，促成谈判的成功。这就是所谓迎合心理法。

例如：在某汽车制造厂召开的年度订货会上，销售科长向一百多个用户代表明确地表示：“我厂产品的质量经国家鉴定为一级品，由于钢材原材料涨价和职工工资增加等因素，成本已大大高于原销售价格。但是，考虑到顾客是老用户，我们决定：凡在本订货会期间签订购货合同的，每辆汽车按 27 万元计价，在此会后订货者，每辆汽车的价格为 28 万元。我代表厂方，言而有信。”这时，在我国价格体制改革和各类商品价格多有调整的形势下，这普普通通的发言极富诱惑力。于是，这次年度订货会的成交额达到了创记录的水平，其中仅某矿山一家便签订了每年订货十辆，连续三年的保值合同。

上面这段话，就是迎合了购买者的下述心理：商品价格频频上涨，早买比晚买好，多买比少买好，签订货合同比不签订货合同好。何况已有“优惠”、“保值”等诱人的内容。所以谈判成功很快，数量也多。这是得益于巧妙的迎合语言。

买主有迎合的心理，卖主也有可迎合的心理。有这样一桩买卖谈判：

早八点，个体摊贩刚把货摆开，一个中年男子说要买一件皮夹克，价格从 280 元谈到了 240 元，买主只出 200 元。卖主说：我把进货单给你看，进价就是 200 元。我起早贪黑还要白赔饭钱了。买主一边假装要走，一边说：“做生意图个开门大吉，我是今天第一个顾客吧？一桩成百桩成嘛！”卖主立即转为笑脸：“好，卖您一件，图个开门大吉吧！”

像这样日常谈判类型的例子还有许多。比如对一个信“兆头”的卖主，如果他坚持要 100 元你可以还成 88 元，并说，这个价好，“八八，发发嘛！”一般都能谈成。

**15. 舍小求大法**

在许多综合性谈判中，议题往往有好几个，具体争论点可能会更多。善于谈判的人不是处处都“以牙还牙”，寸步不让，而是能够巧妙地做到让少得多，让小得大。这就是所谓舍小求大法。请看这么一个例子：

在第二次世界大战结束不久，美方卡耐基等与英方史密斯等举行了一次会谈。谈判还没有进入正题时，英国一位先生说：“‘谋事在人，成事在天’这句话出自《圣经》。”卡耐基纠正说：“这个成语不是出自圣经，而出自莎士比亚的《哈姆雷特》。”结果争得面红耳赤。美方的葛孟在桌下用脚踢了卡耐基一下，说：“卡耐基，你弄错了，英国朋友说得对。这个成语出自圣经。”在回去的路上，葛孟说卡耐基因小失大，争一个成语，丢下了谈判的主题，破坏了气氛，这是得不偿失。他又说：“真正赢得优势，取得胜利的方法决不是这种争论，这样的驳论有时能获得优越感，但是却永远得不到好感。”

从根本上说，以上争论的两人，都是凭意气用事，忘了谈判中舍小求大的方法和技巧。

**16. 自我应变法**

在谈判过程中，有时常会因考虑不周和一时糊涂，作出违背自己意愿和客观要求的蠢事来。一位头脑机敏、善于应变的人，他不仅会较少地出差错，而且即使出了差错也能迅捷而巧妙地纠正，有时甚至可以不留痕迹，掩人耳目。这种应变术，可称为“自我应变术”。例如：

1985 年 10 月 31 日，美国总统里根对苏联记者谈到《星球大战计划》时说：“我们将在消灭进攻性核导弹之后，再把这种防御体系部署到太空中去。”里根这番话的含意是：只要美苏还拥有核武器，美国就不会部署“星球大战”计划。于是，里根的话一发表，就引起舆论界的强烈反响。事后里根顿觉不妥，便立即设法补救，挽回影响。于是，他首先让白宫发言人出面解释，说里根讲的话并非指美国只有在消灭了所有进攻性武器后再部署太空防御系统，而是指“在展望将来出现一种削减性武器的过渡阶段”。这话显然与里根的原话大不一样了，进而里根又亲自作进一步“澄清”。1 月 6 日里根又大言不惭，佯作埋怨人们对他的讲话得出了“错误的结论”，强调“我对许多人反复说过，等我们把这种防御系统研究好了，我们才希望同世界上其他核国家坐下来，并对他们说‘现在和我们一起来废除核武器和建立防御系统吧’。”里根毕竟是位政治老手，他轻易地把自己讲过的话作了 180 度的转弯，也使狡黠的记者，好事的对手，再也无法借他的话大做文章了。

**17. 吊起胃口法**

有一个家用电器的推销员总是能够成功地用这样一句话来吸引顾客：

“我能向你介绍一下怎样才能减轻家务劳动吗?”

这句话一下子就抓住了顾客的心理，家庭主妇们总是被繁重的家务劳动搞得万分苦恼却又无可奈何，听说有办法可以减轻家务劳动，当然很想知道，所以顾客一定会洗耳恭听了。如果推销员只是像其他人一样说：“我能向你推荐一部吸尘器吗?”或者“我给你们介绍一下我厂的新产品洗碗机吧!”其效果肯定不会好，因为这种千人一面的推销语言，根本不可能激发顾客的好奇心理。

谈判者打破事物发展的一般规律，提出违背常理的观点，也是激发对方好奇心，吊起胃口的好方法。

例如：齐国的权臣常想发动叛乱，因为在国内难以成功，就打算移兵攻打鲁国。为了保卫鲁国，孔子让他的门生子贡到齐国去说服田常。

子贡对田常说：“你要攻打鲁国，真是大错特错了。鲁国是一个很难攻打的国家。它的城墙又薄又矮，护城河又窄又浅，它的国君愚蠢而又不仁，大臣们虚伪而又无能，国内的老百姓又痛恨打仗，这样的国家是不能和它打仗的。您不如去攻打吴国。吴国城墙又高又厚，护城河又宽又深，兵器坚固而又先进，士兵精锐而又充足，重器精兵尽在其中，又有贤明的将领进行指挥，这样的国家很容易攻打。”

田常听了这番奇论，气得脸色都变了说：“你认为难的，是大家公认为容易的。你认为易的，是大家公认为困难的。你对我说这些，想要干什么?”

子贡不慌不忙地说：“我听说，国内出了问题就要攻打强国，国外出了问题就要攻打弱国。现今您是在国内遇到困难，听说您曾有三次受封的机会而三次都没有成功，原因在于大臣反对您。现在，您要攻占鲁国来扩大齐国的疆域，如果打了胜仗，你的国王会更加骄傲，大臣们会更有实权而不会承认你的功劳，你就和国王更疏远了，想成大事就更难了。国王骄傲就会放纵自己，大臣骄傲就会相互争斗，这样一来，您对上与国王有隔阂，对下与大臣相争斗，您在齐国的地位就危险了。所以说不如攻打吴国，攻打吴国失败，老百姓在战场上战死，大臣们会失去势力，这样，没有了大臣对您的威胁，也不会受到老百姓的指责，孤立国王从而控制齐国的就只有您了。”

田常听从了子贡的劝说，中止了攻打鲁国的计划。

子贡之所以成功，很大成分在于他采用的语言技巧。他首先说出一些不合乎常情的奇怪的论调，使田常感到出乎意料，急于想知道子贡如何自圆其说。这时，子贡再娓娓道来，妙语解疑，使田常豁然开朗，欣然从命。

**18. 最后通牒法**

在谈判过程中，富有经验的谈判者常常体验到，约有90%的时间通常花费在讨论一些无关紧要的事情上，而关键性的问题和实质性的问题却是在最后剩下的不到10%的时间里谈成的。在谈判的最后时间里，双方作出的每一让步都影响全部谈判总价值的90%的变动幅度。简言之，从形式上来看，谈判的成功是在最后剩下的十分钟里完成的，双方其余的只有握手和碰杯可做了。

因此，谈判者必须认真安排好谈判的全部时间与最后时间的关系。首先，要安排好谈判时间表，合理估计每个问题使用的谈判时间。其次，把开始的大部分时间用在讨论外围问题或枝节性的小问题上，而将剩下的"最后十分钟"的时间花在洽谈实质性的问题或关键性的大问题上。这样安排的好处是：避免谈判一开始，就在讨论实质问题上发生"触礁"、"翻船"。同时，在谈判的准备阶段上，要有全面了解考察对手的充裕时间，而这个了解对手的过程又是谈判活动必需的一个阶梯，形似"务虚"，其实它为谈判双方在最后的"务实"阶段上的交锋洽商奠定了基础。

最后期限常常迫使人们快速地或草率地作出决定。譬如下午五点钟必须下班，否则就赶不上回家的那趟汽车了，因此正在举行的谈判不得不匆忙通过了一项并不妥当的议案。月底三十日是交易合同必须签订的日子，否则，谈判一方则要采取另一种行动方案了，于是便匆忙去签署谈判合同。面对最后谈判期限的到来，谈判双方几乎到了条件反射的程度，几乎人类的一切行为都包含着时间的因素。但是经验告诉人们：有些事情的最后期限是不能逾越的，否则就要发生重大损失。但是，也有不少事情的最后期限即使被突破了，也能补救或者并不会发生想象中的如此严重的反应与后果。如：新闻记者不一定都能赶上截稿的日期，可是报纸仍旧能按时出版，至少我们还没有看到过一张留有空白的报纸。如果甲方现在不作出购买决定，这批货物就不卖给甲方了，但事实结果是甲方犹豫了几天之后，经过双方的再一次讨价还价，甲方终于买成了这批所需货物。因此，谈判桌上的经验告诉我们：在谈判过程中，对于双方所出示的最后期限不可不信，也不可全信。它需要谈判人员全面搜集各方面的资料信息，以作出科学的分析与正确的判断。

面对对方一声声的所谓"最后通牒"，谈判者切不可在迷惘中不知不觉陷入"误区"，在匆忙中作出草率的有纰漏或疏忽的谈判决定，以避免发生不应有的失误和损失。当然，完全不相信谈判的最后期限也是冒险的，有时候会真的发生仅仅因几分钟之差而坐失良机的事情。由此看来，具体分析各种各样的"最后期限"，确定有利于自己的进退时机，它不是一件简单的事情，需要具体情况具体分析。

在谈判桌上，交易的一方常常会向对方表示"最后一着"的决心，这是我们所能答应的最高（或最低）价格了。碰到这种情况怎么办呢？有人认为，这样一来仿佛再也没有商讨回旋的余地了，谈判双方协商洽谈的道路好像走进了死胡同。其实，在很多情况下，仿佛是"山重水复疑无路"的境地，却往往有"柳暗花明又一村"的机会。

碰到这"最后一着"怎么办呢？谈判者最妙的处置莫过于寻找一种折衷的方案。起初，可以不必过分理会对方的"最后通牒"，或装作没有明白对方的陈述，继续诉说自己的意图，等待对方首先提出折衷的办法。其次，可以考虑摆出退出谈判的样子，以探明对方亮出“最后一着”的决心。如果谈判对方仍然坚定他的“最后一着”，还可以灵活改变商谈话题，或者后发制人，出些难题，转移对方的注意力；最后，还可以要求对方给以足够的时间，以便全面细致地思考最佳的对策。

当然，如果对方的“最后一着”确实是真实的，确是到了最后的临界点，那么谈判的另一方也必须认真考虑接受对方要求的可能性，而不能一味以己度人，固执到底。否则，最后吃亏不是别人，正是自己。

**19. 声东击西法**

声东击西是谈判者在谈判中常用的方法。“声东击西”，本来是一种军事策略。谈判中的这一方法和军事策略不同，前者实现的手段是面对面的语言，后者实现的手段则靠举止行动。它们的相同点都是“明修栈道，暗度陈仓”。声东击西法在谈判中的具体运用有以下方式：

（1）混淆主次，以次掩主。在谈判过程中，首先在次要问题上坚持不松口，说话间表示很难再让步，让对方在这里讨价还价，来回申说，然后一旦松口让步，对方心理上就感到很满足，这时再谈主要问题，要求对方让步就较为容易了。

（2）混淆标的，以假乱真。在谈判过程中，心里很想获得此项目却故意在其他项目上表示很大兴趣，引起对方的重视，然后到谈真正需要获得此项目，对方就会失去警觉，不会故意提高条件。

（3）混淆目标，以虚激实。在两家为某一个项目同你谈判时，你可先同不想成交的那一家装出认真谈的样子，使另一家坐立不安，产生焦急情绪，然后再回过头来同这家谈，话就好说多了，谈判也会较顺利。

**20. 数字游戏法**

人们对数字普遍有一种信赖的心理。数字虽然枯燥，但它可以客观、精确地反映问题，表现事物。在谈判中，用数字来帮助你说服对方，可以大大增强说服力，令对方深信不疑。

运用数字，可以使论据更为具体，但有时数字过大、过小或过多，引用时会让人觉得枯燥，觉得难于感知和认识，这时，可采用换算等方法，使数字变得生动形象。比如：谈到日本侵略者在南京大屠杀的暴行时说：“日本侵略者在一个月内杀了 30 万个中国人，30 万个人排起来，可以从杭州连到南京，30 万个人的肉体能堆成两座 37 层高的金陵饭店，30 万个人的血有 1200 吨!”

这样，在听众头脑中构成了生动具体的形象，大大增强了说服力和感染力。有时候，巧妙地利用数字，可以帮助你赢得别人的信赖。

**21. 以退为进法**

一些聪明的商品推销人员也惯于使用以退为进的手段来推销自己的商品。当顾客抱怨商品有这样那样的不如意之处时，推销人员先表示赞同，解除了对方的对抗心理，让他感到满意，从而认真地倾听你所说的话。这时推销员再进行解释，说明为什么会出现这样的情况，有什么好处等，让顾客明白利弊，做出选择。

例如：一位推销员向顾客推销一种新牌子的冰箱，顾客对冰箱的外观、质量等都很满意，只是嫌价钱太贵，这位推销员先是点头附和：“对，和同类产品相比，确实是贵了一些。”

顾客看到连推销员都承认价钱太贵，更觉得自己言之有理，切中要害。但推销员又接着说："为什么贵呢？主要是因为这种冰箱比其他冰箱多了一个节电装置，这是我公司的最新科研成果，经过实验表明，使用这个装置，可比一般冰箱节电三分之一。既可以为您节省大量电费，又延长了冰箱的使用寿命，实际上为您省了很多钱，而且这种冰箱性能好，故障少，还有完美的售后服务。所以，买这个冰箱还是最划算的。"

顾客想省钱，当他得知买这种价钱高的冰箱实际反倒省钱以后，便欣然同意购买。

当自己的错误被别人指出或自己的观点遭人反驳时，大部分人的反映都是："岂有此理，我认为你说得才不对呢！"而这种激烈对抗的口气，只能是火上浇油，让双方的情绪更加对立，互不相让。

试想，如果这位推销员在顾客说冰箱价钱贵的时候，一味坚持说"不贵、不贵"或者"这么点儿钱，还在乎什么"等等，顾客肯定不会被说服。他会在心里想："哼，说得倒轻巧，当然不是你在掏腰包。"如果先肯定他的看法，博得他的好感，然后再说明理由，他才会仔细倾听，觉着有这么多的优点，多花钱值得，自然就被说服了。

**22. 以怒制蛮法**

在谈判中，如果对方蛮不讲理，出言不逊，这时，就应该毫不客气地给予迎头痛击，以严厉的语言和强硬的态度，遏止不良的谈判气氛。就叫以怒制蛮法。

例如：1954 年日内瓦会议上，中国代表团团长周恩来就印支有关问题提出了一个方案，得到了包括美国代表团在内的各国代表团的赞同。不料，美国代表团内部发生分歧，团员罗伯逊反对代表团的表态。在美国代表团团长被召回国后，他以美国首席代表的身份，在谈判中大肆诋毁中国代表团的提案。对于美国代表团这种出尔反尔的做法，周恩来大为恼火，他怒斥罗伯逊说：

"美国代表团的话还算不算数？上次你们的代表团长表示中国提案是有益的，今天你罗伯逊却又出来大唱反调，叫人们相信谁的？告诉你，罗伯逊，我们过去是同你打过交道的，你如果想要挑战，我们是能够应战的！"

原来，周恩来在北平军调部曾和作为美方代表的罗伯逊有过几次较量。罗伯逊无言以对，只好默不作声地低下了头。

采用发怒的技巧最不可少的是胆量和勇气，如果色厉内荏、底气不足，根本就不能使对手屈服。

在谈判中使用发怒这种方法，往往能取得效果。因为在日常生活中人们长期被行为规范所束缚，早已学会理智冷静、彬彬有礼，把一切不满情绪深藏心底。因此，当我们在谈判桌前突然失去控制，高声叫喊，把愤怒的情绪毫无忌惮地发泄出来时，常常会令对方不知所措，他们的自信心被动摇了，必然会开始重新估计自己的目标和形势。

**23. 假设陷阱法**

美国某公司发布广告，说有一部机器设备出售，价格是 10 万美元。在竞争的几位雇主中，一位愿出 9 万美元的高价，并当场付 10%的订金，卖主没想到这部旧设备竟能卖得这么好的价钱，就同意不再考虑其他买主。三天之后买方来了，说当时的价格太高，不同意马上成交，还说，这部机器仅值 5 万美元，于是卖方又被迫与买方讨价还价，最后以买主预计的 6 万美元成交。而当初曾有人愿出七万美金，卖主却没有卖给他。

这是买主使用假出价策略的胜利。假出价格，即买主利用高价的手段（或卖主利用报低价的手段），排除交易中的其他竞争对手，优先取得交易的权利，可是一到最后成交的关键时刻、买主便大幅度压价（或卖主大幅度提价），洽谈的讨价还价才真正开始。在这种情况下，一般是假出价格的一方占便宜，而另一方只好忍痛割爱。假出价格，虽然是不甚道德的，但却是谈判场上屡见不鲜的陷阱。

日本某些商人往往利用这种伎俩占谈判对手的便宜，他先报个低得出奇的价格诱使对方上钩，使对方很高兴和他达成交易。但东西到手之后，对方便常常会发现少了点什么配套部件，于是，被迫又向他们购买，由于排除了其他竞争对手，他便会漫天要价，逼买主就范。

“兵不厌诈”，这是《孙子兵法》中的一条重要原则，也是我们预防假出价陷阱的法宝，为了防止买主假出价，可以要求对方先付大笔订金，使他不敢轻易反悔；或给对方最后取货期限，过时不候，或同时与几个买主接洽。为了防止卖主假出价格，应该仔细询问对方价格的含意，提出各种疑难问题和对方纠缠，最后协议要反复推敲，如果万一发现上了对方的当，不应吞声忍气，而应该因地制宜采取必要的措施，给对方以坚决的还击，使己方在谈判过程中的基本利益得到保障。

对于谈判的东道主来说，满意的服务似乎是无形的“一只看不见的手”，但是它可以代替有形的物质利益上的损失，在谈判桌上赢得更多的实惠。

**24. 绵里藏针法**

在谈判桌上常常可见到一些谈判者表面上不动声色，有时甚至显得迟钝犹豫，然而，他们却机智地赢得了时间，取得了主动权，获得了意想不到的谈判成果。这就是绵里藏针的方法。

在谈判过程中，特别是谈判到了紧要关头，也常常需要故意放慢节奏的。譬如：在回答问题以前，提议对方把话再说一遍，把问题解说清楚；预先安排一个打岔的机会，如有客上门来访和有电话要接；突然感到口渴喝茶，或是为在场的人倒一杯咖啡；让对方埋头阅读你当场提供的一大堆资料；或者以不知道一些问题为托辞临时去寻找专门顾问；临时替换谈判小组成员以造成谈判间歇；不时地休会或者干脆闭会；用电话或电报向有关领导请示等等。

那么，谈判者如何做到不急不躁，沉着应战呢？一些老练的谈判者有下面一些经验体会：急躁等于向对方泄露我方谈判内情。俗语说：“欲速则不达”，越是急于求成的事，其谈判结果是往往适得其反。正所谓好事多磨，耐性孕育着成功。

**25. 借重权威法**

社会心理学研究表明：相信名人、权威的意见，是一种常见的社会心理定势。有人曾做过一个有趣的实验：他请一个人拿着一瓶清水来到试验者那里，对他们说此人是外国一个著名的化学博士，而那瓶里装的则是他新发现的一种具有某种说不出是什么气味的液体。“博士”打开了瓶塞，让教室里充满了这种所谓的气体，然后，他请闻到这种气味的被试验者举手，以测定人们的嗅觉。结果，被试验者纷纷举起手来，宣称自己真的闻到了这种子虚乌有的“怪味”。可见权威的影响力真是太强大了。

类似的实验还有几十个，结果全都证明：权威人士比一般人具有更大的影响力和说服力。所以，利用名人效应、专家效应对公众施加影响已经成了公共关系领域中频频使用的手段，请明星做广告、请领导剪彩、请专家写鉴定等等，都是借重权威之力扩大影响的常见现象。

在谈判中也是如此。当你费尽唾沫仍无法说服对方接受自己的意见，正自叹“人微言轻”时，不妨换个角度想想：“人贵言重”，试着多多引用权威机构、权威人物的言行，利用一下人们信赖权威的心理定势，也许会大大增加你说服对方的可能性。

例如：某学校打算新建一座语音间，当地电子工程承包商得知消息，很快和学校取得了联系。在谈判中，校方代表仔细询问了工程建设的业绩及产品的性能、质量，厂方代表在做了详细的回答后，问校方代表：

“您认识×××教授吗？”

校方代表回答：“我们是老朋友了，学校曾聘请她为我们讲过英语课。”

“她所在学校的语音教室就是我们施工建设的，她对我们的产品相当满意。”

学校很快与这位教授取得联系，在证实了承包商的话以后，当即和该承包商签订了合同。

这场谈判之所以成功，就在于承包商代表恰到好处地引出了权威人士。难怪有人说，权威人士的一词半语胜过谈判者的千言万语。

**26. 例证反证法**

例证法是通过列举事实，从中归纳出一个结论，从而确立自己的观点，并反驳对方的方法。

例如：有一次，齐宣王和孟子谈论起君臣关系。齐宣王说：“臣一定要忠于君，这是做臣的本分。”孟子不以为然地说：“那不见得。国君如果有了错误，做臣子的就应当劝阻。如果反复劝阻还不听从，就应把国君废掉，改立别人。”

宣王听了，脸色铁青。孟子一本正经地说：“大王不要吃惊。我问你，你知道商汤流放夏桀，武王伐殷纣的事吗？”

宣王说：“做臣子的杀掉他们的国君，叫做弑君，那是要受到千古唾骂的。”

孟子严肃地说：“破坏仁爱的人叫做贼，破坏道义的人叫残。这号人，我们把他称为独夫。我只听说过周武王诛杀了独夫纣，没有听说过他是以臣弑君的。”

齐宣王听了，吓出一身冷汗，不敢再吭声了。孟子先从汤武革命的具体事例中归纳出错君应废的道理，反驳了齐宣王“臣一定要忠君”的观点。又用“武王诛纣”的个别事例反驳了齐宣王的“一切臣子杀掉国君都是弑君”的命题。反驳十分有力，致使齐宣王哑口无言。

反证法则是通过反驳对方观点，来确立自己观点的一种方法。正反对比，效果十分显著。

例如：管仲是春秋初期齐国名相，以治国有方而名传后世，晚年病危期间，仍毫不糊涂，齐桓公曾向他推荐几个接班人，如易牙、开方和竖刁。这几个人都是桓公的近臣，可管仲都表示反对。桓公感到奇怪，便问：

“易牙为了让我尝尝人肉的味道，把自己的儿子都杀了，这说明他尊敬我超过了爱他的儿子，这样好的人，难道还有什么可以怀疑的吗？”管仲苦笑了，说：“人们最疼爱的莫过于自己的儿女，易牙对自己最心爱的幼儿，竟能残忍地宰杀，难道对国君还会有什么真心吗？连人情也没有的人，千万不可用。”

齐桓公又问：“那么竖刁有什么可以怀疑的吗？他为侍候我，把自己阉割了，他对寡人的忠诚不是超过了爱惜自己的身体吗？”

管仲回答说：“人生最宝贵的莫过于自己的身体，竖刁连自己的身体都不顾惜，难道还能对您尽忠吗？这种人决不能亲近。”

桓公听了感到有些道理，于是又问：“那么开方呢？他是卫国的公子，侍奉寡人已经十五年了，他父亲去世的时候，都不去奔丧，说明他侍奉我，超过对他自己的父亲，这又有什么可以怀疑呀？”

这时，管仲长长地叹了一口气，接着就说：“人们最孝敬的莫过于自己的父亲，开方对自己的父亲如此残忍，连死了也不去看看，难道对您还会尽忠心吗？他放弃千乘之国的太子地位，前来侍奉国君，可见他的野心比太子的地位更大，您可千万不能重用他，否则会给国家带来祸乱。”

**27. 智用谎言法**

说谎当然是不好的行为，是社会道德规范所不允许的。但在某些特殊条件下，谎言又有着它独特的作用。所以，谈判时，为了说服对方，说些善意的谎言，以求得真话所难以取得的效果，也是允许的。但要注意，所说的谎言一定要是善意的，而且谎言也不能常用。

例如：战国时齐国大臣张丑也是靠编造谎言才使自己死里逃生的。张丑被齐国派到燕国做人质。不久，两国交恶，张丑也面临被杀的危险，他只好马上逃命，却在边界上被燕国的军官扣住了。于是张丑对这个军官说：“燕王要杀我的原因，是有人向他密告，说我有很多珠宝，其实，那些珠宝早就被偷走了，可燕王不相信，一直逼我交出珠宝。如果你押着我去见燕王，我一定告诉燕王，你抢走了我的珠宝，并把那些珠宝吞下肚里。燕王一定会剖开你的肚子，取那些珠宝。燕王是一个顽固的人，你无论怎样分辩，他也不会相信。我被杀死，你也活不成了。”

军官听信了他的话，把他释放了。于是张丑得以平安地回到了齐国。张丑针对军官贪生怕死的弱点，编造谎言，使他相信他的生命受到了威胁。军官信以为真，便很痛快地放走了他。如果张丑据实相告，军官又怎么会放过他呢？

从上面的例子可以看出：谎言有时确实可以比真话更有效。但是如果把利用谎言奉为至宝而滥用，那就大错特错了。如果谈判者故意掩饰真相，用恶意的谎言去蒙骗谈判对象，虽然可能暂时获得利益，但从长远观点来看，实际上是把自己送上了死路。例如：一位直销小姐到某单位推销化妆品，很多女士都表示对这些化妆品很感兴趣，但又抱怨价钱太贵。这位小姐便赌咒发誓说，这个牌子的化妆品进口数量有限，公司规定的价格远远低于市场同类产品，而她还可以给大家打个八五折，这样的好机会真是千载难逢，不买会一辈子后悔等等。女士们信以为真，纷纷倾囊而出，没有多久，她们发现这种化妆品很多商店都在出售，价钱比她们的八五折还低了 20%。大家这才知道上了当，对那位小姐痛恨不已。

这位小姐虽然用谎言把商品卖了出去，但同时她也把个人的人格和公司的信誉一齐出卖了。这种不计后果的“一锤子买卖”不仅堵死了她自己的经商之路，还将会导致公司的巨大损失，产生一系列严重的后果。

所以，利用谎言，必须三思而后行，别让自己重蹈那位小姐的覆辙。

# 第7章 国际工程承包项目谈判案例

## 7.1 项目调查与评估是关键

**【案例7-1-1】**

我国某公司在参与S国某交通枢纽工程项目的投标，并已经从代理人处获知，该项目已经有8家公司参加竞争。我国某公司的决策者急于尽快打入S国建筑市场，在投标前既没有对市场、项目情况及竞争对手进行评估分析，又未进行接触性会谈，只是考虑竞争激烈的因素，毅然决策投标。在审定标价时，将报价压低了20%以争取中标。开标结果，我国某公司在8家竞标公司中仍为最高标，第1标报价仅为我国某公司报价的41.6%，损失了投标的费用。

**【案例7-1-2】**

某中国公司在X国建筑市场通过多次的角逐和竞争，和主要竞争对手的两个公司几乎成了朋友。相互接触比较频繁了，接触会谈已从最初的一本正经，摆架子，卖关子发展到了聊家常、共同分析市场，再进入到私下谈交易、谋求互惠互利，最终达成了共同瓜分该国承包工程市场的“君子”协定，协议的基本原则是以减少各自的损失，扩大盈利，巩固和发展市场为前提。并先后在几个项目的投标报价上达成默契的合作，即在A项目上你、他保我，在B项目上你、我保他，在C项目上我、他保你。三方经常性的接触会谈是秘密进行的，而且各方都严守机密、信守诺言。从而，该中国公司在X国建筑市场得到了巩固和发展，既不坐失良机也不无原则地迁就、让利或妥协。

**评析**：1. 这两个案例，告诉我们：在选择项目和决策投标上必须务必慎重，认真分析竞争的态势与市场、项目及对手的情况。许多国际工程公司在投标策略上往往对竞争对手要有一个限制，一般限制在五六个左右。这里指的当然是真正的竞争对手。如果从实力或力度上衡量明显不是竞争对手的竞争者，或是竞争者有明显的弱点，或者我方在开拓市场上有战略需要时，就需要具体分析、具体对待了。一些大型项目的邀请招标，也是如此，如果被邀请的公司多达五六个以上，应作出婉言谢绝，不参与投标的决策。另外，在与竞争者进行接触会谈时，除了摸他们的底细以外，往往还可以谋求达成某种妥协或默契，特别是在同一时期先后对两个项目或几个项目大家都想同时投标的情况下，这种接触会谈就显得更为必要了，通过接触会谈阐明利害关系，达成对双方都有利的特殊妥协或私下交易。笔者在F国参与国际项目投标时，就曾有欧洲大型承包公司F国的总裁或副总裁亲自出面或电话联系进行接触会谈，可见这种接触会谈的重要性。

2. 对国际工程项目风险度和效益的评估是项目投标决策的重要前提。对一些风险度很大，效益无保证的项目决不能盲目投标，这方面我国许多国际工程承包企业公司都有过很深刻的教训。不少国际工程承包项目出现严重亏损局面的原因，大部分是由于项目投标前，不做风险评估，不吃透招标文件，只凭工程量表草率计算标价，导致以低于成本的价格中标。低价中标后，在项目实施过程中不采取应对措施与方案，或不在管理上下功夫，进度、质量上不去，资源浪费严重。有的则是只图拿项目，不搞调查研究，不管项目资金落实与否，盲目投标，糊涂上阵，因而工程款长期拖欠，不得不自己垫付资金干工程，以致骑虎难下，债台高筑，亏损累累。而其中一部分项目本来就是由项目所在国政府投资，支付条件无保证，项目资金有很大风险的项目。还有一些项目则是由于项目所在国政治上、经济上不稳定，法律、税收政策等的改变，通货膨胀率高等风险因素导致了项目的亏损。因此，在项目的前期阶段，较充分地评估项目的风险度和效益是非常必要的。既要考虑政治风险，也要考虑经济和商业风险，还要考虑工程和水文、地质上的风险等。

**【案例 7-1-3】**

某公司于 1986 年 12 月参与 G 国的一项工程投标，投标前曾派出一支考察队赴现场考察。由于当时正值 G 国的旱季，地面干燥，土质坚硬，通往工地的要道显得宽敞结实，因而该公司在报价时丝毫没有考虑到交通会给工程施工造成不利影响。1987 年 5 月，该公司中标签约后开始施工，恰逢雨季，整个工作区及工地人口处一片泥泞，施工设备无法进入作业区，该公司只好首先修路，致使工程费用成倍增加，工期延误。

**评析：**因现场考察工作不仔细酿成后患的实例并不罕见，承包商因此而吃亏的事例时有发生。通常条件下，这种情况不能作为索赔的动因，因为承包商在投标书上一般都明文声明其已经考察过项目现场，声明其业已了解项目的自然与周围环境。既然已经做出这样的声明，当然承包商应对自己的声明负责。

本案例提醒我们：在现场踏勘时一定要全面了解自然、地理、气候及与现场有关的各种因素，不能被表面现象所迷惑。现场考察的一项重要内容就是对气象、土质及周围环境等进行深入细致的调查，然后方可作出决策。

这种因踏勘不细而造成的先天不足是否无法挽救呢？应该说还是有弥补办法的，即想方设法取得工程师的理解。通常情况下，承包商不应自作主张，而应将问题提交工程师，可援引“业主没有切实完成三通一平任务”或“没有提供详细资料”等理由而停止向工地运输设备材料，要求工程师下达修建辅助道路的书面命令，然后承包商再修复道路，由此而增加的工作量，监理工程师无法拒绝承认。这样，道路修复工程即可被视为增加工程，承包商可以此为由索取补偿，这样的索赔一般都能成功。

在国际工程承包实践中，承包商任何时候都不应主动地实施工程量清单或工程师书面指令范围以外的工程，即使承包商的做法客观上于工程实施或业主利益很有益处，也不能擅自作主。承包商只能向工程师提出合理化建议，决定大权属于工程师。即使承包商主动完成的工作于整体工程的实施必不可少，也不能擅作主张，因为工程师完全有权不承认承包商所完成的任何无命令的额外操作。

## 7.2　创造谈判的机会

**【案例 7-2-1】**

某国家市政工程项目进行国际招标，我国 Z 公司购买了招标文件，并根据招标文件的工程量表、技术规范和图纸等估算出项目成本约在 16600 万美元左右，如果想获利 1000 万美元，就要报价 17600 万元。公司通过调查研究在对竞争者进行评估中，了解到主要竞争对手都迫切想获得该项目，预计竞争者将会采取低价投标的策略。因此，Z公司在业主召开的标前答疑会议上，提出：可否另加一个比较方案。业主当场答复：可以。Z公司一方面组织专家研究业主招标文件中技术文件；另一方面约见业主和编制招标文件的咨询公司，申述可能的比较方案，介绍本公司技术上的优越性。结果Z公司编制的比较方案，经过测算仅为14500万美元左右，如果Z公司投标报价为15500万美元，仍然可以获得预想的利润。Z公司经过对市场形势和竞争者的充分评估后，Z公司决定分别以响应招标文件的17600万美元和比较方案的15500万美元两个报价书报出。开标结果，Z公司在基本方案上名列第2位，比较方案名列第1位。大部分公司并没有报比较方案。通过业主和承包商在决标和授标前的多次谈判，业主最终采纳了Z公司的比较方案，以此签订了工程承包合同。

**【案例7-2-2】**

某国家高速公路工程项目进行国际招标，Y公司在投标编标过程中，进行调查研究和现场踏查，发现某咨询公司编制招标文件中的设计方案很不合理，完全不符合现场实际，当时离招标文件规定的提交质询时限还有5天，Y公司一方面派出测量工程师对现场进行了实际测量，另一方面主动发函要求业主进行个别质疑商谈，业主欣然同意。在商谈中，Y公司阐明了观点，并结合现场勘测结果和分析计算递交了修改设计的初步建议。业主表示赞赏，认为Y公司的建议方案不仅在技术上合理，而且在施工上也简单，更切合该国家的国情，希望Y公司进一步完善技术方案，编制工程量表，估算总费用。Y公司随即组织专家编制详细的技术方案和工程量表，估算了工程总费用，结果比原设计方案可节约15%，而且符合现场的实际情况。业主非常满意，当即表示决定采纳Y公司提出的技术方案，并建议Y公司在编标中作为比较方案列入投标书中，这样便可在公开竞标中获胜。Y公司接受了业主的建议。开标时，一举中标。

**评析：**这两个案例说明在国际工程招标与投标中，必须认真全面地研究招标文件，详细地对照技术文件勘查现场的实际，才有可能运用创造性的思维，创造谈判的机会。许多公司不重视技术与商务的配合，组成的投标报价的团队往往只是注意按照工程量表计算单价和总价以及按照“投标者须知”办理有关手续，对合同条件、技术规范、图纸，甚至工程量表前面的编制说明都很少研究分析，有的甚至都不过目。现场察看也是马马虎虎，派个人向业主报个到便草草了事。这样带来的后果往往是投标和合同条件上的失误，导致项目的亏损，这样的教训必须引以为戒。

## 7.3 谈判技巧的应用

**【案例7-3-1】**

C公司在A国从事工程承包项目的实施期间，曾同A国有关部门就如下问题进行了多次工程谈判：

**1. 业主赖账**

C公司曾与A国某省政府签署了承包500套住房工程的施工合同。合同条款明文规定：合同适用于行政法合同，签字后须经主管部门批准方能生效。主管部门的审批期限为3个月。如果签字后3个月期满，合同尚未得到批准，且承包商不放弃合同，则于合同批准之日，承包商有权要求对其原始合同进行合同价格贴现。

合同签字3个月后，合同未获批准。

C公司根据上述合同条款表示愿意等待。第五个月中，A国政府批准了该承包合同，但业主却拒绝对合同原始报价给予贴现。

C公司当时采取的策略是：先按合同规定日期开工，但同时给工程师发出一份备忘录，指出将保留要求对合同原始报价给予贴现的权利。该备忘录发出后，工程师一直未予理睬。C公司于是在第一个月工程报表中即将贴现数额计算出来，并致函工程师，要求支付这笔款。业主方面一直不予理睬，C公司遂提出正式索赔，并要求如在按该国合同法规定的期限内不支付这笔账款，即实行停工并诉诸仲裁。业主无奈，只好如数支付。

**2. 业主推卸责任**

C公司在同A国B公司谈判一项技术援助合同时，在外汇与当地货币汇率问题上发生分歧：C公司要求在合同中写进汇率的固定比值，而B公司则强调其外汇由中央银行垄断，汇率由中央银行决定，表示其无权与C公司谈判汇率保值问题。C公司于是要求就汇率问题签一附加条款，B公司拒绝。为了不使合同因汇率问题而搁浅，C公司遂决定与B公司签署了不带汇率保值条款的合同。但与此同时，C公司致函A国的中央银行，表示希望能就汇率问题得到某种保证，以避免因未来A国的货币贬值而遭受风险，并引用国际惯例证明其要求的合理性。A国中央银行认为C公司的要求合情合理，遂通知B公司与C公司签署了汇率保值的补充条款，从而使C公司避免了汇率风险。

**3. 业主的要求过分**

C公司与A国D省签署了一项200套住宅施工承包合同。由于两国的政治关系较好，业主在同C公司谈判合同时对C公司的报价稍许有些迁就，加之C公司对工程的管理有方，施工进度快、质量高，获得A国各界好评，而主管部门为了树立样板，积极帮助C公司解决各种困难，致使该工程效益显著。于是业主便要求C公司免费为其在工程边缘的高速公路上建一座天桥。C公司考虑到该住宅工程合同尚未履行完毕，工程款特别是保留金尚未全部收回，遂口头答应，并派出设计人员考察了现场，要求对方给予一个准备时间。以此为缓兵之计，获得对方在住宅施工合同的履行方面积极配合。待合同履行完毕，款项全部收回后，C公司诚恳地告知对方因资金困难，无能力免费建造天桥工程，除非业主再委托一项大型工程方有可能实现这一口头许诺。业主虽然很不高兴，但又找不出充分理由反驳C公司，且又不能马上授予C公司一项大型工程，只好作罢。

**评析：**C公司所碰到的三个问题均属于业主无理要求。在工程项目的承包实践中，业主倚仗买主市场的优势，常常会提出无理要求。承包商鉴于承包市场的激烈竞争，常常因在谈判中优势较少，而对业主的无理要求不能断然拒绝。

第一种情况，属于业主赖账。对于这种情况，承包商不必立即针锋相对。因为有法律条款作为依据，可以先抓主要矛盾，不宜因小失大。承包商采取先开工，然后提出合理要求。在合理要求遭到拒绝的情况下再采取威慑行动是非常合适的，这种做法为先礼后兵。一旦合同工程开工，承包商在据有充分理由的情况下采取停工做法是可行的。虽然工程停工可能会给承包商造成一些损失，但应该认识到，这种做法给业主造成的损失将会更大，而且业主还将要承担违约赔偿责任。这里要求承包商首先要据有充分理由，还要有足够的耐心，不得已时再采取果断的措施。

第二种情况，应对业主的态度进行分析。业主无权同承包商谈判汇率保值的情况是有的，但本案例的业主是否真没有这项权利？应该分析。这种情况下，承包商固然可做调查。然而，即使承包商通过调查证明业主撒谎，是否就可以当面揭穿谎言呢？不能，因为这样会使业主处于尴尬的境地，从而会把问题搞僵。最好的办法就是像C公司那样，直接致函其主管金融机构，阐明态度，提出要求。但一定要注意：即使其要求获得其主管金融机构的批准，也不能以此而炫耀自己的成功。还要反复表示对业主的推卸责任行为予以理解。要求得到满足后，应主动感谢业主的支持，即使明知业主蓄意推卸责任。

第三种情况显然是业主无理要求。但即使如此，也不应立即驳回。应采取缓兵之计。当然在承诺时应充分留有余地，不宜把话说得太死。可以答应将认真考虑，或者表示待请示总部后再作答复。这样以后可以借总部未答复为由，而实行拖延战术，从而慢慢赢得主动。

对于业主的无理要求，有时还可以采取无可奈何或做出十分为难的表示，但切不可断然拒绝，把事情搞僵。

**【案例7-3-2】**

T公司与V国S市第三区签署了联合投资，共同开发S市的一座50公顷的市内公园的联营合同。合同投资额为18000万美元。合同规定：V国负责拆迁园区内268户居民并承担费用。根据V国外商投资法，该合同须报批国家投资委员会批准方可生效。然而就在合同报批之前，S市第三区主席被台湾投资商的优惠条件所诱惑，置已与T公司签署的合同于不顾，又与台湾投资商签了投资协议。T公司十分恼火，但又不能硬性强逼该区撤回与台湾已签订的协议。经过一番认真研究之后，决定采取恻隐术。T公司登门求见该区主席，诉说了自己已为该项目投入了大量的财力和人力，表示长期以来一直以最大的诚意，下了最大的决心为V国的经济建设作出了贡献，而且对该区寄予了最大的信任。T公司还设法使区政府主席相信，如果该项目交给台湾人，自己将面临破产倒闭的危机，而且断言台湾人争抢这一投资的机会动机不纯。T公司列出了该台湾公司在其他地区投机经营的实例和该公司近期的战略部署及计划，并根据以往的事实断言该台湾公司企图借投资为名以达到炒地皮之真实目的。一席话说得该区主席将信将疑。此外，T公司又通过各种渠道对该区主席进行软硬兼施的策略，特意指出：如果第三区置已签的合同于不顾，必将在国际商界造成极坏影响，大大有悖于该国新近制定的对外开放政策的执行，国际投资商将会认为该国不顾商业信誉，从而改变其投资意图，这样无疑将会给该国政府带来不可估量的损失。与此同时，T公司又在该国社会各界大造舆论，为该国举办的国际体育比赛慷慨解囊赠款，得到有关方面的好评，也得到了相应的好处。通过上上下下多方面的活动，T公司终于得到各方面的同情和支持，从而挽回了已处于危机的不利局面，击退了台湾公司的进攻策略，使该区主席改变了态度，撤回了其已与台湾方面签署的协议。

**评析：**T公司所采取的策略是非常明智的。他们没有立即向该区主席采取强硬态度，但也不是消极乞求，而是软硬兼施。一方面诚恳地向该区主席阐述自己的难处，恰当地运用了恻隐术，另一方面又让其认识到背信弃义的严重后果。这种做法很值得借鉴。

恻隐术无疑是承包商在谈判时常用的策略之一。但是应该指出，恻隐术不应单独机械地使用，应该配合相应的办法。须知商业交易中，无论是卖方还是买方都不是救世主，不会因对方的一副可怜相而做出较大让步的。谈判人员必须学会灵活运用各种策略，不能靠某项单一策略取胜。

**【案例7-3-3】**

某承包商与D国住房部通过议标方式商谈承揽1000套住宅工程施工合同。经过长达两星期的谈判，双方就主要事宜达成一致意见，唯价格上尚有一些差距；业主坚持的成交价比承包商的要价总共相差约100万美元，若按平方米单价计则仅差9美元。但这个最后的差距却是很难消除的。双方都反复声明无法再做让步，都反复强调已给出了最后价。如此僵持了整整一天，双方都费尽口舌，竭力说服对方，但都未能成功。于是该承包商提议暂停，各自都冷静考虑一下全局利弊。业主则表示不需要考虑，承包商除了接受其给定的价格，别无任何选择。但承包商没有再申辩。

次日承包商邀请业主方面负责人外出旅行，且安排其家属的食宿。旅行期间，业主仍不离主题，劝诱承包商接受其条件，而承包商则笑而不答，只是说休息时间不谈工作为妙。第三天，业主由外地旅游回家后，其佣人告知有人送来礼物，且未留姓名。业主打开礼物后发现内藏一张承包商的名片，立即心领神会。两天后，承包商要求继续谈工程。于是，会谈继续进行。谈判期间，承包商态度异常强硬，扬言已订好次日回国的机票，如果再不能成交，只好放弃合同。言谈过程中多有责备业主不讲交情，不讲信用之意。这一举动在业主的顾问和助手身上产生了效应。会谈休息时，他们立即建议业主做出让步。尽管业主显得颇不甘心的样子，但最后还是做出决定，增加了80万美元，要求承包商再降价20万美元，于是双方达成一致意见，终于合同成交。

**评析**：谈判陷入僵局时切勿硬性继续谈下去，这样势必把事情弄僵。该承包商的明智之举就是及时刹车，变换方式。一方面承包商暗中送给业主礼物，使其心领神会；另一方面又充分考虑到给业主提供改变态度的条件，而且暗中做好了其顾问和助手的工作，使业主改变决定时做得很自然，且承包商也做了让步，照顾了业主的面子，又不被人察觉业主转变态度的可疑之处。可以说是做到了天衣无缝。这不能不说是承包商高明的谈判手段。

商业谈判不是战场打仗，不能有全歼对方取得彻底胜利的想法。一定要给对方创造转机的条件，要给对方留面子，给人台阶下。如果追求一仗全胜，则很可能会激怒对方，对方会认为吃了败仗，会寻机报复。尤其对于承包工程，业主随时都掌握着报复的主动权。因此，承包商一定要让对方在做出让步时心情舒畅，使其在以后的合作中能自觉地给予配合。

**【案例7-3-4】**

S公司在C国承包了一项大型工程项目。工期长达4年。为实施工程，该公司进口了价值达3000万美元之多的施工设备。竣工后，这些大型设备保存完好，多数尚有五六成新。根据C国的海关法，这些设备原是免税入关，工程竣工后必须全部运出境外。由于S公司在C国无后续工程项目，在邻近地区又无分支机构，也无项目，其总部则设在1万公里之外。若把原设备运回总部将耗费大笔运费，若按废铁就地处理，S公司又不甘心。该公司物资部经理遂找其在C国的分包商Y公司商量，想以设备转让方式卖给该分包商。Y公司本来早就想买下这批设备，而且按交纳进口税办法征得了海关的同意。但在S公司面前闭口不提此事。当S公司的物资部经理与其商量时，该公司负责人一方面透露其已获得进口设备的许可和已经获得批准的物资进口计划；另一方面则将S公司的设备贬得一钱不值，表示兴趣不大。

S公司得到这一信息后三番五次找Y公司商量，而Y公司则始终不冷不热，一方面表示这些设备再出口将给S公司造成巨额的费用开支，自己深表可惜。但另一方面则坚持认为自己完全可以从国外买新设备，因为进口批件好不容易才争取下来。时间一天一天地过去了，眼看S公司的设备再出境的限期将过，如果过期不运，就必须委托保管，交纳巨额保管费和罚金。该公司十分着急，催促Y公司更紧了。恳切地希望Y公司买下，并答应价格比市场相同程度的二手设备优惠10%。Y公司始终不同意。S公司无奈，只好再次压减10%。最后两家公司终于以低于市场价20%的价格成交。S公司虽然减价20%，但比起再运出境外还是要合适得多，而Y公司则无疑受益颇大。

**评析：** Y公司运用的策略是欲擒故纵。这在兵书上乃是人所共知的。然而在商业谈判中，这种策略同样广为使用。欲擒故纵主要是从心理上攻击对方，使其自感失去优势，让其认识到别无他路可走。迫使其在下策之中找上策，置其于求人的地位，从而加强自己的优势，最后一举成功。

采用欲擒故纵法要给对方留有希望，不能把路全部堵死，否则就没有擒住的机会。要使对方认识到同你成交他能得到很大的好处，从而下决心与你谈判。如果不能使对方认识到优越性，或所得到的好处不大。则对方几经挫折后便不再找你，你再去找对方问题就麻烦了。到那时对方会变得强硬起来，而你自己就会由被求者变成求人者，即使生意成交也不会获得满意的效果。

**【案例 7-3-5】**

中国××承包公司承包Y国D水坝重建工程。当年4月30日，工程比原定计划提前1天实现截流，河水水位徐徐上升，从溢洪道流向下游，溢洪道前有一道土堤，虽然不高，但对将来溢洪道顺利泄洪会起阻水作用。工程师看到后随即命令承包商将这道土堤拆除。承包商立即派了几台推土机将这道土堤推平了。5月初结账时，通过对土方量的讨价还价，按其他项目土方开挖的单价结算了5000方，约合1万美元。

一个月后，业主在支付工程进度款时一并支付了这笔增加工程款，承包商十分满意。但到结算工程款时，这1万美元不仅全数扣回，而且还加收利息。

**评析：** 业主对这件事情的处理是无可指责的。承包商只能自认倒霉，无任何可能要求支付这1万美元，其原因如下：

作为承包工程账款结算的任何依据都必须是书面的，口说无凭，这是国际工程承包的基本常识，也是国际惯例，承包合同条款也明文规定以书面文字为凭。承包商未曾向工程师索要书面命令，只能咎由自取。

在国际工程承包实践中，工程师发布口头命令并不奇怪，承包商无权拒绝执行工程师的口头命令。但问题在于承包商在执行工程师的口头命令后没有立即要求工程师以书面形式确认其业已下达的口头命令，而只是满足于在收取工程进度款时得到了这笔酬金。殊不知，工程进度款仅仅是临时付款，最后结算工程款时还必须重新复核施工期间的每一笔付款，而且必须以书面文件为凭。承包商没有取得有关这项命令的书面确认，业主追回这笔款及其相应利息是无可非议的。

FIDIC条款第四版第2.5款中规定："工程师应以书面形式发出指示。如果工程师认为由于某种原因有必要以口头形式发出任何此类指示，承包商应遵守该指示。工程师可在该指示执行之前或之后，用书面形式对其口头指示加以确认，在这种情况下，应认为此类指示是符合本款规定的。如果承包商在 7 天内以书面形式向工程师确认了工程师的任何口头指示，而工程师在 7 天内未以书面形式加以否认，则此项指示应视为工程师的指示。”

根据这一条款，承包商必须执行工程师发出的口头指示。但值得注意的是，如果工程师对发给承包商的一项口头指示不给予书面确认，那么，承包商可以向工程师确认他已收到了这样一项指示。如果工程师在7天内未以书面形式加以否认，此指示应视为工程师向承包商发出的书面指示。

该承包公司在这件事上的最大教训就是没有及时要求工程师书面确认该项口头指示。这是值得承包商引以为戒的。

**【案例 7-3-6】**

C 公司同 A 国住房部签署了一项住房工程承包合同。合同按可调值不变总价方式计价，总额为 21000 万美元，支付货币为：

当地币（不可转换）：48%

美元：　　　　　　　52%

合同条款规定：

1. 工程用建筑材料必须在当地购买，可用当地币支付。

2. 用外汇支付的开支限于以下方面：

施工人员的全部个人所得及相关费用；

临时进口的施工机具；

承包公司的总部管理费；

承包公司需支付的贷款利息。

3. 承包公司必须开列详细外汇组成清单，业主付款时将根据承包商提交的发票及费用凭证结算外汇总额，不足 52%的部分业主将予扣取代之以当地货币支付。

缔约后发生的情况：

1. C 公司在拟定外汇组成材料时忽视了上述合同条款，在计算施工人员机票费时，只按单程费计算，因而施工人员的回程机票，业主不予增加外汇比例。

2. C 公司在完成该承包工程后，又接着承包了同一业主的第二项工程项目。因而，为实施第一个项目而引进的临时进口设备未能按合同条款要求全部运出 A 国境外，有相当一部分用于第二项工程。

3. C 公司特意搜集了当地生产的水磨石和瓷砖疵品连同其本国生产的优质品一起呈交业主比较，从而说服业主取用 C 公司从本国境内采购的瓷砖和水磨石。业主帮助 C 公司取得了当地有关部门发予的材料进口许可。

4. C 公司又通过当地招工部门出具材料证明招工时无应聘者，取得了扩大劳务进口人数的许可，从而增加了人工费的外汇比例。

在结算合同款时，业主因 C 公司的施工设备未重新运出境外而坚持扣减给 C 公司的外汇支付比例。而 C 公司则援引上述情况 1、3、4 所述事实要求业主增加外汇支付比例。于是双方僵持不下。后来 C 公司正式致函 A 国业主，提出四条意见：

（1）同意业主因 C 公司设备未重新出境而扣减外汇支付。

（2）要求业主增加支付第二项工程因需要重新进口设备而导致的费用和外汇比例。

(3) 要求支付获业主特别申请而增加进口的瓷砖和水磨石所需外汇。

(4) 要求业主用当地货币帮助购买C公司施工人员的回国机票。

根据第2、3、4项意见，业主应给承包商加付的外汇数额远远超出业主要求扣减的外汇支付额。但业主强调，外汇支付比例是由其财政部审核批准的，作为工程业主，其权力仅限于减少外汇支付额，而不能增加。即使上报财政部要求增加外汇比例，财政部也不会批准的。最后，双方只好妥协，对原合同中规定的外汇比例维持不变。

**评析：**本案例所揭示的现象在我国对外工程承包中经常发生。一些主管报价的负责人士不了解外汇比例必须以实际组成数为标准，以为只要合同中规定了，就不会有变化，这是不对的。在大多数采用两种货币支付合同款的国家，对承包商提出的外汇需求控制甚严，上级主管部门在审批合同时也非常重视外汇支付比例。本合同所规定的外汇支付比例本来就不算高，而承包商的报价人员却因缺乏这方面的知识，又漏报施工人员回国机票费用，以致造成外汇损失，应引起报价人员的重视。

承包商针对业主因设备未曾再出口而扣减外汇比例，提出针锋相对的要求是完全正确的，做到了有理有利。

按照国际惯例，承包商在取得业主国家有关部门的许可而输出部分本国材料和劳务，完全有权向业主索要这笔意外的外汇开支的补偿，承包商没有坚持索赔，这是很可惜的。至于要求业主帮助购买C公司人员回国机票而拟付当地货币，是没有道理的。因为在呈报外汇组成表时，承包商未曾考虑必须以外汇购买回程机票，应视为漏项，业主有权拒绝这一要求。

**【案例7-3-7】**

某公司承揽了东南亚J国的一项王宫建设工程。报价时因翻译将纯金楼梯扶手栏杆译成镀金栏杆，以致报价误差达数十万美元之多。另外，由于我国外交政策的需要，外交部及我国驻当地使馆要求该承包公司保证该项目的圆满竣工，亏损风险自然由承包公司承担。迫于政治原因和承包契约，承包公司只好狠心动工。不过承包商心里很明白，若照已签订的承包合同施工，最后将不可收拾，但如果不干，则无疑要承担违约赔偿的责任。迫于无奈，承包商只好竭力寻求其他途径，试图让业主主动要求工程下马。然而，要做到这一点并非易事。

该承包公司通过各种渠道获悉该国王后迷信风水，于是请来风水先生，通过各种风水常识和说教使王后确信该王宫选址错误，风水不好。王后对风水先生的说法深信不疑，便说服国王放弃工程，最后国王下令终止该承包合同。这一命令正中承包商下怀，这时承包公司反而利用国王的命令要求业主支付违约金，不但避免了亏损，而且因此而获得一笔额外收益。

**评析：**摆脱困境有多种办法。承包商通过挖掘内部潜力、节省开支，固然可以在某种程度上改善处境，但像本案例的情况则很难达到这一目的。该承包公司改变了通常的内部挖潜的办法，选用了孙子兵法中“调动对方，为我所用”的战术，采取“三十六计走为上”。不但“走”，还不承担“走”的责任，不给对方留下可乘之机。让对方下送客令，从而获得额外好处，这是非常高明的。

国际工程承包商任何时候都应该思路开阔，既要挖掘内部潜力，更要调动对方，通过对方的错误决策，改变被动局面，达到赢利的目的。

**【案例 7-3-8】**

A、B、C、D 四家承包公司投标 A 国某大型建筑群工程，该工程含能容纳 500 辆汽车的大型停车场，该停车场地势低洼，需要大量填土。

前三家公司均没有考虑就近取土填高停车场的方案，因而报价普遍偏高。唯独 D 公司提出新建议，以建筑群基础挖方出土填补停车场地基，从而以比其他三家低 100 万美元的报价赢得合同。

签约后，D 公司开始按其投标建议实施工程，但正好赶上雨季，长时期的连雨使 D 公司无法执行其以挖补填的建议方案。于是 D 公司向工程师建议延长工期 6 个月，待雨季结束后再施工，但遭到工程师的拒绝。D 公司无奈，只好消极等待。一个月后，工程师着急了，下令 D 公司放弃以挖补填的方案，转而采取由远处取土填补停车场而基础挖方出土远运的施工方案，从而大大超过原投标报价的费用，最后工程总价竟比 A、B、C 三家的报价还要高。D 公司向业主提出了索赔要求，但遭到业主的拒绝。后经第三方机构调解，D 公司胜诉。

**评析：**D 公司之所以胜诉，是因为工程师指令其改变施工方案。调解人认可：D 公司提出推迟工期是合理的，因为工程师不同意延长工期，但并没有否认天气异常，进而由工程师下令要求 D 公司放弃原建议方案，说明工程师承认自然条件不允许实施 D 公司的原建议方案。D 公司把球踢给了工程师，他断定工程师不会同意消极等待，必然会下达变更令，这样索赔就顺理成章了。

本案例给我们一个重要启示：A、B、C 三家公司没有想到以挖方出土填补停车场，而 D 公司想出了此方法，且赢得了合同，而且最后的工程总价竟比 A、B、C 三家报价还高。A、B、C 三家并非不知道以挖方出土填补停车场的施工方案将会大大节约费用，而 D 公司也并非不知道其以挖补填的办法很难实现。但他们采取了不同的报价方案，结果 D 公司不仅赢得了合同，且最后所得还高于前三家的报价。这就是人们常说的钓鱼策略。即：以极具诱惑力的办法钓住标，继而以无法克服的困难事实，迫使工程师否决其最初的报价方案，以达到其目的。

**【案例 7-3-9】**

R 公司以业主身份邀请 T 公司投标承担其新建工厂项目的 EPC 总承包任务。

当年 4 月，T 公司应邀提交正式投标报价。

当年 5 月，R 公司口头表示接受 T 公司的报价。6 月 2 日，R 公司在双方洽谈时正式表态接受 T 公司的报价，承诺按双方约定的工期竣工。T 公司当即表态同意，并要求 R 公司发出一份意向书，以使他们的工作能得到被承认的保证。

当年 6 月 17 日，R 公司致函 T 公司，内容如下：

正如我们在 6 月 2 日的会议上商定的，我们的意向是把合同授予你们，由你们承担建造一个包括生产、储存、办公和餐饮等设施的工厂，设计和施工全由贵公司负责。请你们分四个阶段连续施工。第一期工程按双方商定的固定价格，第二、三、四期工程按照一期工程的标准定价。工程应于 1992 年底竣工，开工日期为 1989 年 8 月 1 日。付款将按双方商定的单价乘以实际完成的工程量按月进行。

以上各项协议有待于征地协议、有关法规许可以及现场调查报告完成后正式确认。

全部事宜有待于对合同条件达成协议。

T公司于是立即开始施工图设计工作，并同R公司的工程师就合同条件进行协商。由于客观外界的原因致使工程在当年底仍未开工。双方的正式合同亦未签定。T公司遂要R公司先行支付设计费，但R公司断然拒绝，理由是双方之间不存在任何合同。R公司还指出：6月17日的函中已经说明全部事宜有待于合同条件达成之后方可落实。

T公司随即提出：索赔自6月2日之后完成工作的费用。理由是6月2日的会议上，T公司已提出进行准备工作的报价，条件是R公司承担责任，并指出他们把意向书看成是接受他们的报价。而且6月17日的意向书中R公司并未否认这项责任，因此，这份意向书应视为准契约文件。双方多次谈判，未达成一致后，双方同意由第三方调解。

调解人认为：关键在于T公司要求R公司对其工作酬金作出保证，虽然工程未实施，但R公司发出了意向书，尽管附有前提条件，但并未声明前期工作也得遵循这一前提。T公司接受了该意向书，而且以此作为对方开具的保证，在此前提下进行工作，因此R公司应承担付款责任。

**评析：**通常情况下，意向书是不具备法律效力的。从本案例所描述的情况看，合同的确不成立。但这并不能证明R公司有权拒绝支付T公司所从事工作的报酬。因为T公司是按照R公司6月17日发出的函件进行工作，所完成的工作是施工图设计和同工程师商讨合同条件。这些工作系前期工作，且R公司已于6月2日正式表态接受T公司的报价，又于6月17日对T公司提出的保证承认其工作给予了书面回应。虽然附有前提，但这个前提是针对合同而言，并未涉及前期工作报酬问题。因此，从合同角度看，不能认为合同成立。但以有偿服务角度分析，R公司是负有支付义务的。

**【案例7-3-10】**

S公司在C国以预期利润为负数的报价夺取了一项总价达2.27亿美元的大型建筑群工程。合同工期长达四年之久。施工期间，该国发生了大规模的政治动乱，该国政府宣布发生了暴乱，当地政府宣布对部分地区实行戒严，而工程所在地洽好在戒严地区。戒严期间发生的枪击事件波及工地，个别工人在正常作业时被流弹击伤，已安装好的巨幅玻璃有少许被子弹击穿。S公司遂停工半月，将其外籍雇员遣散回家。半月后，C国秩序恢复正常，工程全面复工。但S公司则巧妙地利用了该政治事件向业主提出了巨额索赔。

索赔动因为不可抗力事件。理由是8000名施工人员在生命无保障的环境下施工，因枪击威胁而只好对几千块巨幅玻璃加强保护措施，由此而增加巨额费用；外籍雇员临时遣散期间工资照发，国际旅费及相关费用导致工程开支加大。

索赔依据是合同中明文规定暴乱为不可抗力事件；C国政府明确宣布发生了暴乱，工程所在地政府宣布在部分地区实行戒严。

索赔要价为8000万美元，占合同总价的35%。

与此同时，S公司充分利用国际舆论，利用业主中的外方投资商对C国政府平息动乱所采取的做法的不满情绪取得了外国投资商的同情，为索赔谈判打下了良好的基础。经过一番讨价还价，S公司因这场动乱而获得4000万美元的巨额索赔。

**评析：**对承包商来说，风险并不都是坏事，不一定都给承包商造成重大损失。

风险有两种类型：有害风险，也称纯风险；可利用风险，亦称投机风险。后者在国际工程承包实践中经常出现。

通常情况下，风险和利润是并存的。在某种意义上可以说利润蕴藏于风险之中，特别是投机风险。承包商凭借其敏锐的洞察力，娴熟的索赔技巧，完全可以巧妙地利用风险，在风险问题上大作文章，以达到谋取巨额补偿之目的。

S公司以个别人受伤为由，提出8000人在生命受威胁的环境下施工，其代价应该如何计算？这是无国际惯例可依的，业主也无法驳倒其提出的要求，只是认为其要价太高。那么，要多少才不算高呢？连业主自己也说不清楚。S公司因一两块玻璃被击穿而提出索要对所有玻璃加强保护措施所增加的费用。如果玻璃未曾安装，转移至安全地方，这笔费用尚好计算，但业已安装好的玻璃，如何加强保护措施呢？尤其是防弹保护措施，这又需要多少钱呢？业主也无法计算，只能任承包商编制的索赔报告所述，一般原则地讨价还价。实际上，承包商并没有对这些玻璃实施特殊保护措施，在发生动乱时也没有人去检查其是否采取了保护措施，而承包商则早有利用这场动乱扩大索赔效益的打算。他们于动乱之际，利用工地无人监理之机，向工程师致函，称其已采取这样那样的保护措施，而监理工程师和业主都没有想到要提防承包商趁机索赔这一可能。因而对其提交的索赔报告并不曾逐一验证。因此，当承包商提出巨额索赔要求时无言以对。

本案例对承包商颇具借鉴意义。承包商应首先从思想上认识到并非所有风险都会给其带来灾难，在多数情况下，有相当一部分风险是可以为其利用的，只要承包商从风险事件一发生就立即想到利用风险扩大收益之可能，主动创造索赔条件，充分做好索赔的准备工作，就可以达到借风险以谋利之目的。

## 7.4 索赔谈判

**【案例7-4-1】**

C公司在某国承包一条公路项目。合同总额为8900万美元，工期24个月；工程师来自英国的一家权威咨询公司；合同以FIDIC条款为基础。

合同实施期间，恰逢该国与邻国发生争端，邻国单方面关闭边境，停止向该国提供燃油。由于该国地处内陆，无法通过其他途径获得燃油，致使该工程停工9个多月。C公司根据合同管理条款，充分利用一切可能的手段，据理索赔。经过一年多的艰难交涉，最后索赔成功。索赔金额达1780万美元，占原始合同额20%，索赔工期29个月。

C公司采取的做法归纳起来有以下11个方面：

**1. 充分利用合同条款确立索赔的理论依据**

C公司援引合同条款："在工程施工过程中，如果遇到一个有经验的承包商在报价和编制标书时无法合理预见到的外界和人为障碍，承包商可以根据FIDIC条款的第52（5）款向业主提出索赔，或者要求咨询工程师按第40（1）款发出暂时停工令，追加额外费用。"C公司致函业主指出：燃油危机系有经验的承包商所无法预见的人为障碍。因为合同缔结前，没有任何迹象表明两国之间潜伏争端进而导致关闭边境的因素。咨询公司和业主对此均无异议。不仅如此，C公司还援引合同的第13（1）款：

"承包商应严格按合同施工直至竣工，以达到咨询工程师的满意为标准，除非在法律上和实际上无法做到。"

根据这一条款及FIDIC第66条，C公司致函业主指出：燃油危机系发生于签约之后的重大风险事件，致使合同履行中途受阻。因为没有燃油，承包商无法施工。这一事件构成了“实际上做不到”的例外情况，因此要求业主按雇主风险处理。

**2. 利用客观事实赋予的终止合同的权力促成巨额索赔**

由于燃油危机致使合同实施成为不可能。这种情况下，承包商有权要求终止合同，并向甲方索取损失赔偿。C公司深知甲方不愿以雇主风险为由终止合同，因而有意提出终止合同的要求。在甲方不同意终止合同的情况下，C公司再提出索赔要求，而且索要数目超出一般正常情况的标准。甲方无奈，只好同意C公司的要求。这里C公司充分运用了知己知彼的原则，先让对方认识到事情的严重后果，而后再提出对方再也无法拒绝的要求，做到了有理有利有节，给对方留有选择的余地，避免出现不可收拾的僵局。

**3. 利用风险扩大收益**

工程承包本是一项风险事业。但风险在许多情况下是可以利用的。所谓投机风险就属于这种情况。C公司对燃油危机风险经过认真分析，认定所面临的风险是可以为其所用。因此，C公司致函甲方指出：业主国与邻国的紧张关系以及邻国封锁边境已构成敌对行为的事实，使合同实施的必备条件不复存在，阻碍了承包商的正常履约。这是谁也不可否认的客观事实，适用FIDIC条款第12、52（5）、65（5）所述情况。业主和工程师都无法否认。这样，经济索赔就有了理论基础。

**4. 积极创造索赔条件**

不少承包商在碰到类似情况时常常消极等待对方解决困难，或者是发牢骚、提抗议，很少想到如何利用这些不利因素改变不利环境。C公司所持的态度则不然。他们积极主动地为索赔创造条件。

燃油危机发生后，他们立即多次致函工程师要求其下达停工令，以此作为经济索赔及下步工作的法律依据。C公司致函指出：由于现场的客观形势导致无法施工，这种情况下，如果咨询公司不下达停工令，势必造成所有人员、设备和材料等耗在工地，而且不可预见费用还将继续发生，这样将不可避免地加大业主的损失，其后果只能是进一步加大业主的赔偿金额。为了项目本身和业主、承包商双方的利益，咨询公司应当及时下达停工令。

C公司的致函无懈可击，咨询工程师只好下达了停工令。这样，C公司就为以后的索赔确立了合法的动因。

**5. 依据FIDIC条款，严格计算停工时间进而要求删除难度大、效益低的部分工程**

一旦停工期超过90天，C公司立即致函咨询公司指出停工期已超过合同允许的正常停工期（90天）。如果现场仍不具备复工条件，承包商有权要求支付赔偿。显然，在燃油危机未得到解决的情况下，复工是不可能的。因此，咨询公司没有理由要求承包商复工。按照FIDIC条款第69条，当停工超过118天时，承包公司有权要求业主支付违约赔偿。C公司在停工后第119天即致函业主要求按业主违约终止合同，业主当然不会同意。于是C公司即提出对原合同工程进行部分删除，要求删除那些难度大效益低的工程部分，仅保留利润丰厚的工程部分。业主当然拒绝这一要求。

当业主在处境被动又拒绝承包商的合理要求时，承包商自然获得了提出进一步要求的机会。于是C公司指出：鉴于原合同工程停工期超过118天，原合同报价应视为无效。如果业主仍然要求承包商继续实施原合同工程，承包商便有权要求调整有关单价。而且这种要求合情合理，任何人也无由拒绝。

**6. 迫使咨询公司确认事实**

C 公司及时地运用 FIDIC 条款赋予承包商的合法权利，十分注重保护自己的利益。

FIDIC 条款第 51（2）款明文规定：若遇工程师对所发生的事件不给予书面确认，承包商可以在 7 天之内致函工程师书面确认之。如果工程师在 14 天之内对这一确认不做书面反驳，则承包商的书面确认即被认为是咨询工程师的指令。

燃油危机发生后，工程实际上业已停工，但工程师拖而不发停工令。C 公司遂主动致函咨询公司指出工程因无燃油而实际已经全面停工。咨询公司鉴于停工已是客观事实，对 C 公司的致函未予反驳。14 天后，承包商的致函自然被视为已得到工程师的确认，索赔自然具备了基础。

**7. 据理要求延长工期**

根据合同的一般条款，工程师确认延长工期，承包商即享有获得补偿延期管理费的合法权益。如果业主或工程师无理拒绝延期，承包商有权为此索赔赶工费。

由于合同执行期间发生了各种可导致承包商要求延长工期的客观事件如燃油危机、罢工、骚乱及业主征地延误等，C 公司在发生每例上述事件的时刻都及时致函工程师，指出所发生的事件对工程实施所产生的阻碍作用，并根据各种不同事件分别要求给予延长工期。不过，C 公司在致函要求延长工期时并不马上要求给予经济赔偿，因而很快获得咨询公司的同意。C 公司总共获准延长工期 29 个月。

延长工期索赔成功自然为款项索赔奠定了基础。

**8. 坚持做好施工日志，及时提交索赔详细清单和依据**

索赔能否成功不仅取决于动因是否合法，更离不开依据。C 公司在履约期间，每天都坚持做好施工日志，并随时交工程师认可和签字。这样，每日发生的事件均记录在案。不仅如此，C 公司还每月都整理并提交索赔报告，所列事件均有据可依，避免了一次算总账给人造成刺激，也没有给人以借机敲诈的印象。工程师和业主都觉得 C 公司所提索赔合乎情理。虽然很不情愿支付赔偿，但最终还是一一答应了。

**9. 坚持要求业主支付拖期付款利息**

根据双方签定的合同，业主向承包商的付款期限定为 60 天。C 公司在收取进度款时总是强调支付期。每当业主付款误期，C 公司立即致函指出该项付款延误的时日，列出根据合同规定应支付承包商的拖期付款的利息数目，并列入每次的索赔报告中。

由于合同中明文规定了业主的付款期限，而拖期付款又是不可否认的事实，虽然每次拖延的天数并不太多，但由于工期长，付款次数多，因此累计拖期利息便相当可观。对于这一事实，业主和工程师均不否认。

**10. 利用对方弱点，充分发挥自己的优势**

在合同洽谈阶段，C 公司坚持采用较公正的国际通用的联合国国际贸易仲裁规则 UNCITRAL。当合同双方为索赔款发生分歧时，C 公司明确告知业主不接受工程师裁决的款额，提出付诸国际仲裁，同时请好国际名律师准备出庭。由于业主理亏，担心提交仲裁败诉，提出希望与 C 公司友好协商解决争端。与此同时，C 公司又借助外交手段。请求其使馆有关官员出面活动，从而使对方接受了其索赔款额，且保持了良好的合作关系，没有因索赔而伤了感情。

**11. 对咨询公司柔中有刚**

咨询公司在工程承包合同的履行期间举足轻重。虽然合同中业主对咨询公司的权力有种种限制，但咨询公司毕竟是受业主聘用，在多数情况下是维护业主利益的。C公司深知这一点，在同工程师打交道过程中特别注意同其搞好关系。但是在原则问题上，特别是维护自身的利益方面，他们毫不退让。C公司很清楚，FIDIC条款中明文规定咨询公司要行为公正。如果咨询公司因行为不公正，办事不公道而与承包商闹翻，传扬出去对咨询公司的信誉影响甚大。因此，C公司抓住其弱点，在原则问题上态度坚决，毫不迁就，但又不把关系搞僵。通过长时间的反复交涉，终于说服了咨询公司，进而使业主接受其全部索赔要求，取得了索赔的重大成功。

**评析：**这是一个很成功的索赔案例，很值得承包商借鉴。其成功经验可归纳为以下六点：

(1) 承包商具有丰富的国际工程承包经验，熟悉国际惯例和FIDIC条款，精通国际工程承包的惯常做法及对有关问题的处理原则。

(2) 承包商的经营意识强。从合同的缔结直至履行完毕，承包商始终追求扩大经济效益这一根本目的，一切活动都为了实现这一根本目标。他们不是等到事情发生了再来想办法，更不是等到工程结束再向甲方索要，而是在事件发生前就考虑应采取的措施，走在时间前面，积极主动地研究利用和控制风险的办法。

(3) 善于利用风险，摆脱困境，变被动为主动，利用风险谋取效益。他们针对客观存在的风险事实，及时采取对策，主动要求咨询公司下达停工令，一步一步地取得索赔依据。

(4) 法律观念强。时时处处以法律为依据，善于从合同条款中寻找可为己利用的依据。签约时，他们特别注意合同条款与现实情况的对照，做到进攻有后劲，退却有防线，言出有据，索要有力。

(5) 善于处理合同当事人之间的关系，有理有利有节。对业主和咨询公司很注意方法，柔中有刚，既不一味迁就，也不无休止地索要，办事始终留有余地。

(6) 善于以己之长克人之短，抓住对方的弱点，发挥自己的优势。他们针对业主理亏心虚，提出诉诸仲裁，先从气势上压倒对方；同时又充分利用两国友好关系这一大的背景；利用适当的外交手段做配合，使业主既接受其要求，又能在上级主管部门面前好交代。

做为一个承包商，能否巧妙地渡过危机、利用风险，应变能力强不强，十分重要。如果C公司不具备上述优势，就只能成为风险的牺牲品。

**【案例7-4-2】**

K公司承包一项石坝工程。合同技术规范要求石坝心墙填料的含水量介于－2%～＋3%之间。开工后，K公司从料场开挖的填料含水量高达15%，超出规范要求。工程师遂要求K公司对填料进行处理，降低含水量。这样做无疑将大大增加费用，但工程师却拒绝增加费用。于是K公司建议工程师改变含水量标准，并保证采取适当的措施达到设计质量要求。工程师采纳了K公司的建议并下达了工作命令。由于填料的含水量标准改变了，原先采购的碾压机不适用，需重新配置。于是K公司借此提出索赔。工程师无奈只好同意。

**评析：**由于施工中遇到难以克服的困难，要求改变用料或改换施工做法，这是常事。但承包商如果一开始就借此提出索赔要求，则工程师很可能连承包商的建议也不予采纳。这样不但得不到索赔收益，连最初的被动处境都无法改变，承包商唯有按合同技术规范要求的标准施工，结果势必受罚。K公司的高明之处就在于有计划地逐步达到预期目的，其真实意图隐藏于其建议之中，不易被工程师察觉，待条件成熟了再提出要求。此时工程师因自己业已同意承包商的建议，再反悔已经来不及，只好同意承包商的索赔要求。

在承包工程实践中，千方百计地变被动为主动至关重要。然而主动地位并非可轻易取得，这就要求承包商有计划有目的地一步一步去实现，利用一切可利用的条件，有意识地创造索赔机会以扩大收益。

K公司的成功经验是：先设法让工程师同意自己的建议，取得书面变更命令，实现其前期目标；进而造成事实，最后达到其根本目的，这种步步为营的办法是很值得借鉴的。

## 7.5　S国NY供水工程项目案例分析

**1. 基本情况**

S国NY供水工程项目的业主为S国国民经济与财政部，最终用户为S国国家水公司，中国C公司于2004年3月4日在北京与S国国民经济与财政部签署了NY供水工程项目合同，合同明确中国C公司作为总承包商以EPC方式承担工程项目建设。该项目合同总金额为5008万美元，其中合同本金为4000万美元，贷款利息为900万美元，信保费为108万美元，贷款方式为由中国C公司提供卖方信贷。该合同于2007年1月8日正式生效，建设期为36个月。

该项目供水量为40000立方米/日，由取水工程、输水工程和水处理工程三大部分组成。即在位于NY市以南85公里×××盆地内GER地区以西15公里处打20眼深水井，抽取地下水。通过21公里的井群联络管将井水汇流送到当地水源厂（标高489.6米），再经过途中三个加压站三次加压，将原水通过85公里的输水管线（DN700的球墨铸铁管）送达到NY市水处理厂（标高707.3米的山顶上），然后以自流的方式通过配水管网向NY市供水。

合同签订后，中国C公司于2006年7月进行了现场勘测和工程设计。2007年1月8日合同正式生效，2008年1月正式开工建设，由于NY供水工程项目现场所在的S国×××地区，施工期间地区安全形势日益恶化，武装冲突不断发生，为了避免发生恶性事件，中国C公司于2008年8月被迫停止施工。截至停工日该项目完成施工总工程量的13%，设备材料发运量占总发运量的95%。停工后，中国C公司就安全保障及停工造成的损失与业主进行多次沟通和谈判，2009年11月与业主签署了补偿合同，补偿金额为595万美元，并且与业主就工程复工和最终工期达成了补充协议。约定补偿金在复工前全部支付，其中50%为当地币支付，另外50%为美元支付。业主于2010年6月以当地币支付给中国C公司补偿款的50%，剩余应以美元支付的50%至今仍未支付。

2011年6月，C公司曾与业主进行了对原合同额涨价的谈判，经过不懈努力，初步与业主达成了1250万美元（其中涨价款1150万美元，不可预见费100万美元）的涨价意向，但双方始终尚未签署协议。

**2. 工程复工**

C公司从2011年9月中国C公司开始做复工的准备工作。

(1) 中国C公司于2012年2月份调整了该项目部的组织机构，加强项目部的力量。总结了项目实施与执行过程中出现的问题和经验、教训，对合同及其执行情况进行了梳理。

(2) 为了保证该项目供水系统的运行安全，降低重大安全隐患，规避施工中可能存在的技术风险。C公司2012年2月委托中国市政工程东北设计研究总院对原施工图进行优化和完善等工作。

(3) C公司于2012年2月27日～3月25日会同该项目设备供货厂家共12人，对已经发运到项目现场的主要设备与材料进行了全面详细的清查，摸清楚了设备材料的现状。

(4) C公司项目部根据原设备材料发运记录和现场设备材料实际查验情况，再结合施工图设计优化后新增加设备、材料的差异情况，对补充采购设备、材料数量以及发运到项目现场的主要设备由于年久需要修复的设备，进行了的统计和询价。并与施工单位编制的复工预算一同汇总，编制了该项目的复工成本预算和调整后的合同效益预算表。

**3. 效益情况**

该项目截至2012年6月底，已收汇美元为1673.5万折合人民币合计12131万元，现场收汇当地币6636480.00镑（按照当地最新官方汇率1美元兑换4.8镑，美元兑人民币汇率1∶6.31计算）折合人民币合计872万元，退税收入为人民币1232.5万元，支出人民币合计2293.1万元，资金占用利息为1809.5万元人民币，实际已经盈亏总计－1050.5万元。

C公司经与中信保公司沟通，中信保公司根据该项目情况特别说明：C公司与业主不管是已签订的补偿款或以后再签订的任何涨价协议，业主在该项目项下的任何支付，都应首先冲抵中信保公司的赔偿额。根据S国目前的财政状况判断，最大的可能是不再支付任何款项。考虑这种最恶劣的情况，如果按照C公司该项目部最新编制的复工成本预算（人民币23378.5万元）继续执行项目，在考虑到第一次补偿款的另外50%计297.5万美元不能收汇，先期已支付的297.5万美元冲抵投保额、中信保公司的免赔额为333.4万美元等不利因素，项目执行完成预计亏损额为人民币20872.6万元。

如果C公司继续执行完成该供水工程项目后，虽然C公司与业主关于出水量的问题签署过补充协议，即按实际出水量来进行项目的验收。但是不排除最后项目验收时业主会推翻补充协议的约定，依然根据合同约定要求项目的出水量达到40000立方米/日（该项目合同对出水量的规定，没有科学的依据，属于合同缺陷），以此来拖延项目的验收并不出具PAC或FAC，中信保公司将不赔偿任何款项。在这种极端的情况下，项目预计亏损额为人民币41369.7万元。

**4. 存在问题**

(1) 工程成本上升

该项目自停工以来，主要设备与设施的搁置日久，自然损坏需要修复，施工图优化后部分设备需要重新购置，加上人工费、地材成本、运输成本已大幅增加；人民币升值导致汇率损失严重，贷款利息也在上升，加之人员撤离和重新进场的费用，重新开工必然导致工程成本的上升，造成巨额亏损。

（2）业主还款违约

从 2011 年 1 月至今，业主已有四笔到期延付款尚未支付，总金额为 1107 万美元。

2011 年 6 月双方达成的 1250 万美元（其中涨价款 1150 万美元，不可预见费 100 万美元）的涨价意向，却迟迟未签署协议。

根据 S 国目前财政状况判断，最大的可能是无力支付后续的延付款。

（3）项目所在地区安全状况仍然严峻

S 国先是安全局势依然不稳定，项目所在地区安全状况仍然严峻，重新复工也存在巨大的安全隐患，很有可能因为地区安全原因导致再次停工。

（4）业主拖延或拒绝签发 PAC

C 公司在 S 国承建电站工程，完工验收后，正常运行至今仍未取得业主签发的 PAC。据此，判断 C 公司即使顺利完成该项目建设后，也存在着业主无故拖延或不签发 PAC 或 FAC 的隐患。

**5. 主要风险**

（1）根据复工成本预算情况需与业主就复工进行商洽复工补偿，如业主不同意复工补偿和相关合同修改的意见，本项目若再继续实施与执行，C 公司必然将要承受巨大的财务的亏损，项目的资金风险难以估量。

（2）C 公司如复工继续实施与执行该项目，一旦 S 国安全环境发生变化，业主提供的安全保障和措施得不到充分的实现，根据以往的经验和教训，项目将会出现干干停停的状态，工期拖延，C 公司将付出更大的项目成本，承受极大的安全风险。

（3）根据 S 国目前的财政状况判断，即使 C 公司履行合同义务继续执行项目，也有可能出现业主也无力偿还贷款的情况，将会给 C 公司或国家银行带来更大的损失。

**6. 应对方案**

基于上述情况的基本分析与评估，C 公司项目部决定与 S 国业主进行复工商务谈判。

**7. 谈判的准备**

为了做好谈判的准备工作，制定该项目复工的成本与 S 国业主进行涨价谈判的方案，争取好的商务条件，尽可能的降低成本减少亏损。C 公司项目部 2012 年 7 月委托国际上知名的 PCMC 律师事务所为该项目提供法律咨询服务。并规定了咨询服务的范围。即根据 S 国法律、法规，该项目合同以及合同执行情况等，为 C 公司提供对该项目商务谈判的法律意见书，并就以下问题进行分析和确认：

（1）该项目合同存在哪些问题，需要如何解决；

（2）C 公司是否有权终止合同；终止合同的法律后果（包括 C 公司有权终止、不当终止两种情况），C 公司的最大责任是什么；

（3）业主在合同项下四笔到期未付款项的诉讼时效和债权保全问题；

（4）如果 C 公司与业主进行复工谈判，如何进行复工谈判；如果谈判未达成一致，应如何处理；是否有权终止合同以及如何终止合同；

（5）根据项目的实际情况，C 公司应如何处理项目后续问题（终止或复工），提出律师意见和建议。

PCMC 律师事务所接受了 C 公司项目部的委托，查阅了该项目的合同以及全部资料，召开了多次座谈会，深入了解各方面的情况，于8月20日对该项目出具了法律意见书，提出了该项目合同中，存在的问题，明确了复工谈判的思路和建议。

**8. 谈判方案**

C公司项目部根据PCMC律师事务所提出的法律意见书以及谈判建议，拟定了谈判方案。总的谈判思路是：以复工成本为依据，提高商务条件，与S国业主以终止合同为目的进行复工的谈判。解除合同的方案方式拟采用进攻型谈判为开局，建设型谈判为终局，即强硬、缓和、再缓和的步骤进行，在关键问题上绝不妥协，直至双方达成解除合同协议。拟采用的谈判方案是：

（1）第一方案

坚持较高商务条件，迫使业主放弃合同。

1）坦诚的告知业主，经过我公司对项目复工各项费用进行的详细测算，如果项目继续往下执行，在不考虑安全问题对项目造成不利影响的情况下，业主如果没有5100万美元的再投入是根本完成不了此项目的。这都是基于2008年8月由于安全问题停工以来和业主方未按期支付延付款造成的巨额成本增加。这种情况对于S方目前的财政情况来说，将面临很大的压力和困难。

2）除去合同额5008万美元10%的预付款508万美元外，剩余4500万美元我公司于2007年1月已向中国进出口银行进行了全额的贷款。除去1008万美元的贷款利息和保费外，只有4000万美元是项目的本金，这些款项已经全部用于项目的勘测测量、设计、设备材料采购和运输等工作。现在我公司对于上述工作已经全部完成，并且设备材料也已经全部发运到了施工现场（仓库）。但由于安全问题造成的停工和S方未能按照合同约定的付款期限支付延付款，现在已经造成我公司约1700万美元的亏损，而且亏损额还在每天的持续不断扩大。

3）业主如还要继续执行该项目，必须向我公司提供5100万美元合同补偿款用于该项目的建设。我公司要求的付款条件按是：自复工协议达成之日起1个月内，C公司必须收到5100万美元的50%预付款即2550万美元用于项目准备和启动的前期项目投入。剩余的2550万美元以开工之日起作为工程进度款分三次按季度支付给C公司。

4）对业主已经拖欠的四笔到期延付款和未付的补偿款共计1404.5万美元，自复工协议达成之日起1个月内支付给C公司。

5）重新商定合同（根据PCMC律师事务所的建议提出），合同中必须加入终止条款（原合同中无终止条款，属于合同缺陷），并对执行合同中可能出现的两种情形进行约定：①对业主不按期按时支付款项，C公司有权停止施工撤离现场，C公司在未收到业主到期应付款项第45日起，合同自动终止；②对于安全问题造成工程无法顺利执行并且不能保证每天有效的工作时间，持续时间达45日，C公司有权终止合同。

6）此方案的提出，是根据复工成本的实际情况，提出相对较高的商务条件，逼迫S国业主方根据现实情况无法实现我方提出的复工条件，放弃继续再执行该项目的想法。该方案必须坚持，以利于后续谈判方案的推出。

7）此方案实施前，基于项目目前的状态和对S国现实财政状况的考虑，C公司希望与业主能够友好协商解除本合同。并通过代理去做S国财政部、国家水公司的工作，依情况而定调整谈判方案。

（2）第二方案

C公司以无条件移交所有设备材料并对297.5万美元的补偿款不再追索为条件，达到解除合同目的。对于C公司提出的较高的商务条件，业主在无法实现的情况下，会使谈判出现僵持一段时间局面，然后，C公司可以推出较为缓和的方案与业主就合同终止的相关条件进行谈判。

由于S国财政情况确实无力再执行该项目，C公司拟提出相关条件来尽量牵制业主方按照我们的工作思路进行，C公司可以提出较为妥协的方案：

1）只要业主方愿意和C公司协商解除该合同，C公司愿意将已全部发运到S国的用于该项目建设的所有设备材料的产权全部无条件移交给业主方。

2）对于延迟一直未付的297.5万美元补偿款，C公司可以不再追索。

3）但是已到期的四笔延付款共计1107万美元还须支付给C公司，以为对C公司的补偿。

4）如果此方案能得以实施，顺利解除合同，C公司将亏损4110万元人民币，但财务等费用和未预计到的费用没有计入。

（3）第三方案

C公司以无条件移交所有设备材料并对所有已到期和未到期的延付款及部分补偿款共计3632万美元不再追索为条件，达成解除合同目的。这是C公司与业主谈判的底线。

1）C公司愿意将已全部发运到S国的用于该项目建设的所有设备材料全部无条件移交给S方。

2）对于延迟一直未付的297.5万美元补偿款，C公司可以不再追索。

3）C公司为了该项目建设已经贷款并实际已经支出的，已到期的四笔延付款共计1107万美元和九笔未到期的延付款2227.5万美元，共计3334.5万美元，C公司自动放弃合同项下应收款的权利，以此为最终条件与业主方就该项目达成合同解除协议，表示最大最积极的诚意。

4）如果此方案得以实施，能够顺利解除合同，C公司将亏损10500万元人民币，但财务等费用和未预计到的费用没有计入。

（4）第四方案

在C公司背负巨额亏损的情况下，以付出巨大成本为代价均不能换取业主放弃合同时，C公司拟采取以拖延谈判时间的方案，以时间来换取业主转变对该项目的态度，直至我们最终与业主方达成解除合同的协议。

1）如果以上三种方案都不能实现解除合同的时，C公司拟回到第一方案与业主方进行谈判，坚持原来提出较高的商务条件不再做任何让步。只要业主方不满足C公司提出的条件，C公司决不会做任何有关复工的主动行为。

2）项目将无限期的拖下去，根据法律意见书的意见和合同的相关约定：

① 根据项目执行中与业主的往来信函分析，2008年8月25日提供是有理据的。

② 在分期款未支付的各自期限内，业主持续违反其付款的义务是违约行为，并且我们有权继续暂停施工，直至支付延期分期款被支付为止。

③ 根据合同的条款约定，业主支付延期分期款的义务是一项“独立”的义务，且并不以工程的竣工为条件。

④ 合同中未规定业主可以在工程的履行和完工被迟延或暂停时，“延迟”支付其延期分期款的义务。

以上都是与业主进行谈判对我方有利的条件。

3）如果与业主方达不成解除合同的协议，项目将无限期的继续拖延下去。C公司将在总部法律合规部和外部律师的协助下，在后续的商务谈判和往来信函中继续积累和设定相关对C公司有利的证据。以时间来换取业主方转变对该项目的态度，直至最终与业主方达成解除合同协议。

（5）第五方案

在上述谈判方案任一方案实施中，以付出较小的代价，配合其他谈判方案一并实施，直至最终达成解除合同的目的。

该公司总部在2012年8月20日党政联席会议上经过讨论，批准了C公司项目部提出的谈判方案。并要求项目部尽最大可能与业主解除合同，以复工成本为依据，提高商务条件，与业主以终止合同为目的进行复工谈判的方案。考虑到项目已造成巨额亏损的事实，从公司全局和大局出发，在律师事务所的配合下与业主展开商务谈判，并及时妥善处理好相关事宜，避免对公司整体利益带来负面影响。

**9. 谈判的过程与终局**

谈判方案经过C公司总部批准后，该项目部所在的第三事业部组成了以事业部副总经理为组长的四人谈判小组，于2012年9月5日赴S国，与业主进行该项目的谈判工作。截至2013年2月18日历经近百次沟通、会谈与谈判，初期S国业主（国家财政部与国家水公司）坚决不接受C公司提出的终止合同的要求，一再以政治因素、解决民生为由，要挟C公司尽快复工继续完成该项目的建设。通过不懈的努力，私下沟通，并在代理的协调下，业主方逐渐转变了态度，与C公司谈判小组加强了沟通和交流，逐步接受了C公司提出的终止合同的要求，并成立了由S国财政部发展司和国际合作司、国家水公司、财政部法律顾问、司法部法律顾问等相关部门人员组成的专门委员会来研究并讨论该项目的终止合同问题。2012年12月31日S国财政部终于正式致函C公司谈判小组，要求与C公司进行终止合同的正式谈判。至此，在C公司谈判小组的不懈努力和坚韧支撑下，四个月全部完成该终止合同谈判的前期基础工作。使该项目终止合同谈判的工作，进入了实质性阶段。

2013年1月8日C公司与S国业主终止合同的谈判正式开始，C公司谈判小组按照先前制定的谈判方案和预案，趁热打铁说服业主方尽可能的按照我们的工作思路进行工作。为了避免终止合同工作节外生枝出现变化，尽快地完成终止合同的工作任务，经过艰难的谈判中，终于使S国财政部在谈判中接受了C公司提出的将终止合同工作分两步走的建议。即：为了加快工作进度，C公司谈判小组分成商务和技术两个小组分别与S国财政部和国家水公司分别对口同时进行工作；待商务和技术小组的工作完成后，汇总形成报告，由S国该项目专门委员会研究讨论后，正式将报告提交财政部次长批准。

C公司谈判小组商务小组即刻与C公司法律合规部和外部律所进行工作交流，对先前草拟的合同终止协议进行完善，并与S国财政部开始协议条款的谈判和确认。

C公司技术小组与S国国家水公司开始了设备材料清查验收、设备的抽检试验、已完工程量的确认和验收、勘测技术资料和设计图纸的确认和验收等工作。

C公司商务和技术小组克服重重困难，终于在 2013 年 2 月 8 日全面完成了以上工作。与国家水公司分别签署了设备材料和已完工程量的价格确认报告、设备材料交接协议；完成了勘测和设计图纸电子版和纸版技术文件的交接手续。为签署“合同终止协议”打下了基础。

从 2012 年 2 月 9 日 C 公司商务和技术小组开始合并工作，按照既定的谈判方案和预案有理有据的与S国财政部开始了艰苦的商务谈判。在业主（财政部）谈判代表多次提出无理要求，并单方面推翻先前已为终止合同所做的工作和承诺，终止合同已经无望，并出现了谈判僵局。经过持续的几日休会，C 公司谈判小组负责人与业主谈判代表通过场外接触和会谈，提出了各自退让一步的策略，又将业主方谈判代表重新拉回到谈判桌上。与此同时，C 公司谈判小组按照既定的谈判方案策略地进行了终止合同条件的退让，坚持以当地币作为结算。并报经 C 公司总部批准，最终与 S 国财政部达成了终止合同的条件：

(1) C 公司无条件移交已发运到 S 国的全部设备材料（设备材料已经在现场堆放了四年半的时间了，大部分设备材料已经不能满足今后的施工的接续使用)；

(2) C 公司放弃业主未支付的 5 笔延付款 1372.5 万美元的追索的权利（根据 S 国财政实际情况，已经无能力再支付任何费用，这也是在谈判过程中做出的最大的妥协。此 5 笔延付款，占 2012 年 12 月为止项目效益表中反映出来亏损数额的 90%）；

(3) C 公司退回 2010 年 6 月 S 国国家水公司为使 C 公司尽快复工而支付的 663.6 万当地币的补偿款；

(4) C 公司给予业主方接续再施工，施工机具补偿款 662.4 万当地币。

C 公司实际共支付 1286 万当地币，按当地汇率折合 200 万美元。基本上实现了谈判方案中既定的，C 公司最为有利和最小限度损失 297.5 万美元的方案，就与 S 国财政部达成了合同终止协议。2013 年 2 月 16 日上午，C 公司谈判小组负责人，该公司第三事业部副总经理与 S 国国家财政部次长 在“合同终止协议”上最终签字，S 国驻华大使和 S 国国家水公司总经理作为见证人同时也在协议上签字。至此，长达 6 个月的合同终止工作全部完成。2013 年 2 月 17 日，C 公司谈判工作小组向中国驻 S 国使馆经商处参赞汇报了终止合同的相关工作，并提交终止的合同所有文件副本进行了备案。

**10. 效益结果**

该项目终止谈判后，经实际统计，C 公司项目收入与支出相抵，合计亏损人民币 12787.4 万元。远远低于如果项目复工实施预计的亏损额人民币 41369.7 万元。

**评析**：这个案例是比较典型的、成功的谈判案例。有以下几点启示。

(1) C 公司做出终止合同的决定是正确的选择

1）由于停工时间较长，尽管工程建设采用了中国标准，但是停工搁置期内，我国规范与标准的更新，迫使施工图重新进行设计优化，增加了一些设备，仅安全阀就增加了一倍，另一方面现场搁置达 4 年之久的各种设备，均需要重新修复，而许多设备修复后，却无法进行型式试验，该国家也没有此类检测机构，必然存在施工与使用的风险。

2）工程项目合同是 2004 年签署的，由于 C 公司是一家是以工贸为主发展起来的承包商，相对比而言技术管理是短板。因此，该合同存在多处缺陷。例如：商务条款中，没有明确合同终止的条件。井场出水量没有科学的依据，也没有实际的测量和认定，就写入了技术合同。施工图设计是由我国一家从事石油勘察的设计院设计的，由于该设计单位没有从事市政供水项目设计的经历，导致施工图有许多不当之处。导致在复工前，重新委托我国知名的市政设计研究院进行优化设计。

3）工程停工时，没有做好设备仓储和保管，匆忙撤离，导致许多材料裸露在现场露天放置，风吹日晒（S国家地处非洲），有的已经报废，需重新购置。经现场踏查，已经完成的工程量，由于没有做好现场维护与半成品保护，均需要重新返工。

上述因素，再加上汇率的变化，人工、材料、运输等成本的提高，必然会导致工程成本的攀升，即使顺利的复工，也必然将承受许多风险。所以，C公司采取调查研究、现场查验、设计优化的工作步骤后，经过财务与风险评估，做出终止合同的决定是正确。

（2）谈判的准备充分，谈判方案得当，策略使用符合实际

1）C公司不惜重金，委托知名律师事务所进行咨询，为谈判方案的制订提供智力支撑，这是明智之举。

2）C公司在充分谈判准备的基础上，制定了谈判方案，既做到了有的放矢，又做到了进退自如，使谈判小组心中有数，目标明确。

3）谈判方案中明确了谈判策略：抓住了业主急于复工的心理，以进攻型谈判方式为主切入谈判议题，以复工的商务条件为由，逐步切入终止合同的目标。当目标明确后，则变换为建设型谈判方式。循序渐进与谈判方式的相互转换的谈判策略，使前期谈判顺畅地进入项目终止合同谈判的实质性阶段。另外，谈判工程中，充分发挥代理人的作用，沟通、交流、场外会谈并举。从而，是谈判获得预期的效果，以较小的代价实现了减亏的目的。

# 第8章 国际工程承包项目谈判的文书

## 8.1 基 本 概 念

紧张的国际工程承包项目谈判活动结束后，作为诸多谈判活动的成果，就是达成一致意见，进行当面或书面的磋商，确立合作或交易关系。洽谈与磋商是谈判的过程，而合作或交易关系的建立，需要用书面文书的形式，表达双方思想上、认识上的一致，需要将口头承诺的合作与交易意图、方式方法，用书面的文字记载固定下来，以便得到法律上的保证和各方面的监督执行，维护当事人的权益，是双方谈判或商洽的工作项目按双方预定的目标，得以落实和完成，这一过程就是项目谈判的签约过程。国际工程承包项目的每一次谈判的最终目的与结果与其他商务谈判一样，均是签约。签约是谈判成果的记录与输出，是落实谈判任务，实现谈判目标的重要保障。在国际工程承包项目的谈判与签约的过程中，所形成的文书（包括协议或合同、会议纪要等），我们统称为谈判文书。

对于我国从事国际工程承包项目的承包商而言，在国际工程承包业务中，谈判的对象按合作伙伴的国籍分为中国境内与国外（或项目所在地）两种。所以，谈判文书也分为中国国内与涉外文书两类。本章以此划分，分别阐述和介绍在国际工程承包业务中，国内常用的谈判文书与涉外常用的谈判文书。

## 8.2 国内常用的谈判文书

在国际工程承包项目谈判中，由于我国从事国际工程承包项目的承包商往往在中国境内寻找业务合作的伙伴或分包商，如建材与设备的供应商或生产厂、分包商、运输商等，也同样需要业务洽谈或磋商、谈判。谈判后所形成的谈判文书，一般均使用中文，其内容既要符合承包商与业主签订的工程承包合同（也称主合同）的要求，也要符合中国法律、法规的规定。

### 8.2.1 谈判文书的特点与作用

**1. 谈判文书的特点**

在国际工程承包项目谈判中，我国承包商与中国境内业务合作的伙伴所形成的谈判文书具有如下特点。

（1）商谈性与协议性

谈判与签约都是要有“对手”的，都要既从自己的情况出发，有自己的意图，还要考虑“对手”的情况与意愿，不能孤立、封闭地想问题。要设立“假想敌”、要有“作战方案”，要有商洽和协商的内容，最终要体现出双方一致的意愿。这一切，在商务谈判协议文书里有充分的体现。诸如对对手情况的估计、争取和让步的策略、体现双方或多方一致意愿的词语和条款等，构成了商务谈判协议文书的主要内容。

（2）平等性与互利性

无论是洽谈还是签订协议，都是在各自的利益基础上寻求合作的共同点，以达成一致，求得交易的成功。平等、互利是各方必须遵循的准则，否则便不能取得谈判成功、签订合作的协议。我国的有关法律条文也明确规定必须本着“平等、互利”的原则。为此，商务谈判协议文书，从指导思想、商洽的目标到具体的内容和条款都体现着平等性和互利性的基本准则。

（3）程式性与规定性

商务谈判协议文书大都是国家规定了格式或约定俗成了格式的文本，特别是协议文书，规定得更为细致、严格。为此，商务谈判协议文书从首部、正文，到尾部都按照规定的格式和规定的程序写作，甚至按照表格填写，大都采用条款式结构形式写作，文本形式简洁、明快，一目了然，便于阅读、记忆和操作。

**2. 谈判文书的作用**

（1）商务谈判是完成交易的一项至关重要的工作，商务谈判文书是谈判前的周密准备，是谈判过程、谈判阶段性成果和谈判最终成果的记录。不仅对保障商务谈判顺利进行，促使谈判取得成功具有重要指导意义，而且具有档案备查、总结经验，进一步开拓发展的重要意义。

（2）商务签约是一种法律行为，是以法律认可的书面形式规定相互之间的权利、义务关系过程。为此，商务协议文书是获得法律保护的不可缺少的必要工具，是保证市场正当竞争、维护社会经济秩序、维护当事人合法经济利益的重要工具。

（3）商务协议文书是保证企业相互协作、社会化大生产得以实现的工具。商务协议文书以法律所认可的形式保证双方或多方信守承诺，履行各自应该履行的义务，保证了企业之间相互协作的顺利实现。从而保证了企业的正常运行和企业目标的完成，也保证了高度分工的社会化大生产能够有条不紊地进行下去。

## 8.2.2 谈判文书的种类

谈判文书可分为谈判文书和契约文书两大类。

谈判文书是在商务谈判中所使用的各种文书。根据谈判程序和功能商务谈判文书包括：谈判方案、谈判执行方案、谈判记录、谈判纪要、谈判备忘录、谈判总结书的等。

契约文书是记载交易各方达成初步合作意向和最终签订合作契约，明确各方权利、利益、义务、责任，具有一定法律约束力的文书。依据协议的区域、内容和法律约束力的程度，契约文书包括：合作意向书、项目建议书、合作协议书、代理协议书、通用合同、技术合作协议书、货物买卖合同、劳务合同、补偿贸易合同等。

### 8.2.3 谈判文书写作的基本原则

**1. 纪实性原则**

谈判文书是在双边或多边构成了一定的谈判关系的基础上形成的。因此，它必须是双边或多边意志的凝聚和集合，同时它又是谈判情况的忠实记录。因此，写作中要受到实际情形的严格限制，要忠实地反映实际情况，不能随意发挥、引申。

**2. 法律性原则**

商务谈判协议文书是涉及法律性很强的文书，制作中必须在法律的规范下进行。从程序、内容、格式、语言等方面都要符合有关法律、法规的具体规定。

**3. 双赢性原则**

从本质上说商务谈判文书和协议文书是一种“双赢”文书，即谈判和签约的各方都从中看到自己的目的和目标。在谈判、签约和文本的制作过程中一定要平衡各方的利益，本着平等、互利、公平、友好的原则进行，也只有这样才能最终达成协议，实现合作。

## 8.3 国内常用谈判文书的文种

目前，在我国涉及国际工程承包项目谈判业务，所常用的谈判文书主要有谈判方案、谈判纪要、谈判备忘录、合作意向书、合作协议书以及合同等。本章节重点对上述六个文种，作一介绍。

### 8.3.1 谈判方案

**1. 文种特征**

（1）谈判方案的概念

谈判方案，又称谈判计划。它是在商务谈判之前，根据谈判目的、要求和预先拟定谈判的内容、项目、步骤、方式、策略、预期目的、让步限度，以及谈判中可能出现的问题、应变的措施等，做出具体安排的书面材料。

谈判方案是商务谈判前的周密筹划和具体准备，谈判方案设计的好坏，直接关系到谈判能否顺利进行，能否达到预期的目的，它是谈判成功的重要保证。

（2）谈判方案的特征

1）谈判方案属于计划类的文体范畴，具有计划应当具有的基本要素

即谈什么、怎么谈、什么时间谈、谁来谈、根据什么谈五个基本要素，应当具有一定的预见性和指导性。但是它又不同于一般的工作计划。一般的工作计划是自己对自己工作的单方面的规划、设想，谈判方案则是与谈判对手进行谈判的“作战”的方案。它要充分考虑谈判对手的情况，作好“作战”的准备。而且，它又不同于一般的“作战”，一般的作战是以消灭敌人获得我方的胜利为目的。谈判方案是以主张、说明、争取、让步、磋商、交易，最后达到一致为目的，是以“双赢”为特征的。为此，商务谈判方案的宗旨和内容都是以综合双方或多方的意愿、情况为出发点的。

2）谈判方案的内容具有多样性

淡判方案的内容是以分析设想谈判对手——“假想敌”的意图和目标，预测我方可能达到的几种目标，以及我方如何争取达到最高目标和取得谈判的主动权为核心的。

(3) 谈判方案的种类

1）按谈判的内容不同划分

可分为施工分包谈判方案、合作谈判方案、设备制造谈判方案。

2）按双方采取的态度与方针不同划分

可分为让步型谈判、立场型谈判和原则型谈判，由此产生三种类型的谈判方案。

①让步型谈判，又称软性谈判，谈判者希望避免冲突，随时准备为达成协议而让步，努力通过谈判签订一个皆大欢喜的协议。

②立场型谈判，又称硬式谈判，谈判者在谈判开始时表明立场，在谈判中始终坚持，只在谈判难以为继而迫不得已的情况下才作出极小的让步。

③原则型谈判，又称价值谈判，要求双方尊重对方的基本需要，寻求利益的共同点；发生冲突时，则坚持根据公平原则来作决定。

3）按利益主体数量不同划分

可分为双方谈判方案和多方谈判方案。

**2. 结构与写法**

由于谈判方案因谈判的指向不同，写作内容也不尽相同，但从结构上看，写作格式大体都由以下三部分构成。

(1) 标题

由事由及文种名称构成，有时还可加上谈判对手名称。如：《关于××项目施工分包的谈判方案》、《与××工厂就××设备生产制造洽谈的谈判方案》。

(2) 正文

方案正文的基本内容一般以“三分式”安排：

1）前言

写明谈判的总体构想、原则，说明谈判内容或谈判对象的情况。

2）主旨和目标

①谈判主旨。即谈判的基本目的和宗旨，是谈判的灵魂，整个谈判应紧紧围绕主旨来进行。例如：“以适当价格谈成××型设备及有关部件生产与制造。”

②谈判目标。即谈判要达到的具体结果，也就是将要签订协议的主要条款，如明确技术、价格等方面所要达到的目标。谈判目标是谈判的重点，谈判目标一般要有上、中、下三种考虑，争取达到最高目标，最低不能低于最低目标。目标在定性的基础上要做到量化，这是商务谈判的一个重要特点。例如：

- 技术标准、规范与要求
- 主要技术指标
- 监造与验收
- 价格

3）措施、步骤及有关事宜

①谈判程序。是指谈判桌上议案讨论过程，即先谈什么、后谈什么、何时休息等，它

是决定谈判效率的重要一环，是掌握谈判主动权的手段。谈判程序包括：时间、地点、谈判方法、步骤、策略、日程安排。例如：

第一阶段：设备制造、总装调试等技术附件洽谈。

第二阶段：商定合同条文。

第三阶段：价格洽谈。

②谈判组织。包括：淡判人数、主谈人、助手、有关专业技术人员、翻译等，还应介绍一下对手的有关情况和谈判习惯。

③谈判焦点、难点。要有预见性地找出谈判双方的焦点、难点问题，要对对手的意向、意图、心理作出预测分析，并制订相应的对策，对可能出现的问题，找出应变措施，如果争执不下，要事先定出让步限度。例如："小组成员在心理上要做好充分准备，争取价格下限成交，不急于求成；与此同时，在非常困难的情况下，也要坚持不能超过上限达成协议。"

（3）落款

在全文右下空白处写上执行方案的单位或其主管部门的名称，名称下写年、月、日，用印。有些谈判方案，还应标明方案呈报单位即负责审批单位的名称，其格式与信函的"称呼"相同；另外，凡对方案内容有补充说明意义的材料即应作为附件随主文一并标出。

**3. 写作要点提示**

（1）要充分了解谈判对手的情况

制订方案必须以所掌握的实际情况和可靠的数据为决策依据，除了要熟知国际市场行情及国际贸易惯例，能运用适当的技术手段进行市场预测与行情分析外，还要对我方和对方的有关情况做到了如指掌，正所谓"知己知彼，百战不殆"，尤其是对对方的一些情况（如对方的国情、对方的近期市场占有情况、对方经营规模、经济技术实力、近期资金、信誉情况、对方谈判人员的基本情况、基本立场、动机和目的，甚至可能采取的策略），只有在充分了解上述情况，并进行对策性研究之后，才能有的放矢、占据主动，达到预期目的。

（2）要精心设计谈判议程

谈判前应先设计好议程，因为它是决定谈判效率的重要一环，是掌握主动权的一个机会。议程设计包括：选定谈判时间、地点、参加人员和座位座次；确定谈判主题；进行各项条款商谈的方法和步骤；预测在商谈中可能出现不顺利的情况及其对策；请不请仲裁人；怎样处理善后事项；安排食宿、娱乐、休息、交通等。

（3）对策与策略设计要周密

对策设计是指在谈判进行中对付对手的策略和办法。对策设计一般包括：要预先安排好说话的顺序；规定所要使用的证据的文件；应在何时提出问题，向谁提出问题，由谁来提出问题；事先安排好打岔的机会；如何暂停讨论；利用权威来解决某些事项；适时更换组员；选定所要征询的专家；列出上述内容的程序。策略设计常见的有：休息策略、软硬兼施策略、佯攻策略、试探策略、权力优先策略等。

### 8.3.2 谈判纪要

**1. 文种特征**

(1) 谈判纪要的概念

谈判纪要是指记载谈判情况和谈判的主要内容及议定事项的带有一定协约性的文书。谈判纪要是在谈判记录的基础上整理而成的，集中反映了谈判的基本精神和议题、结果。它是相当于谈判各方共同对前阶段谈判进行总结。商务谈判纪要是下一步签订协议或合同的依据，也是向有关领导、部门汇报谈判情况和成果的载体。有些谈判纪要经过会谈双方签字确认后，还可以作为意向书出现，从而起到法律依据的参考作用。

(2) 谈判纪要的特征

1) 纪要性与契约性

所谓纪要，是记录要点的文字，并非原原本本的记录。同时，商务谈判纪要必须经双方或谈判各方都认可才行，因此带有一定的契约性。

2) 契约性而非法律性

作为协约性文书，谈判纪要是双方协商的产物，并经双方同意认可共同签署。对双方有一定的约束性，主要是业务道德的约束性，但没有直接的法律约束力。

**2. 结构与写法**

(1) 标题

由谈判事由和文件名称构成。如《关于××项目合作的会谈纪要》。

(2) 正文

1) 开头

它是对谈判情况的综述。具体包括：谈判时间、地点、谈判双方国别、单位名称或谈判代表姓名、谈判目的、议题、取得的主要成果或就哪些问题达成了初步协议。要求简洁、概括。例如："中国××××××总公司（甲方）与××××设计院（乙方）就××国家住宅项目工程设计一事于19××年8月17日～19日在北京建国饭店举行洽谈，并取得圆满成功。会谈就以下几个问题达成了一致意见。"

2) 主体

按相互之间的逻辑关系分条列项，概括列出谈判的主要议题，在每一议题下写明谈判双方或多方经谈判协商后取得的一致意见。具体包括：

① 双方取得一致意见的主要目标及其具体事项。

② 双方的权利和义务。

③ 需要进一步磋商的问题。或者为了留有余地，写明"对未尽事宜，另行协商"字样，以便会后具体化或更趋完善。

作为契约性文书，写作时常使用"双方同意"、"双方认为"、"双方一致表示"、"双方商定"等习惯性用语。

(3) 落款

双方谈判代表签名、日期。

**3. 写作要点提示**

谈判纪要的写作是一项非常严肃的工作，写作中要注意以下几个问题：

（1）忠于谈判记录，真实、准确反映谈判情况，不可随意更改记录内容。

（2）突出中心、明确重点，对谈判中的实质问题、敏感问题、有争议的问题的表述明确无误。

（3）语言简练准确，不可模棱两可以致发生歧义，层次要清晰，避免杂乱无章，前后矛盾。

## 8.3.3 谈判备忘录

**1. 文种特征**

（1）谈判备忘录的概念

备忘录，本为外交往来文书，其内容一般是对某一具体问题的详细说明和据此提出自己的观点和辩驳。另外，外交会议一方为了使自己所做口头陈述不致被对方误解或忘记，而在会议结束时交给对方的书写记录，也是一种备忘录。

谈判备忘录，是指在商务业务谈判时，经过初步讨论后，记载双方的谅解与承诺，以作为进一步洽谈时参考的一种记事性文书。

（2）谈判备忘录的特征

谈判备忘录，不同于谈判纪要。纪要一经双方签字，即具有合同的效力，而备忘录一般不具备法律效力。纪要所记录的是双方达成的一致性意见；而备忘录所记录的则是双方各自的意见、观点，它有待于在下一次洽谈时进一步磋商。纪要是以“双方一致同意”的语气来表达的；备忘录是以甲、乙方各自的语气来表达的。

**2. 结构与写法**

（1）标题

它由谈判的名称和文种名称备忘录两部分构成，省略式标题只有文种名称备忘录。如“×××谈判备忘录”、“备忘录”。

（2）前言

对谈判双方情况进行简洁表述，包括双方国别、单位、名称、谈判代表姓名、会谈时间、地点、会谈内容。例如：

中国××公司××分公司（简称甲方）与××公司（简称乙方）的代表，于19××年×月×日在中国××市就××国家××工程项目的分包事宜进行初步协商，双方交换了意见，达到了谅解，双方的承诺如下：

……

（3）正文

谈判备忘录记载的具体事项，即双方通过谈判，各自所作出的承诺或所持有的意见。谈判的各方分别以各自的立场和语气针对具体问题逐项进行的说明和表态。

文中各自的意见、承诺应表达得非常明确，层次很清楚。

（4）尾部

双方谈判代表署名，并加盖单位的印章，写明时间。

**3. 写作要点提示**

商务谈判备忘录写的内容一定要真实、准确、具体，各自的意见要明确，语气应当平和而友好。一般应采取分条列项的方法，对具体事项逐条说明。

### 8.3.4 合作意向书

**1. 文种特征**

(1) 合作意向书的概念

合作意向书是商务活动中贸易的双方或多方在进行贸易或合作之前，通过初步谈判，就合作事宜表明基本态度、提出初步设想的协约性文书。一般称作“意向书”。它主要用于洽谈重要的合作项目和涉外经营项目。如合资经营企业、合作经营贸易、承包国际工程等方面。可以在企业与企业之间、地区和地区之间、国家和国家之间等使用。

合作意向书主要是表达贸易或合作各方共同的目的和责任，是签订协议、合同前的意向性、原则性一致意见的达成。它是实现实质性合作的基础。商务合作意向书制作既可以使磋商合作的步伐走的稳健而有节奏，避免草率从事，盲目签约，也可以及时抓住意向、开拓发展，避免失去商机。

(2) 合作意向书的特征

1) 意向性与一致性

合作意向书的内容是各方原则性的意向，并非具体的目标和实施方法。这与协议与合同是有很大区别的。协议与合同的内容要求必须是非常具体的且有实施的操作性。它的具体内容应是经过协商双方一致同意的，能表达双方的共同意愿。

2) 协商性与临时性

合作意向书是共同协商的产物，也是今后协商的基础。在双方签署之后，仍然允许协商修改。合作意向书只是表达谈判的初步成果，为今后谈判作铺垫；一旦谈判深入，最终确定了合作双方的权利和义务，其使命即告结束。

3) 信誉性而非法律性

合作意向书是建立在商业信誉之上的，虽然对各方有一定的约束力，但并不具有法律效力。这与协议与合同的执行具有法律强制性是不同的。

**2. 结构与写法**

(1) 标题

可直书“意向书”三字；也可在“意向书”前标明协作内容，如《合作承包××国××市五十万吨水泥厂项目意向书》；还可在协作内容前标明协作各方名称。

(2) 正文

1) 引言

引言写明签订意向书的依据、缘由、目的。表述时比经济合同、协议书相对灵活些。有时引言部分要说明双方谈判磋商的大致情况，如谈判磋商的时间、地点、议题甚至考察经过等。意向书一般不在标题下单独列出立约当事人名称，所以在引言部分均要交代清楚签订意向书各方的名称，并在名称后加括号注明“简称甲方”、“简称乙方”等，以使行文简洁方便。

2）主体

以条文的形式表述合作各方达成的具体意向。如果是中外合资经营企业，需要就合资项目整体规划、合营期限、货币结算名称、投资金额及规模、双方责任分担、利润分配及亏损分担等问题，表明各方达成的意向。一般来说，主体部分还应写明未尽事宜的解决方式，即还有哪些问题需要进一步洽谈；洽谈日程的大致安排，预计达成最终协议的时间等。在主体部分最后应写明意向书的文本数量及保存者；如系中外合资项目，还应交代清楚意向书所使用的文字。

合作意向书表述的内容不像协议书或经济合同那样详细具体，显得比较原则化；和会谈纪要相比，协约的色彩又相对重一些。

（3）落款

包括签订意向书各方当事人的法定名称，谈判代表人的签字，签署意向书的日期等内容。

**3. 写作要点提示**

（1）合作意向书的写作应注意语言相对比较平和

意向书内容不像经济合同、协议书那样带有鲜明的规定性和强制性，而是具有相互协商的性质；因此，行文中多用商量的语气，一般不要随便使用“必须”、“应”、“否则”等。同时，因为意向书不具备按约履行的法律约束力，所以，在主体部分里不写违反约定应该承担什么责任的条款，也不规定意向书的有效期限。

（2）合作意向书的格式可参照合同的写法

### 8.3.5　协议书

**1. 文种特征**

（1）协议书的概念

协议书是指社会组织或个人之间就商务问题或事项经过协商取得一致意见后共同订立的明确相互权利、义务关系的契约性文件。商务协议书的双方或多方当事人可以是国家机关、社会团体，也可以是企事业单位，还可以是公民个人，当然，具体到某种协议时，也可能对签约主体有限制。

（2）协议书的种类

协议书相比较于其他协约文书，使用比较广泛，使用情况比较复杂，进行系统的归类比较难。在社会生活尤其是经济生活中，常见的协议书有：

1）联营协议书

联营协议书即联合经营协议书，是指两个或两个以上的经济组织、个体工商户、农村承包经营户共同出资、共同生产经营、共享所得利益、共担风险而达成的明确相互权利、义务关系及生产经营活动原则的书面协议。

联营协议书的签约主体是有限制的联营协议书的基础是各方共同进行联合生产或联合经营，共同作为，缺一不可。联营各方具有共同的利害关系。他（它）们互相依托，按投资或约定的比例划分经济利益和经济责任；无论是获得利润还是遭受损失，每一方都不单独享受或承担。

联营协议书依据各方联合的紧密程度和组织结构的不同，可以分为法人型联营协议书、合伙型联营协议书、协作型联营协议书。

① 法人型联营协议书，又称紧密型联营协议书，是指联营各方以财产、技术、劳务等出资而达成的共同经营，组成新的具有法人资格的经济实体的书面协议。其法律特征是：参加联营的方式是出资；联营各方共同经营；联营的组织形式是法人；法人型联营法人的权利受到联营各方意志的约束。

② 合伙型联营协议书，又称半紧密型联营协议书，是指联营各方各自以资金，厂房或技术、设计能力等为股份共同进行生产经营活动，共同承担联营所产生的风险责任并分享联营所得利益的书面协议。其法律特征是：合伙型经济联合组织不是法人，也没有形成独立核算的经济实体；合伙型联营组织对外承担无限连带责任；经营业务受到联营成员经营范围的限制。

③ 协作型联营协议书，又称松散型联营协议书，是以某个或某几个大中型企业或科研机构为骨干，以某个优质产品为龙头，联合若干企事业单位，在各自独立经营的基础上确立相互权利、义务关系的松散的联合经营的书面协议。其法律特征是：联营各方既不组成新的经济实体，也不共同出资。只是在联营各方之间有协议所确定的权利、义务关系；联营各方各自独立经营，经济上独立核算，财产责任互不连带。

2）经销协议书

经销协议书是一企业为另一企业销售产品而订立的明确相互权利、义务关系的书面协议。如批发商为工矿企业销售产品；零售商店为工矿企业或批发商行销售商品时约定一定的条件，以书面形式确认下来，即为经销协议书。

经销方式在进出口贸易中是被普遍采用的基本方式之一。国际贸易经销协议书是在出口企业与国外经销商之间签订的。国外经销商是受供货人委托，在国外一定地区（和一定时间内）销售某种牌号或商标的商品，按实际交易额收取佣金的商号或商人。经销商一般不负盈亏。

供货人在经销地区也可以销售或委托其他商人或商号经销同样商品。国外经销商没有代表供货人的权力。国际贸易经销协议书是指出口企业和经销商之间就双方的共同目标、双方的权利、义务关系、双方的业务关系等进行协商后达成的书面协议。

国际贸易经销协议书中比较特殊的是出口企业与国外经销商签订的国际贸易包销协议书。国外包销商是指由供货人约定在国外一定地区、一定时间扣不低于规定数量的条件下，单独一家或联合多家承销一定牌号、商标的商品的商号或商人。包销和一般的经销不同。包销商品的价格可以一次或分批议定，货物细目可一次或分批议定，货物也可一次或分批装运。供货人在规定地区和时间内，不得再向该地区的其他商号推销该商品。国外包销商自负盈亏。

3）国际贸易代理协议书

国际贸易代理协议书是指出口企业与国外代理商之间就双方的共同目标、双方的权利、义务关系、双方的业务关系等进行协商后达成的书面协议。

贸易代理是国际贸易经营的又一种基本方式，是卖方将一种或一类商品在一定时期内对一定地区的出口，委托国外商人代销的经营方式。代理商享有专营权利，并承担一定数量的承销义务。代理商根据委托人指定或经双方同意的价格及条件代为推销，收取佣金。

代理商和委托人之间不是买卖关系，通常由代理商介绍的买方和委托人签订买卖合同。在代理协议书规定的范围内，代理商有代表权。具体代理方式有："独家代理"和"总代理"。前者是在代理期内，供货人在代理地区不能再指定分代理或其他代理，独家代理商也不能同时经营其他国家和地区相同或相类似的商品；后者可以另行指定分代理，但总代理应该分享佣金。

4）委托协议书

委托协议书是指当事人双方约定一方为他方处理事务的书面协议。委托的一方称为委托方，为他方处理事务的一方为受托方。当事人约定委托事项为一项或数项事务的称为特别委托协议书；当事人约定委托事项为一切事务的称为概括委托协议书。关于不动产的处理或设定抵押，争议的和解或提交仲裁，行使赠与或股东、董事的表决权等事项的委托，必须签订委托协议书。

5）仲裁协议书

仲裁协议书是指当事人双方在争议发生前或争议发生后达成的将争议提交某一仲裁委员会仲裁的书面协议。《合同法》规定："经济合同发行纠纷时，当事人可以通过协商或者调解解决。当事人不愿通过协商、调解解决或者协商、调解不成的，可以依据合同中的仲裁条款或者事后达成的书面仲裁协议，向仲裁机构申请仲裁。"可见仲裁条款可以包括在经济合同主要条款中，如原合同无仲裁条款，则可在经济合同纠纷发生后双方协商签订仲裁协议书。

国际贸易中的仲裁协议一般独立于合同之外。在国际贸易仲裁协议书中，要注意选择合适的仲裁机构。一般来说，选择常设仲裁机构比选择临时仲裁机构更方便，同时应选择在国际上享有一定声誉的仲裁机构，中国企业首先应力争在中国经济贸易仲裁委员会进行仲裁；如果争取不到，也可选择第三国的仲裁机构，或对方所在国的仲裁机构。在选择第三国仲裁机构时，要考虑到该仲裁机构的声誉、程序规则和所在国的实体法，同时要考虑该机构的地理位置、语言和费用标准等。目前国际上较有影响的仲裁机构有：英国伦敦国际仲裁院、瑞士苏黎世商会仲裁院、瑞典斯德哥尔摩商会仲裁院、巴黎国际商会仲裁院等。此外还可选择日本国际商事仲裁协会和香港国际仲裁中心。

仲裁协议是仲裁机构管理案件的法律依据。任何仲裁机构都不受理无仲裁协议的案件。

6）变更或解除经济合同或原有协议的协议书

它是双方经协商一致、变更或解除原有经济合同或协议书所确立的权利、义务关系的书面协议。《合同法》规定："变更或解除经济合同的协议，应当采取书面形式。除由于不可抗力致使经济合同的全部义务不能履行或者由于另一方在合同约定的期限内没有履行合同的情况以外，协议未达成之前，原经济合同依然有效。"可见，变更经济合同的部分条款或解除整份经济合同时应使用协议书的形式。同理，双方或多方变更原有协议书的部分条款或解除整份协议书时也使用协议书的形式。

变更或解除经济合同或原有协议的协议书实际上是和解协议书的一种，因其具有相对独立性，我们把它单独列类。

7）补充协议书

经济合同或协议书签立时，对其中某一特殊而又具有一定独立性的问题需要单独列出，或签订后发现条款有遗漏需要加以补充，或执行到一定时期出现了新的形势、新的情况需要在原有基础上增加新内容，双方或多方经协商一致，可订立补充协议书。

补充协议书一经订立，即具有与原经济合同或协议书相同的法律效力。

(3) 商务协议书与经济合同的区别

协议书和经济合同都是双方或多方签订的确定相互权利、义务关系的协约文书；一经双方签订并依法成立，即具有正式法律效力，双方或多方都应依照规定承担各自应该承担的义务并享有各自应该享有的权利。如果某一方不履行双方约定的条款，另一方有权要求对方履行；由于某一方不履行约定条款给另一方造成损失的，另一方有权要求对方做出赔偿。在实际经济生活中，两者之间没有泾渭分明的界限。但在大多数情况下，协议书和经济合同的区别还是明确的。归纳起来，协议书和经济合同大概有如下不同：

1) 协议书使用范围较广

经济合同是双方或多方之间为达到一定经济目的而签订的，主要用于调整生产经营领域的商品交换关系，如购销、基建、借贷、储运等，其中尤以《合同法》列名的合同、技术合同、涉外经济合同为主流。协议书可以使用在经济合同调整范围以外的所有经济关系的确立，可以使用除经济领域以外的所有其他领域。它所希望实现的可以是一定的经济目的，也可以是经济以外的目的。相比较于经济合同，协议书的使用范围更具开放性和延伸性。

2) 协议书的订约主体没有统一的限制

经济合同的签约主体是平等民事主体的法人、其他经济组织、个体工商户、农村承包经营户，有较为严格的限制。协议书设有这种限制。除了个别协议书的订约主体有限制，如《中华人民共利国合伙企业法》规定："法律、行政法规禁止从事营利性活动的人，不得成为合伙企业的合伙人"，即行政机关、社会团体无权签订合伙协议书。但从总体而言，协议书的签约主体不像经济合同那样有严格限制。它可以是各种性质的单位之间签订，也可以是单位和个人、个人和个人之间签订，还可以是单位内部的上下级之间、单位和单位内的职工之间签订。

3) 协议书的规范程度比经济合同低

经济合同内容相对比较单一，使用情况不像协议书那样复杂，所涉及的又完全是双方的经济利益，所以国家有可能也完全有必要加以规范，以建立健全完善的经济秩序。国家颁布的有关经济合同的法律，政府机关颁布的有关经济合同的各种规章，组成了一个完整的法律法规体系。协议书虽然也在个别法律法规中有所涉及，如《合伙企业法》中有关于合伙协议的条款，但总体上没有像经济合同那样高的规范化程度。

4) 协议书的时效比较灵活

经济合同的时效即有效期限一般不长。购销合同在货款两清后结束其效用；建设工程承包合同在工程通过验收、资金支付完毕后结束其效用。经济合同时效长的一般也不过几年。协议书的时效长短变化大。赔偿协议书在赔偿完毕后结束其效用，一般时效较短；相互合作的协议时效可能会长达几十年；有的协议书的时效是永久性的，如子女收养、过继协议书，国家之间的条约等。

**2. 结构与写法**

协议书一般包括标题、立约当事人、正文、生效标识等部分。

（1）标题

一般在“协议书”这一文种名称前标明该协议书的性质，如“技术合作协议书”、“赔偿协议书”、“委托协议书”等。

（2）立约当事人

在标题下方写明协议各方当事人的单位名称或个人姓名。如果是单位，可在单位名称后标明法定代表人姓名、地址、邮政编码、电话号码等内容；如果是个人，可在姓名后注明性别、年龄、职务等内容。注明的项目可视协议书的性质而定。在立约各方当事人的前面或后面，一般应注明“甲方”、“乙方”等，以使协议书正文行文简洁方便；“甲方”、“乙方”放在立约当事人名称或姓名前面时应在其后加冒号，放在后面时应在前后加括号。

（3）正文

协议书正文一般分为立约依据或缘由、双方约定内容两部分。

1）立约依据或缘由

例如：为发挥双方的优势，共谋发展，并为今后逐步向组成集团公司过渡，双方经过充分友好的协商，特订立本协议。

2）双方约定内容

这是正文的主体部分，一般用条款式分条列项写出双方协商确定的具体内容。不同性质协议书所包括的条款也不一样。因而协议书写作中具体应写明哪些条款要视协议书的性质和双方协商的结果而定。对于少数涉及经济利益的协议书，国家明确规定了应包括的条款的，签约时应当遵守。如《合伙企业法》规定了合伙协议应当载明的事项包括：①合伙企业的名称和主要经营场所的地点；②合伙目的和合伙企业的经营范围；③合伙人的姓名及其住所；④合伙人出资的方式、数额和缴付出资的期限；⑤利润分配和亏损分担办法；⑥合伙企业事务的执行；⑦入伙与退伙；⑧合伙企业的解散与清算；⑨违约责任；⑩合伙协议可以载明合伙企业的经营期限和合伙人争议的解决方式。这些内容与一般合同的内容大致相似。但在实际使用时还是应当具有协议的特点。

举例说明，协议的内容。例如：

一、建立密切的技术合作关系，今后凡甲方承接的××国建筑工程，设计任务均交给乙方承担。

二、乙方保证，在接到任务后，将立即组织以高级工程师为领导的精干设计队伍，在10日内提出设计方案，并在方案认可后双方规定的时间内完成全部设计图纸。

三、为保证设计的质量，甲方将毫无保留地向乙方提供所需的一切建筑设计所需用的全部资料。

四、（略）。

五、（略）。

六、本协议自签订之日起生效。

七、本协议书一式两份，双方各执一份。

这份协议的内容充分体现了原则性、简明性的特点。

（4）生效标识

协议书正文结束后，署上立约各方当事人的单位名称或个人姓名；如果是单位，应同时署上代表人的姓名。然后署上协议书的签订日期，并加盖机关印章或个人印章。如果协议书有中间人或公证人的，也应署名盖章。内容重要的协议书，可请公证处公证，由公证人员签署公证意见、公证单位名称、公证人姓名、公证日期，并加盖公证机关印章。

**3. 写作要点提示**

协议也是一种合同，应按《合同法》规定的基本原则签订。但使用时，形式可以灵活些，内容条款可以原则些，体现出协议的简便性特点。

### 8.3.6 通用合同

**1. 文种特征**

（1）合同的概念

合同是平等主体的自然人、法人、其他组织之间设立、变更、终止民事权利义务关系的协议。商务合同是指签订合同的两个或两个以上当事人之间，为实现一定的商务目的确立相互之间某种权利或义务关系的文字协议。

在商务活动中，合同有着重要作用：首先，在宏观上经济合同是实现国民经济计划、发展商品生产的重要工具。随着商品经济的发展，越来越多的经济关系和经济活动准则，需要用法律形式确定下来，商务合同自然成为发展商品经济不可缺少的工具。各部门、各企业之间合同的如期履行就意味着国家计划的完成有了保障。其次，就单位和企业而言，经济合同是实现目标化管理，提高经济效益的有效手段。通过签订合同，双方按合同有效地进行经营活动，从而提高管理水平。同时，经济合同有利于国家、集体、个人之间的经济合作，在三者协作中起纽带作用。

（2）合同的特征

1）合同是具有法律约束力的协议

合同一经依法成立，即具有法律约束力。各方必须严格履行遵守，违约者要依法承担经济的和法律的责任。这与意向书、谈判纪要等协议性的文书是不同的。

2）合同是最有具体操作性的一种协议

商务合同有国家规定的具体要素内容，项目具体细致、操作性强、格式规范严格。比起意向书、协议书等其他协议性文书，是最有具体性、操作性和规范性的契约类文书。

（3）合同的种类

1）按合同内容划分

有买卖合同，供用电、水、气、热力合同，借款合同，租赁合同，融资租赁合同，建设工程合同，运输合同，技术合同，保管合同，仓储合同，委托合同等。

2）按其他标准划分

可分为长期合同、短期合同；国内合同、涉外合同；表格式合同、条文式合同；书面形式、口头形式和其他形式的合同。

《合同法》规定，有些合同必须使用书面形式。书面形式是指合同书、信件和数据电文（包括电报、电传、传真、电子数据交换和电子邮件）等可以有形地表现所载内容的形式。合同书是最规范的合同形式。

**2. 结构与写法**

（1）标题

用以表明合同的性质、种类，由合同的项目、种类和“合同”二字构成。如“××供销合同”、“××货物运输合同”。有的还有合同的编号，以便统计、归档、查找、使用。

（2）当事人的名称

在标题之下分别写明当事人的名称，要写全称，并按标的转移方向确定先后顺序，并用括号标明简称，如“甲方”、“乙方”、“发包方”、“承包方”。

（3）前言

用简洁的文字写明签订合同的目的、依据和体现双方或多方意愿一致的词语。用一个自然段表达。例如：

为了促进商品流通，繁荣经济，提高产品质量，明确经济责任，根据《合同法》，甲、乙双方本着平等互利，协商一致的原则，签订本合同，以资双方信守执行。

（4）主体（实质性条款）

《合同法》规定，合同应包括以下八项条款：当事人的名称或者姓名和住所；标的；数量；质量；价款或者报酬；履行期限、地点和方式；违约责任；解决争议的方法。商务合同的主体依次写明以下要素与内容：

1）标的

它是合同当事人各方权利和义务的指向对象，必须写明确。

2）标的的数量

标的的数量是衡量双方当事人权利、义务大小的尺度，因此，必须写得明确、具体。标的数量的计量方法按国家规定的执行；国家没规定的，按主管部门的规定执行；主管部门没有规定的，按双方当事人商定的方法执行。

3）标的的质量

标的的质量是标的内在素质与外观形成的结合。包括：标的名称、品种、型号、规格、质量标准等。在商务合同中应对标的质量作出明确、具体的规定。质量标准：有国家标准的，按国家标准执行；没有国家标准的，按专业（部）标准执行；既无国家标准，也无专业（部）标准的，按企业标准执行。

4）价款或报酬

价款是以实物为标的一方当事人向另一方当事人支付货币的数量。报酬有酬金和实物两种方式。酬金是以劳务、服务为标的的一方向对方支付的货币数量。在商务合同中应写明价款或酬金或酬物的计算标准、结算方式和程序。价款和酬金标准大致有四种：国家统一定价，主管部门定价，地方定价，供需双方协商定价。

5）履行的期限、地点和方式

履行期限是指商务合同当事人按合同规定履行义务的时间。它是判断合同当事人是否如期履行义务的标准，因此在商务合同中应明确地规定履行义务的标准，具体地规定履行的期限。

履行地点是指商务合同的当事人一方履行义务和另一方接受履行的地点。如工程施工的地点、支付货款的地点、交货的地点等。

履行方式是指当事人履行商务合同规定的义务所采用的方法和手段。如交付货物、提供劳务等。在拟定商务合同时，应写清履行方式是一次履行还是分批履行及履行的方法。

6）违约责任

违约责任是指商务合同当事人一方或双方由于自己的过错不能履行或不能完全履行合同中规定的义务时，所应承担的责任。

在撰写商务合同时，应明确违约责任，并写明承担违约责任的方法，如偿付违约金、赔偿金等。

7）解决争议的方法

一般为请仲裁机关、司法机关或主管部门依法解决。这一条是《合同法》最新的规定，应写明。

8）说明性条款

包括：商务合同的有效期限，合同的份数及保存的方法、附件的名称及份数三项内容。

（5）尾部

包括：商务合同当事人单位具名并盖章，法定代表人、合同订立人签名盖章，当事人的地址、邮编、电话号码、开户银行及账号、电报挂号，签订合同的具体日期。要并排对照写。例如：

| | |
|---|---|
| 甲方（盖章） | 乙方（盖章） |
| 代表人（签字盖章） | 代表人（签字盖章） |
| 开户银行及账号 | 开户银行及账号 |
| 电话 | 电话 |
| 电报挂号 | 电报挂号 |
| 地址 | 地址 |
| 年　　月　　日 | 年　　月　　日 |

**3. 写作要点提示**

（1）遵循合同订立的步骤

1）进行可行性研究

为了更有效地达到经济目的，避免订立合同的盲目性，商务合同的当事人应当事先进行周密的可行性研究，然后再确定商务合同的内容。

2）资信审查

为了确保合同的有效性，避免不必要的商务合同纠纷，在订立合同前，应该对订立合同的对方的资格和信用进行必要的审查，了解对方当事人是否具备订立商务合同的资格，是否有能力履行合同中规定的义务。

3）协商洽谈

订立合同的双方当事人依法就合同中的各项条款进行平等协商，达成一致意见，建立合同关系。这个程序可分为两步走：

① 要约。要约是一方当事人向另一方当事人提出订立商务合同的建议和要求。要约人应该明确、具体地提出合同的内容，并要求对方在限期内给予答复。

② 承诺。承诺是另一方当事人对他方提出订立合同的提示表示全部赞同。这种承诺必须是无条件地同意要约所提出的合同内容，如果有增减或修正，就不能认为是一种承诺，而是一种新的要约。在订立经济合同的过程中，往往要经过多次反复地协商，才能对

合同的条款达成一致意见。

4）拟定合同文书

订立合同当事人双方经过平等协商，达成一致协议后，应拟写合同文书。

5）签订经济合同

双方当事人在商务合同文书上签字，加盖公章或合同专用章，合同即告成立。如果法律规定必须经过签证、公证、主管部门批准等手续的，须办理法定手续后，商务合同才能成立。

(2) 商务合同写作的基本要求

一是要合法，符合国家的有关法律、法令和政策规定，体现平等互利、协商一致，等价交换的原则。二是要合格，合同的要素要齐全、格式要规范。三是要严密，内容条款方面，语言表达方面都要严密，不要有漏洞或错误，以免造成不必要的麻烦或损失。

(3) 几种常用经济合同的条款内容

1）买卖合同

除 8 项合同基本要素外，还包括：包装方式、检验标准和方法、结算方式、合同使用的文字及其效力等条款。

2）供电合同

内容包括：供电的方式、质量、时间、用电容量、地址、性质、计量方式、电价、电费的结算方式，供用电设施的维护责任等条款。

3）借款合同

内容包括：借款种类、币种、用途、数额、利率、期限和还款方式等条款。

4）租赁合同

内容包括：租赁物的名称、数量、用途、租赁期限、租金及其支付期限和方式、租赁物维修等条款。

5）融资租赁合同

内容包括：租赁物名称、数量、规格、技术性能、检验方法、租赁期限、租金构成及其支付期限和方式、币种、租赁期间届满租赁物的归属等条款。

6）建设工程合同

内容包括：工程勘察、设计和施工合同。施工合同的条款包括：工程范围，建设工期，中间交工工程的开工和竣工时间，工程质量，工程造价，技术资料交付时间，材料和设备供应责任，拨款和结算，竣工验收，质量保修范围和质量保证期，双方相互协作等条款。

需要说明的是：由于我国国际工程承包商在承担的国际工程总承包项目时，常常在国内以招投标的方式选择分包商。因此，该工程分包合同具有“国际工程，国内招标”，“国内签约，国外履约”的双重特点。通过国际工程实践及认真研究国内外相关的法律、法规以及典型案例的基础上，我们认为：该工程分包合同一方面要符合我国法律、法规的规定，满足国家建设部、国家工商行政管理局联合颁布的《建设工程施工合同》(示范文本)(GF-2012-0201) 的要求。另一方面也要符合 FIDIC 条款及国际工程的惯例，满足我国国际工程承包商与业主签订的《工程承包合同》(简称主合同) 的规定。由于，每一项国际工程承包项目的内容与要求不同以及工程项目本身固有的特殊性，因而切合实际的修订和完善工程施工分包合同的相应条款，是承担国际工程承包项目的总承包商和分包商不可忽视的关键性工作。

7）技术合同

内容包括：项目名称、标的内容、范围要求，履行的计划、进度、期限、地点、地域和方式，技术情报和资料的保密，风险责任的承担，技术成果的归属和收益分成的办法，验收标准和方法，价款、报酬或者使用费及其支付方式，违约金或者损失赔偿的计算方法，解决争议的方法，名词和术语的解释等。

8）仓储合同

内容包括：存货人的名称或者姓名住所，仓储物的品种、数量、质量、包装、件数和标记，仓储物的损耗标准，储存期间，仓储费，仓储物已经办理保险的，其保险金额、期间以及保险人的名称，填发人、填发地址和填发日期。

9）承包经营合同

内容包括：承包形式，承包期限，上缴利润或减亏数额，企业的产品生产计划，产品质量及其他主要经济指标，技术改造任务，国家资产维护和增值、留利使用，货款归还，承包前的债权、债务处理，当事人的权利义务，违约责任，对企业经营者的奖罚，合同双方议定的其他事项。

# 8.4 涉外常用的谈判文书

## 8.4.1 涉外常用谈判文书的概述

**1. 涉外常用谈判文书的概念与作用**

涉外常用谈判文书是指在从事国际商务活动中处理各类业务问题，经过谈判后，所形成并使用的文书。国际商务活动涉及的领域比较多，包括：涉外贸易、运输、保险、投资、融资、技术转让、资源开发、补偿贸易、来料加工、劳务输出、招标投标等。在进行这些国际商务活动时，所形成和使用的文书是多种多样的。如对外贸易要选择市场、物色客户，就要撰写商情调研；要同客户洽谈贸易，必须撰写业务函电和合同；要与外商合资开工厂、经营企业，就要写项目建议书；涉外中若发生纠纷，就要制作索赔文书等。

国际商务文书的作用在于：能够促进国际间的贸易交往，增强各国人民的友谊和团结，提高我国的国际威望，推动对外经济的发展；同时，也是密切外贸工作各部门、各企业间的联系，沟通情况，提高商务工作效率的有力工具。

**2. 涉外商务文书与涉外常用谈判文书的种类**

涉外商务文书是十分复杂和多样的，其类别有不同的标准划分，通常按涉外商务活动的内容划分：

（1）进出口业务文书

包括进出口业务函电、公文、专用文件等。

（2）国际经济合作文书

包括项目意向书、项目建议书、涉外经贸意向书、涉外合同和协议书等。

（3）涉外商务纠纷文书

包括涉外贸易索赔文书、涉外经济仲裁文书和涉外经济司法文书。

（4）涉外财务文书

包括中外合资企业的资产评估报告、财务规章制度、财务分析报告、财务审计报告等。

（5）涉外商务调研文书

包括外资市场调研、资信调研等。

（6）涉外商务宣传文书

包括涉外广告和新闻发布稿等。

（7）涉外礼仪文书

包括涉外宴请请柬等。

在众多涉外商务文书中，本章着重介绍：涉外项目意向书、涉外经济合同、销售代理协议书、中外补偿贸易合同、商检申请书、报关单、外贸商函、出口经营方案、索赔函与理赔函9个文种。

国际工程承包项目谈判所涉及的涉外常用谈判文书，主要包括项目意向书、贸易合同、工程承包合同、联营协议、分包合同、销售代理协议、商务信函以及索赔书、理赔书等。其中：工程承包合同、联营协议、分包合同、代理协议已经在本章前分别作了介绍，在本章节中不再做详细的介绍。另外，有关进出口商品报验申请单、报关单等申报类文书，各国政府均有不同的规范性文案的规定，在此也不一一叙述。

**3. 涉外商务文书写作的基本原则**

（1）遵循国际惯例，符合我国政策

国际工程承包项目谈判属于涉外商务活动的范畴，涉外商务活动是国家之间的贸易交往，在这些文书中，对有关各方所属国的法律、法规和国际惯例必须遵守。同时，更应使文书内容符合我国与项目所在国的有关政策，否则，将会导致交易的失败。在对外商务活动中，我们面对复杂的国际市场和多国法律的差异存在，因而，在与外国人的来往中，各项涉外文书的编制，既要认真贯彻我国对外贸易的各项政策，又要灵活机动地做好工作。

（2）格式应当规范，语言相互适应

由于涉外商务文书格式与国内商务文书存在较大差异，所以，国际工程项目承包谈判中，所使用的涉外谈判文书，在格式上应当按照规定的或约定俗成的格式认真制作，以便通用、有效。文本需要中外两种文字对照使用。选词造句上，要注意两种语言文本的相互适应性，以便在翻译过程中两种语言不要存在较大的差异，从而影响条款的执行。汉语中那些古奥的典故和一些难度较大的文言词语不能使用，尽量使用现代标准的普通话句式，也不能运用一些方言、俚语。总之，行文应简洁、通畅、标准化。

（3）讲求时限，不误商机

“时限”一是指及时，二是指有效。涉外常用谈判文书强调及时，只有及时才谈得上有效。因此，在文书编制过程中，应具有极强的时间观念。发盘、还盘，要有严格的时限；向外索赔，也只能在有限时效内进行，否则就会丧失索赔权。至于市场信息、商品价格、销售走向，时刻处于变动过程中，反映这方面内容的文书，不但制作要及时，而且传递更要及时，稍有迟误，将带来重大损失。涉处商务文书的时限性要求很高，必须高度重视。

### 8.4.2　项目意向书

**1. 文种特征**

（1）项目意向书的概念

国际工程项目意向书是指中外双方当事人对某项目有共同意愿而订立的文书。意向书的内容较为广泛，往往不触及具体内容。在中方对外方的资信能力、技术、经营作风未充分了解前，对合作项目先签订一个意向书是比较合适的。

意向书与合同的性质相似，但意向书不具有强制性的法律效力。它的作用在于为双方进行下一步实质性的谈判奠定客观的基础。

（2）项目意向书的特征

1）项目的导向性

因为意向书不像合同那样具有强制性的法律效力，它只是一种导向性的文书，所以，合作项目只求大体方向一致，不必明确具体的细则。

2）条款的原则性

意向书的条款应该对一些重大问题作出原则性的确定，但不一定将具体问题分项罗列，只要大体求同存异就行，要尽量为下一步的谈判留有较大的余地。

3）行文的灵活性

意向书行文措辞既要有灵活性，又要有原则性，条款文字既洋溢友好气氛，又不显得拘束死板。

**2. 结构与写法**

（1）国际工程项目意向书的基本内容

1）意向书签订的日期及地点。

2）当事人双方全称、注册国家及日期、法人代表姓名、国籍、职务、法定地址。

3）双方洽谈人姓名、国籍、职务、洽谈目的和过程。

4）项目的名称，工程项目的类型、规模、双方合作的意向、条件及设想和估计。

5）下一步双方各自要做的工作以及下一次洽谈的内容、时间和地点。

（2）项目意向书的格式

1）标题

一般由企业名称、项目和文种名称构成。如《××××和××××关于××项目合作的意向书》。也可仅以事由和文种构成或直接以“意向书”作标题。

2）导语

写清楚签订意向书的单位，明确该意向书的指导思想和法律、政策依据，并规定意向书需要实现的总目标。在结构上需用承上启下的语句引出正文。例如：

“××××公司（以下简称甲方）、××实业有限公司（以下简称乙方）、××国××实业公司（以下简称丙方），三方根据有关法规，本着平等互利的原则，通过友好协商，一致同意在××国××市共同投资建设住宅项目。三方达成如下意向：”

3）正文

正文是意向书所要实现的总目标的具体化。通常需要分项列出全部内容，各项之间按性质构成逻辑联系，内容完整，既不重叠又不遗漏。例如：

一、项目的名称为“×××实业有限公司”，项目地址：×××国××市。

二、项目的范围和规模（略）

三、投融资及分成比例（略）

四、各方的责任与义务（略）

五、（略）

六、（略）

……

该例文条款的导向性、原则性特点比较显著。

4）尾部

由各方谈判代表签字、签订的时间、抄印份数、报送单位等四项内容构成。在我国由于涉外项目意向书往往也是报送政府有关部门批准立项的依据，因此要写明报送单位。

**3. 写作要点提示**

要体现意向书的导向性、原则性特点，不能等同于合同书和协议书的具体性与操作性。当事人为不同国别、使用不同文字的，应有不同文字文本或中外文对照文本。

### 8.4.3　贸易合同

**1. 文种特征**

（1）贸易合同的概念

这里着重谈一下涉外贸易合同。涉外贸易又称对外贸易，是指我国企业或其他经济组织，同国外的企业或其他经济组织或个人之间所进行的货物买卖活动。在实施这种货物买卖活动之前，明确规定双方在买卖中的权利与义务关系的协议书，即为涉外贸易合同。

（2）涉外贸易合同的特征

涉外贸易合同的特点主要体现为：签订合同的双方分别属于不同的国家和地区，货物运输距离较长，往往跨越国境；合同的履行，包括货款的支付均为跨国行为；签订和调整合同的法律规范为有关国际条约、国际贸易惯例和相关国家的涉外贸易法规。

**2. 结构与写法**

涉外贸易合同包括进口合同和出口合同两种，其内容主要是对货物的名称、质量、数量、包装、价格、运输、支付、保险、商检、索赔、仲裁等以条款的形式对贸易双方的权利和义务作出规定。涉外贸易合同通常是由以下三个部分构成：

（1）首部

1）合同名称

可根据贸易活动的内容写为：“销售合同”、“代理销售合同”、“订货合同”、“购货合同”、“进口合同”、“出口合同”等，有的还加上货物名称，这是对合同性质的明确。

2）合同编号

为便于对涉外贸易活动进行管理，要为每一份合同编号，并在合同中注明。编号应包括年份、公司代号、部门代号、合同序号。如“98CMC DA 018”，其中“98”为年份、

“CMC”为公司代号、“DA”为部门代号、“018”为合同序号。

3）订立合同的日期和双方当事人

写明当事人的名称、住所、邮码、电话号码、电报挂号或传真号。合同签订日期一般用公历表示法。

4）序言

序言又称引言，要简要说明签订合同的法律依据，明确当事人双方同意进行贸易并就有关问题达成协议的意愿，引出协议正文的各项条款。例如：“本合同由买卖双方缔结，用中、英文字写成，两种文体具有同等效力，按照下述条款，卖方同意售出买方同意购进以下商品。”

（2）正文

这是合同的主要部分，一般由下列条款构成：

1）品质条款

这项条款是合同中比较重要的一项条款。商品的品质直接关系到买方的利益，如在合同履行时发现它不符合合同规定。买方有权退换、索赔或解除合同，所以这项条款一定要写得具体、明确。

品质条款的内容包括商品的名称、质量、等级、规格、型号、标准、产地等。

品质条款的订立，应根据实际情况，采用恰当的方式。比如，有些货物的贸易是凭合同规定的规格、标准进行的，订立品质条款，应注明国际通用的标准、规格、等级以及国内或国外有关部门的规定，必要时还要标明有关标准颁布的年代；有些货物的贸易是凭样品进行的，订立品质条款，就应注明样品是由哪一方提供的，样品的生产和存放日期、地点等；有些货物的贸易是凭商标或说明书进行的，订立品质条款，则要注明其商标、牌号或说明书。

2）数量条款

商品的数量可用重量、体积、面积、容积、长度、件数等单位来表示。表达要无误，不能有丝毫含糊，如以“吨”为单位时，要注明是“公吨”还是“英吨”。国际现行的度量衡单位有公制、英制、美制三种，因此，还要明确所用的是哪一种度量衡制度。

3）价格条款

同以上条款一样，这项条款也是合同的重要条款。商品的每一个计量单位的价格金额叫单价，一批商品的总价格金额叫总价。合同的价格条款一般包括单价和总价两个部分，同时要注明用何种货币计价。

在价格条款中，为使行文更加简洁，应按国际贸易惯例使用价格术语。最常用的价格术语有：一是FOB，即装运港船上交货价或离岸价；二是CIF，即成本加保险费、运费价或到岸价；三是C&F，即成本加运费价。

4）包装条款

在这项条款中，包括商品包装的方式、材料、每个包装单位所包含的商品的数量及包装尺寸、费用负担和标志等内容。

5）装运条款

在这项条款中，应写明装运时间、装运港和目的港、装运条件等内容。

① 装运时间，一般应写明双方规定的装运日期，即规定某年某月某日装运或某年某

月某日前装运，而不能笼统地写为“近期装运”或“尽快装运”，免得在合同的履行中由于双方对此有不同的解释而产生纠纷。

② 装运港和目的港为哪个港口，也应在合同中清清楚楚地写明。装运港多由卖方指定，目的港多由买方指定，通常 FOB 合同要注明装运港，CIF 合同要注明目的港。

③ 装运条件，包括使用何种运输工具及其由何方租用、准备装运的通知、装货率、不能按时装运的责任及处罚等项目。

6）保险条款

这项条款主要用以规定由哪一方投保和支付保险费用，有的还要规定投保的险种与保险金额、赔偿责任等。由于 FOB 合同用得较多，也就是买方承担风险的情况比较常见，因此，往往由买方投保。

7）支付条款

这项条款是合同的重要条款之一。在此必须明确规定用何种货币，在什么时间、地点，以什么样的方式支付货款。支付方式主要有买方汇款、银行托收、信用证支付等，究竟采用哪种支付方式，要视买卖双方的情况而定。例如：

“付款条件：买方于货物装船时间前一个月通过——气银行开出以卖方为抬头的不可撤销信用证，卖方在货物装船启运后凭本合同交货条款第 18 条 A 款所列单据在开证银行议付贷款。上述信用证有效期将在装船后 15 天截止。”

8）检验条款

这项条款通常包括检验机构、检验时间和地点、检验项目、检验方法和标准、检验证书等内容。有的合同还规定复验机构、复验期限、检验费用的负担等。

9）索赔条款

通过检验或复验，如发现商品数量或质量与合同规定的内容不符，买方可提出索赔要求。索赔条款是同检验条款密切相关的，因此在一些合同中，这两个条款合为一个条款。

索赔条款主要应当明确当一方违反合同时，另一方有权索赔，即应在规定期限内，以合同中标明的检验机构签发的检验证书为依据，向对方申明赔偿要求和办法。例如：

“如交货质量不符，买方须于货物到达目的港 30 日内提出索赔；数量索赔须于货物到达目的港 15 日内提出。对由于保险公司、船公司和其他转运单位或邮政部门造成的损失卖方不承担责任。”

10）不可抗力条款

此条款的作用是明确在签订合同之后，如果发生了当事人不能预见或人力不可抗拒的事故，以致影响合同的履行，当事人可根据这一条款，免予承担不履约或延期履约的责任。

这项条款的内容主要包括不可抗力事故的范围、后果及出具事故证明的机构、事故发生后通知对方的期限等的规定。例如：

“因‘人力不可抗拒’而推迟或不能交货者除外，如果卖方不能交货或不能按合同规定的条件交货，卖方应负责向买方赔偿由此而引起的一切损失和遭受的损害，包括买价及/或买价的差价、空舱费、滞期费，以及由此而引起的直接或间接损失。买方有权撤销全部或部分合同，担并不妨碍买方向卖方提出索赔的权利。”

11）仲裁条款

这项条款用以规定双方发生争议时，应当如何交付第三者仲裁解决。主要包括仲裁地点、仲裁机构、仲裁程序、仲裁效力和仲裁费用等内容。例如：

“凡因执行本合同或与本合同有关事项所发生的一切争执，应由双方通过友好方式协商解决。如果不能取得协议时，则在中国国际经济贸易仲裁委员会根据该仲裁机构的仲裁程序规则进行仲裁。仲裁决定是终局的，对双方具有同等约束力。仲裁费用除非仲裁机构另有决定外，均由败诉一方负担。仲裁也可在双方同意的第三国进行。”

（3）尾部

尾部是指合同的结尾和落款部分，主要用以标明合同以何种语言制作及合同的份数、保存方式和法律效力，此外，还有买卖双方当事人签字、签字时间、地点。签名应在合同下方，签订合同双方单位及法人代表签名均用全称。如有附件，要在这里注明附件的名称和份数，并说明其效用。

**3. 写作要点提示**

（1）要了解有关国际条约、国际惯例和有关国家的涉外贸易法规

因为不同国家的法律和习惯存在着一定的差异，各国商人对国际条约的理解也有所不同，由此会导致合同双方对一些条款、名词术语的解释的差别，只有事先掌握有关情况，才能使订立合同的双方当事人具备对话的基础，使双方对合同的条款及其所涉及的名词术语的理解趋于一致，也才不至于在合同的履行中产生分歧。

（2）要切合实际

签订合同是一种法律行为，为确保合同的顺利履行，在确定条款的过程中，要考虑双方的履约能力，要对当事人的资信、货源、运输和付款、接货条件等多方面的情况作一番认真的考查，以使合同内容切合客观实际，易于得到落实。

（3）要注意内容的完备

这里所说的内容完备有两层含义：一是指订立合同不能遗漏任何一项必要的条款；二是指不能忽略对有关内容的说明和对关键名词的解释。

（4）在语言的运用方面，要力求措辞造句的准确、简明，切忌语义含糊。

### 8.4.4 销售代理协议

**1. 文种特征**

（1）销售代理协议的概念

涉外销售代理协议，是指由出口企业与国外代理商人在销售项目方面，就双方的共同目标、权利、义务和业务关系、法律关系等进行协商而达成的书面协议。

（2）销售代理协议的特征

涉外销售代理协议一般具有以下两个重要内容：一是代理的权限及义务；二是代理佣金。

涉外销售代理协议按代理权限可分为一般销售代理协议和独家销售代理协议两种。其中，独家销售代理协议对独家代理的有关事项有更具体的权利与义务的规定。

**2. 结构与写法**

由首部、正文和尾部构成。

(1) 首部

1) 标题

《销售代理协议》或《独家销售代理协议》。

2) 合同的编号

3) 合同签署的日期

4) 前言

由订立合同目的、原则和体现双方意愿一致的词语组成。如："为在平等互利的基础上发展贸易，有关方按下列条件签订本协议。"

(2) 正文（合同条款）

一般采用条例式格式，依次说明如下内容：

**第一条**　订约人

供货人（以下称甲方）：

销售代理人（以下称乙方）：

甲方委托乙方为销售代理人，推销下列商品。

**第二条**　商品名称及数量或金额

双方约定，乙方在协议有效期内，销售不少于××的商品。

**第三条**　经销地区

只限在……。

**第四条**　订单的确认

本协议所规定商品的数量、价格及装运条件等，应在每笔交易中确认，其细目应在双方签订的销售协议书中作出规定。

**第五条**　付款

订单确认之后，乙方须按照有关确认书所规定的时间开立以甲方为受益人的保兑的、不可撤销的即期信用证。乙方开出信用证后，应立即通知甲方，以便甲方准备交货。

**第六条**　佣金

在本协议期满时，若乙方完成了第二款所规定的数额，甲方应按装运货物所收到的发票累计。

**第七条**　市场情况报告

乙方每3个月向甲方提供一次有关当时市场情况和用户意见的详细报告。同时，乙方应随时向甲方提供其他供应商的类似商品样品及其价格、销售情况和广告资料。

**第八条**　宣传广告费用

在本协议有效期内，乙方在上述经销地区所做广告宣传的一切费用，由乙方自理。乙方须事先向甲方提供宣传广告的图案及文字说明，由甲方审阅同意。

**第九条**　协议有效期

本协议经双方签字后生效，有效期为××天，自××至××。若一方希望延长本协议，则须在本协议期满前1个月书面通知另一方，经双方协商决定。

若协议一方未履行协议条款，另一方有权终止协议。

**第十条**　仲裁

在履行协议过程中，如产生争议，双方应友好协商解决。若通过友好协商达不成协议，则提交中国国际贸易促进委员会对外贸易仲裁委员会，根据该会仲裁程序暂行规定进行仲裁。该委员会的决定是终局的，对双方均具有约束力。仲裁费用，除另有规定外，由败诉一方负担。

**第十一条** 其他条款

1. 甲方不得向经销地区其他买主供应本协议所规定的商品。如有询价，当转达给乙方洽办。若有买主希望从甲方直接订购，甲方可以供货，但甲方须将有关销售确认书副本寄给乙方，并按所达成交易的发票金额给予乙方××%的佣金。

2. 若乙方在×月内未能向甲方提供至少××订货，甲方不承担本协议的义务。

3. 对双方政府间的贸易，甲方有权按其政府的授权进行有关的直接贸易，而不受本协议限制。

4. 本协议受签约双方所签订的销售确认条款的制约。

以上为一般销售代理合同的条款基本内容。独家销售代理协议根据独家代理性质对条款项目做适当调整，如："委任"、"代理商品"、"代理区域"、"最低业务量"、"独家代理权"、"工业产权"、"不可抗力"等。语言上也做相应的调整。例如："甲方指定乙方为其独家代理，为第三条所列商品从第四条所列区域的顾客中招揽订单，乙方接受上述委任。"

(3) 尾部

合同签订日期、地点、签订人签字、合同文本文字和份数、保存的说明。

**3. 写作要点提示**

涉外销售代理协议一定要本着对等的原则把双方的权利和义务写清楚。是一般的经销，还是独家代理经销。条款一定要周密。例如：

"十一、双方的权利和义务

1. 自本协议生效之日起，甲方不再在××地区向其他商品出售本协议规定的产品。

2. 在本协议有效期内，乙方经销地区的其他客户，如向甲方洽购乙方所经销的商品，甲方应主动将他们介绍给乙方。

3. 在本协议有效期内，乙方不得经销或代理其他国家的同类产品。

4. 乙方应经常将活动情况、市场趋势、竞争者的价格、进口法令等资料，以及扩大销售的建议，提供给甲方参考。"

这份经销协议书对独家经销代理的有关条件，规定得比较具体、细致。

### 8.4.5 补偿贸易合同

**1. 文种特征**

(1) 补偿贸易合同的概念

一方提供设备、技术或提供信贷购买设备、技术，另一方用设备、技术生产的产品返销给对方，以偿还设备、技术的价款和利息，双方签订合同明确各自的权利和义务，即为补偿贸易合同。

(2) 补偿贸易合同的特征

补偿贸易合同是涉外贸易合同的一个特殊种类。主要用于涉外贸易。其主要特点是不以货币形式进行支付，而是"以物易物"的方式进行。其中对设备、技术设备和补产品尝的作价、贷款的偿还期限、保险等是核心内容。

**2. 结构与写法**

中外补偿贸易合同具有约定俗成的格式和必备的要素，其结构内容由首部、正文、尾部构成。

(1) 首部

1) 标题

由合同性质和合同二部分组成。一般标题即为："中外补偿贸易合同"。居中，字号比正文大两号。

2) 签订时间、地点

一般为"本合同于____年____月____日在中国____市签订。"

3) 当事人

当事人的地位（甲方、乙方)、名称、地址、电话、传真。

4) 前言

合同制订的依据、原则、程序的说明。一般为"双方在平等互利基础上，通过友好洽商，特订立本合同。"

(2) 正文

由补偿贸易合同的基本要素构成。一般采用条例式的写法。例如：

**第一条** 贸易内容

（一）乙方向甲方提供用于生产×××型机械××台，以及各种其他辅助机械设备，并同时提供各类机械设备所必需的附配件及备用件，以及在生产过程中各种必需的测试仪器。具体的各类机械设备，测试仪器，附配件，备用件之型号，名称，规格，数量，价格，包装情况，交货期限等，由双方另行签订设备进口合同，作为本合同不可分割的一部分。

（二）甲方用乙方提供的机械设备所生产的部分产品以及其他商品，经双方协商后，也可用××工厂生产的××商品来偿付全部机械设备的价款。具体的偿付商品之品种，数量价格，交货期限等，由双方另行签订补偿商品供货合同，作为本合同不可分割的一部分。设备进口合同与补偿商品供货合同可合并为补偿贸易购销合同，见附件。

**第二条** 支付条件与方式

由甲乙双方对开信用证。即由甲方分期开出以乙方为受益人的远期信用证，分期，分批支付全部机械设备的价款；乙方开出以甲方为受益人的即期信用证，支付补偿商品的货款。甲方用乙方支付补偿商品的货款，来支付全部机械设备的价款。当乙方支付的货款不能相抵甲方所开的远期信用证之金额时，其差额部分由乙方用预付贷款方式，在甲方所开的远期信用证到期前汇付甲方，以便甲方能按时议付所开的远期信用证。甲方所开的远期信用证的按期付款，是寄托在乙方按规定开出即期信用证及按规定预付贷款的基础上。乙方保证按规定开出信用证及预付贷款。

**第三条** 交货期限

甲方用×年另×个月，分月用商品偿付全部机械设备的价款。偿还日期自乙方第一批机械设备到货后约×个月后开始，原则上每月偿还的金额是全部机械设备价款的××分之×。甲方可以提前偿还，但需在×个月前通知乙方。

在甲方用补偿商品偿还机械设备价款的期间，乙方应按本协议项下的有关补偿商品合同的规定，开出以甲方为受益人的足额、即期，不可撤销、可分割可转让的信用证。

**第四条** 计价货币和作价标准

双方商品均以×币计价。乙方提供的全部机械设备及所有仪器，附配件用×币作价，甲方提供的补偿商品则按签订合同时甲方出口货物的人民币计价，以当时的人民币对×币的汇率折算为×币。

**第五条** 利息计算

甲方所开的远期信用证及乙方所预付货款的利息应由甲方负担。双方议定年利息率为百分之×。

**第六条** 技术服务

货物到达甲方口岸后，由甲方自行安装。但在主要设备安装过程中，甲方认为需要时，乙方必须派出技术人员进行现场指导，提供必要的技术服务，在此过程中由于技术上的问题，所造成的损失应由乙方负责。

经双方协商，为完成此项工作，由乙方派出××数量的技术人员。在中国的一切费用，均由乙方负担。

**第七条** 附加设备

在执行本协议过程中，如发现本合同项下的机械设备在配套生产时，继续需要增添新的机械设备或测试仪器时，可由双方另行协商，予以增订。增订的项目仍应列入本合同范圃之内。

**第八条** 保险

设备进口后由乙方投保。设备所有权在付清货款发生移转后，如发生意外损失先由保险公司向投保人赔付，再按比例退回甲方已支付的设备货款。

**第九条** 违约责任

乙方不按合同规定购买补偿商品或甲方不按合同规定提供商品时，均应按合同条款承担违约责任，赔偿由此所造成的经济损失，并向对方支付该项货款总值的____%的罚款。

**第十条** 履约保证

为保证合同条款的有效履行，双方分别向对方提供由各自一方银行出具的保函，予以担保。甲方的担保银行为中国银行××行，乙方的担保银行为×国× ××银行。

**第十一条** 合同条款的变更

本合同内容如遇特殊情况需要变更，须经双方协商一致。

**第十二条** 不可抗力

由于人力不可抗拒的原因，致使一方或双方不能履行合同有关条款，应及时向对方通报有关情况，在取得合法机关的有效证明之后，允许延期履行，部分履行或不履行有关合同义务，并可根据情况部分或全部免于承担违约责任。

**第十三条** 仲裁

凡有关本协议或执行本协议而发生的一切争执，应通过友好协商解决。如不能解决，则应提请×国×××仲裁委员会按×××仲裁程序在×××进行仲裁。仲裁适用法律为中华人民共和国法律。该仲裁委员会作出的裁决是最终的，甲乙双方均受其约束，任何一方不得向法院或其他机关申请变更。仲裁费用由败诉一方负担。

**第十四条**　文字，生效。

本合同用中文、××两种文字写成，两种文本具有同等效力。

本合同自签字之日起生效，有效期为×年。期满后，双方如愿继续合作，经向中国政府有关部门申请，获得批准后，可延期×年或重新签订合同。

补偿贸易合同正文第一条至第十三条为实质性条款。第十四条为说明性条款。

(3) 尾部

签订合同的当事人签字。见证人签字。附件注释。附件要用书名号标出附件的名称、份数。

**3. 写作要点提示**

(1) 中外补偿贸易合同具有约定俗成的格式和必备的要素，必须按此填写，不能缺少要素，或自造不通用的格式。

(2) 合同内容要考虑周全。特别是设备和技术服务等内容应当完整、配套，以免留下隐患。

### 8.4.6 商务信函

**1. 文种特征**

(1) 商务信函的概念

商务信函简称商函，指的是商贸企业用于商务磋商、交涉的书面或电子信函。

(2) 商务信函的特征

商务信函不同于行政机关公文中的函，主要是使用范围、使用主体和效力不同。商函的内容为商务事宜的磋商、交涉，使用主体是平等的商贸企业或企业的代表人，没有行政公文中的行政约束力。

商务信函具有致送与回复的往复性。商务信函用于商洽与答复、索赔与理赔，都是一致一复，成双使用，在标题、开端语和结尾语的使用上都有显示。商函内容单一，一般为一事一文。商函以交易磋商为宗旨，交易双方平等、自愿、互利，讲求礼节用语。语气诚恳、谦和、礼貌、得体。

(3) 商务信函的种类

商函可分为交易磋商函和争议索赔函，按使用国域也可分为内贸商函和外贸商函。

1) 交易磋商函

交易磋商是交易双方就买卖某种商品及交易条件（如品质、规格、数量、包装、价格、支付方式、交货、提货等）进行协调，若协商一致则达成协议。交易磋商有口头磋商和书面磋商两种。书面磋商包括通过信函磋商和通过电报、电传磋商等方式。交易磋商过程中形成的信函即交易磋商函。交易磋商函的内容大致有：

① 建立贸易关系。介绍如何得到对方的有关信息，本企业的经营范围和业务开展情况，说明希望和对方建立贸易关系的意愿。

② 确定贸易方式。双方就确定经销、独家经销、代理、寄售、拍卖等贸易方式交换意见。

③ 介绍交易条款。应对方要求，介绍说明某货晶交易的一般条款。

④ 推销与订货或称货品。介绍可供货品的种类和价格，希望对方购买。在明确交易条件后向供货单位说明所购货品的名称、数量、需货时间、到货地点等内容。

⑤ 询价与报价。说明所需货品的名称和数量，要求供货单位报价。供货单位就对方需要的货品报出价格。

⑥ 商洽价格。双方就价格这一交易的最重要条件交换意见。

⑦ 商洽履行合同条件。双方就货品的包装、交货的期限、运输方式及费用负担、货款的支付等交易条件交换意见。

⑧ 寄购货合同。就交易条件达成一致意见后向对方寄出购货合同，要求查收并签署后寄回。

⑨ 催货与催提货。临近交货日期时或超过交货日期后要求供货方函告具体交货日期或要求供货方在某一期限内交货。供货方备妥货品后要求收货人提货。

⑩ 通知出运。告知收货方出运日期及向收货方寄送有关单据以便提货。

外贸商函可分为询盘、发盘、还盘、反还盘。

询盘。可由买方发出，也可由卖方发出。询盘按内容可分为一般询盘和具体询盘。一般询盘只说明所要买卖商品的范围，目的是要对方进一步介绍情况；具体询盘是买方或卖方指定具体的商品，甚至连数量、包装、交货期限都明确提出，要求对方报价或递价。

发盘。相当于报价。发盘有虚盘和实盘之分。虚盘要说明保留条件，对发盘人没有约束力。实盘表示发盘人有肯定的订立合同的意图，在法律上属于一项要约。实盘必须具备三个条件：主要交易条款齐全、肯定；内容清楚确切，没有模糊和模棱两可的词句；没有任何其他保留条件，只要受盘人在有效期内完全同意，交易立即达成。

发盘中还有联合发盘，是几个发盘搭配在一起，让对方要么全部接受，要么全部拒绝的发盘。它适用于需要搭配买卖的商品。

还盘。买方在接到买方的报价以后，要求更改报盘内容，包括降低价格、改变支付方式、改变交货期限等。

反还盘。卖方对买方还盘的还盘。还盘与反还盘，对于原发盘与还盘来说叫还盘或反还盘；就其本身而言，又构成一个新的发盘。

2）争议索赔函

在履行合同过程中，只要买卖双方中的任何一方认为另一方没有履行或没有全部履行合同所规定的义务，如拖延或提前交货，交货数量、品质、包装与规定不符，不按规定支付货款，无理拒收货物等，均会引起交易纠纷，发生争议。争议发生后，受损方可向违约方提出索赔要求，而违约方则需要就受损方的索赔要求作出答复或受理受损方的索赔要求。争议发生过程中或争议发生后索赔理赔过程中使用的函即争议索赔函。争议索赔函的内容大致有：

① 交涉货品质量。双方就所供货品与合同规定或签订合同时所提供的样品是否符合进行交涉。

② 要求支付货款。装货或对方提货后要求对方按规定及时支付货款，或对方逾期付款后要求对方在一定期限内支付货款。

③ 拒付货款。购货方由于来货质量与合同规定或所提供的样品不符、交货逾期或其他原因拒绝向供货方支付全部货款或拒绝向供货方支付其中部分货款。

④ 索赔。由于某一方没有履行或没有完全履行合同，如来货破损、变形、短缺，没有按时交货，没有按时提货，另一方要求得到赔偿。

⑤ 拒绝赔偿。针对对方指责本企业违约并要求赔偿，如果本企业没有违约，则说明情况，拒绝赔偿。

⑥ 理赔。针对对方指责本企业违约并要求赔偿，如本企业确应承担责任，则根据情况作出赔偿。

除了交易磋商函和争议索赔函外，还会有一些其他的商函。

**2. 结构与写法**

商函一般包括信头、标题、行文对象、正文、附件、生效标识等几个组成部分。

(1) 信头

商函一般采用本企业特制的信笺，其上方中间已预先印好信头。信头一般包括本企业的名称、地址、邮政编码、电话号码、电报挂号等，有的还有商函编号。信头部分罗列结束后常用一条横线与其他部分隔开。有的商函信笺把地址、邮政编码、电话号码、电报挂号印在信笺最下端，也用一条横线与其他部分隔开。如果使用普通信笺，则无信头部分。

商函信头的打印或书写，应按照对方国家的习惯格式。英文商函的信头一般包括商函发出者的地址和发出时间，位于信笺右上方。

(2) 标题

商函大都有标题。一般由“介词”、事由和文种名称构成。事由即商函的主要内容的高度概括。文种名称即“函”或“复函”。如《关于调整××××价格的函》、《关于调整××××价格的复函》、《回复投诉函》。

外贸商函的标题比较特殊，一般用能够表达主旨的词语或短语点明事由即可，如《事由：索赔》，也有的直接使用“索赔函”和“理赔函”。例如《工期索赔函》、《质量不符理赔函》。

(3) 行文对象

商函的行文对象指商函的收受者，即发文者要求予以办理或答复的对方单位；表述时在标题之下、正文之上顶格书写，后面加冒号。商函的行文对象只有一个收文单位。商函的行文对象一般是写对方单位的名称，有时写对方单位的领导人。写对方单位的领导人时，一般应写上领导人的姓名和职务。

(4) 正文

商函的正文可分为发函的缘由、事项、对收文者的希望或要求三个层次。

1) 发函的缘由

初次给对方去函，可先作自我介绍，使对方了解本企业的业务范围或产品的情况；有较长期合作关系的，可简述合作情况，以示亲近；双方频繁来往的，可直截了当说明发函的目的，进入主旨；答复对方来函的，应先说明来文日期、事由。例如：

我们从商会那里看到贵公司的名称及地址，得知你们有兴趣建立进出口商品的业务联系。

2) 发函的事项

这是商函正文的重心所在。表达时根据不同的发函目的，或介绍具体情况，或告知有关事项，或说明具体意见，或提出解决问题的办法，或针对来函作出答复。如果事项内容较多，有几方面或几层意思，可分条列项，以使眉目清楚。例如：

“贵方××××年××月××日函及货样收悉。信中提到部分玻璃的质量与样品不符一事，我方立即进行了调查，发现是由于装箱时误差了部分二等品，这是我方工作的疏忽，对此，我们深表歉意。因此，我方愿意接受贵方的要求，部分质量不符的产品按降低原成交价30%的扣价处理。我方保证以后将不再出现类似失误。”

3）对收文者的希望或要求

在发函的事项交代清楚后用简短的一两句话表明希望或要求，如希望对方同意，要求对方办理等。表述时一般语气恳切，争议索赔函有时比较严正。有的商函没有希望和要求的具体内容，而用惯用性结束语结束全文，如“特此函商，务希见复”、“特此函达”、“此复”等。例如：

“我们希望聆听贵公司的意见、要求及建议，以及如何才能使双方协力合作，互惠互利。此外，本公司愿意以收取佣金为条件充当贵公司在美国的采购代理。恭候回音。”

（5）附件

附件是指正文所附材料。商函附件一般是指商品目录、价格表、订货单、发货单等。商函如有附件，应在正文之后、生效标识之前注明附件顺序和名称。

（6）生效标识

生效标识位于正文以下或附件说明以下偏右位置，包括发文单位印章或签署及发文日期。签署是由发出商函的企业的领导人在商函上签字或盖章，以证实商函的效用。发文日期直接关系到商函的时效，应完整写出年、月、日。外贸商函的发文日期有的写在信头部分。

**3. 写作要点提示**

（1）要针对具体的业务使用相应的函种

商函的种类很多，要根据业务情况拟定相应的名称，诸如推销产品函、希望建立贸易关系函、答复客户建立贸易关系函、询价函、接受报价函、确认订购函、交易条款与价格磋商函、装运通知函、包装磋商函、商品检验证明函、催款函、质量不符索赔函、回复投诉函等，要有针对性地写好函的具体内容，以及习惯性开头和结尾用语。例如：

“从中华人民共和国驻××大使馆商务参赞处获悉贵公司名称和地址，现借此机会与贵方通信，意在达成一些实际项目合作为开端，以建立业务关系。”

“通过贵国最近来访的贸易代表团，我们了解到你们是信誉良好的……工程承包商，现发信给你们，盼能接到合作的定单。”

这些开端用语和内容都是非常恰切的。

（2）要特别讲求礼貌用语

商函特别是外贸商函，从某种角度说是一种“外交”礼仪文书。协商、合作、共同发展是商函的宗旨，必须使用好“外交辞令”和“礼节辞令”。用语应当礼貌、谦虚，相互体谅、尊重。要多从对方的角度去考虑有什么需求，而不是只从自身出发，语气上更尊重对方。

对一些拒绝性的内容，也应当彬彬有礼地作解释，不要态度生硬地一口拒绝。例如：

“贵方××月××日还价函获悉。贵方不能接受我方的报价，非常遗憾。我公司是中国知名的工程承包商，工程质量优良，且价格也合理。因此，贵方的还价我方实在难以接受，我方最多只能将原报价降低1%。”

其中，对对方的尊称，对我方“实在难以接受”的说明，以及让步降价的诚意，都很有君子风度。

### 8.4.7　索赔书与理赔书

**1. 文种特征**

(1) 索赔书与理赔书的概念

在国际贸易中，交易一方认为由于双方不履行或未正确履行合同所规定的责任和义务而蒙受损失，根据合约规定，向对方提交的要求赔偿的文书就是索赔书。接到索赔书的一方用来受理遭受损失一方所提出的赔偿要求的书面材料叫理赔书。“索赔”和“理赔”是一个问题的两个方面。

(2) 索赔书与理赔书的特征

1) 事实性

“两书”的写作都要求本着实事求是的原则，一切从实际出发。索赔书在阐述由于对方违约而造成的损失时所提供的数据、金额必须是确凿的、真实的，切不可因为希望得到更多的赔偿而一味夸大事实或漫天要价，这样不仅不利于双方问题的解决，反而会影响己方的声誉。撰写理赔书也应明确这一点，处理贸易纠纷应尊重事实，属于我方责任的应勇于承担，并积极提出解决问题的办法，如采取轻率或回避的态度，只会引起对方反感而影响日后贸易的发展。

2) 证据性

“两书”在写作时，无论是索赔一方向对方提出赔偿要求，还是理赔一方受理对方的赔偿要求，都要依据合同所规定的义务和责任而定。所以双方在写作之前，都需仔细研读合同项下的有关细则，或引用有关国际贸易惯例、规则及有关法规条文作为证据，甚至双方在交易过程中的有关往来电函，必要时也可作为写作时的重要证据。

**2. 索赔书的结构与写法**

索赔书的写作格式，包括：信头、正文和结尾三部分。

(1) 信头

信头包括：标题、编号、收文单位。标题由事由和文种组成，例如：“过期提货索赔函”。

(2) 正文

它是信函的主体，由开头、主体、结尾语组成。

1) 开头

简述事由或要点。

2) 主体

由索赔的理由与索赔的要求构成。理由包括：指出对方违约事实，援引索赔的法律法规或合同协议的有效条款。索赔要求应当具体、合理。

3) 结尾语

一般为对对方的希望或要求对方理赔。

4）落款

署名、签章、日期、附件。

请看例文：

**××型设备生锈索赔函**

××有限公司：

随函寄上中国广州××局所发的检验报告（1989）。报告证明你方出售的××型设备，有部分零件生锈，认为这批货是存仓太久造成的。因此向你方提出30％的扣价处理。

我们双方有着良好的贸易关系，相信你方会迅速处理这起索赔，以利今后贸易的发展。请迅速处理；候复。

附件：《××局检验报告1989》正副本各一份。

中国××公司（公章）

××××年×月×日

**3. 理赔书的结构与写法**

（1）信头

信头包括标题、编号、收文单位。标题由事由和文种名称组成，例如：“质量不符理赔函”。

（2）正文

它是信函的主体，由开头、主体、结尾语组成。

1）开头

转述对方来函内容。

2）主体

对索赔的理由与索赔的要求进行答复。或者同意对方意见要求，进行赔偿；或者不同意对方意见要求、理由，从事实和法律根据方面阐述自己方的理由，驳斥对方的意见，拒绝对方的要求。

3）结尾语

或者为回复性的结尾语，如“特此回复”；或者对己方的违约表示歉意。

4）落款

署名、签章、日期、附件。

请看例文：

**质量不符理赔函**

编号：

××有限公司：

你公司×月×日函收悉。所提合同19号项下红木家具部分接口有破裂一事，已引起我方关注，经向有关生产单位了解，出厂家具完全符合合同要求，并经检验合格，至于部分接口破裂，是由于我方在出仓时搬运不慎造成的，对你方的损失，我们深表歉意。请贵公司提供家具受损的具体数字，以及公证人检验证明书，我方将按实际损失给予赔偿。

候复。

××××公司（公章）
××××年×月×日

**4. 写作要点提示**

（1）要注意时效

索赔书有一定时效性，它必须在合同条款所规定的时间内提交。

（2）语言要得体

索赔书与理赔书为礼仪文书，要特别注意讲求礼仪。撰写索赔书态度要严肃、认真、坦率、诚恳，又要注意摆事实、讲道理、委婉陈词，不能因为遭受损失就怒气冲天、语气逼人。理赔书的写作也应实事求是、坦诚相见，如果确应承担对方所受损失的责任，则应在信函中体现出一种反省精神，按对方要求作全面回复。

# 参 考 文 献

1. 国际咨询工程师联合会，中国工程咨询协会编译. 菲迪克（FIDIC）合同指南. 北京：机械工业出版社，2003 年 6 月

2. 谢彪主编. 国际工程承包市场开发与项目管理. 北京：电子工业出版社，2011 年 1 月